汽车专业高技能职业教育"十二五"系列教材

汽车性能检测与故障诊断一体化教程

主　编　刘　宜
副主编　任广文　石启军
　　　　谢计红　袁春华
主　审　杨希箴　昌百竞

机械工业出版社

《汽车性能检测与故障诊断一体化教程》根据培养应用型高技能人才的需要，按照理实一体化教学模式特点，以当今常见的车型为教学案例，以最新颁布的国家标准为依据，主要介绍汽车性能检测与故障诊断的工艺流程和设备的正确使用方法。内容包括汽车性能检测与故障诊断的基础知识、汽车整车性能检测与故障诊断、汽车发动机的性能检测与故障诊断、汽车底盘的性能检测与故障诊断以及汽车电气系统的检测与故障诊断。

本书可作为高职高专院校汽车类专业教材，也可作为汽车维修技术人员的自学参考书。

图书在版编目（CIP）数据

汽车性能检测与故障诊断一体化教程/刘宜主编．—北京：机械工业出版社，2013.10（2023.7重印）
汽车专业高技能职业教育"十二五"系列教材
ISBN 978-7-111-44615-6

Ⅰ.①汽… Ⅱ.①刘… Ⅲ.①汽车-性能检测-高等职业教育-教材 ②汽车-故障诊断-高等职业教育-教材 Ⅳ.①U472.9

中国版本图书馆CIP数据核字（2013）第257565号

机械工业出版社（北京市百万庄大街22号 邮政编码100037）
策划编辑：齐福江　责任编辑：齐福江
版式设计：霍永明　责任校对：陈延翔
封面设计：陈　沛　责任印制：郜　敏
北京富资园科技发展有限公司印刷
2023年7月第1版第9次印刷
184mm×260mm·19.25印张·442千字
标准书号：ISBN 978-7-111-44615-6
定价：50.00元

电话服务　　　　　　　　　网络服务
客服电话：010-88361066　　机　工　官　网：www.cmpbook.com
　　　　　010-88379833　　机　工　官　博：weibo.com/cmp1952
　　　　　010-68326294　　金　书　网：www.golden-book.com
封底无防伪标均为盗版　　机工教育服务网：www.cmpedu.com

汽车性能检测与故障诊断技术是高职高专汽车运用技术和汽车维修与检测专业的必修课程，也是从事汽车相关服务所应具备的专业知识和技能。

随着汽车工业的发展，汽车新技术不断涌现，这就要求汽车后市场服务也要不断更新，不但要不断学习新的理论知识、技术技能，更要学会适应现代汽车性能检测与维修的新规范、新技术标准（包括国家标准、行业标准和企业标准）。因此，作为培养汽车行业高素质技能型人才的专业教材也必须在教学内容、知识结构和教学方法等方面加以改进。

本书是机械工业出版社汽车专业高技能职业教育"十二五"规划教材。本书凝聚了编者多年的汽车维修企业生产技术管理实践经验和10余年高职汽车运用技术专业的教学心得体会。

本教材的特点如下：

1. 教学内容

本书以汽车后市场维修、检测等技术服务岗位群的工作需求为依托，紧密结合当今汽车采用的新技术、维修检测新工艺、新设备仪器和国家最新推出的新标准，如：GB/T 15746—2011《汽车修理质量检查评定方法》、GB 7258—2012《机动车运行安全技术条件》等，突出教学围绕生产的实用性。

2. 知识结构

本书根据汽车的结构特点和高职、高专学生的认知规律，将教学内容进行了有针对性的组合，划为五个项目，并结合生产岗位的不同需求，将五个教学项目分解为29个学习任务。以汽车性能检测和故障诊断为主线，介绍汽车检测与诊断的新型设备；以案例为突破口，学会汽车性能检测与故障诊断的方法步骤；在掌握设备、仪器正确使用的基础上，通过思考与实践学会灵活应用，同时拓展独立分析与解决问题的思路和能力，注重知识和技能的培养以及综合

素质的提升。

3. 内容的组织与撰写

本书突出实用性、针对性，直接引用具有代表性的案例，力求达到图、文、表并茂，思路清晰，易学易懂，重于实践，以最大限度地满足理论与实践教学的要求和充分激发学生的学习兴趣为编写的出发点，打造适应当今高职教育发展和符合生产一线高素质技能型人才需求的新课程体系。

4. 教学资源建设

本书配备理论考核题库（包括思考题与答案）、教学大纲，每个学习单元都设有学生课内与课外实践项目；并配有老师专用PPT教学课件和电子教案（免费申请邮箱502135950@qq.com）。

在本书编写过程中，得到了硅湖职业技术学院领导和多位具有双师能力同仁的大力支持，并参考了相关文献资料，在此向所有提供帮助与支持的朋友及文献的各位作者深表谢意。

本书由硅湖职业技术学院刘宜主编，由任广文、石启军、谢计红、袁春华任副主编，参编人员有梁云奇、赵晓明、李宏亮、胡南君、郭艳、武长河、卢德成、杜若明，由杨希箴、昌百竟主审。

由于编者水平有限，书中难免有不足之处，恳请同行专家和广大读者提出宝贵意见。

编　者

目录

前言

项目一　汽车性能检测与故障诊断的基础知识 …… 1

　　任务一　汽车性能检测与故障诊断入门 …… 2
　　任务二　汽车故障及其规律的认知 …… 6
　　任务三　汽车故障诊断方法的认知 …… 10
　　任务四　汽车故障诊断参数的选用 …… 12
　　思考与实践 …… 18

项目二　汽车整车性能检测与故障诊断 …… 20

　　任务一　动力性检测与故障诊断 …… 22
　　任务二　经济性检测与故障诊断 …… 28
　　任务三　安全性能检测与故障诊断 …… 33
　　任务四　通过性与影响因素分析 …… 51
　　任务五　舒适性检测 …… 55
　　任务六　环保性能检测与故障诊断 …… 62
　　思考与实践 …… 76

项目三　汽车发动机的性能检测与故障诊断 …… 79

　　任务一　发动机的动力性检测与故障诊断 …… 81
　　任务二　发动机的气缸密封性检测与故障诊断 …… 86
　　任务三　电控汽油机燃油喷射系统的检测与故障诊断 …… 95
　　任务四　发动机的起动系性能检测与故障诊断 …… 118
　　任务五　汽油机电子控制点火系统检测与故障诊断 …… 125
　　任务六　发动机润滑系统检测与故障诊断 …… 140
　　任务七　发动机冷却系统检测与故障诊断 …… 146
　　任务八　汽油机进气控制系统检测与故障诊断 …… 150
　　任务九　发动机异响故障的诊断与排除 …… 160
　　任务十　电控发动机综合故障的诊断与排除 …… 166
　　思考与实践 …… 184

项目四　汽车底盘的性能检测与故障诊断 …… 188

　　任务一　传动系统的检测与故障诊断 …… 189
　　任务二　转向系统的检测与故障诊断 …… 209
　　任务三　制动系统的检测与故障诊断 …… 225
　　任务四　行驶系统的检测与故障诊断 …… 235
　　思考与实践 …… 251

项目五 汽车电气系统的检测与故障诊断 …254

任务一 电气系统的故障特点与诊断方法 …255

任务二 电源系统的检测与故障诊断 …261

任务三 仪表与照明信号系统的检测与故障诊断 …269

任务四 中控门锁与防盗系统的检测与故障诊断 …276

任务五 CAN—BUS系统检测与故障诊断 …294

思考与实践 …300

参考文献 …302

项目一 汽车性能检测与故障诊断的基础知识

 知识点

1) "预防为主、定期检测、强制维护、视情修理"是我国目前的汽车维修管理原则。
2) 基本概念:汽车性能检测、汽车的技术状况、汽车的故障。
3) 汽车技术状况变差的主要外观症状。
4) 汽车性能检测的分类与检测技术规范及标准。
5) 汽车故障的分类、产生故障的原因、发生故障的规律,即浴盆曲线。
6) 汽车技术性能下降或发生故障的症状表现形式。
7) 汽车故障诊断的方法:人工经验诊断法、现代仪器设备诊断法、汽车故障的自诊断法。
8) 进行汽车故障诊断的总的原则。
9) 汽车故障诊断参数类型、诊断参数的选择、汽车诊断参数标准、常用的汽车诊断参数。

知识目标

1) 了解和掌握汽车检测与故障诊断的基本概念。
2) 熟悉汽车性能检测的种类与其主要内容。

3) 掌握汽车故障的种类与发生的规律。

技能目标

1) 能够认知汽车故障诊断常见检测设备。
2) 能够分辨汽车故障表现出来的不同的内在和外表的特征。
3) 能够掌握汽车故障诊断的基本思维方法。

项目概述

随着汽车工业的不断发展和人们生活水平的不断提高，我国汽车保有量在迅猛地增加，同时，对汽车各项性能的要求也越来越高。为了能够随时掌握汽车运行的技术状况，合理地使用汽车，确保汽车运行安全、可靠、稳定，延长汽车使用寿命，我国从20世纪90年代末开始，先后颁布了《汽车运输业车辆技术管理规定》《汽车修理质量管理办法》《汽车运输业车辆综合性能检测站管理办法》《机动车运行安全技术条件》《营运车辆综合性能要求和检验方法》等一系列规章和标准，建立了以"预防为主、定期检测、强制维护、视情修理"为核心的汽车维修管理体系。不断提高汽车性能检测与故障诊断的技术水平是认真贯彻执行我国现行车辆运行、维修、管理制度的根本保证。本项目开设汽车性能检测与故障诊断入门、汽车的故障及其规律的认知、汽车故障诊断方法的认知、汽车故障诊断参数的选用等四个学习任务。

任务一　汽车性能检测与故障诊断入门

案例思考

小明家买了台新车搞营运已经有一年左右了。一天，小明又和爸爸开车出发了，可是行走到半路上，在接受交通警察和运输管理人员检查时被告知：小明的爸爸要接受违章处罚，主要原因是车辆没有按照国家相关规定进行检车。当时小明百思不得其解，我家的车是新车呀，怎么还要检车呢？这是为什么呢？

请大家也认真思考一下，帮助小明解开这个疑惑。

相关知识与技能

一、汽车性能检测与故障诊断的基本概念

汽车性能检测与故障诊断是通过对汽车性能进行检查、测试、分析，从而对其技术状况做出评价或判断的一项技术。通过对汽车进行性能检测和故障诊断，在整车不解体情况下判断汽车的技术状况，为汽车能否继续运行或进行维修提供可靠依据。

"汽车的性能检测"是指在汽车使用过程中，主动地对汽车的动力性、经济性、安全性和环保性能等多方面进行检查测试，以便对相关的性能做出评价，对发现的问题做出及时调整，确保汽车具有良好的运行技术状况。

"汽车的故障诊断"是指在汽车出了故障之后，在整车不解体情况下，通过检查测试，判断出现故障的原因和故障点，并指出排除故障的方法。所以故障诊断的目的是为了"排除故障"。

汽车技术状况是定性、定量测得的表示某一时刻汽车外观和性能的参数值的总和。就是说，汽车技术状况包括外观和性能两大方面，可进行定量评定。

汽车技术状况定量评定参数分为结构参数与技术性能参数两大类。结构参数是表征汽车结构的各种特性的物理量，如自由行程、几何尺寸、电学和热学的参数等。技术性能参数是评价汽车性能的物理量和化学量，如发动机的输出功率、油耗和排放值等。

汽车技术状况可分为完好技术状况、不良技术状况和极限技术状况。

汽车完好技术状况是指汽车完全符合技术文件规定要求的状况，汽车技术状况的各种参数值，都完全符合技术文件的规定。处于完好技术状况的汽车，能正常发挥其全部功能。

汽车不良技术状况是指汽车不符合国家或交通部发布的技术文件规定要求的状况。可能是汽车处于不良的技术状况，不能完全发挥汽车应有的功能；也可能仅是汽车的外观、外形或其他次要性能的参数值不符合技术文件规定，而又不致完全影响汽车发挥自身的功能，如前照灯的损坏并不影响汽车在白天行驶。

汽车极限技术状况是指汽车技术状况参数达到了技术文件规定的极限值的状况。

汽车技术状况变差的主要外观症状：最高车速降低；加速时间与距离增长；油耗增加；制动迟缓、失灵；转向沉重；行驶中车身发抖、摆头；汽车有异响、冒黑烟、有异味，运行中因为技术故障而停歇的时间增多。

汽车技术状况的评价衡量指标：用工作能力或性能来评价，包括动力性、经济性、使用方便性、行驶安全性、载质量或容积等。

汽车技术状况变化的根本原因是零件的损坏。因为一辆汽车由上万个零件组成，零件好坏是决定汽车技术状况的关键因素，对零件有结构、材料、尺寸精度、几何精度和表面质量等要求；对组件和总成有配合特性、位置误差或技术特性要求。而零件损坏的具体原因有自然磨损、腐蚀、疲劳、变形、老化和偶然损伤。

影响汽车技术状况变化的因素，首先是结构设计、制造工艺，其次是运行条件、燃润料的品质及机动车运行的合理性。

汽车技术状况变化规律表现为渐发性和突发性两种。渐发性变化规律是指汽车技术状况的变化随行驶时间或里程单调变化。而突发性变化规律是指随机的、偶发的、非必然的变化规律，所以又称为随机变化规律。其相关因素有偶然因素、驾驶操作水平、零部件质量、缺陷、承载超标准等。

二、汽车性能检测的种类与内容

汽车性能检测的种类，根据检测目的的不同分为汽车安全环保检测、综合性能检测及故障诊断检测三种。

1. 汽车安全环保检测

汽车安全环保检测是在汽车不解体的情况下，对机动车有关保证交通安全及涉及环境保护方面的项目进行的检查和测量，主要包括制动性能检测、转向轮侧滑检测、车速表校核、前照灯检测及汽车排放与噪声的检测。安全环保检测主要依据是 GB 7258—2012《机动车运行安全技术条件》，针对所有上路行驶的机动车定期实施强制检测。安全环保检测有流动检测和检测线检测两种方式。检测周期一般为一年。安全环保检测站隶属于公安交通管理部门。

2. 汽车综合性能检测

汽车综合性能检测是在汽车不解体的情况下，对运营车辆有关综合性能检测方面的项目进行的检查和测试。主要是在安全环保检测项目的基础上又增加了发动机功率检测、底盘输出功率检测、燃油消耗量检测、滑行距离与时间检测、转向角与车轮定位检测、悬架性能检测等项目。综合性能检测主要依据是 GB 18565—2001《营运车辆综合性能要求和检验方法》，针对运营车辆定期实施强制检测。另外，综合性能检测还依据 JT/T 198—2004《营运车辆技术等级划分和评定要求》担负车辆技术等级评定的工作。同时，综合性能检测还可以担负车辆维修质量检测和汽车发动机、底盘故障诊断的工作。一般检测周期为一季度。综合性能检测站隶属于交通运输管理部门。

通过定期的检查测试，既可以保持汽车经常处于良好的技术状况，改善汽车性能，又可以延长使用寿命。

3. 汽车故障诊断检测

汽车故障诊断检测是指在整车不解体情况下（或仅卸下个别小件）从故障症状出发，通过问诊试车、分析研究、推理假设、流程设计、测试确认、修复验证，查出发生故障的相关参数信息的检测，最终达到发现故障原因和故障部位的汽车应用技术。

其目的是为诊断故障部位和故障产生原因提供科学、准确的依据，使汽车故障诊断从定性诊断发展为定量诊断，从而可以有针对性地确定故障的排除方法，提高故障的排除效率，使汽车尽快恢复正常使用。故障诊断检测可提高汽车的安全性，降低汽车对环境的污染，保证汽车的良好综合性能，及时排除故障，延长汽车的使用寿命。汽车故障诊断检测服务于汽车维修企业部门。

4. 汽车检测站基本组成简介

按照我国交通部《汽车运输业车辆综合性能检测站管理办法》（第 29 号令）的规定，汽车检测站的主要任务如下：

1）对在用运输车辆的技术状况进行检测诊断。

2）对汽车维修行业的维修汽车进行质量检测。

3）接受委托，对汽车改装、改造、报废及其有关新工艺、新技术、新产品、科研成果等项目进行检测，提供检测结果。

4）接受公安、环保、商检、计量和保险部门的委托，为其进行有关项目的检测，提供检测结果。

汽车检测站主要由一条至数条检测线组成。有些相对独立、完整的检测站，除检测线外还有停车场、清洗站、泵气站、维修车间、办公区和生活区等。

安全检测站：一般由一条至数条安全环保检测线组成。

维修检测站：一般由一条至数条综合检测线组成。

综合检测站：一般由安全环保检测线和综合检测线组成，可以各为一条，也可以各为数条。我国建成的检测站大多属于综合检测站，一般由一条安全环保检测线和一条综合检测线组成，如图 1-1 所示。

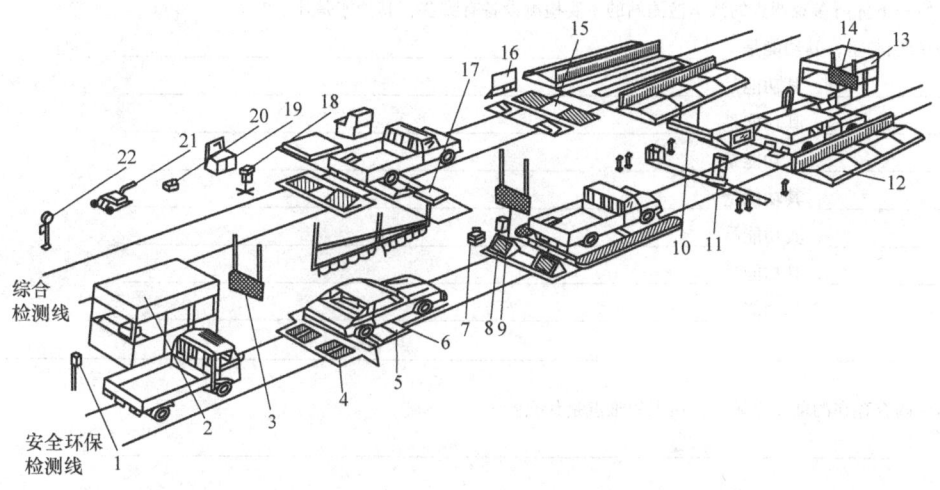

图 1-1　双线综合检测站示意图

1—进线灯　2—进线控制室　3—L 工位检验指示灯　4、15—侧滑试验台　5—动力试验台　6—车速表试验台　7—烟度计　8—尾气分析仪　9—ABS 工位检验程序指示器　10—HX 工位检验程序指示器　11—前照灯检测仪　12—地沟系统　13—主控制器　14—P 工位检验程序指示器　16—前轮定位监测仪　17—底盘测功试验台　18、19—发动机综合检测仪　20—机油洁净性分析仪　21—就车式车轮平衡机　22—轮胎自动充气机

 特别提示

汽车综合检测站分为 A、B、C 三种职能等级类型。C 级能承担在用车辆技术状况检测；B 级能承担汽车技术状况检测和维修质量检测；A 级能全面承担汽车技术状况检测、车辆技术等级检测、维修质量检测和接受有关部门委托对汽车相关项目进行检测。

 实践活动

在老师的组织下，到所在市、区的汽车检测站，进行一次实地考察，对参观的车辆检测站的检测流程和使用设备做详细记录，认真填写实训记录表（表 1-1）。

表 1-1　实训记录表

姓名		学号		参观时间	
参观地点		检测站类型		VIN 码	

1. 描述检测流程。（提示：从被检车辆进入的第一个检测工位开始，到检测完毕所经过的工位）首先进入_____工位；然后依次进入_____；最后经过_____检验后，汽车驶出_____线。

2. 了解一下你所参观调查的汽车检测站的主要检测设备有哪些，其功能是什么？
1) 进线控制室，其功能是_____。
2) _____，其功能是_____。
3) _____，其功能是_____。
4) _____，其功能是_____。
5) _____，其功能是_____。
6) _____，其功能是_____。
7) _____，其功能是_____。
8) _____，其功能是_____。

3. 本次调查存在的疑问有哪些？最大的难点是什么？
_____
_____

4. 指导老师评语

任务二　汽车故障及其规律的认知

案例思考

　　小明经过上次和爸爸出车受罚后，学习了许多关于车辆安全使用的法规和相关的理论知识。可最近又有不解的问题了：汽车有什么样的症状可以判断为有故障呢？为什么会出现故障呢？有没有规律可循呢？带着这些问题，他请教了张技师。张技师系统地给小明做了解答。
　　请大家也思考一下，根据自己已经掌握的知识能不能回答小明的问题。

相关知识与技能

　　汽车出现故障是指汽车部分或完全丧失工作能力的现象。它包括汽车不能行驶，功

不正常或个别性能指标超出规定的技术标准要求。汽车出现故障后，不但有症状表现，而且可根据对故障分析的角度不同，将故障分为多种类型，从中找到发生故障的原因及其规律。

一、汽车出现故障的症状表现

汽车的使用条件十分复杂，形成故障的原因也多种多样，要准确地判断汽车故障，必须熟悉其表现出来的不同的内在和外表的症状，并根据这些症状迅速排除。虽然故障症状千差万别，但根据实践经验归纳起来大致可分为以下几种表现形式，见表1-2。

表1-2　故障症状类型表

症状类型	症状特征	表现形式
运行工况异常	汽车在起动和行驶中工况突变；故障症状明显，容易察觉	发动机不易起动或起动后运转不稳定；动力性突然降低；制动失灵或跑偏等
外观异常	外表上的变化能直接反映出来	车身歪斜；表面变形；灯不亮等
气味异常	可用鼻子嗅出的不正常气味	烧橡皮臭味；烧蚀时的焦烟味；排气管排出的烟雾味、生油味等
温度异常	冷却液温度表的指示超过正常值，或用手指触摸时能感觉温度过高	发动机（正常值：85～105℃）、变速器总成、驱动桥总成、制动鼓总成等（正常值：50～60℃）过热，超过规定值
排烟颜色异常	排出的尾气有明显的颜色	尾气明显呈黑色（燃烧不完全）、蓝色（烧机油）或白色（有水）等
油耗异常	燃油、润滑油消耗超过规定值	燃油、润滑油的消耗量与相同行驶条件相比明显超过
声响异常	不正常的金属敲击声，或其他不应有的声音	如敲缸响、活塞销响、轴承响、窜气声及传动轴响等
仪表、警告灯异常	观测工况的仪表指示读数超过正常或警告灯亮	机油压力表指示过高或过低；冷却液温度表显示温度过高；故障指示灯亮
失控或抖动	出现操纵困难或失灵、不允许的自身振抖	前轮摆头或行车跑偏；传动系统在运转中的振抖
渗漏现象	症状明显，可直接观察发现渗漏	燃油、润滑油、冷却液、制动液以及动力转向系油液等的渗漏

实际上，导致汽车故障的原因是非常复杂的，有的故障原因涉及的因素相当广泛，可达几十种之多。遇到具体故障时，首先应搞清故障的特征，然后由简到繁，由表及里，逐步深入，进行认真检查和推理分析，最后做出正确的判断，并进行调整或修复。

二、汽车故障的分类

汽车故障的类型，根据不同的分类方式有多种。不同的故障分类方法、故障的类型及特点，见表1-3。

表1-3 汽车故障类型表

分类方法	故障类型	故障特点	备注
按故障存在的形式分	电气故障	检测相对容易	如：电路断路
	机械故障	检测相对较难	如：发动机异响
按故障形成的速度分	突发性故障	无任何征兆，无法通过诊断预测	如：爆胎、导线脱落
	渐发性故障	由于零件磨损、疲劳、变形、腐蚀、老化等原因引起，通过早期诊断预测	如：配合副间隙变大；导线老化、漏电
按故障存在的时间分	间歇性故障	只是在引发故障的原因短期存在的条件下才显现	如：气阻现象；电路接触不良
	永久性故障	只有在更换某些零件后才能使其得以排除	如：发动机拉缸、轴瓦烧损
按故障显现的情况分	可见故障	可以通过直接感受和测定参数确定	如：发动机不能起动
	潜在故障	正在发生但尚未对功能产生影响	如：零件的裂纹
按故障发生的原因分	人为故障	由于人的行为不慎而造成的故障，起因于汽车设计、制造、维修过程中的人为因素	如：不合格的零、部件，装配调整不当
	自然故障	由于不可抗拒的原因而形成的故障	如：零件的自然磨损、电气元件的老化
按故障造成后果的严重程度分	轻微故障	不会导致汽车停驶或性能下降，不需要更换零件，用随车工具（5min）轻易排除	如：紧固件松动；插接器松脱
	一般故障	使汽车停驶或性能下降，但一般不导致主要零件、总成严重损坏，并可用易损备件和随车工具在短时间（30min）内排除	如：油封漏油；轴承磨损
	严重故障	主要零件、总成严重损坏；不能用易损备件和随车工具在短时间（30min）内排除	如：变速器严重异响
	致命故障	危及汽车行车安全，导致人身伤亡	如：主要总成报废

三、汽车故障产生的原因

汽车是一个结构非常复杂的整体，所以其故障的产生绝不是单方面的原因，主要因素与下列原因相关。

1. 工作条件恶劣

工作部件间或工作部件与介质之间的相互作用，引起零部件的受力、变形、发热、磨损、腐蚀等。道路、气候、环境、使用强度（车速、载荷、维护、驾驶等）变化等使汽车零件承受冲击载荷、交变应力。

2. 设计制造缺陷

零件因设计不合理、选材不当、制造工艺不良而存在的先天不足（如应力集中现象、操作不当产生的残留应力、表面制造缺陷造成的磨损等）。

3. 使用维修不当

车辆超载运输、润滑不良、滤清效果不好、违反操作规程和汽车维护修理不当都是故障产生的根源。

4. 燃料、润滑油选用不正确

根据车型选用燃料和润滑油，是保证汽车正确使用的必要条件。如要求使用93号汽油的车辆，选用了90号的汽油，发动机就会产生爆燃，击穿气缸垫，或烧毁活塞顶，并使动力性下降；高压缩比、热负荷大的汽油机使用与之不配套的机油，会产生气缸、活塞配合副的早期磨损；柴油车在严寒地区使用高凝固点的柴油，会出现起动困难等。

5. 管理方面的问题

由于使用单位和个人不了解或不严格执行车辆技术管理规定，导致车辆使用不合理、维护不定期、修理不及时。使用中不重视日常维护（检查、紧固、润滑、清洁）；新车或大修车不严格按要求进行磨合；不执行出车前、行驶中、收车后的"三检"规定等，均会使随机故障频发，不但影响了汽车使用寿命，而且危及行车安全。

四、汽车故障变化规律

汽车故障变化规律是指汽车的故障率随汽车行驶里程的变化而变化的规律。汽车故障变化规律曲线是汽车的故障率与汽车行驶里程的关系曲线，如图1-2所示，俗称浴盆曲线。

汽车故障变化规律曲线将汽车故障分为早期故障期、随机故障期和耗损故障期三个时期。

早期故障期相当于汽车的磨合期，在早期故障期随着行驶里程的增加，故障率迅速下降。

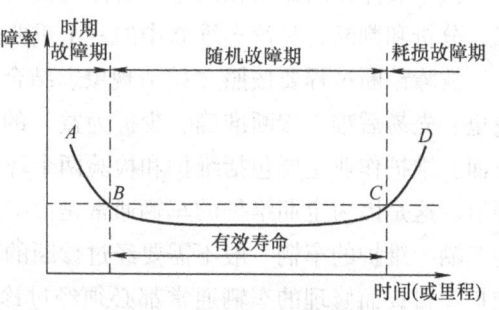

图1-2 汽车故障变化规律曲线

在随机故障期（偶发故障期），汽车处于最佳状态，其故障率低且稳定，随着行驶里程的增加，故障率缓慢上升。随机故障期对应的行驶里程一般称为汽车的有效寿命。

在耗损故障期，由于零部件磨损量急剧增加，大部分零部件老化、耗损，故障率急剧上升，出现大量故障，若不及时维修，将导致汽车或总成报废。对汽车实施及时有效的维修可延长汽车的使用寿命。

> **特别提示**
>
> 汽车在使用周期内的不同阶段，零、部件所发生的故障有不同的规律和特点。了解和掌握这些规律和特点可以大大提高故障诊断效率。

任务三　汽车故障诊断方法的认知

案例思考

最近，小明对学习汽车使用、维修方面的知识着迷了，经常去汽车4S店或汽车维修厂看维修汽车作业。可看着看着，他又发现了很多不解的地方：有故障的汽车一到张技师的手里，怎么就能很快地修理好呢？为什么有的时候用设备仪器检查车，可有的时候只是看一看、摸一摸、听一听就知道检修哪里呢？他忍不住又去请教张技师。张技师和以往一样，做了详细讲解。

诸位是不是也想探索这里的秘密呢？

相关知识与技能

汽车故障诊断是指在汽车不解体的情况下，对故障发生的部位、原因进行的检查、测量、分析和判断，是汽车维修中的一个重要环节。

故障诊断过程要按照"搞清现象、结合原理、区别情况、周密分析、从简到繁、由表及里、先易后难、诊断准确、少拆为益"的原则。汽车维修包括汽车维护和汽车修理两个方面。维护作业主要包括维护和检验两个环节；而修理作业则包括检验、诊断、修理三个环节。这是因为定期维护的车辆通常是没有故障的车辆，而视情修理的车辆都是带有故障的车辆。维护的车辆一般不需要经过诊断的环节，只需根据行驶里程就可以确定要实施的维护项目；而修理的车辆通常都必须经过诊断的环节，才能够确定要修理的项目。所以，汽车故障诊断是汽车维修工作中维护、修理、检验、诊断四个环节中技术水准最高的一个重要环节，要求诊断人员既有较高的理论水平，又必须具备丰富的实践经验和较强的检测仪器、设备的使用能力。

目前，进行汽车故障诊断的方法有人工经验诊断法、现代仪器设备诊断法和汽车故障的自诊断法。

一、汽车故障的人工经验诊断法

汽车故障人工经验诊断法是指诊断人员凭丰富的实践经验和一定的理论知识，在汽车不解体的情况下，靠直接观察、感觉或采用简单工具，通过原地检查或道路试验，进而对汽车的故障部位和产生的原因做出判断的一种方法。这种方法不需要专用仪器、设备；准确性取决于诊断人员的技术水平，较适合于诊断比较常见和明显的机械性故障，为"定性诊断"。虽然现代故障诊断仪器、设备得到了普遍应用，但检测出来的结果还是离不开人的分析和判断，所以"问""看""听""嗅""摸""试"这种人工直观诊断的经验法绝不能忽视，应该将现代仪器设备诊断法与人工经验诊断法有机地结合起来，使故障诊断水

平得到不断提升。

一"问"就是调查，问驾驶人：车辆行驶里程，经常运行的条件，维护情况，车辆技术状况，故障产生的时间和具体症状，在什么地方维修过（防止产生人为的故障）等问题，这对准确诊断分析故障有很重要的参考价值。

二"看"就是查看发动机工作状况，如排气颜色，机油颜色及液面、消耗量是否正常，排气管颜色，各部件是否漏油，然后再综合进行判断。

三"听"就是仔细倾听发动机各部件的工作响声，并和正常响声比较分析判断出哪些部位响声异常，异响是发生故障和产生事故的前兆，必须认真对待。

四"摸"就是用手摸有关部位的温度和振动情况，轻拉电控系统的接口连接线路是否松动、锈蚀等，从而可以判断相应部件工作是否正常。

五"嗅"就是汽车发动机正常工作时应无异味产生，若嗅到有浓汽油或柴油味而且有辣眼睛的感觉、橡胶烤焦味、烧摩擦片味等，表示有故障，必须仔细检查产生味源的部位。

六"试"就是通过试车，对汽车发动机、底盘的技术状况（如各缸工作是否均匀，高速工作是否间断和振动，急加速、减速过渡是否平滑稳定，是否有爆燃、敲缸等）进行检测。

二、汽车故障的现代仪器设备诊断法

汽车故障的现代仪器设备诊断法是指在汽车不解体情况下，利用诊断仪器设备检测整车、总成和机构的参数、曲线、波形，为分析、判断技术状况提供定量依据。

目前可供利用的仪器设备有汽车自诊断故障诊断仪（电控发动机、电控自动变速器、ABS等）、内窥镜、万用表、点火正时灯、气缸压力表、真空表、燃油油压表、声级计、流量计、油耗仪、示波器、气缸漏气量检测仪、曲轴箱窜气量检测仪、气体分析仪、烟度计以及功能比较齐全的测功机、四轮定位仪、制动试验台、侧滑试验台、发动机综合检测仪、底盘测功机等。仪器设备提供了可靠的依据，使汽车故障诊断从定性诊断发展为定量诊断。

现代仪器设备诊断法的特点是，采用微机控制的现代电子仪器设备，能自动分析、判断、存储并打印出汽车各项性能参数，具有检测速度快、准确性高、能定量分析、可实现快速诊断等优点；但同时也具有投资大、占用厂房、操作人员需要培训、检测成本高等缺点。

这种诊断方法适用于汽车检测站和中、大型维修企业。使用现代仪器设备诊断法是汽车诊断与检测技术发展的必然趋势。

三、汽车故障的自诊断法

电控发动机的自诊断系统故障警告灯亮后，表明电控系统检测出故障，应当及时给予排除。而排除故障的前提就是按正确的检测程序进行。关键是提取故障码，而提取故障码的方法有手工调码和故障诊断解码仪读码两种。根据故障码进行故障排除，然后再将故障码清除。这种汽车故障自诊断系统又称为OBD。电控发动机、电控自动变速器、ABS等自诊断故障解码仪有专用和通用型。

汽车故障的自诊断系统能检测出汽车工作不正常的地方，并能将故障的具体位置反映出

来，既能防止带故障的车一直驾驶，又能大大缩短检查故障的时间。但目前还有部分车辆的自诊断系统是自成体系，不具有通用性，因而不利于推广，给汽车的售后服务和维修造成了一定的困难。因此，自诊断系统必须标准规范，这样其诊断模式和诊断接口便可统一，只用一台仪器便可对各种车辆进行诊断和检测，从而大大推进汽车故障自诊断系统的发展。

> **特别提示**
>
> 在进行汽车故障诊断时，要学会综合、灵活运用各种诊断方法，才能达到事半功倍的效果。

实践活动

在实习指导老师的引导下，利用所了解的汽车故障诊断方法进行简单故障的查找。要求以小组为单位，填写好实训记录表（表1-4）。

表1-4 实训记录表

姓名		学号		检查时间	
检查地点		检查车型		VIN码	
确认故障现象	□发动机不起动 □怠速不稳 □发动机回火或放炮 □故障指示灯亮					
选用诊断设备	□故障解码仪 □示波器 □汽车专用万用表 □内窥镜 □点火正时灯 □气缸压力表 □真空表 □气体分析仪 □四轮定位仪 □燃油油压表					
诊断方法	1）用_____检测_____等元件或部位。 2）检测_____等参数。					
诊断结果	1）_____工作不良。 2）_____元件工作参数超标。					
老师点评						

任务四　汽车故障诊断参数的选用

> **案例思考**
>
> 最近，小明通过学习，掌握了不少汽车检修方法方面的知识。不过他不明白什么是故障诊断参数？那么多的诊断参数，维修检测时如何选择？参数的标准是什么？常用的汽车技术诊断参数又有哪些？这些问题在困扰着他。
>
> 这次请大家来思考一下，共同帮助小明吧。

相关知识与技能

汽车故障诊断参数是指供诊断用的，表征汽车总成、机构技术状况的参数。汽车的某些结构参数，如间隙、磨损量等，虽然可以表征汽车的技术状况，但在不解体的情况下直接测量往往受到限制，所以在不解体的情况下检测诊断汽车的技术状况时，需要采用一种既与结构参数有关，又能表征不解体测量汽车技术状况的间接的量或指标，该间接的量或指标是一些可供测量的物理量或化学量，即汽车故障诊断参数。

一、汽车故障诊断参数类型

按汽车故障诊断参数形成的原则分类，汽车故障诊断参数可分为工作过程参数、伴随过程参数和几何尺寸参数。

1. 工作过程参数

工作过程参数是汽车、总成和机构在工作过程中输出的一些可供测量的物理量和化学量。它反映了汽车、总成和机构技术状况的主要信息，是对汽车综合评价的主要依据，通常用做初步诊断。例如发动机功率、驱动车轮输出功率或驱动力、汽车燃油消耗量、制动距离、制动力或制动减速度以及滑行距离、废气中有害物质的含量等。它们往往能表征诊断对象的总体技术状况，适合于总体诊断。工作过程参数也是深入诊断的基础，汽车不工作时，工作过程参数无法测得。

2. 伴随过程参数

伴随过程参数是伴随汽车工作过程输出的一些可测量值，如振动、噪声、异响和过热等。它可提供诊断对象的局部信息，其通用性强，常用于复杂系统的深入诊断。在汽车不工作或工作后已停驶较长时间的情况下，无法检测伴随过程参数。

伴随过程参数一般不直接体现汽车或总成的功能，但却能通过其在汽车工作过程中的变化，间接反映诊断对象的技术状况，如噪声、振动、发热等。

3. 几何尺寸参数

几何尺寸参数可提供总成、机构配合零部件之间或独立零部件的技术状况，如配合间隙、自由行程、车轮定位参数、圆度、圆柱度、轴向圆跳动和径向圆跳动等。

在确定汽车技术状况或判断某些复杂故障时，需采用不同的诊断参数进行综合诊断。

二、诊断参数选择

汽车诊断参数的选择和确定，应研究诊断参数随汽车技术状况变化的规律，从技术上和经济上综合分析确定。为了保证诊断结果的可信性和准确性，所确定的诊断参数应符合表1-5所示的选用原则要求。

表1-5 诊断参数选择原则类型表

原则类型	特 性 要 求
灵敏度	应优先选择灵敏性高的诊断参数，以提高汽车故障诊断的可靠性
单值性	诊断参数与技术状况参数应选用具有单值对应关系，没有极值的参数

(续)

原则类型	特性要求
稳定性	在相同的测试条件下，诊断参数的多次测量值应具有良好的一致性
信息性	诊断参数的信息性越强，诊断目标的不稳定性越小，则诊断的结论越可靠
经济性	获得该参数的测量值所需的检测作业费用越少，则该参数经济性越好
方便性	诊断参数在用于实际诊断时，其设备、工艺应简单方便，且测量容易，否则在使用过程中难以推广普及

三、汽车诊断参数标准

诊断标准就是从技术和经济的观点出发，在汽车正常运行时，表示汽车处于某种工作能力状态下所测的诊断参数界限值，即各种状态参数变化量的允许值。

诊断参数标准与诊断标准在内容上是不完全相同的。诊断标准是对汽车诊断的方法、程序、技术要求和限值等的统一规定。诊断参数标准仅是对诊断参数限值的统一规定，是诊断标准的一部分，有时也简称为诊断标准。

1. 诊断参数标准

诊断参数标准是指对汽车诊断参数限值的统一规定。它是从技术、经济的观点出发，表示汽车处于某工作能力下所测得诊断参数的界限值，一般包括诊断参数初始标准、诊断参数许用标准、诊断参数极限标准。

诊断参数的初始标准（T_f）：相当于无技术故障的新车诊断参数的大小。

诊断参数的许用标准（T_P）：汽车无需维护修理可继续使用时，诊断参数的允许界限值。它是汽车维修工作中定期检测的主要标准。当诊断结果超过许用标准时，即使汽车还有工作能力，也需要进行维修，否则汽车的技术经济性能将会下降，故障率上升。

诊断参数的极限标准（T_L）：是指汽车即将失去工作能力或技术性能即将变坏时所对应的诊断参数值。当汽车技术状况低于极限标准值后，汽车技术经济性能严重下降，甚至不能继续使用。

2. 诊断标准分类

汽车诊断标准按来源分类，可分为国家标准、行业标准、地方标准和企业标准四种类型。

国家标准是由国家制定的标准，冠以中华人民共和国国家标准字样（GB）。它一般由行业部委提出，由国家相关职能部门发布。此类标准具有强制性和权威性，主要涉及汽车的行车安全、环境保护等方面。例如 GB 7285—2012《机动车运行安全技术条件》。

行业标准一般冠以中华人民共和国某部或某行业标准，在行业范围内具有强制性和权威性。例如 JT/T 198—2004《营运车辆技术等级划分和评定要求》。

地方标准是省（直辖市、自治区）级、市（地）级、县级制定并发布的标准，在一定范围内具有强制性和权威性。

企业标准包括汽车制造厂推荐的标准、汽车运输和汽车维修企业内部制定的标准和检测设备制造厂推荐的参考性标准三种类型。

任何一级标准的制定和修订，既要考虑技术性和经济性，又要考虑先进性，并应尽量靠拢同类型国际标准。

3. 诊断周期及其应用

诊断周期是用汽车行驶里程或行驶时间表示的汽车检测与诊断的间隔期。最佳诊断周期是保证车辆的完好率最高且消耗费用最少的诊断周期。应该在满足技术和经济两方面的条件下，确定最佳诊断周期，如图 1-3 所示。图中 P_r 为初始值，P_d 为许用值，P_n 为极限值，D 为检测参数的允许变化范围，L_d 是诊断周期，A' 是继续行驶可能发生故障的点，B' 是继续行驶可能发生损坏的点，C 是损坏点，A 是 A' 后继续行驶到最近的诊断周期时采取维修措施，B 是维修后汽车恢复技术状况初始值。由图 1-3 可知，诊断周

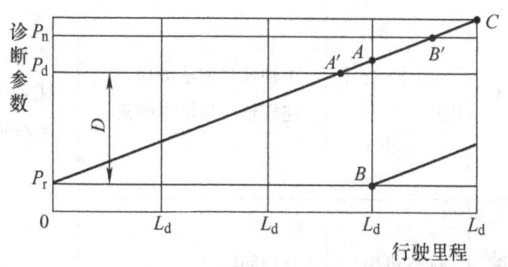

图 1-3　诊断参数随行驶里程的变化规律

期制定得合理与否决定了技术和经济两方面条件是否达到了最佳结合。

制定最佳诊断周期主要从以下几方面考虑：

1）汽车的技术状况。在汽车的新旧程度、行驶里程、技术状况等级、性能、结构特点、故障规律、零部件及配件质量不一的情况下，制定的最佳诊断周期显然也是不一样的。

2）汽车的使用条件。汽车的使用条件包括气候条件、道路条件、装载条件、驾驶技术、是否拖挂、燃油机油质量等。

3）汽车诊断的经济性。汽车诊断的经济性主要包括车辆检测诊断、维护修理、停驶耗损的费用总和。

四、常用的汽车诊断参数

为确定车辆的技术状态，分析故障产生原因及预测汽车技术状态变化趋势，对汽车总成或机构进行诊断时，常用的诊断参数见表 1-6。

表 1-6　汽车诊断常用参数

序号	诊断对象	诊断目的	诊断参数（名称、单位）	备注
1	发动机总成	发动机总体性能	功率（kW） 曲轴角加速度（rad/s^2） 单缸断火时功率下降率（%） 单缸断火时转速下降率（%） 油耗（L/h） 排放废气中 CO、CH 和 NOx 含量	对于电控发动机可以采用单缸断油的方式检测功率或转速下降率

（续）

序号	诊断对象	诊断目的	诊断参数（名称、单位）	备注
2	气缸活塞组	气缸与活塞磨损 活塞环安装状态	曲轴箱窜气量（L/min） 曲轴箱气体压力（kPa） 气缸间隙（mm） 气缸压力（MPa）	气缸间隙可采用检测振动信号参数的方法测量
3	曲柄连杆机构	主轴径与轴承磨损 连杆轴径与轴承磨损	主油道机油压力（MPa） 主轴承间隙（mm） 连杆轴承间隙（mm）	主轴或连杆轴间隙采用检测振动信号参数的方法测量
4	配气机构	气门间隙	气门热间隙（mm） 气门行程（mm） 配气相位（°）	
5	汽油发动机供给系	汽油泵供油状况 喷油器喷油状况 油压调节器状况 汽油滤清器状况 空气滤清器状况 涡轮增压器状况	供油系清洗前后的压差（MPa） 电动汽油泵供油量（L/min） 喷油器喷油量（L/min） 喷油器喷油均匀性误差（%） 有无真空作用的燃油压差（MPa） 空气滤清器后进气管的压力（MPa） 涡轮增压器的压力（MPa） 涡轮增压器润滑系的油压（MPa）	对于就车测量喷油器的喷油量，还应考虑相应传感器信号的检测结果及喷油量控制方式等因素
6	柴油发动机供给系	供油时刻 各缸供油均匀性 供油量 喷油泵柱塞与套筒间隙 喷油器喷油状况 滤清器状况	喷油提前角（°） 单缸柱塞供油延续时间（°） 各缸供油均匀度（%） 每工作循环供油量（mL） 高压油管压力波增长时间，曲轴转角（°） 喷油提前角的不均匀度，曲轴转角（°） 喷油器初始喷射压力（MPa） 燃油细滤器出口压力（MPa）	
7	润滑系	机油泵工作状况 机油散热器状况	机油压力（MPa） 曲轴箱机油温度（℃） 机油中金属元素含量 机油的污染程度	根据机油中金属元素含量可以诊断发动机主要摩擦副的磨损状况
8	冷却系	散热器工作状况 节温器工作状况 风扇工作状况	冷却液温度（℃） 散热器进出口冷却液温度差 风扇传动带张力（kN/mm） 风扇转速（r/min）	

（续）

序号	诊断对象	诊断目的	诊断参数（名称、单位）	备注
9	点火系	火花塞电极间隙 点火线圈 高压导线电阻 点火提前角 初级电路闭合角	初级电路电流（A） 次级电路电压（kV） 相应曲轴转角（°）	次级电路电压、点火提前角和闭合角可以通过点火波形进行测量与诊断
10	排放控制装置	燃油电控喷射系统 三元催化转换器 废气再循环（EGR） 活性炭罐	一氧化碳（CO）（%） 碳化氢（CH）（10^{-6}） 氮氧化合物（NOx）（%） 二氧化碳（CO_2）（%） 氧气（O_2）（%）	
11	起动系	起动机工作状况 蓄电池工作状况	起动机工作电流（A） 起动时蓄电池电压降（V）	
12	供电系统	发电机及其调节器 蓄电池工作状况	发电机输出电压（V） 发电机输出电流（A） 变速时发电机输出电压（V） 蓄电池电压（V）	
13	传动系	传动效率与磨损状况	底盘测功（kW） 滑行距离（m） 传动系噪声（dB）	
14	制动系	制动系统工作效能 制动系统工作状况	制动距离（m） 制动力（kN） 制动减速度（m/s²） 左、右轮制动力差值（kN） 制动滞后时间（s） 制动释放时间（s）	
15	转向系	转向轮定位状况	主销内倾（°） 主销后倾（°） 车轮外倾（°） 车轮前束（mm） 侧滑量（mm/km）	
16	行驶系	车轮平衡状况 减振器状态	车轮静平衡与车轮动平衡（g·cm） 减振器阻尼	
17	灯光	前照灯亮度 前照灯照射方向	前照灯照度（lx） 前照灯发光强度（cd） 光轴偏斜量（mm）	

思考与实践

一、选择题（将正确的答案序号填入括号内）

1. 汽车性能检测是在汽车使用过程中，（　　）地对汽车的动力性、经济性、安全性和环保性能等方面进行检查测试。
   A. 主动　　　　　　B. 被动　　　　　　C. 随意　　　　　　D. 周期

2. 汽车故障诊断是指在汽车（　　），在整车不解体情况下，通过检查测试，判断出现故障的原因和故障点，并指出排除故障的方法。
   A. 出现故障之后　　B. 疑似故障的时候　C. 出现故障之前　　D. 正常运行时

3. 表征汽车结构性参数的是（　　）。
   A. 发动机的输出功率　B. 制动距离　　C. L/100km　　D. 离合器自由行程

4. 评价汽车性能的技术参数是（　　）。
   A. 缸径　　　　　　B. 缸压　　　　　　C. 短路　　　　　　D. 轴距

5. 汽车工作时输出的一些可供测量的物理、化学量，或体现汽车或总成功能的参数是（　　）。
   A. 工作过程参数　　B. 伴随过程参数　　C. 几何尺寸参数　　D. 技术参数

6. 不是诊断参数标准的是（　　）。
   A. 初始标准　　　　B. 许用标准　　　　C. 极限标准　　　　D. 维修标准

二、判断题（用×或√）

（　　）1. 汽车性能检测与故障诊断是通过对汽车性能进行检查、测试、分析，从而对其技术状况做出评价或判断的一项技术。

（　　）2. 汽车技术状况是定性、定量测得的表示某一时刻汽车外观和性能的参数值的总和。

（　　）3. 结构参数是评价汽车性能的物理量和化学量。

（　　）4. 技术性能参数是表征汽车结构的各种特性的物理量。

（　　）5. 汽车诊断标准可分为国家标准、行业标准、地方标准和企业标准四种类型。

（　　）6. 汽车出现故障是指汽车部分或完全丧失工作能力的现象。

三、问答题

1. 确定的诊断参数应遵守什么样的原则？
2. 汽车技术状况变差的主要外观症状有哪些？
3. 汽车技术状况变化表现为什么样的规律？
4. 什么是诊断周期？确定最佳的诊断周期的相关因素是什么？
5. 什么是汽车的安全环保检测？其主要作业内容是什么？
6. 什么是汽车的综合性能检测？其主要作业内容是什么？
7. 什么是汽车故障诊断？其作用是什么？
8. 什么是汽车故障人工经验诊断法？

四、实践题

到汽车维修厂（或汽车实训室）或4S店做一次汽车维修生产调查。认真填写实训记录表（表1-7）。

表1-7 实训记录表

姓名		学号		调查时间	
调查地点		调查车型		VIN码	

1. 整理出所调查的维修车辆的车型、维修原因或部位，然后做出故障表现症状类型的判断。

1) _____型轿车（或货车），_____故障，有_____异常症状。
2) _____型轿车（或货车），_____故障，有_____异常症状。
3) _____型轿车（或货车），_____故障，有_____异常症状。
4) _____型轿车（或货车），_____故障，有_____异常症状。
5) _____型轿车（或货车），_____故障，有_____异常症状。

2. 了解一下你所调查的汽车维修企业所使用的汽车维修、检测设备有哪些，其功能是什么？

1) _____型故障分析仪，用于调取_____码，检测电控元件工作的数据流或波形。
2)
3)
4)
5)

3. 本次调查存在的疑问有哪些？最大的难点是什么？
_____
_____

4. 指导老师评语

项目二 汽车整车性能检测与故障诊断

学生：整车性能检测有什么用啊？需要掌握哪些知识呢？

技师：通过对整车性能进行检测，可以对汽车的技术状况做出评价或判断，确保汽车在良好的技术状态下运行，所以必须要学会以下的知识要点，才能胜任这项工作。

 知 识 点

1) 整车性能的概念。
2) 汽车动力性评价指标。
3) 动力性检测的道路试验法与测试内容。
4) 动力性检测的实验室内台架设备试验法与测试内容。
5) 汽车动力性下降的故障原因分析。
6) 整车动力性故障的诊断与排除。
7) 汽车经济性的概念与性能评价指标。
8) 汽车燃油消耗量的影响因素与进行汽车燃油量消耗量评价的意义。
9) 汽车燃油经济性的定义和常用的评价参数。
10) 检测燃油消耗量的方法：仪器设备法和就车检测法。
11) 汽车经济性下降的原因分析。

项目二 汽车整车性能检测与故障诊断

12）整车经济性故障的诊断与排除。
13）汽车安全性能检测的含义和检测内容。
14）汽车前照灯检测标准与检测方法及常见故障的排除。
15）汽车制动性能检测标准与检测方法及故障诊断方法。
16）车速表检测标准与检测方法及故障的诊断排除。
17）汽车前轮测滑量的检测与故障诊断。
18）汽车通过性的定义和评价指标及检测内容。
19）影响汽车行驶平顺性的因素分析。
20）汽车舒适性的定义和评价参数内容。
21）汽车空气调节性能评价标准和检测项目及方法。
22）汽车乘坐环境和操作性能的影响因素分析。
23）汽车环保性能检测的概念和检测内容。
24）汽车排放污染物的检测与故障诊断。
25）汽车噪声的检测与故障诊断。

知识目标

1）了解和掌握整车性能的基本概念。
2）掌握汽车各项性能指标的评价标准。
3）掌握汽车各项性能指标的检测内容。

技能目标

1）掌握整车各项性能指标的检测工艺流程。
2）掌握整车性能检验的设备种类与使用操作方法。
3）学会通过整车各项性能检测进行故障诊断的方法。

项目概述

整车性能是指汽车的动力性、经济性、安全性、通过性、舒适性、排放性等技术使用性能的总和。整车性能检测与故障诊断就是在汽车不解体情况下，通过对动力性、经济性、安全性、通过性、舒适性、排放性等使用性能指标进行检查、测试、分析，从而对其技术状况做出评价或判断，目的是确保汽车在良好的技术状态下运行。为了更好地掌握整车性能检测与故障诊断，本项目开设汽车的动力性检测与故障诊断、汽车的经济性检测与故障诊断、汽车的安全性能检测与故障诊断、汽车的通过性与影响因素分析、汽车的舒适性能检测、汽车的环保性能检测与故障诊断六个学习任务。

任务一　动力性检测与故障诊断

> **案例思考**
>
> 刚学会开车的小王开着一辆汽车来4S店找张技师，说：他开的车没有劲，要修车。张技师请他讲一下车没有劲的情况。小王说："前两天，因为制动不好，请人调了一下；因为发动机后部有漏油现象，所以还更换了发动机曲轴后油封"。这时站在张技师旁边的两位学员争论起来，一个说，这个故障很简单，是制动没调好造成的。另一个说，应该是离合器打滑造成的。两人互不相让，请张技师评判。张技师笑了笑，于是给他俩讲述了汽车的动力性能应该如何判断，怎样进行动力性能检测及汽车动力性下降的故障诊断程序方法。
>
> 大家思考一下应该如何进行汽车动力性能检测和故障诊断。

相关知识与技能

汽车的动力性是指汽车在良好路面上直线行驶时，由汽车受到的纵向外力决定的、所能达到的平均行驶速度。汽车是一种高效率的运输工具，运输效率之高低很大程度上取决于汽车的动力性。所以，动力性是汽车各种性能中最基本、最重要的性能。汽车动力性检测是确定汽车技术状况而进行的检查和测量。

一、整车动力性评价指标

根据GB 21861—2008《机动车安全技术检验项目与方法》的规定：一般常用汽车的最高车速、加速能力、最大爬坡度、发动机最大输出功率、底盘输出最大驱动功率作为动力性评价指标。

1. 汽车的最高车速

最高车速是指汽车以厂定最大总质量状态在风速≤3m/s的条件下，在干燥、清洁、平坦的混凝土或沥青路面上，能够达到的最高稳定行驶速度。

2. 汽车的加速时间

汽车的加速时间表示汽车加速的能力。常用原地起步加速时间与超车加速时间来表明汽车的加速能力。原地加速时间指汽车由Ⅰ档或Ⅱ档起步，并以最大的加速强度（包括选择适当的换档时机）逐步换档至最高档后达到某一高速所需的时间。

超车加速时间指用最高档或次高档由某一较低车速全力加速到某一高速所需的时间。对超车加速能力没有一致的规定，采用较多的是用最高档或次高档由30km/h或40km/h全力加速行驶至某一高速所需的时间。

3. 汽车的最大爬坡度

汽车的最大爬坡度是指汽车满载，在良好的混凝土或沥青路面的坡道上，汽车以最低前进档能够爬上的最大坡度。由于受道路坡道条件的限制，在汽车综合性能检测站通常不做汽车爬坡测试。

4. 发动机最大输出功率 P_{max}

发动机最大输出功率是指发动机在全负荷状态下，仅带维持运转所必需的附件时所输出的功率，又称总功率。此时被测试发动机一般不带空气滤清器、冷却风扇等附件。新出厂发动机的最大输出功率一般是指发动机的额定功率。额定功率是制造厂根据发动机具体用途，发动机在全负荷状态和规定的额定转速下所规定的总功率。

5. 底盘输出最大驱动功率 P_{max}

底盘输出最大驱动功率是指汽车在使用直接档行驶时，驱动轮输出的最大驱动功率。底盘输出最大驱动功率一般简称底盘输出最大功率，是实际克服行驶阻力的最大能力，是汽车动力性评价的一项重要指标。

根据 GB/T 18276—2000《汽车动力性台架试验方法和评价指标》的规定：

> 汽车动力性合格的条件：$\eta_{VM} \geq \eta_{Ma}$ 或 $\eta_{VP} \geq \eta_{Pa}$。
>
> 式中 η_{VM}——汽车在额定转矩工况下校正驱动轮输出功率与额定转矩功率的百分比（%）；
>
> η_{Ma}——汽车在额定转矩工况下校正驱动轮输出功率与额定转矩功率的百分比的允许值（%）；
>
> η_{VP}——汽车在额定功率工况下校正驱动轮输出功率与额定功率的百分比（%）；
>
> η_{Pa}——汽车在额定功率工况下校正驱动轮输出功率与额定功率的百分比的允许值（%）。

二、汽车动力性检测方法

汽车动力性检测可在道路上和实验室内进行。道路测试主要是测定最高车速、加速能力、最大爬坡度等评价指标。在实验室内主要是通过测试台架测量汽车的驱动轮输出功率和传动系传动效率等。

1. 汽车动力性道路测试

（1）测试条件　道路试验应在混凝土或沥青路面的直线路段上进行。路面要求平整、干燥、清洁、坡度不大于0.1%。试验时，大气温度应在 -10~30℃之间，风速不大于3m/s。

（2）道路试验测试项目

1）最高车速的测试。汽车在试验道路上行驶，达到最高车速后，测定汽车通过1km路段所需要的时间，计算出 V_{max} 值。通过的时间用光电测时仪或秒表来测定。

2）加速时间的测试。原地起步加速时间测定，汽车用Ⅰ档起步，节气门开度开至最大，按最佳换档时机，以最大的加速强度逐步换至高档，全力加速至100km/h的加速过程所需时间。也有用原地起步加速行驶 400m 所需的时间来表明汽车的加速性能。

超车加速时间测定，汽车在最高档工作，节气门开至最大，由 30km/h 加速至 $0.8V_{max}$ 的加速过程所需时间。

加速过程可采用车速测量仪，并配合磁带记录仪及 X - Y 记录仪，直接绘制出速度 - 时间和速度 - 行程曲线。不与地面接触的车速测量仪是利用光电原理和跟踪滤波技术，将车辆的行驶速度转换为电信号频率来测量汽车车速，安装方便，测量精度高，适用于高车速测量，最高测量速度可达 250km/h，但在低车速时测量误差大。加速过程也可以采用数字式电子装置五轮仪来测定，但用五轮仪进行试验时，由于道路不平使第五轮产生跳动和侧滑，影响测量精度。

3）最大爬坡度。测量汽车的最大爬坡度，应有一系列不同坡度的坡道，坡道长度应大于汽车长度的 2~3 倍。试验时，汽车接上最低档，以最低速度驶至坡前，然后迅速将节气门开至最大，驶上坡道。汽车所能爬上的最陡坡道的坡度，就是汽车的最大爬坡度。如果没有合适的坡度，坡度过大或过小，可以采用增减负荷或变换排档的方法，折算出最大爬坡度。汽车最大爬坡度如图 2-1 所示。

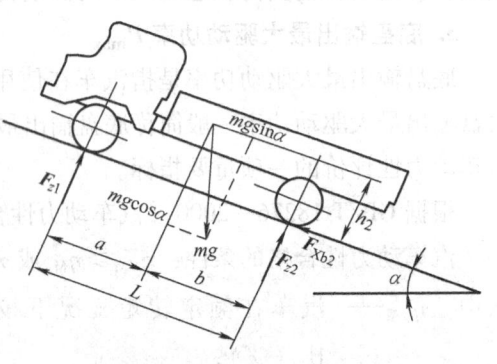

图 2-1　汽车最大爬坡度

$$\alpha_0 = \arcsin\left(\frac{G_a}{G}\frac{i_{g1}}{i_{ga}}\sin\alpha_a\right)$$

式中　α_0——换算后的爬坡度；

α_a——试验时实际爬坡度；

G——汽车最大总质量的重力；

G_a——试验时的汽车重力；

i_{g1}——变速器 I 档传动比；

i_{ga}——试验时变速器所用档位的传动比。

2. 汽车动力性台试检测

（1）动力性试验台的分类　汽车动力性台试检测是在底盘测功试验台（或者底盘测功机）上进行的。由于底盘测功试验台结构特性不同，所以分为下面几种类型：

按测功器形式分为水力式、电力式和电涡流式三种。

按测功装置中测功器冷却方式分为风冷式、水冷式和油冷式三种。

按滚筒装置承载能力分为小型（承载质量小于等于 3t）、中型（3~6t）、大型（6~10t）和特大型（大于 10t）四种。

（2）动力性试验台的功能　测功试验台的功能除能测试汽车驱动轮输出功率和传动系统的传动效率外，还可以测试汽车的加速性能、汽车的滑行能力、校验车速，以及汽车的燃油经济性和废气环保性能的检测。

（3）结构组成与工作原理　底盘测功机的结构主要由滚筒装置、测功装置（加载装置）、测量装置、电气控制及辅助等装置组成，如图2-2所示。一些底盘测功机还配备有油耗仪。

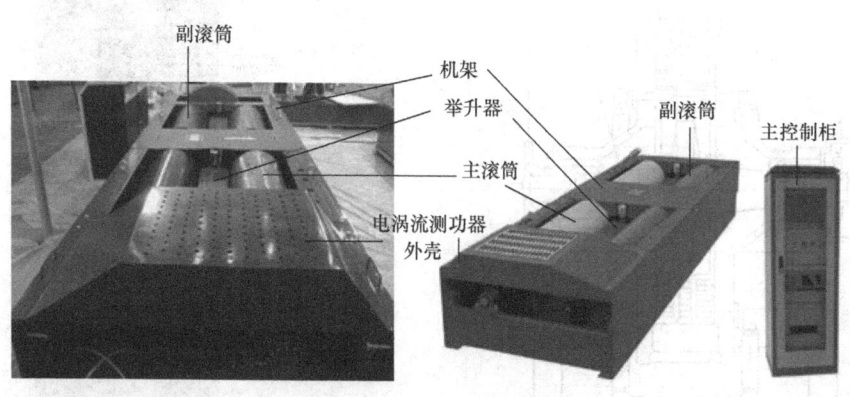

图2-2　底盘测功机结构组成

1）滚筒装置。底盘测功机的滚筒相当于连续移动的路面，被测车辆的车轮在其上滚动。试验台有单滚筒和双滚筒之分，如图2-3所示。由于双滚筒式试验台价格较低，因而广泛被汽车检测部门和维修企业使用。

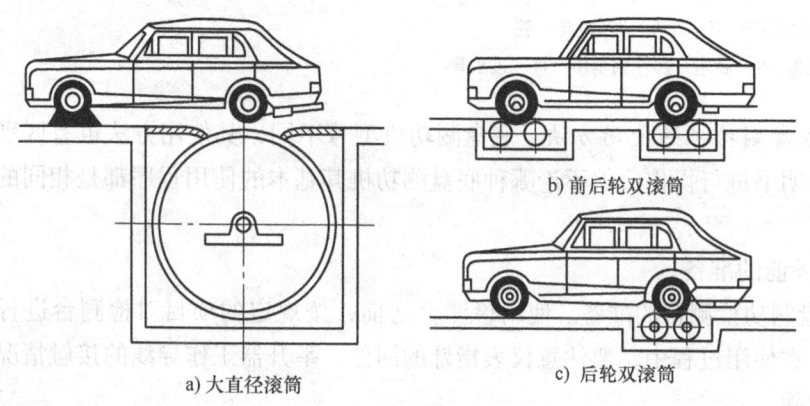

图2-3　滚筒装置种类

2）测功装置。测功装置用来吸收和测量驱动轮上的输出功率，又称测功器。底盘测功机上采用的测功器的类型有电涡流测功器、水力测功器和电力测功器。其中电涡流测功器应用广泛。电涡流测功器的结构参见图2-4。当励磁绕组中有直流电通过时，在由感应子、空气隙、涡流环和铁心形成的闭合磁路中产生磁通，当转子转动时，空气隙发生变化，则磁通密度也发生变化。在转子齿顶处的磁通密度大，齿根处磁通密度小，由电磁感应定律可知，此时将产生感应电势，力图阻止磁通的变化，电涡流的产生引起对转子的制动作用，涡流环吸收汽车的功率，产生的热量由冷却水带走。

3）测量装置。测功器工作时，不能直接输出汽车驱动轮的输出功率值，它需要配备测力装置与测速装置,从而测量出旋转运动时的转速与转矩,再换算成其功率值。

4)控制装置。底盘测功检测台的控制装置和指示装置往往制成一体。图2-5所示为国产DCG—10C型底盘测功检测台控制柜,控制柜上的按键、显示窗、旋钮、功能灯、警告灯、指示灯等,用来控制试验过程,显示或打印试验结果。

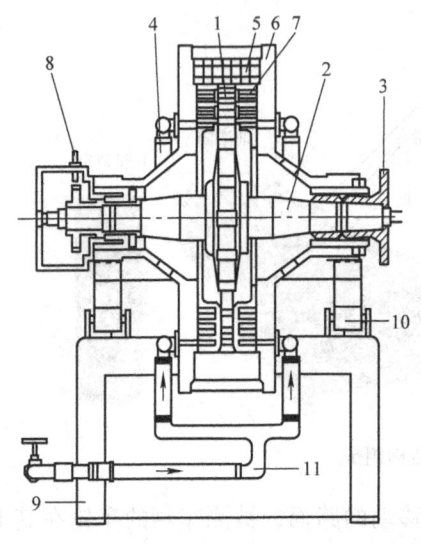
图2-4 电涡流测功器结构

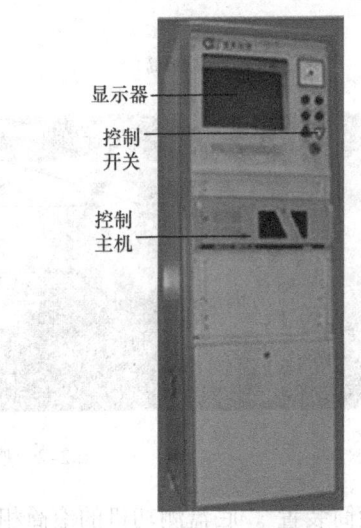
图2-5 DCG-10C型底盘测功检测台控制柜

1—转子 2—转子轴 3—连接盘 4—冷却水管
5—励磁绕组 6—外壳 7—冷却水腔
8—转速传感器 9—底座 10—轴承座 11—进水管

(4)底盘测功机的使用方法 底盘测功机型号不同,其使用方法也有区别,应按不同机型的说明书进行操作。但不论哪种底盘测功机其基本的使用程序都是相同的,其步骤如下:

1)实验前的准备。

①底盘测功检测台的准备。使用检测台之前,按规定的项目对检测台进行检查、调整、润滑。在使用过程中,要注意仪表指针的回位、举升器工作导线的接触情况。发现故障,及时清除。

②被检汽车的准备。检测前,调整发动机供油系统及点火系统至最佳工作状态;检查、调整、紧固和润滑传动系统以及车轮的连接情况;清洁轮胎,检查轮胎气压是否符合规定;然后运行至正常工作温度。

2)检测点的选择。测功试验时,应选择几个有代表性的工况测试汽车驱动轮的输出功率或驱动力,通常的代表性工况有发动机额定功率所对应的工况、发动机最大转矩所对应的车速(或转速)工况、汽车常用车速或经济车速工况,交通管理部门有要求的,根据交通管理部门的要求选择检测工况。

3)检测操作步骤方法。根据GB 21861—2008《机动车安全技术检验项目与方法》规定,选择符合要求的底盘测功机,严格按照设备操作使用说明书进行检测。

特别提示

汽车底盘测功机虽然规格种类很多,但是在检测使用过程中都要遵守如下安全操作规程:

① 超过试验台允许轴重或轮重的车辆一律不准上试验台进行检测。
② 检测中,切勿拨弄举升器托板操纵手柄,车前方严禁站人,以确保检测安全。
③ 检测额定功率和最大转矩相应转速工况下的驱动轮输出功率时,一定要开启冷却风扇并密切注意各种异响和发动机的冷却液温度。
④ 磨合期的新车和大修车不宜进行底盘测功。
⑤ 试验台不检测期间,不准在上面停放车辆。

三、整车动力性故障的诊断与排除

当出现汽车的最高车速降低、显示加速能力的加速时间过长、最大爬坡能力下降或发动机全负荷额定转速对应车速下检测的驱动轮输出功率偏低等现象时,表明汽车动力性下降。其故障原因有发动机的动力性下降、汽车传动系统效率过低、制动系统的故障。判断故障范围性质的步骤方法如下:

1)将汽车升起,转动车轮观察,若有转动阻滞现象或空转车轮车轮制动器发热,就可以判断是制动系统的制动拖滞故障而导致汽车的动力性下降。

2)检测传动系统消耗的功率,具体判定是发动机还是传动系的技术状况问题。

在测得驱动车轮输出功率后,立即踩下离合器踏板,利用试验台对汽车的反拖可测得传动系消耗功率。将测得的同一转速下的驱动车轮输出功率(P_k)与传动系消耗功率(P_m)相加,就可求得这一转速下的发动机有效功率(P_e)和机械传动效率(η_m)。即

$$P_e = P_k + P_m \ ; \quad \eta_m = \frac{P_k}{P_e} = \frac{P_k}{P_k + P_m}$$

根据测得的结果分析:若传动系统消耗的功率过大,则表明传动系统效率过低,说明汽车传动系技术状况不良;如底盘测功机及汽车传动系正常,则说明发动机技术状况不良。

 特别提示

① 若被检汽车的机械传动效率低于标准值时,应当对传动系统的离合器、变速器、分动器、万向传动装置、主减速器、差速器和轮毂轴承等的技术状况做进一步的检查。具体检查方法详见"项目四中任务一"传动系统的检测与故障诊断"。

② 若发动机动力性能下降,应对发动机的技术状况进行检测。具体方法详见项目三中任务一"发动机的动力性检测与故障诊断"。

实践活动

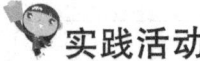

一辆 2005 年生产的桑塔纳轿车（MT），在一家维修厂刚做完二级维护后，驾驶人感觉行车无力，返回厂家重新维修。请问：如果是你来作业，应该做哪些检查，如何做？

请按表 2-1 的要求，填写好维修记录。（提示：可以结合实训接触的车型，写出作业项目和流程）

表 2-1 实训记录表

车型		出厂时间		检验人	
VIN 码		检查时间		学号	
选用检测方法	□汽车动力性道路测试 　□汽车动力性台试检测 　□人工经验方法					
选择检测项目	□最高车速 　□加速能力 　□最大爬坡度 　□输出功率 　□传动效率					
检测工艺步骤	1） 2） 3） 4） 5）					
检测结果分析	通过对车辆进行_____检测，车辆发生_____现象的原因是_____。					
制定维修方案	1）调整_____。 2）检修_____。 3）更换_____。 4）试车：确认_____故障现象是否消失。					
学生小结	通过本次实训知道了_____。 掌握了_____。 在_____方面，还要努力。					
老师点评						

任务二　经济性检测与故障诊断

案例思考

小王今天又来 4S 店找张技师，说他的车最近开始冒黑烟；行车时转向盘还有些发抖，有时制动鼓发热。每天油耗量比以前多了很多。站在张技师旁边的两位学员又争论起来了：一个说汽车油耗变大，经济性下降是发动机出了问题；另一个说是制动系统出了问题，行车制动鼓过热是制动拖滞，应该检修制动系统。等两位静下来后，张技师告诉他们，你们俩所讲的都有一定的道理，但是都不够全面。于是给他们详细地讲述了汽车的经济性能应该如何判断，怎样进行整车经济性能检测及汽车经济性下降的故障诊断程序方法。

如果是你，应该如何帮助小王检修车？

相关知识与技能

汽车经济性是指汽车以最低的消耗费用完成运输工作的能力。在汽车使用中，燃料消耗费用、维修费用和折旧费用是汽车使用成本的主要组成部分，对燃料消耗费用影响最大的是汽车的燃料经济性，对维修费用和折旧费用影响最大的是汽车的可靠性和耐久性。虽然，汽车的可靠性与耐久性对整车的经济性有影响，但是主要取决于设计和制造水平，所以不属于汽车使用性能检测范畴。而汽车燃料消耗量除了与发动机的技术状况有直接关系外，还与汽车底盘的传动系、行驶系、转向系和制动系等技术状况有关，是一个综合性评价参数。所以，汽车燃料经济性可以直接反映整车经济状况。

一、整车燃料经济性评价指标

在保证动力性的条件下，汽车以尽量少的燃料消耗量经济行驶的能力，称作汽车的燃料经济性。通常用一定运行工况下汽车行驶百公里的燃料消耗量或一定燃油能使汽车行驶的里程来作为评价指标。

1. 单位里程的燃料消耗量

汽车单位里程燃料消耗量一般用 kg/100km 或 L/100km 来表示，主要由汽车生产厂家采用，其值是越小越好。常见车型油耗量见表 2-2。

表 2-2 常见车型油耗量

车型	奥迪 A6	帕萨特 B5	标致 307	天籁	雅阁
L/100km	6.1	7.1	7.1	7.3	6.8

2. 单位运输工作量的燃料消耗量

汽车单位运输工作量的燃料消耗量一般用 kg/100t·km 或 L/100t·km 来表示，主要由汽车运输企业采用，其值是越小越好。

3. 单位燃料消耗量所行的里程

汽车单位燃料消耗量所行的里程一般用 km/L 来表示，由汽车生产企业采用，其值是越大越好。在美国，燃料经济性指标单位为 mile/US gal（英里/加仑）；换算关系为 1US gal = 3.79L，1mile = 1.61km。

二、整车经济性的检测方法

整车经济性主要通过燃料消耗量来评价。检测燃料消耗量的方法有仪器设备法和就车检测法。

1. 用仪器设备法检测燃料消耗量

（1）燃料消耗量检测仪的类型　汽车燃料消耗量的测量所使用的仪器设备通常是车用油耗计，也称为燃料流量计。车用油耗计一般由传感器和计量显示仪表组成，二者通过电缆线连接，如图 2-6 所示。车用油耗计的类型有多种，常用的有容积式和质量式。

（2）车用油耗计使用方法

1）将油耗计传感器串接到燃料系统的供油管路上。对于电控燃油喷射系统发动机应串接在燃油滤清器与燃油分配管之间，如图2-7所示。对于柴油机应串接在柴油滤清器与喷油泵之间，从高压回油管和低压回油管流回的燃油应接在油耗计传感器与喷油泵之间，如图2-8所示。

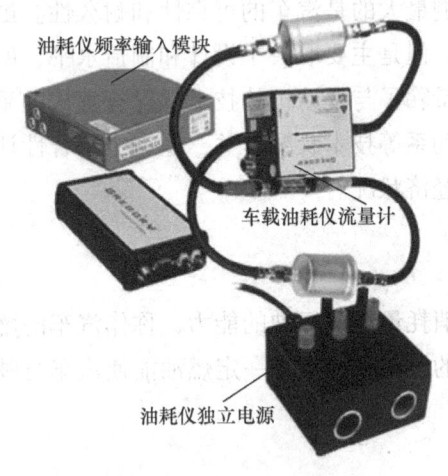

图2-6 车用油耗计结构组成

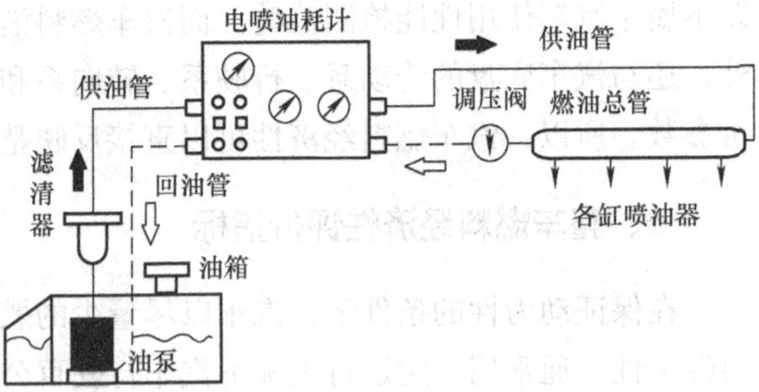

图2-7 油耗计串联在电控燃料供给系统的安装位置图

2）传感器的进出油管最好为透明塑料管，以便观察燃油中有无气体。供油管中有气体会导致测量误差。测量开始前应将供油管路中的气体排净。测量中若发现油耗计传感器出油管中有气泡，应重新测量。在油耗计传感器进口处串接气体分离器，可提高测量精度。

3）接通电源，开机或按下"自校"键，仪器自动进入自检状态。

4）按下"启动"键，仪器将自检数据清零，进入正常测量状态。通过按键，仪器可显示累计行驶路程、累计油耗量、瞬时油耗量、累计时间、试验车速和燃油温度等参数。按下"打印"键，可打印测量结果。

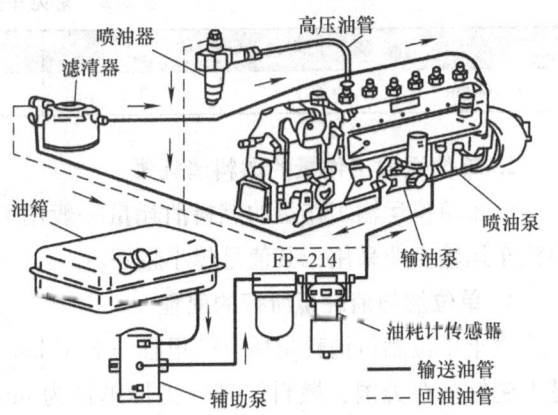

图2-8 油耗传感器在柴油供给系上的安装位置

（3）道路试验方法

1）试验条件：应符合GB/T 12534—1990《汽车道路试验方法通则》的规定。

2）试验项目：直接档全节气门加速燃料消耗量试验、等速燃料消耗量试验、多工况燃料消耗量试验和限定条件下的平均使用燃料消耗量试验。

（4）台架试验方法 台架试验方法是将汽车置于底盘测功试验台上，模拟道路试验条件进行试验的一种方法。试验车辆的载荷、试验仪器、试验的一般规定、试验车辆磨合和其他试验条件等,相同于道路试验方法。试验车辆应预热至正常工作温度,轮胎气压应符合汽车制造厂的规定;底盘测功试验台应预热至正常工作温度,油耗计和气体分离器的安装位置应正确,供油系气体应排除干净。汽车开上底盘测功试验台,落下举升器,逐档加速至常用档位(直接档或超速档),同时给滚筒加载,使车辆模拟满载等速行驶,直至达到规定试验车速。待车速稳定后,测量不低于500m行程的燃料消耗量。连续测量2次,取其算术平均值,即为等速行驶燃料消耗量,再计算等速百公里燃料消耗量。

不管是道路试验还是台架试验,燃料消耗量的测量值均应按公式折算到标准状态下的数值。

2. 就车检测法检测燃油消耗量

就车检测燃油消耗量一般采用由固定驾驶人、固定汽车用统计法来计算每百公里平均耗油量(kg/100km 或 L/100km)。具体检测方法如下:

汽车加满油后,记下里程表里程数(km_1)。第二次加油时记下加油数量(L_1)和里程表里程数(km_2)。$km_2 - km_1$ 即为此车行驶里程。L_1 即为此行驶里程的耗油量。$L_1/(km_2 - km_1) \times 100$ 即为此车此行驶里程百公里的耗油量。将每次行驶里程百公里的耗油量相加,除以记录次数即可计算出此车在统计期内每百公里平均耗油量(kg/100km 或 L/100km)。

统计次数越多,计算出的每百公里平均耗油量(kg/100km 或 L/100km)越准确。统计时该车应由同一固定驾驶人在不同道路、不同气候环境下行驶测试。

三、整车经济性故障的诊断与排除

汽车燃料消耗量增加会直接导致整车经济性能下降。而燃料消耗量的增加原因又与发动机、底盘等多方面技术状况相关。准确地找出影响经济性下降的直接原因或者故障部位的方法步骤如下:

1)从分析影响经济性下降的原因入手,分清经济性下降原因的性质,是汽车结构技术性能方面的问题还是汽车使用方面的问题。

2)若是汽车结构技术性能方面的问题,要进一步查清与燃料消耗量相关的总成或系统的技术状况,包括汽车的发动机,汽车的传动系、转向系、制动系及行驶系等。

① 制动系技术状况的判断方法。若是制动系的故障,只有制动拖滞才能影响到汽车驱动输出功率,导致燃料消耗量增加。所以,通过路试就可以判断。

② 转向系技术状况的判断方法。若是转向系的故障,主要表现为行车不稳,严重的摆头才对行车燃料经济性产生影响。所以,通过路试可以判断。

③ 传动系技术状况的判断方法。若是传动系的故障,主要的表现是机械传动效率下降,不仅影响汽车的燃料经济性,而且还影响汽车的动力性。可通过底盘测功仪来测试、判断。

④ 行驶系技术状况的判断方法。若是行驶系的故障,主要是由于前、后桥或悬架的变形而导致的四轮定位不准,使行车推力角超差,进而影响汽车驱动力的有效利用,最终

使燃料经济性下降;可以通过汽车四轮检测定位仪来加以分析、判断。另外就是轮胎选用的不正确或磨损过重及胎压过低。

⑤ 发动机技术状况的判断方法。若发动机的技术性能变坏,将直接影响到汽车的动力性和经济性,在底盘技术状况良好的前提下,汽车经济性下降的主要原因就是发动机的技术状况下降。检测发动机的技术状况可以通过滚筒测功仪。具体的故障部位或原因详见项目三"汽车发动机的性能检测与故障诊断"。

3)若是汽车使用方面的问题,通过不同驾驶人驾驶同一汽车,在相同道路、相同气候环境下行驶,统计计算出每百公里平均耗油量(kg/100km 或 L/100km)的差距即可得出某驾驶人每百公里平均耗油量(kg/100km 或 L/100km)高的主要原因是操作使用不当,比如起步过快、换档不及时、经常制动以及经常高速或低速行车等。

实践活动

跟踪一辆汽车(可以是轿车也可以是货车),通过小组对该车油耗的监测,做出对该车的经济性评价,并认真填写实训记录表(表2-3)。

表 2-3 实训记录表

车型		出厂时间		检验人	
VIN 码		检查时间		学号	
选用检测方法	□仪器设备法 □就车检测法 □人工经验法					
选择检测项目	□L/100km □L/100t·km □km/L					
检测工艺步骤	1) 2) 3) 4) 5)						
检测结果分析	通过对车辆用_____方法进行跟踪检测,该车的_____经济性指标参数是_____;该车燃料经济性下降的主要原因是_____。				
制定维修方案	1)_____检测制动系技术状况,若有问题对制动系统进行维修。 2)_____检测转向系技术状况,若有问题对转向系统进行维修。 3)_____检测传动系技术状况,若有问题对传动系统进行维修。 4)_____检测行驶系技术状况,若有问题对行驶系统进行维修。 5)_____检测发动机技术状况,若有问题对发动机统进行维修。				
学生小结	通过本次实训知道了_____;掌握了_____。在_____方面,还要努力。				
老师点评					

项目二 汽车整车性能检测与故障诊断

任务三 安全性能检测与故障诊断

案例思考

今天，张技师想让两位学员试着给一辆汽车做安全性检查。作业前，首先对他们做了一下询问考查。汽车安全性能检查应该做哪些项目？检查的标准是什么？如何作业？两位学员抢着回答。一个说，安全检查主要就是检查制动系统。另一个说，还应该包括转向系统。张技师没有让他们作业，而是给他们详细地讲解了汽车安全性能检查的具体内容、标准以及出现故障的诊断方法、步骤。

请大家思考一下，你能独立完成汽车安全性能检测与故障诊断的作业吗？

相关知识与技能

汽车安全性能检测是指汽车在不解体情况下，对影响汽车安全性能方面的项目进行检查与测试的技术。包括前照灯、转向轮侧滑量、制动性能的检测以及车速表校验等。

一、汽车前照灯的检测

前照灯是汽车上最主要的光源，是汽车在夜间或在能见度较低的条件下，为驾驶人提供行车道路照明的重要设备，而且也是驾驶人发出警示，进行联络的灯光信号装置。前照灯必须有足够的发光强度和正确的照射方向。汽车前照灯在长期使用过程中，由于灯泡的逐步老化、外部环境的污染，使前照灯聚光性能变差，导致前照灯发光强度降低；同时由于在汽车行车过程中受到振动，引起前照灯安装位置发生变化，会改变光束的正确照射方向。这些变化都会使驾驶人对前方道路情况辨认不清，或在与对面来车交会时对驾驶人造成眩目等，导致事故的发生。因此，前照灯发光强度和照射方向必须符合国家标准的有关规定。

1. 汽车前照灯的检测标准

汽车前照灯由灯泡、反光镜和配光镜构成。前照灯有远、近两种灯光。其安装与使用方面必须符合 GB 7258—2012《机动车运行安全技术条件》的规定要求：①近光灯不得眩目。②有变光装置。③同一辆机动车上前照灯不允许左、右远、近光交叉开亮。④数量一般有二灯制和四灯制。二灯制前照灯一般均为远、近光双光束灯，对称安装在汽车前部的两侧；四灯制前照灯每侧两只，装在外侧的两只是远、近光双光束灯，装在内侧的两只是远光单光束灯。

根据 GB 7258—2012《机动车运行安全技术条件》的规定，汽车前照灯的评价指标为光束照射位置和前照灯光束发光强度（cd）。

（1）前照灯光束照射位置

1）如图 2-9 所示，检验前照灯近光光束照射位置时，前照灯照射在距离 10m 的屏幕上，乘用车前照灯近光光束明暗截止线转角或中点的高度应为 $0.7H \sim 0.9H$（H 为前照灯基准中心高度，下同），其他机动车（拖拉机运输机组除外）应为 $0.6H \sim 0.8H$。机动车（装用一只前照灯的机动车除外）前照灯近光光束水平方向向左偏应小于 170mm，向右偏应小于等于 350mm。

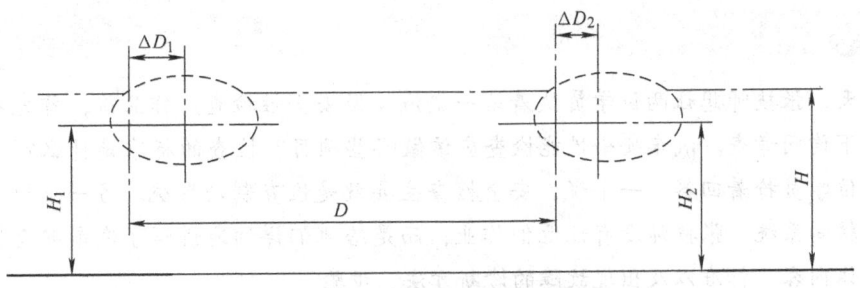

图 2-9　用屏幕法检验前照灯光位置

2）检测前照灯远光光束照射位置时，对于能单独调整远光光束的前照灯，前照灯照射在距离 10m 的屏幕上时，要求光束中心离地高度：对乘用车为 $0.85H \sim 0.95H$（但不得低于前照灯近光光束明暗截止线转角或中心的高度），对其他机动车为 $0.8H \sim 0.95H$。机动车（装用一只前照灯的机动车除外）前照灯远光光束水平位置要求，左灯向左偏应小于 170mm，向右偏应小于 350mm，右灯向左或向右偏均应小于等于 350mm。

（2）前照灯远光光束发光强度　机动车每只前照灯的远光光束发光强度应达到表 2-4 的要求。

表 2-4　前照灯远光光束发光强度要求　　　　　　　　　　（单位：cd）

车辆类型	使用状况	新注册车		在用车	
		两灯制	四灯制	两灯制	四灯制
最高设计车速小于70km/h 的汽车		10000	8000	8000	6000
其他汽车		18000	15000	15000	12000
拖拉机运输机组	功率>18kW	8000		6000	
	功率<18kW	6000		5000	

（3）前照灯配光性能　目前国际上通用的前照灯配光标准有两种：美国 SAE 标准和欧洲 ECE 标准。我国规定执行 ECE 标准。配光性能应符合 GB 4599—2007《汽车用灯丝灯泡前照灯》的要求。如图 2-10 所示。该配光性能应在前照灯基准中心前 25m，过 HV 点的铅垂配光屏幕上测定。在配光屏幕上，近光应产生明显的明暗截止线，其水平部分在 V–V 线的左侧，右侧为与水平线向上成 15°的斜线，或向上成 45°斜线至水平线垂直距 25cm 转向水平的折线。为实现上述配光，通常是将前照灯灯泡内的配光镜做成不对称形式，配光镜左侧边缘倾斜 15°。

区域Ⅲ是一个明显的暗区，该区 B50L 点表示相距 50m 处迎面来车驾驶人眼睛的位置，由于此点光的照度值规定很低（最大值为 0.3lx），所以可避免使迎面来车驾驶人眩目。

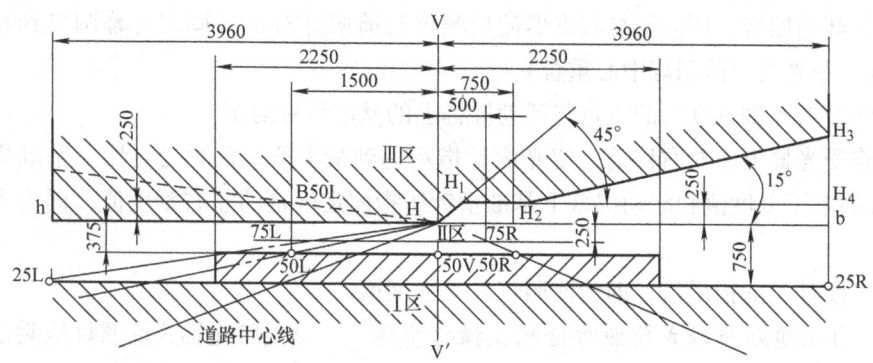

图 2-10 非对称形配光（ECE 方式）示意图（尺寸：mm；测定距离 25m）

近来，国内外又发展了一种更优良的光形，其近光光形如图 2-11 所示。明暗截止线呈 Z 形，故称 Z 形配光。这不仅可以避免使迎面来车驾驶人眩目，还可以防止使迎面而来的行人和非机动车使用者眩目，更保证了汽车夜间行驶的安全。

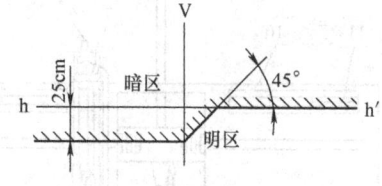

图 2-11 Z 形非对称配光示意图

2. 汽车前照灯的检测方法

汽车前照灯一般都采用前照灯检测仪检测，前照灯检测仪按照结构形式可分为聚光式、屏幕式、投影式、自动追踪光轴式等四种。因设备的型号、厂家有所不同，所以操作方法略有不同。但是，检测前的准备是一样的，前照灯检测仪的使用应严格按照使用说明书进行操作。这里仅就目前应用较为广泛的屏幕式前照灯检测仪和自动追踪光轴式前照灯检测仪的检测方法作一介绍。

(1) 检测前的准备

1) 检测仪的准备。

① 在前照灯检测仪不受光的情况下，调整前照灯检测仪光度计和光轴偏斜指示计指针的机械零点。

② 检查聚光透镜和反射镜的镜面上有无污物。若有，用柔软的布或镜头纸擦拭干净。

③ 检查水准器的技术状况。若水准器无气泡，应进行修理；若气泡不在红线框内时，可用水准器调节器或垫片进行调整。

④ 检查导轨是否沾有泥土等杂物。若有，应扫除干净。

2) 被测车辆的准备。

① 清除前照灯上的污垢。

② 轮胎气压应符合汽车制造厂的规定。

③ 汽车蓄电池应处于充足电状态。

(2) 屏幕式前照灯检测仪操作步骤　屏幕式前照灯检测仪的结构如图 2-12 所示，其检测方法步骤如下：

1) 被测车辆驶近检测仪，且距检测仪 3m，方向垂直于检测仪导轨。

2) 用车辆摆正找准器使检测仪与汽车对正。

3）打开前照灯，用前照灯找准器使检测仪与前照灯对正（固定屏幕调整到和前照灯同样高度，受光器与前照灯中心重合）。

4）使左右光轴刻度尺的零点与活动屏幕上的基准指针对正。

5）将受光器上下左右移动，使光度计指示达到最大值，此时受光器上基准指针所指活动屏幕的上下刻度值和活动屏幕上基准指针所指固定屏幕的左右刻度值，即为光轴的偏斜量。

6）光度计上的指示值，即为前照灯发光强度值。

（3）自动追踪光轴式前照灯检测仪操作步骤 自动追踪光轴式前照灯检测仪的结构如图2-13所示，其操作步骤如下：

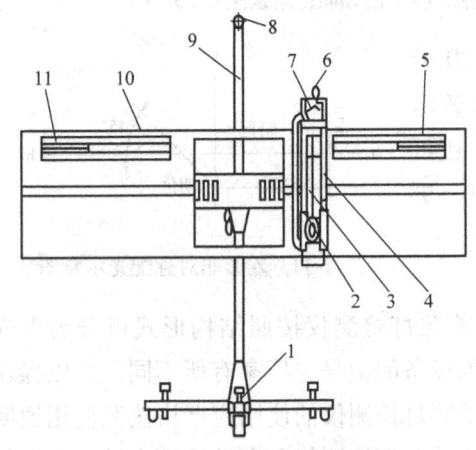

图2-12 屏幕式前照灯检测仪

1—底座 2—受光器 3—光轴刻度尺（上下）
4—活动屏幕 5、11—光轴刻度尺（左右）
6—前照灯找准器 7—光度计 8—车辆摆正找准器
9—支柱 10—固定屏幕

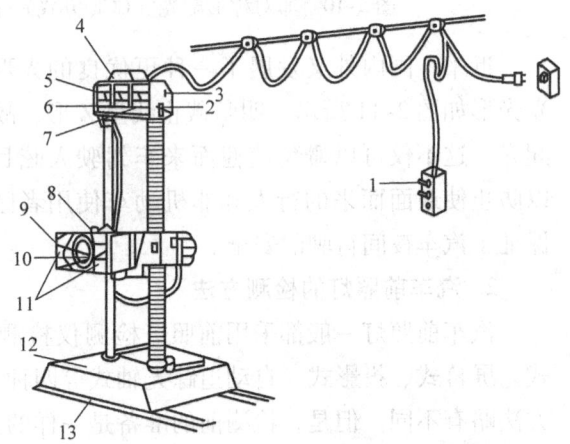

图2-13 自动追踪光轴式前照灯检测仪

1—控制盒 2—熔丝 3—电源开关 4—在用显示器
5—左右偏斜指示计 6—光度计 7—上下偏斜指示计
8—车辆摆正找准器 9—受光器 10—聚光透镜
11—光电元件 12—控制箱 13—导轨

1）将被测车尽可能与导轨保持垂直方向驶近检测仪，使前照灯与检测仪受光器相距3m。

2）用车辆摆正找准器使检测仪与被测车对正。

3）开亮前照灯，接通检测仪电源，用控制器上的上下、左右控制开关移动检测仪的位置，使前照灯光束照射到受光器上。

4）按下控制盒上的测量开关，受光器随即追踪前照灯光轴，根据光轴偏斜指示计和光度计的指示值，即可得出光轴偏斜量和发光强度。

3. 前照灯的故障诊断与排除

前照灯检验不合格有以下两故障现象：一是前照灯发光强度偏低；二是前照灯照射位置偏斜。下面分别介绍故障诊断与排除的方法。

（1）前照灯发光强度偏低

1）左右前照灯发光强度均偏低。

① 检查前照灯反光镜的光泽是否明亮，如昏暗、镀层剥落或发黑应予更换。

② 检查灯泡是否老化，质量是否符合要求，如老化或质量不符合要求，光度偏低者应更换。

③ 检查蓄电池端电压是否偏低，如端电压偏低，应先充足电再检测。送检汽车普遍存在蓄电池电量不足、端电压偏低的现象。如由蓄电池供电，前照灯发光强度一般很难达到标准的规定；如由发电机供电则大部分汽车前照灯发光强度能增加，多数可达到标准规定。

2）左右前照灯发光强度不一致。检查发光强度偏低的前照灯的反光镜光泽是否灰暗，灯泡是否老化，质量是否符合要求。一般多为搭铁线路接触不良。

（2）前照灯光束照射位置偏斜　前照灯安装位置不当或因强烈振动而错位致使光束照射位置偏斜超标，应予以调整。前照灯光束照射位置偏斜的调整可在前照灯检测仪上进行。先将左右及上下光轴刻度尺旋钮置于所需要调整的方位上，然后调整被检前照灯的安装螺钉，直至左右指示表及上下指示表指针均指向零点即可。

> **特别提示**
>
> 不同车型的前照灯结构类型和安装位置有所不同，所以进行灯光位置调整时要先熟悉结构。如果超出可调整范围，要特别注意检查前照灯安装底座是否变形。

二、汽车前轮侧滑量的检测与故障诊断

侧滑是轮胎胎面在前进过程中的横向滑移现象。汽车前轮侧滑量的检测是指在不解体的前提下，对前轮行进过程中产生横向滑移量大小的检测。汽车的前轮侧滑对汽车的操纵稳定性影响很大。侧滑量太大，会引起汽车行驶方向不稳、转向沉重、增加轮胎磨损、加大燃料消耗，甚至操纵失准而导致交通事故。所以，为确保行车安全，必须对前轮侧滑量定期检测。

1. 前轮侧滑量检测的评价标准

根据 GB 7258—2012、GB 21861—2008 规定：用侧滑检验台检测前轮（转向轮）侧滑量，单位是 m/km；其方法是汽车以不高于 5km/h 的速度正直居中驶向侧滑检验台，使前轮平稳通过滑板，其值应在 ±5m/km 之间。

2. 前轮侧滑量的检测设备与方法

（1）前轮侧滑量的检测设备　检测前轮侧滑量的检验台一般用滑板式侧滑检验台，可分为单板式和双板式两种，结构如图 2-14 所示，主要由测量装置、指示装置和报警装置等组成。

（2）前轮侧滑检测方法　侧滑检验台的型号、结构形式、允许轴重不同，其使用方法也有所区别。在使用前一定要认真阅读使用说明书，以掌握正确的方法。侧滑检验台的一般使用方法如下：

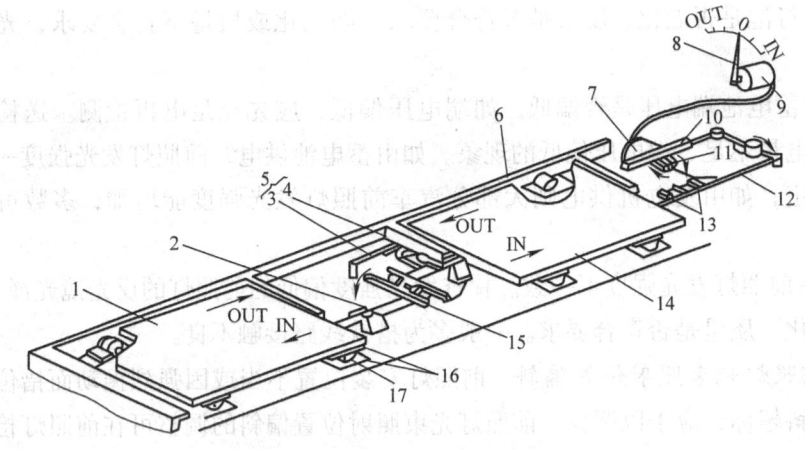

图 2-14 侧滑检验台结构组成

1—左滑板 2—导向滚轮 3—回位弹簧 4—摆臂 5—回位装置 6—框架
7—产生电信号的自整角动机 8—指针 9—接受电信号的自整角动机 10—齿条 11—齿轮
12—连杆 13—限位开关 14—右滑板 15—双销叉式曲柄 16—轨道 17—滚轮

1）检验台的准备。

① 检查侧滑检验台导线连接情况，在导线连接良好的情况下打开电源开关，查看指针式仪表的指针是否在机械零点上，或查看数码管是否亮度正常并都在零位上，发现故障应及时排除。

② 检查侧滑检验台上面及其周围的清洁情况，如有油污、泥土、砂石及水等应予清除。

③ 打开侧滑检验台的锁止装置，检查滑板能否在外力作用下左右滑动自如，外力消失后回到原始位置，且指示装置指在零点。若发现失准：对于指针式仪表，可以用零点调整电位计或游丝零点调整钮将仪表校零；对于数字式仪表，可按下校准键，调节调零电阻，使侧滑显示值为零，或按复位键清零。

④ 检查报警装置在规定值时能否发出报警信号，并视需要进行调整或修理。

2）被检汽车的准备。

① 轮胎气压应符合规定。

② 轮胎上粘有油污、泥土、水，或轮胎花纹沟槽内嵌有石子时，应清理干净。

③ 轮胎花纹深度必须符合 GB 7258—2012《机动车运行安全技术条件》的规定。

3）前轮侧滑检测步骤。

① 拔掉滑板的锁止销钉，接通电源。

② 汽车以不高于 5km/h 的速度正直居中驶向侧滑检验台，使前轮平稳通过滑板。速度过高会因滑板的惯性力和仪表的动态响应迟滞而影响测量精度，速度过低也会引起失真误差。

③ 当被测车轮完全通过滑板后，观察指示仪表，读取最大值，注意记下滑板的运动方向，即滑板是向内还是向外运动。记录时，滑板向外侧滑动记为负值，表示车轮向内侧

滑动（即 OUT）；滑板向内侧滑动记为正值，从指示仪表上观察侧滑方向并读取、打印最大侧滑量，表示车轮向内侧滑动（即 IN）。

④ 检测结束后，切断电源并锁止滑动板。

对于有后轮定位的汽车，仍可按上述方法检测后轴的侧滑量，诊断后轴的定位值是否失准。

4）检测时注意事项。

① 车辆通过侧滑检验台时，不得转动转向盘。

② 不得在侧滑检验台上制动或停车。

③ 勿使轴荷超过侧滑检验台允许载荷的汽车驶到检验台上，以防压坏零部件或压弯滑板。

④ 不要在侧滑检验台上进行车辆修理保养工作。

⑤ 清洁时，不要将水或泥土带入检验台。应保持侧滑检验台滑板下部的清洁，防止锈蚀或阻滞。

3. 前轮侧滑的故障诊断

如果前轮侧滑量超过技术要求，直观表现就是汽车直线行驶状态的不稳定。产生前轮侧滑故障的根本原因是前轮前束与前轮外倾角的不匹配。

为了保证汽车具有良好的操纵稳定性，前轮所在平面以及主销轴线总是设计成与汽车纵向或横向铅垂面成一定角度。这些角度参数包括主销内倾角、主销后倾角、车轮外倾角和车轮前束，合称车轮定位参数。

前轮外倾角如图 2-15 所示。其作用一方面是为了避免汽车承重后，前梁变形引起前轮出现内倾，从而加速轮胎的磨损和加大轮毂外侧轴承负荷。

前轮有了外倾角以后，在滚动时，就会类似于圆锥滚动，出现两个车轮企图向各自的外侧滚开的趋势。由于受到横直拉杆和车桥约束，车轮不可能向外滚开，于是车轮将在地面上出现边滚边滑（向内）的现象，从而增加了轮胎磨损。

为了消除前轮外倾角带来的不良后果，在安装前轮时，人为使两轮中心平面不平行。在沿前进方向上，两轮前端距离小于后端距离。如图 2-16 所示，B 与 A 之差就称为前轮前束值。

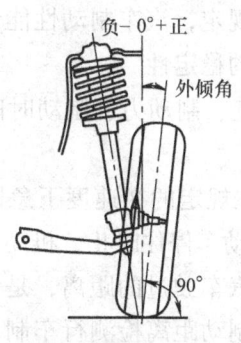
图 2-15　前轮外倾角

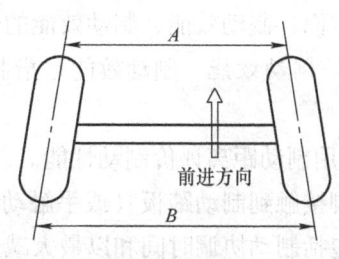
图 2-16　前轮前束

由于前轮前束的作用，车轮在前进时，两轮力图向内侧滚动。同样由于机械约束，前轮不可能向内侧滚动，这就又出现了前轮边滚动边外滑的现象（或存在这种倾向）。

所以，前轮外倾角和前轮前束应有适当匹配，才能保证汽车前轮无横向滑移的直线滚动。当前轮前束值与前轮外倾角匹配不当时，前轮就可能在直线行驶过程中不作纯滚动而是边滚边滑，产生侧滑现象。

虽然大部分汽车的后轮是没有车轮定位的，但是有些汽车（如上海桑塔纳等）的后轮也有前束和外倾，因此也应进行后轮侧滑量检测。当检查这部分汽车的后轮侧滑量时，可以确知后轴是否弯曲变形和轮毂轴承是否松旷。

前轮侧滑的故障排除方法：若滑板向外滑且其侧滑量超出规定值，则表明转向轮前束值过大，可将前束值向负向调整。若滑板向内滑，且其侧滑量超过规定值，则说明转向轮负前束过大，可将前束值向正向调整。非独立悬架可通过转向梯形机构的横拉杆来调整。独立悬架可通过左右转向控制支杆来调整。

 特别提示

如果通过前束调整无法使转向轮的侧滑量达到国标规定值时，可能是由于转向轮外倾角变化太大。此时，必须用四轮定位仪进行全面检测，找出影响转向轮外侧角过大的直接原因，如转向桥、车身或车架变形等，必须进行校正或更换修复。

三、汽车制动性能的检测与故障诊断

汽车的制动性能是指汽车行驶时，能在短距离内停车并且维持行驶方向稳定，在下坡时能维持较低车速的能力。汽车制动性能的状况直接影响汽车行驶、停车的安全性，良好的制动性能是安全行车的第一要求。因此，汽车制动性能的检测是汽车安全检测中最基本、最重要的一个检测项目。

1. 汽车制动性能评价标准

按照 GB 7258—2012《机动车运行安全技术条件》的规定，汽车制动性能评价指标包括三个方面：制动效能、制动效能的恒定性和制动时方向的稳定性。

（1）制动效能　制动效能是指制动距离、制动减速度、制动力、制动时间等方面的性能。

1）用制动距离评价制动性能。制动距离是指机动车在规定的初速度下急踩制动踏板时，从脚接触到制动踏板（或手触动制动手柄）时起至机动车停住时止，机动车驶过的距离。它包括制动协调时间和以最大减速度持续制动时间内汽车驶过的距离，是评价制动性能最直观的一个参数，与实际运行的制动情况最接近。用制动距离检测行车制动性能时应符合表2-5要求。当应急制动时，制动距离应符合表2-6的要求。

表 2-5　制动距离与制动稳定性要求

车辆类型	制动初速度/(km/h)	满载检验制动距离/m	空载检验制动距离/m	试车道宽度/m
乘用车	50	≤20.0	≤19.0	2.5
总质量≤3.5t 的低速货车	30	≤9.0	≤8.0	2.5
其他总质量≤3.5t 的汽车	50	≤22.0	≤21.0	2.5
其他汽车	30	≤10.0	≤9.0	3.0

表 2-6　应急制动时对制动距离的要求

车辆类型	制动初速度/(km/h)	满载检验制动距离/m	充分发出的平均减速度/(m/s^2)	允许操纵力/N	
				手操纵	脚操纵
乘用车	50	≤38.0	≥2.9	≤400	≤500
客车	30	≤18.0	≥2.5	≤600	≤700
其他汽车	30	≤20.0	≥2.2	≤600	≤700

2）用制动减速度评价制动性能。制动减速度反映了制动时汽车速度降低的速率。可采用速度分析仪、制动减速度仪测出相关参数后再计算出平均制动减速度。用充分发出的平均减速度检验行车制动时，应符合表 2-7 的要求。

表 2-7　制动减速度和制动稳定性要求

车辆类型	制动初速度/(km/h)	满载检验制动充分发出的平均减速度/(m/s^2)	空载检验制动充分发出的平均减速度/(m/s^2)	试车道宽度/m
乘用车	50	≥5.9	≥6.2	2.5
总质量≤3.5t 的低速货车	30	≥5.2	≥5.6	2.5
其他总质量≤3.5t 的汽车	50	≥5.4	≥5.8	2.5
其他汽车	30	≥5.0	≥5.4	3.0

3）用制动力评价制动性能。制动力是从本质上评价制动性能的参数。制动力对制动性能具有决定性的影响。用制动力这个参数评价汽车的制动性能，可以对前、后轴制动力的合理分配以及平衡制动力差提出要求，从而保证制动的方向稳定性，并使各轮附着质量得到充分利用。

进行行车制动性能检验时的制动踏板力或制动气压应符合表 2-8 的要求。台试检测制动力应符合表 2-9 的要求。

表 2-8　制动踏板力或制动气压的要求

检验状况	气压制动系统	液压制动系统踏板力/N	
	气压表的指示气压	乘用车	其他车
满载	≤额定工作气压	≤500	≤700
空载	≤600kPa	≤400	≤450

表2-9　台试检测制动力要求

车辆类型	制动力总和与整车质量的百分比（%）		轴制动力与轴荷[①]的百分比（%）	
	空载	满载	前轴	后轴
乘用车、其他总质量≤3.5t的汽车	≥60	≥50	≥60[②]	≥20[②]
其他汽车	≥60	≥50	≥60[②]	—

① 用平板制动检验台乘用车时应按左、右轮制动力最大时刻分别对应的左、右轮动态轮荷之和计算。
② 空载与满载状态下测试均应满足此要求。

4）制动时的制动协调时间要求。制动过程所经历的时间即制动时间，影响较大的是制动持续时间和制动系统协调时间。制动系统协调时间的定义是在应急制动中，踏板开始动作至减速度或制动力达到标准规定值的75%时所需要的时间。汽车制动时的制动协调时间应符合表2-10的要求。

表2-10　制动协调时间的要求

制动系统类型	液压制动系统	气压制动系统	汽车列车/铰链客车等
制动协调时间/s	≤0.35	≤0.60	≤0.80

（2）制动效能的恒定性　制动效能的恒定性是指制动时抵抗热衰退和水衰退的能力。

制动抗热衰退性能是指汽车高速制动、短时间重复制动或下长坡连续制动时，制动效能的热稳定性。

制动器被水浸湿，制动效能也会下降，这种现象称之为制动效能的水衰退现象。制动抗热衰退和水衰退性能是衡量制动效能恒定性的一个指标。它是由设计和生产过程来保证的参数，所以它应符合国家相关标准的规定。

（3）制动方向的稳定性　制动方向的稳定性是指制动时汽车的方向稳定性。通常用制动时汽车按给定轨迹行驶的能力来评价，即汽车制动时维持直线行驶或预定弯道行驶的能力。通常进行制动性能检测时，制动稳定性要符合表2-5和表2-7中试车道宽度要求。即：制动过程中机动车的任何部位（不计入车宽的部位除外）不允许超出规定宽度的试车通道的边缘线。

2. 汽车制动性能的检测设备与操作方法

根据GB 7258—2012《机动车运行安全技术条件》的规定，机动车可以用制动距离、充分发出的平均减速度和制动力检测制动性能，只要其中之一符合要求，即判为合格。

制动性能检测方法有路试法和台试法。

（1）制动性能的路试法检测　机动车行车制动性能和应急制动性能检测应在平坦、硬实、清洁、干燥且轮胎与地面间的附着系数不小于0.7的水泥或沥青路面上进行，检测时发动机应脱开。采用路试法检测行车制动性能和应急制动性能时，所用检测设备为五轮仪或制动减速度仪。

1）用五轮仪检测制动性能。用五轮仪检测制动性能时，可检测出制动初速度、制动距离、制动时间。

① 五轮仪的类型与基本结构原理。五轮仪主要有机械式、电子式和微机式三种。一般由传感器部分和记录仪两部分组成，并附带一个脚踏开关。传感器部分与记录仪部分由导线相连接。脚踏开关带有触点的一端套在制动踏板上，另一端插接在记录仪上。图 2-17 所示为 TM – 2002A/B 型五轮仪。它一般由充气车轮、传感器、支架、减振器和连接装置及记录仪等组成。

充气车轮为轮胎式，安装在支架上，支架通过连接装置固定在汽车的侧面或尾部的车身上。在减振器压簧的作用下，充气车轮紧贴地面，并随汽车的行驶而滚动。对于四轮汽车来说，安装上去的充气车轮就像汽车的第五轮一样，故称为五轮仪。当充气车轮在路面上滚动一周时，汽车行驶了充气车轮周长的距离。在充气车轮中心处安装有传感器，可以把车轮在路面上滚动的距离变成电信号。

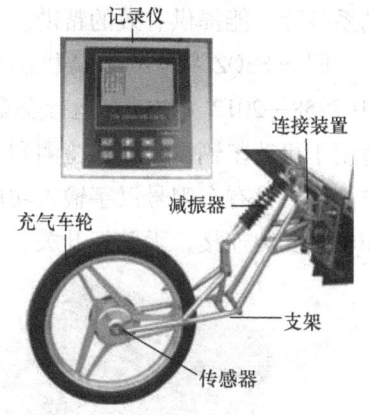

图 2-17　TM – 2002A/B 型五轮仪

记录仪部分的作用是把传感器部分送来的电信号和内部产生的时间信号，进行控制、计数并计算出车速，然后指示出来。记录仪部分是由测距、测时、测速、音响和稳压等部分组成的，整机各元件均安装在一个金属盒子内，其面板如图 2-17 所示。

② 五轮仪的使用方法。目前所使用的五轮仪，因生产厂家、规格、型号的不同，使用时的操作方法也略有差异，所以，使用时，首先一定要阅读说明书，严格按照使用说明书来操作。其次，在检测制动距离时，按有关国家标准的规定，应在符合要求的道路条件和气候条件下，汽车空载或满载加速行驶，驾驶人根据记录仪上指示的瞬时车速或音响的提示，至预选制动初速度时，用力踩下制动踏板直至汽车停止。制动时的踏板力（可安装踏板力计）或制动气压应符合规定要求。

检测制动性能应在同一路段正反两个方向上进行，测得的制动距离及其他参数取平均值。汽车倒车时，应将传感器部分的充气车轮转向 180°或提离地面。

路试结束后，关闭记录仪电源，拆卸电源线、信号线和脚踏开关，并从车身上拆下传感器部分。

2) 用制动减速度仪检测制动性能。在整车道路试验时，制动减速度仪主要用于检测制动减速度和制动时间。这种仪器小巧轻便，便于携带，不用五轮作传感器，并且对制动初速度要求不高，因而使用极为方便，适用于维修企业验车用。

国产制动仪已多为微机式智能化仪器，一般由仪器和传感器两部分组成，并附带一个脚踏开关。仪器和传感器既可以制成整体式（装在一个壳体内），也可以制成分体式，二者用导线相连。由于制动仪的规格型号较多，所以使用前要认真阅读使用说明书。

国产 QTZ – 2B 型微机制动特性测试仪是以单片机为核心组成的智能化、便携式制动特性检测仪器，如图 2-18 所示。它适于汽车、拖拉机生产研究部门，特别是使用维修、车辆监理和机动性大的运输单位作快速验车使用。它基于对整个制动过程中减速度的记录和处理，可以显示读出与制动过程有关的多个参数，并且不受车型的限制，对车辆的制动性能合格与否给出判断结果。它所提供的反应制动过程本质的多个参数，对于分析判断制动系故障，能提供有效的帮助。

国产SSQZ-7010型微机制动性能测试仪如图2-19所示。它是针对我国国情，根据GB 7258—2012《机动车运行安全技术条件》路试检验制动性能的要求专门研制开发的，适用于机动车辆制动性能检测和交通事故的勘查。其具有以下特点：体积小、质量轻、操作简便，具有车牌号汉字输入功能，使用过程中不需要设定车速、不需要与车辆进行机械和电气安装连接，无踏板开关。

图2-18　QTZ-2B型微机制动特性测试仪

图2-19　SSQZ-7010型微机制动性能测试仪

（2）制动性能的台试检测　台试检测即制动性能检测通过检验台来完成。与道路检测法相比，这种方法具有方便、快捷、安全，不受外界自然条件的限制，试验重复性好和能定量地指示出各车轮的制动力或制动距离等特点。

制动检验台根据不同分类方法有多种形式：按检验台测量原理不同，可分为反力式和惯性式两类；按检验台支承车轮形式不同，可分为滚筒式和平板式两类；按检验台检测参数不同，可分为测制动力式、测制动距离式和多功能综合式三类；按检验台测量装置至指示装置传递信号方式不同，可分为机械式、液压式和电气式三类；按检验台同时能测车轴数不同，又可分为单轴式、双轴式和多轴式三类。

当前，在维修部门或企业使用较为普遍的是单轴滚筒反力式制动检验台（测制动力式）、惯性式滚筒制动检验台（测制动距离式）和平板制动检验台。

1）单轴滚筒反力式制动检验台检测制动性能。

① 单轴滚筒反力式制动检验台的组成。单轴滚筒反力式制动检验台的结构如图2-20所示。它主要由框架、驱动装置、滚筒装置、测量装置、举升装置和指示与控制装置等组成。

② 检测操作方法。滚筒反力式制动检验台的型号不同，其使用方法也略有不同，在使用前一定要认真阅读试验台的使用说明书，按照使用说明书的规定进行正确操作。

在测试前还要做好检验台的清洁、检查、调试准备工作以及被测机动车测试前轴荷复核与清洁、检查等准备工作。

2）惯性式滚筒制动检验台检测制动性能。惯性式制动检验台的滚筒相当于一个移动的路面，检验台上各对滚筒分别带有飞轮，其惯性质量与受检汽车的惯性质量相当，因此滚筒传动系统具有相当于汽车在道路行驶的惯性。制动时，轮胎对滚筒表面产生阻力，虽然这时驱动滚筒传动系统的动力（如电动机或汽车发动机的动力）已被切断。但由于滚筒

项目二 汽车整车性能检测与故障诊断　45

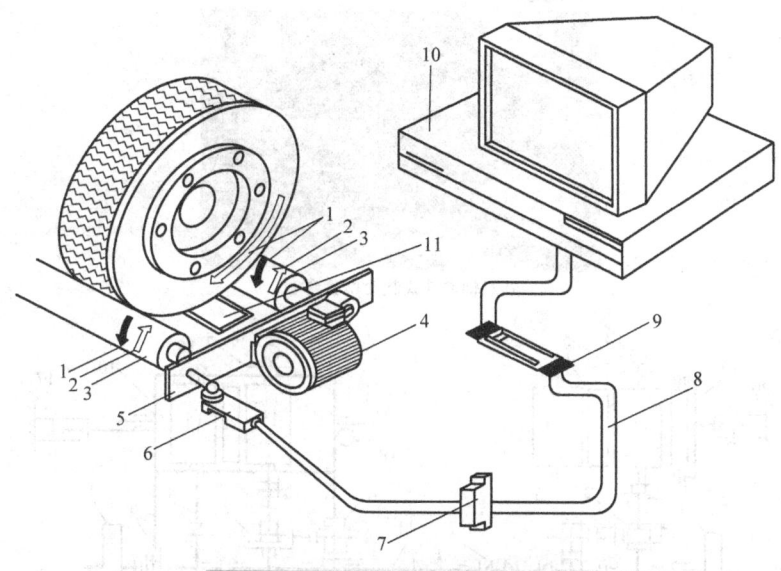

图 2-20　单轴滚筒反力式制动检验台
1—制动力矩方向　2—转矩方向　3—测试滚筒　4—电动机　5—压力杆　6—压力传感器
7—信号放大器　8—电线　9—I/O 电路　10—计算机　11—举升托板

传动系统肯定有一定的惯性，因而滚筒表面将相对于车轮移过一定距离。由此可见，在惯性式制动检验台上可以模拟道路制动检验工况。这种检验台的主要检测参数是各轮的制动距离，同时还可测得制动时间或减速度。

惯性式滚筒制动检验台按同时检测的轴数不同可分为单轴式、双轴式。双轴惯性式滚筒制动检验台的外形与结构组成如图 2-21 所示。

试验时，被检车驶上检验台后，前、后滚筒组之间的距离可用液压缸 17 调节，调节后用液压缸 18 锁紧。由汽车发动机动力驱动轮驱动后滚筒组旋转，左右主动滚筒用半轴与传动器 2 相连，并经变速器 3、万向节 13、电磁离合器 12、传动轴 11、变速器 6、传动器 2 带动前滚筒及汽车前轮一起旋转。此时按被检车辆行驶时的惯性等效质量配置的飞轮 1 也一起旋转。当达到试验转速时，断开连接各滚筒的电磁离合器，同时作紧急制动。车轮制动后，滚筒、飞轮依靠惯性继续转动，滚筒能转动的圈数相当于车轮的制动距离。在规定试验车速下，滚筒继续转动圈数取决于车轮制动器和整个制动系的技术状况。滚筒转动圈数由装在滚筒端部的光电传感器 5 转变为电脉冲送入计数器记录，在滚筒的端部还装有测速发电机 4 测定试验车速。为防止汽车制动时向后窜出，在后滚筒组后装有第三滚筒 19。这种动态检验制动性能的使用方法的试验条件接近汽车实际行驶条件，具有在任何车速下进行制动测试的优点。但这种试验台旋转部分转动惯量较大，因此结构较复杂，占地面积大，且检验的车型范围受到一定限制，所以应用范围不如反力式广泛。

3）平板制动试验台检测制动性能。平板制动检验台是凭借汽车在测试平板上的实际紧急制动过程来测定前、后轴制动力的，因此能比较客观地反映汽车制动器产生的制动力的大小，正确评价汽车的制动性能。

① 平板制动检验台的结构与工作原理。平板制动检验台如图 2-22 所示，它主要由四块表面轧花的测试平板、控制柜和踏板压力计等组成。

a) 双轴惯性式制动检验台

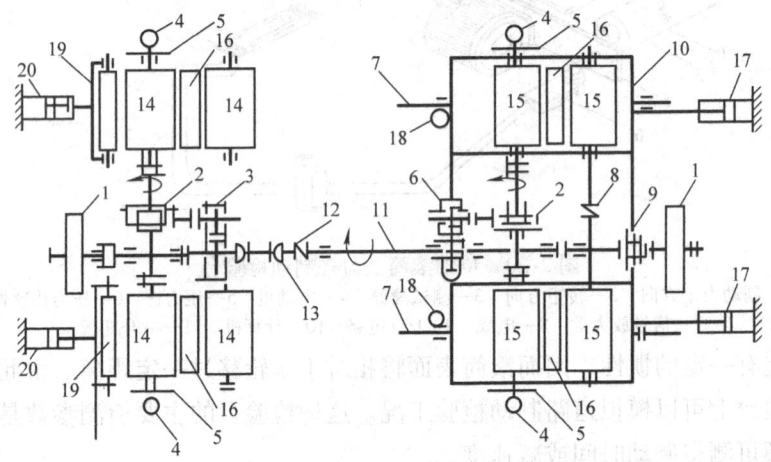

b) 双轴惯性式滚筒制动试验台结构简图

图 2-21 双轴惯性式滚筒制动检验台

1—飞轮 2—传动器 3、6—变速器 4—测速发电机 5、9—光电传感器 7—可移导轨
8、12—电磁离合器 10—壳体 11—传动轴 13—万向节 14—后滚筒 15—前滚筒 16—举升托板
17—驱动液压缸 18—锁紧液压缸 19—第三滚筒 20—第三滚筒调节器

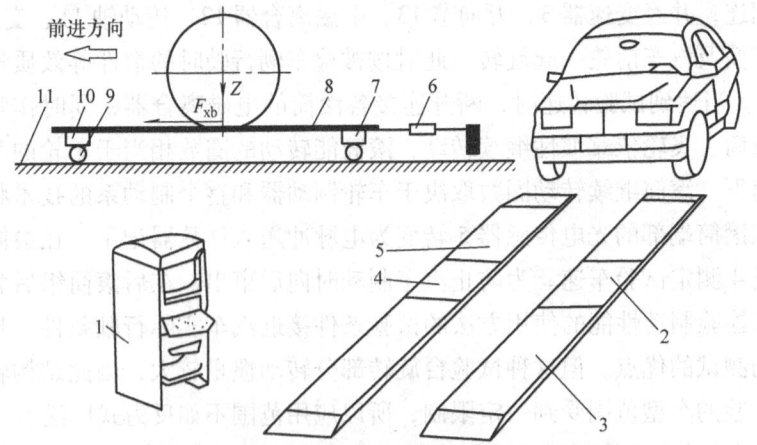

图 2-22 平板制动检验台简图

1—控制柜 2、4—侧滑测试平板 3、5—制动、轴重测试平板 6—拉力传感器
7、10—压力传感器 8—面板 9—钢球 11—底板

测试平板是制动力和垂直力的承受与传递装置。面板为一长方形钢板，在其下面四个

角上安置四个压力传感器,压力传感器底部加工成可以放置钢球的纵向V形沟槽,底板与压力传感器底部的纵向沟槽对应处也加工有四条可以放置钢球的纵向沟槽。这样,面板既可以通过钢球在底板上沿纵向移动,又可以通过钢球将作用于面板上的垂直力传递到底板上。此外,面板还通过一根装有拉力传感器的纵向拉杆连接在底板上。当汽车行驶到四块测试平板上进行制动时,这些压力传感器和拉力传感器就能同时测出每个车轮作用于测试平板上的制动力与垂直力。

控制柜包括数据采集系统、计算机、打印机、显示器及遥控接收模块等。

踏板压力计是用来测量制动时制动踏板力的装置,除常见的有线式以外,还有红外线式和无线式等。测量时,将其固定在汽车制动踏板上方。

② 平板制动检验台的使用方法。检测汽车制动性能时,检验台应处于开机状态,被检汽车以5~10km/h的速度驶上平板,引车员根据显示器上提示的信息及时、迅速地踩下装有踏板压力计的制动踏板,使车辆在测试平板上制动直至停车。与此同时,数据采集系统通过各传感器采集制动过程中的全部数据,并经计算机分析处理,在显示器上以数字、图形、曲线形式显示检测结果,最后可用打印机将检测结果打印出来。如果检验台是两块测试平板的组合形式,应采用逐桥检测的方式进行,即先检测前桥,接着检测后桥。逐桥检测和四轮同时检测在原理上是一样的,但后者能够测出汽车前/后制动力分配比,并且能获得制动过程变化曲线。

③ 平板制动检验台的特点。平板制动检验台结构简单、安装方便、检测速度快、工作可靠性高。由于被测车辆采用紧急制动方式,基本反映制动过程的实际情况,尤其能反映由于车辆制动引起的动态轴荷变化,从而防止了附着性能对制动力检测的影响,完全可以检测轿车高速制动时车身重心向前转移引起的前轴最大制动器制动力。由于平板制动检验台可对汽车前、后桥制动力同时进行检测,而且在检验台上的测试条件和实际车辆制动时的情况基本一致,因此测试结果能反映前、后桥的同步情况和前、后制动力的分配,对装有比例阀的车辆制动性能测试更为有利。但这种试验台存在测试重复性差、占地面积大、需要助跑车道和不安全等缺点,目前国内尚未广泛采用。

3. 汽车制动性故障诊断与排除

当汽车在制动检验台上检测制动性能时,若结果为制动力不足、同轴左右轮制动力差值过大、制动协调时间过长和车轮阻滞力过大等情况之一,就可以判定制动性能不合格。汽车制动性能下降在行车过程中所表现出的故障症状有制动失效、制动不灵、制动跑偏、制动拖滞等。导致汽车制动性能下降的原因主要是制动装置的技术状况不良。但是,车身、车架、行驶系统的故障和道路、环境因素、装载状况等都会影响汽车在运行中的制动效能。那么如何具体判断故障的直接原因或部位呢?诊断的步骤方法如下:

1) 根据发生故障的特征或规律,分析影响制动效能的因素是否与制动系统以外的因素相关。如发生制动失效与制动拖滞故障与外界条件无关,而发生制动不灵或制动跑偏就有可能与外界条件相关。

2) 若是与外界条件无关的故障,只进行制动系统故障诊断与排除就可以了;若是与外界条件相关,就必须分清发生故障的属性。

制动不灵故障的外界影响因素是装载超载与路面有水、油、冰雪或浮尘等，只要对装载情况和路面检查一下便知。

发生制动跑偏现象，除制动系统故障外的影响因素是车身、车架变形或行驶系的悬架、车桥变形或松动错位等，导致运动重心左右偏移引发制动侧滑跑偏。另外，轮胎的压力或新旧程度、花纹等左右不一致，就会在制动时与路面的摩擦力左右不一样，也会引发制动跑偏。

3）若是制动系统自身的因素而导致的行车制动性能故障，查找故障的关键是要熟悉制动系统类型与结构原理。因为现代汽车所使用的制动系统有气压制动系统、液压制动系统和油气混合控制制动系统等多种类型，并且防抱死制动系统在各种类型制动系统中已经广泛应用。每一种类型的制动系统都有其各自的结构、特点，虽然出现制动故障的现象基本相同，但故障产生的原因却是不同的。因此进行制动系统故障的诊断必须要结合制动系统类型的结构特点。具体诊断方法详见项目四的任务三"制动系统的检测与故障诊断"。

四、汽车车速表的检测与故障诊断

汽车的行驶速度与行车安全直接相关，汽车驾驶人通过车速表随时准确地掌握车速信息，在不同的环境下控制好运行速度，是实现安全行车的前提保障。但由于车速表使用时间过长致使内部磁场减弱和车轮直径磨损等原因，会导致车速表计数失准。如果车速表的误差过大，就极易误导驾驶人而造成交通事故。所以，为确保车速表的指示精度，就必须对车速表进行定期的检测与校正。

1. 车速表检测标准

车速表检验台是检测汽车行驶速度的装置，它的主要评价指标是车速表的允许误差。按照 GB 7258—2012《机动车运行安全技术条件》的有关规定，车速表指示车速 V_1 与实际车速 V_2 之间应符合下列关系式：$0 \leq V_1 - V_2 \leq (V_2/10) + 4$。车速表指示误差的检验宜在滚筒式车速表检验台上进行。对于无法在车速表检验台上检验车速表指示误差的机动车可路试检验车速表指示误差。

将被测机动车的车轮驶上车速表检验台的滚筒上使之旋转，当该机动车车速表的指示值（V_1）为 40km/h 时，车速表检验台速度指示仪表的指示值（V_2）在 32.8～40km/h 范围内为合格。

当车速表检验台速度指示仪表的指示值（V_2）为 40km/h 时，读取该机动车车速表的指示值（V_1），当 V_1 的读数在 40～48km/h 范围内时为合格。

2. 车速表的检测设备与操作方法

（1）车速表检验台的类型 车速表的精确度是通过车速表检验台来检测的。车速表检验台有三种类型：一是无驱动装置的标准型，它依靠被测车轮带动滚筒旋转；二是有驱动装置的驱动型，它由电动机驱动滚筒旋转；三是把车速表检验台与制动检验台或底盘测功机组合在一起的综合型。

标准型车速表检验台由速度测量装置、速度指示装置和速度报警装置等组成，如图 2-23 所示。驱动型车速表检验台是为适应后置发动机汽车的试验而制造的，这种检验台在滚筒的一端装有电动机,由它来驱动滚筒旋转,如图 2-24 所示。此外,这种检验台在滚筒与电动机之间装有离合器,若试验时将离合器分离,又可作为标准型检验台使用。

(2) 车速表的检测方法

1) 车速表检验台的准备。

① 在滚筒处于静止状态时检查指示仪表是否在零点上,否则应调零。

② 检查滚筒上是否沾有油、水、泥、砂等杂物,应清除干净。

③ 检查举升器的升降动作是否自如。若动作阻滞或有漏气部位,应予修理。

④ 检查导线的连接情况,若有接触不良或断路,应予修理或更换。

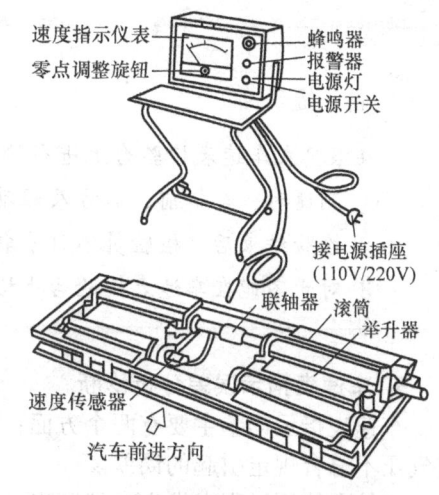

图 2-23 标准型车速表检验台

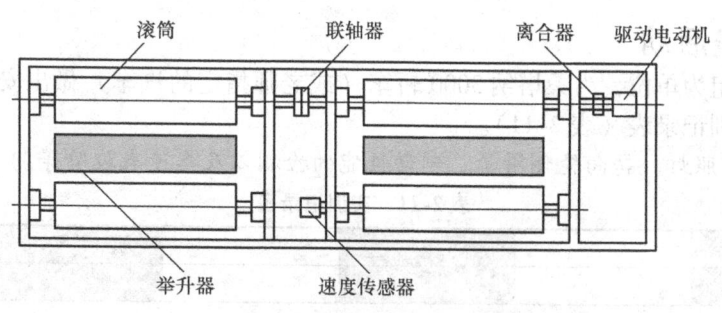

图 2-24 驱动型车速表检验台

2) 被测车辆的准备。

① 轮胎气压应在标准值。

② 清除轮上的水、油、泥和嵌夹石子。

3) 车速表指示误差检验。根据 GB 21861—2008《机动车安全技术检验项目和方法》的要求,车速表指示误差检验宜在滚筒式车速表检验台上进行,检测步骤如下:

① 将车辆正直居中驶上检验台,驱动轮停放在测速滚筒的中间位置。

② 降下举升器或放松滚筒锁止机构,必要时在非驱动轮前部加止动块,前轮驱动车使用驻车制动。

③ 对于标准型车速表检验台,起动汽车,缓慢加速,当车速表指示 40km/h 时,维持 3~5s 测取实际车速;检测结束,减速停车。

④ 对于电动机驱动型车速表检验台,汽车变速器置于空档,起动电动机驱动滚筒缓慢加速,当车速表指示 40km/h 时,维持 3~5s 测取实际车速;检测结束,减速停车。

⑤ 举起举升器或锁止滚筒,将车辆驶出检验台。

> **特别提示**
>
> 在滚筒式车速表检验台上进行检测时，必须遵守如下安全操作规程：
> ① 测速时，车辆前、后方及驱动轮两旁不准站立人员。
> ② 检验结束后，检验员不可采取任何紧急制动措施使滚筒停止转动。
> ③ 对于不能在车速表检验台上检验的车辆，可路试检验车速表指示误差。

3. 车速表指示误差分析诊断

车速表指示误差主要有两个方面：一是车速表传动或本身零部件损坏；二是轮胎磨损或气压不符合规定引起的误差。

机件在使用过程中发生自然磨损、磁性元件的磁性发生变化和轮胎滚动半径发生变化等原因，都会造成车速表指示误差增大。不管是磁感应式车速表还是电子式车速表，在本身技术状况正常的情况下，轮胎滚动半径的变化是造成车速表指示误差的主要原因。轮胎滚动半径的变化主要是由于轮胎磨损、气压不足或气压过高等原因造成的。

 实践活动

以实训小组为单位，为桑塔纳3000轿车（或老师指定的汽车）做出安全性性能的评价，并记入实训记录表（表2-11）。

（提示：前照灯、转向轮侧滑量、制动性能的检测以及车速表校验等。）

表2-11 实训记录表

车型		出厂时间		检验人	
VIN 码		检查时间		学号	
选择检测项目	□前照灯光束照射位置 □前照灯发光强度 □侧滑量 □制动距离 □制动减速度 □制动力 □制动时间 □车速表指示误差					
检测工艺步骤	1）前照灯检测：用_____检测仪检测，应符合技术要求。 2）转向轮侧滑量的检测：用_____检验台检测，标准为±5m/km。 3）制动性能检测：用_____检测_____评价指标，应符合技术要求。 4）车速表的检测：在滚筒式车速表检验台上进行，或路试检验。				
检测结果分析	1） 2） 3） 4） 通过以上项目的检测分析，该车的安全性能_____技术要求。				
制定维修方案	1）调整_____。 2）检修_____。 3）更换_____。 4）试车：确认_____故障现象消失。				
学生小结	通过本次实训知道_____； _____。 掌握了_____； _____； 在_____方面，还要努力。				
老师点评					

任务四　通过性与影响因素分析

案例思考

在现实生活里，类似图 2-25 所示情形会遇到很多，如果是你会怎样做？掌握车辆的通过性能对于我们正确使用汽车有什么样的意义？请大家思考。

图 2-25　汽车在通过不平地段

相关知识与技能

通过性能是指汽车能以足够高的平均车速通过各种坏路及无路地带以及克服各种障碍的能力，也称越野性能。坏路及无路地带是指松软土壤、沙漠、雪地、沼泽等松软地面及坎坷不平地段；各种障碍，是指陡坡、侧坡、台阶、壕沟等。

一、汽车通过性的评价指标

汽车通过性能的好坏主要取决于两方面：一是几何通过性能，二是支承通过性。支承通过性能代表车辆通过坏路和崎岖路面时的速度能力，主要取决于发动机的动力以及牵引力;而几何通过性能则代表了车辆通过各种障碍物时的物理能力,主要取决于车辆的设计结构和几何参数。

1. 几何通过性

汽车本身的几何参数与防止行车间隙失效有直接关系。所谓间隙失效是指汽车行驶时,由于与不规则地面的间隙不足,可能出现汽车被地面托住而无法通过的现象。间隙失效有以下几种形式:因车辆中间底部的零部件碰到地面而被顶住使汽车不能通过称之为顶起失效;因车辆前端触及地面而使汽车不能通过称之为触头失效;因车辆后端触及地面而使汽车不能通过称之为托尾失效。

汽车通过性能的几何参数主要有最小离地间隙 h、接近角 α 和离去角 β、纵向通过半径 $R_纵$、横向通过半径 $R_横$、最小转弯半径 R_{min} 和内轮差 $d = R_h - R_d$ 等,如图 2-26 所示。

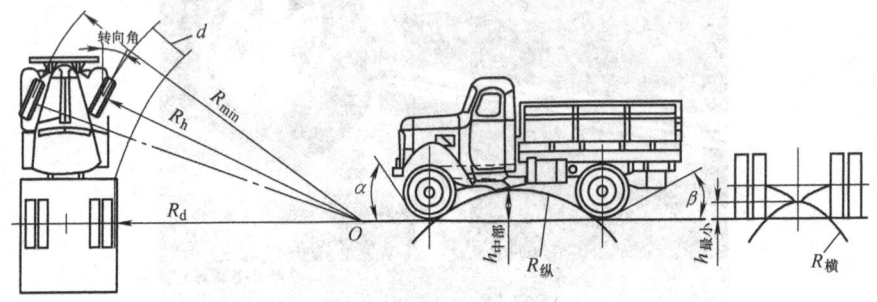

图 2-26 汽车通过性几何参数

$R_纵$—纵向通过半径 $R_横$—横向通过半径 $h_{最小}$—最小离地间隙 $h_{中部}$—汽车中部最低点
R_{min}—最小转弯半径 α—接近角 β—离去角 d—内轮差

2. 支承通过性

汽车的支承通过性能主要取决于以下参数:

1) 附着质量和附着质量系数。附着质量是指轮式车辆驱动轴载质量;附着质量系数是指车辆附着质量与总质量之比。附着质量和附着质量系数大,有利于汽车在坏路面上行驶,丧失通过性能的可能性小。

2) 车轮接地比压。车轮接地比压是指车轮对地面的单位压力。车辆在松软地面上行驶的滚动阻力系数和附着系数都与车轮接地比压有直接关系。车轮接地比压小,轮辙深度小,车轮的行驶阻力和车轮沉陷失效的概率就小。同样,当汽车行驶在黏性土壤和松软雪地上时,降低车轮接地比压可使得车轮接地面积增加,提高地面承受的剪切力,使车轮不易打滑。

二、汽车通过性能的影响因素

影响汽车通过性能的因素主要有汽车的最大单位驱动力、汽车行驶速度、车轮轮胎、前轮距与后轮距、从动车轮和驱动车轮、液力传动等几方面。

1. 汽车的最大单位驱动力

由于汽车越野行驶的阻力很大,为了充分利用地面提供的挂钩牵引力,保证汽车通过性能,除了减少行驶阻力外,还必须增加汽车的最大单位驱动力。

为了获得足够大的单位驱动力，要求越野汽车有较大的比功率以及较大的传动比。在困难的行驶条件下，限制越野汽车的额定载质量能提高单位驱动力，同时也能降低在松软地面上的滚动阻力。

2. 汽车行驶速度

当汽车低速行驶时，土壤剪切和车轮滑转的倾向减少。因此，用低速行驶通过困难地段，可改善汽车的通过性。为此，越野汽车传动系最大总传动比一般较大。

3. 车轮轮胎

汽车车轮的轮胎花纹、轮胎直径与宽度和轮胎的气压对支承通过性都有很大的影响。

首先，轮胎花纹对附着系数有很大影响。正确地选择轮胎花纹，对提高汽车在一定类型地面上的通过性能有很大作用。其次，增大轮胎直径和宽度都能降低轮胎的接地比压。加大轮胎宽度不仅直接降低了轮胎的接地比压，而且因轮胎较宽，允许胎体有较大的变形，而不降低其使用寿命，因而可使轮胎气压取得低些。最后，在松软地面上行驶的汽车，应相应降低轮胎气压，以增大轮胎与地面的接触面积，降低接地比压，从而减小轮胎在松软地面的沉陷量及滚动阻力，提高土壤推力。

4. 前轮距与后轮距

当汽车在松软地面上行驶时，各车轮都需克服形成轮辙的阻力（滚动阻力）。如果汽车前轮距与后轮距相等，并有相同的轮胎宽度，则前轮辙与后轮辙重合，后轮就可沿被前轮压实的轮辙行驶，使汽车总滚动阻力减小，提高汽车通过性。所以，多数越野汽车的前轮距与后轮距相等。

5. 从动车轮和驱动车轮

在越野行驶中，常以很低的车速去克服某些障碍物，如台阶、壕沟等。前驱动汽车上坡的通过性最差，全轮驱动车辆爬坡能力最大。此外，增加汽车驱动轮数，还可提高汽车附着质量，增加驱动轮与松软地面的接触面积，是改善汽车通过性的最有效方法。因此，越野汽车都采用全轮驱动。

6. 液力传动

当汽车装有液力变矩器时，能提高发动机工作的稳定性，使汽车可以长时间稳定地以 0.5～1.5km/h 速度行驶，从而可减小滚动阻力并提高附着力，改善汽车通过性。

案例：为瑞虎3 1.8L汽车做出通过性能的评价

瑞虎3 1.8L汽车如图2-27所示。这是一款比较典型的城市化SUV。从车辆的发动机性能来看，瑞虎3采用了ACTECO 1.8L发动机，在转速达到4200r/min左右时即可以提供170N·m的最大转矩，并且具备97kW的最大功率（5700r/min）。从动力性能方面来看，瑞虎3可以轻松地应对城市、郊区的路况，满足车主出行、旅游时的各种需求。

通过实际测量，瑞虎3的接近角和离去角分别为28°和29°，与传统越野型SUV很接近；传统轿车的接近角和离去角一般在25°左右，这样在遇到石头、坑洼路面时就有可能出现碰头和拖底的现象。

瑞虎3采用紧凑型车身设计，车身轴距较短（2510mm），这使得它的纵向通过角度更大。经实际测量，瑞虎3的纵向通过角达到了33.6°。而传统轿车的纵向通过角只有30°，要小于瑞虎 3。

瑞虎 3 的最小离地间隙达到 190 mm，比传统轿车高出了 75 mm 左右，与传统越野型 SUV 相差无几，这为车辆在野外行驶时提供了良好的保障。

图 2-27　瑞虎 3 1.8L 汽车

实践活动

以实训小组为单位，请为桑塔纳 3000 轿车（或是实训指导老师指定的汽车）做出通过性能的评价，并填写好记录表（表 2-12）。（提示：要先进行通过性参数的检测，主要包括最小离地间隙 h、接近角 γ_1 和离去角 γ_2、纵向通过角 β、最小转弯半径 R_H 和内轮差 d；再根据你所掌握的情况，建议这款车的活动范围。）

表 2-12　实训记录表

车型		出厂时间		检验人	
VIN 码		检查时间		学号	
选择通过性检验项目参数	□最小离地间隙 h　□接近角 α　□离去角 β　□纵向通过半径 $R_纵$ □横向通过半径 $R_横$　□最小转弯半径 R_{min}　□内轮差 $d = R_h - R_d$ □附着质量和附着质量系数　□车轮接地比压				
汽车通过性能参数的检测方案	1）最小离地间隙 h：用＿＿＿＿＿＿来检测。 2）接近角 α：用＿＿＿＿＿＿来检测。 3）离去角 β：用＿＿＿＿＿＿来检测。 4）纵向通过半径 $R_纵$：用＿＿＿＿＿＿来检测。 5）横向通过半径 $R_横$：用＿＿＿＿＿＿来检测。 6）最小转弯半径 R_{min}：用＿＿＿＿＿＿来检测。 7）内轮差 $d = R_h - R_d$：用＿＿＿＿＿＿来检测。				
通过性能参数检测结果分析	通过上述通过性能参数检测结果分析，该车的＿＿＿＿＿＿＿＿＿＿＿＿＿＿等参数与同类车型相比具有＿＿＿＿＿＿优势；＿＿＿＿＿＿劣势。				
该车使用区域与工作区域的建议	因为该车具有＿＿＿＿＿＿＿＿＿优势，所以建议使用范围是＿＿＿＿＿＿＿＿＿＿＿＿＿＿＿。				
学生小结	通过本次实训知道＿＿＿＿＿＿＿＿＿＿＿＿＿＿＿＿＿＿＿＿＿＿＿； ＿＿＿＿＿＿＿＿＿＿＿＿＿＿＿＿＿＿＿＿＿＿＿＿＿＿＿＿。 掌握了＿＿＿＿＿＿＿＿＿＿＿＿＿＿＿＿＿＿＿＿＿＿＿＿＿； ＿＿＿＿＿＿＿＿＿＿＿＿＿＿＿＿＿＿＿＿＿＿＿＿＿＿＿＿。 在＿＿＿＿＿＿＿＿＿＿＿＿＿＿方面，还要努力。				
指导教师点评					

任务五　舒适性检测

> **案例思考**
>
> 小王的车已经要报废了，想换辆舒适性好的新车，可是如何判断车的舒适性他不清楚，所以来请教4S店的张技师。张技师给他详细地讲了汽车舒适性能的评价标准和检测方法。
>
> 请思考一下，利用你所学的知识，是不是也能帮助小王选择一辆舒适性良好的车呢。

相关知识与技能

汽车舒适性是指为乘员提供舒适、愉快的乘坐环境，货物的安全运输和方便安全的操作条件的性能。汽车舒适性主要包括汽车平顺性、汽车空气调节性能、汽车乘坐环境及驾驶操作性能等。它是现代高速、高效率汽车的一个主要性能。

一、汽车的平顺性检测

汽车平顺性就是保持汽车在行驶过程中乘员所处的振动环境具有一定舒适度的性能。对于载货汽车还包括保持货物完好的性能。

汽车行驶时，因为路面不平等因素激起汽车的振动，由此影响人的舒适、工作效率和身体健康，并影响所运货物的完好；同时振动还会在汽车上产生动载荷，加速零件磨损，导致疲劳失效。

1. 汽车行驶平顺性的评价标准

汽车行驶平顺性通常是根据人体对振动的生理反应及对保持货物完整性的影响制定评价方法，用振动的物理量，如频率、加速度、加速度变化率等作为其评价指标。

（1）国际通用的平顺性评价标准　人体坐姿受振模型如图2-28所示，当前国际最新的车辆乘坐舒适性评价标准ISO 2631—1：1997（E）《人体承受全身振动评价—第一部分：一般要求》规定：舒适性评价时，考虑座椅支承处的3个线振动和3个角振动，靠背和脚支承处各3个线振动，共12个轴向振动。健康影响评价时，仅考虑座椅支承处的3个线振动。并且，给出了在1~80Hz振动频率范围内，人体对振动反应的三个不同的感觉界限。

1）暴露极限。该界限常作为人体能够承受振动量的上限，当人体承受的振动强度在这个极限以下，能保持人的健康和安全。

2）疲劳—降低工效界限（TFD）。该界限与保持工作效率有关，当驾驶人承受的振动强度在此界限之内时，能准确灵活地反应，正常驾驶不致太疲劳以致工作效率降低。

3）舒适降低界限（TCD）。该界限与保持舒适有关，在这个界限之内，人体对暴露的振动环境主观感觉良好，乘员能在车上进行吃、读、写等动作。

这三个感觉界限的振动允许值随频率的变化趋势完全相同，只是振动加速度的均方根允许值不同。"暴露极限"加速度均方根的允许值是"疲劳—降低工效界限"的两倍，"舒适降低界限"是"疲劳—降低工效界限"的1/3.15。

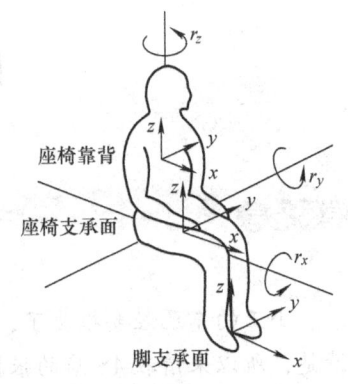

图 2-28　人体坐姿受振模型

（2）我国的平顺性评价标准　我国参照 ISO 2631 制定了 GB/T 4970—2009《汽车平顺性试验方法》，用于测定汽车在随机不平路面上行驶时振动对乘员及货物的影响。该标准规定，以"疲劳—降低工效界限"和"舒适降低界限"作为人体承受振动能力的主要评价指标，以 TFD 和 TCD 与车速的关系曲线——车速特性来评价汽车的行驶平顺性。其中轿车和客车用"舒适降低界限"车速特性评价；货车用"疲劳—降低工效界限"车速特性评价。

（3）用车身振动固有频率评价　试验表明，为保持汽车具有良好的行驶平顺性，车身振动固有频率应为人体所习惯的步行时身体上、下运动的频率，为 60～85 次/分，即 1～1.6Hz。

2. 汽车行驶平顺性的检测内容

汽车行驶平顺性的检测主要包括以下内容：

（1）汽车悬架系统的刚度、阻尼和惯性参数的测定　通过测定轮胎、悬架、坐垫的弹性特性，就是载荷与变形的关系曲线，可以求出在规定载荷下轮胎、悬架、坐垫的刚度。由加、卸载曲线包围的面积，可确定这些元件的阻尼。另外，还要测量悬架质量、非悬架质量等振动惯性方面的参数。

（2）悬架系统部分固有频率和阻尼比的测定　将汽车前轮、后轮分别从一定高度抛下，记录车身和车轮质量的衰减振动曲线，得到车身质量振动周期和车轮质量振动周期，根据公式计算出各部分的固有频率。最后根据衰减率按公式求出各部分的阻尼比。

（3）汽车振动系统的频率响应函数的测定　在实际随机输入的路面上或在电液振动台上，给车轮 0.5～30Hz 范围的振动输入，记录车轴、车身、坐垫上各测点的振动响应，最后根据数据统计分析仪处理得到各环节的频率响应函数。

（4）在实际随机输入路面上的平顺性试验　GB/T 4970—2009《汽车平顺性试验方法》采用座椅、靠背和脚 3 个点、每点各 3 个方向的线振动，共 9 个轴向，用总加权加速度均方根值，或者综合振动总值来评价。

（5）汽车驶过凸块脉冲输入平顺性试验　汽车行驶时会遇到凸起和凹坑，尽管遇到的概率不大，但过大的冲击会严重影响平顺性，按照 GB/T 4970—2009《汽车平顺性试验方法》，以加权加速度 4 次方和根值方法来评价。

3. 影响汽车行驶平顺性的因素分析

汽车行驶的平顺性除受外界环境条件影响外，主要与汽车自身的结构特性有关。在这里只探讨汽车自身因素对行驶平顺性的影响，主要包括悬架结构、轮胎、悬挂质量和非悬挂质量等。

（1）**悬架结构的影响**　悬架结构主要指弹性元件、导向装置与减振装置，其中弹性元件在悬架系统中阻尼影响较大。

1）弹性元件。减少悬架刚度，可降低车身的固有频率，可提高汽车行驶平顺性。但刚度降低会增加非悬挂质量的高频振动位移。而大幅度的车轮振动有时会使车轮离开地面，前轮定位角也将发生显著变化，在紧急制动时会产生严重的汽车"点头"现象。转弯时因悬架侧倾刚度的降低，会使车身产生较大的侧倾角。解决问题的最好措施是，采用悬架刚度可变的非线性悬架，使空车时的刚度比满载时的低。

2）悬架阻尼系统。为了使减振器阻尼效果好，又不传递大的冲击力，常把压缩行程的阻尼和伸张行程的阻尼取不同值。在弹性元件的压缩行程，为了减少减振器传递的路面冲击力，选择较小的相对阻尼系数；而在伸张行程，为使振动迅速衰减，选择较大的相对阻尼系数。

（2）**轮胎的影响**　由于汽车的轮胎是有弹性的，所以在行车时，减缓了很多因路面不平引起的振动。它与悬架共同保证汽车行驶的平顺性。轮胎性能的好坏对汽车行驶平顺性有直接影响。提高轮胎缓冲性能的方法：一是增大轮胎断面、轮胎宽度和空气容量；二是改变轮胎结构形式，如采用子午线轮胎；三是提高帘线和橡胶的弹性，要用较柔软的胎冠。在采用足够软的悬架的情况下，在相当大的行驶速度范围内，低频共振的可能性完全可以消除。但轮胎刚度过低，会增加车轮的侧向偏离，影响稳定性，同时，还使滚动阻力增加，轮胎寿命降低。

（3）**悬挂质量**　汽车的悬挂质量由车身、车架及其上的总成所构成。悬挂质量由减振器和悬架弹簧与车轴、车轮相连。减少公共汽车和载货汽车的悬挂质量，车身振动的低频和加速度增加，会大大降低行驶平顺性。在此情况下，为了保持良好的行驶平顺性，应采用等挠度悬架，使悬架刚度随悬挂质量的减小而减小。

（4）**非悬挂质量**　车轮、车轴构成非悬挂质量。车轮再经过具有一定弹性和阻尼的轮胎支承在路面上。减小非悬挂质量可降低车身的振动频率，增加车轮的振动频率。这样就使低频共振与高频共振区域的振动减小，而将高频共振移向更高的行驶速度，对行驶平顺性有利。

常用非悬挂质量与悬挂质量之比（用 β 表示）评价非悬挂质量对行驶平顺性的影响。比值越小，行驶平顺性越好。对于现代轿车，$\beta = 10.5\% \sim 14.5\%$ 时，可以保证良好的行驶平顺性。汽车行驶平顺性能下降，说明与平顺性相关的结构系统的技术状况下降，甚至是出现了故障。所以，必须对平顺性下降的原因进行分析诊断，以确保行车的舒适性和安全稳定性。具体诊断方法详见项目四的任务四"行驶系统的检测与故障诊断"。

二、汽车空气调节性能的检测

汽车空气调节性能是指对车内空气的温度、湿度和粉尘浓度实现控制调节,使车室内空气经常保持在使乘员舒适的状态。汽车空气调节是改善工作条件、提高工作效率的重要手段。整车空气调节性能检测是指空气调节装置安装在汽车上后测定车厢内的降温、采暖、保温性能,测定车内气流分布,了解空气调节机组的运行情况以及空气调节机组对汽车性能的影响。试验方法分道路试验和室内模拟试验两种。

1. 汽车空气调节性能评价标准

对汽车空气调节性能的评价通常是由乘员和驾驶人对车室内的温度、湿度、空气流速、空气压力、气味、空气洁净度,甚至包括噪声和振动等指标的感受和反应来决定的。汽车舒适的空气调节参数评价指标见表2-13。

表2-13 汽车舒适的空气调节参数评价指标

项目 指标	温度/℃		相对湿度 (%)	换气量 /(m³/min)	风速 /(m/s)	CO_2 体积分数(%)	CO体积分数 (%)
	冬季	夏季					
舒适	15~18	22~27	30~70	0.6	0.075~0.2	0.03	0.01
不舒适	0~14	27~43	<30,>70	0.35	<0.075,>0.3	0.3	>0.015
有害	<0	>43	<15,>95	0.14	>0.4	10	>0.03

2. 汽车空气调节性能的检测项目与方法

目前,我国对汽车空气调节的检测还没有建立国家标准,一般参考国际汽车空调协会试验标准IMACA和日本JISD 1618—1986标准。

汽车空气调节检验以换气性能、采暖性能和制冷性能为研究对象,主要测定项目是风量、风速、温度、湿度。根据所测数据,对汽车空气调节系统的性能做出定量的评价。此外还必须进行主观评价,以做出全面的综合判断。

环境实验室可随意给定温度、湿度、日照等条件,可获取高重复性的试验数据。通常试验控制条件的范围:温度-30~50℃;湿度20%~80%;日照量0~1.16kJ/(m²·s)。

(1) 换气性能检验 换气性能是汽车空调的最基本性能。换气性能检验主要有车内空气换气量,车内风速风向,进、排通气孔位置影响等。

1) 换气量。进出车内的空气量是由空调装置的进风量、车身缝隙的空气渗漏量平衡决定的。空调装置进风量的测定分静态和动态两种测定方法。静态测定法是在车辆静止状态下,改变空调装置的鼓风机电压,测定各出口的风量;动态测定法可在汽车运行中进行风量测定,也可在风洞室内测定,更简便的方法是利用鼓风机送与车速相当的风量,进行测定。不管采用什么方法,都必须确保空气入口→车内→空气出口的压力变化与汽车行驶状态相同。逐个测定车身每个缝隙的渗漏量是十分困难的。一般只测总渗漏量。从车身缝隙向外渗漏的空气量,要由外界向车内补充。总渗漏量可通过测定车内某一定压时的补充空气量来代替。

2)风速、风向。"体感风速"是风速的主要检验内容,应在相当于人体各部位处装微型风速传感器,以测定身体感受到的风速。风向测定可采用"气流可见化"检验方法,最简便的是"丝丛法",在细木棍的尖部贴附丝线或毛线,受气流作用后便随风飘动,可判断气流的方向和强度。

3)空气入口和出口。根据车身表面压力分布,在正压大的部位设置空气入口,在负压大的部位设置空气出口,其换气效率较高。

(2) 采暖、制冷性能检验 在采暖和制冷性能检验中,最基本的内容是温度测量。

1)采暖性能。对于采暖性能来说,最重要的是温度与温度分布。测量内容包括足部附近的温度分布、足部和面部空间的温度差、左右座席的温度差、前后座席的温度差等。

发动机冷却液温度也是采暖性能的重要评价项目。检验气温一般选择 -20℃ 左右,检验车速应选择负荷小的情况(即发动机发热量少),如 40~50km/h,还要选发热量急剧变化的工况,如 80km/h 以上的车速和发动机怠速两种工况编成一定组合进行检验。

检验前汽车要停放,当发动机冷却液温度、机油温度、车内各部位温度与外界气温相等时,方能开始检验。检验从开始到达到规定温度时所需时间和温升过程。车内温度上升越快,则性能越好。经过 40min 左右,车内温度趋于稳定。这时,如果足下温度达到 30℃ 左右,面部温度达到 25℃ 左右,则认为加热器的性能良好。

2)制冷性能。与采暖性能一样,制冷性能的主要检验项目也是温度测量。此外,出风口的风量和风速也是制冷性能的重要测试参数。为了掌握空调系统工作是否正常,还应测定制冷剂气体的压力。

检验条件因地区而异,我国可选气温 36~42℃,湿度 30%~70%,检验运行工况应包括 40~50km/h 中速行驶、100km/h 左右高速行驶以及怠速等适当组合。

在检验环境下,将汽车停放 1~2h 后,待车内温度稳定时便开始检验,测定温降过程。经过 40~50min 左右,车内温度趋于稳定。此时,如果面部温度为 20℃ 左右,足下温度为 25℃ 左右,则认为制冷性能良好。

检验中测定制冷剂气体压力,若高压为 1.27~1.47MPa,低压为 0.1~0.15MPa,则认为制冷系统工作正常。检验中还应考核蒸发器上的水分有无冻结现象。

3)温度控制性能。温度控制性能是指温度调节杆的动作量和吹出空气温度变化的关系。如果调节杆能使吹送空气温度呈直线变化,则认为温度控制性能良好。检验时,将温度调节杆的动作行程分为 4~10 等份,置于各等份点时送吹空气,测定车内各部位温度。检验气温在 -20~40℃ 范围内,每隔 10℃ 或 15℃ 进行一次检验。检验车速为 50~80km/h,并应保证冷却液温度能使节温阀处于开启状态。在所有吹口处同时测定吹送空气温度,由此对左右侧温差作出评价。

(3) 主观评价检验 主观评价检验主要是对车内整体温度分布和风量(风感)进行评价。另外,鼓风机响声、座席触感、空调控制杆的操纵性等也应列入评价内容。主观评价分为综合评价和头、足等身体局部感受评价,在规定时间里,将各部位的感觉记录在评价卡上。

检验条件与制冷、采暖性能检验基本相向,但主观评价检验要求在实际行驶状态下进行,并要求有更多的人参与检验评价。由于难于找到适宜的检验条件,主观评价检验也多在环境检验室内进行。检验前,评价人员必须在检验室内的检验条件下停留30min,并按规定着装。

三、汽车乘坐环境与驾驶操作性能检测

汽车乘坐环境及驾驶操作性能是指乘坐空间大小、座椅及操纵件的布置、车内装饰、仪表信号设备的易辨认性等。汽车舒适性各方面的评价与汽车其他性能不同,都与人体主观感觉直接相关。

乘坐舒适性在很大程度上还取决座位的结构、尺寸、布置方式和车身(或载货汽车的驾驶室)的密封性(防尘、防雨、防止废气进入车身)、通风保暖、照明、隔声等效能,以及是否设有其他提高乘客舒适的设备(钟表、收音机、烟灰盒、点烟器等)。

1. 空间舒适性和操作方便性的评价与检验

目前,对汽车乘坐环境和操作性能主要是从操作方便、安全运行等方面检测评价。进行检验评价的内容有车室空间、装置、视界、视认性、照明性能等,具体检测项目与检测内容见表2-14。

表2-14 汽车乘坐环境和操作性能主要测定内容

项目	测定内容
车内空间	室内尺寸(长、宽、高),大客车立席面积
上下车方便性	室内尺寸车门开口(高、宽),带篷车后门(高、宽),大客车紧急用车门尺寸,大客车门踏板高
座椅	座椅宽、内深、椅间间隙、头枕尺寸、触感
操纵装置总体布置	配置范围、识别标志、视认性
操作者视界	直接视界、间接视界、刮水器视界、除霜性
照明	照明灯(中心距、高度、主光轴、配光),牌照灯(照度、视认性),倒车灯(照射距离、光度),辅助前照灯、示宽灯、侧灯、尾灯、停车灯、制动灯、方向指示灯
座椅安全带	固定位置、着脱方便性

注:表中的检测项目与内容的测定均可采用一般工业测试仪表测取物理量进行检测评价。

2. 汽车乘坐环境和操作性能的影响因素分析

汽车乘坐环境与驾驶操作性能主要与必要的活动空间、舒适的乘坐(操作)姿势、较强的信息接受能力等三个方面因素相关。

(1)必要的活动空间 汽车的外形尺寸不可能无限大。研究车内活动空间的基本条件是在有限的外形内,如何设计出必要的空间来。为有效发挥活动空间的功效,必须探讨车室长、宽、高之比,轴距的长短,车室前后玻璃平面倾角、车门形状、内饰影响、车内设备布置、车身造型、空气动力特性、结构强度、自重等方面的因素。实际上,汽车活动空间就是指可以容纳额定乘员的最小极限尺寸。确定车室容积时,应考虑乘员坐姿及供身

体转动的足够空间。

车内装饰件，除考虑尺寸大小外，还应研究人的心理要求，注意色调和谐。为节省资源和能源，轿车正致力于结构紧凑型研究。

（2）舒适的乘坐（操作）姿势　汽车座椅的重要作用是在乘坐环境下支持乘员，并作为缓冲装置缓和地板传给人体的振动。为让乘员乘坐舒适，对座椅要求的主要因素是稳定的坐姿、合理的体压分布、缓冲特性、座椅尺寸、蒙皮的触感等。

（3）较强的信息接受能力

1）视界。驾驶汽车时，所必须知道的道路状况、各种信号标志和周围交通情况等外部信息，几乎全是靠视觉获得。所以视觉良好便可减轻驾驶人的负担，提高舒适性和工作效率。

视觉良好是指在人的视野内，具有广阔的视界。因此，应尽可能地减少驾驶人视野内的死角（盲区）。汽车视界可分为直接视界（驾驶人眼睛可直接看到的视界）、间接视界（通过后视镜观察到的视界）、刮水器视界（由刮水器刮拭区所看到的视界）。

影响直接视界的因素有风窗玻璃开口面积、立柱、座椅、翼子板等车身构件的位置和尺寸，风窗玻璃的透光率和车窗玻璃的反射率等。

影响间接视界的因素有后视镜的位置与大小，靠枕等的构造和后座乘员头部位置等。此外，研究在下雨和寒冷时使用刮水器和除霜器的视界也很重要。

2）视认性。驾驶人通过装在车上的仪表和警告灯，获取汽车各装置工作状态和行驶状况的信息，并进行判断和操作，称为视认性。所以视认性良好的仪表和警告灯等是舒适地进行汽车驾驶必不可缺的设施。影响视认性的因素有仪表的数量与布置、指针与表示文字的长度和大小、配色和夜间照明等。

3）照明。用于夜间行驶的照明和用于表示信号的照明是有很大差别的。为确保驾驶人舒适，不易疲劳，并安全地驾驶汽车，各国都以法律形式规定了各种照明装置的主要性能，如明亮度、颜色、配光、安装位置和闪光频率等。

汽车舒适性是与使用者联系最为密切的性能，良好的汽车舒适性能保证驾驶者的平稳情绪、快速的反应速度进而保证行车的安全性；同时，也有助于增加汽车使用年限。

 特别提示

汽车空间舒适性和操作方便性是进行车辆选用的重要参考指标。

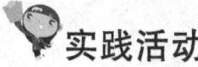

实践活动

以实训小组为单位，为一汽的迈腾轿车（或老师指定的汽车）做出舒适性性能的评价，并记入实训纪录表（表2-15）。

（提示：依据汽车平顺性、汽车空气调节性能、汽车乘坐环境及驾驶操作性能等来做评价。）

表 2-15　实训记录表

车　型		出厂时间		检验人	
VIN 码		调查时间		学号	
选择检测项目	□汽车平顺性　□空气调节性能　□汽车乘坐环境　□驾驶操作性能					
检测工艺步骤	1）检测 _____、_____、_____、_____、_____、_____等参数来判断汽车的平顺性。 2）检测汽车_____性能、_____性能和对汽车进行主观感觉评价等来判断空气调节性能。 3）检测车室空间、装置、视界、视认性、照明性能等参数指标，判断汽车的乘坐环境和操作性能。				
检测结果评价	1）通过平顺性指标的检测，该车的平顺性_____。 2）通过对空气调节性能参数的检测，该车的_____。 3）通过对汽车乘坐环境_____。 4）通过对驾驶操作性能_____。				
总体评价					
学生小结	通过本次实训知道了_____；掌握了_____。在_____方面，还要努力。				
老师点评					

任务六　环保性能检测与故障诊断

案例思考

根据有关部门分析统计，现在的雾霾天气有50%左右的污染来自于汽车。汽车给我们生活带来方便的同时也给我们的生存环境造成了很大的损害。

请大家认真思考一下，汽车在哪些方面会造成环境污染？应如何减少环境污染？

相关知识与技能

汽车环保性能检测，是指车辆在不解体情况下，对涉及车辆有关环境保护方面的项目

进行检查和测试的技术。它主要包括汽油机和柴油机排气污染物的检测，车辆噪声和喇叭声级测试等。

一、汽车排放污染物的检测与故障诊断

根据使用燃油的不同，汽车发动机排出废气的成分也不相同。有害成分的排放量与汽车的技术状态有密切的关系。这些有害成分排入大气，将产生空气污染，危害生态环境，特别对汽车车内的小气候产生严重污染，对驾驶人、乘员身体产生危害，甚至危及生命，因此对汽车的排放性必须加以严格监控。

1. 汽车废气的主要成分及产生原因

汽车排放污染物主要有一氧化碳（CO）、碳氢化合物（HC）、氮氧化物（NO_x）、微粒、硫化物等。这些污染物由汽车的排气管、曲轴箱和燃油系统排出，分别称为排气污染物（又称尾气）、曲轴箱污染物和燃油蒸发污染物。随着汽车工业的迅速发展，汽车保有量急剧增加，汽车排放污染物对大气的污染已经构成公害。它对部分人群，尤其是对大城市的人群造成了严重的健康威胁。同时它还损害生态环境，污染河流湖泊，危及野生动植物的生存。

（1）一氧化碳　汽车排放中的CO是燃料不完全燃烧的产物。当发动机混合气过浓或燃烧质量不佳时，易生成CO。

（2）碳氢化合物　汽车废气中的HC是多种碳氢化合物的总称，是发动机未燃尽的燃料分解或供油系中燃料蒸发所产生的气体。汽车排放污染物中，HC主要来自曲轴箱窜气，其次是来自燃油箱中的蒸发，其余则由发动机排气管排出。

（3）氮氧化物　排放中的氮氧化物主要指NO_2和NO，通常可概括表示为NO_x。NO_x主要是在高温燃烧过程中由空气中的氧和氮化合而成，燃料中含氮化合物也会部分形成氮氧化物排放。汽车尾气中直接排出的氮氧化物基本上是NO，汽油机排出的氮氧化物中，NO占99%，而柴油机排出的氮氧化物中NO_2比例稍大。

（4）硫化物　发动机排出的硫化物主要为二氧化硫（SO_2）。它由所用燃料中含有的硫与空气中的氧反应而生成。

（5）微粒　汽油机排出的主要微粒是铅化物、硫酸盐、低分子物质；柴油机排出的主要微粒为炭化物质（炭烟）和高分子量的有机物（润滑油氧化和裂解的产物），其微粒的直径在$0.1 \sim 1 \mu m$范围内。柴油机产生的微粒量比汽油机多$30 \sim 60$倍，炭烟是柴油燃烧不完全的产物，它由直径较小的多孔性炭粒构成。

2. 汽车排放污染物检测评价标准

按照 GB 18285—2005《点燃式发动机汽车排气污染物排放限值及测量方法》的规定，装配点燃式发动机的车辆排放污染物限值如下：

1）装配点燃式发动机的车辆双怠速检验排气污染物限值见表2-16。从表中可以看出，高怠速排放测量值应低于怠速排放测量值。

表 2-16 装配点燃式发动机的车辆双怠速检验排气污染物限值

车 辆 类 型	怠速		高怠速	
	CO	HC	CO	HC
2005年7月1日后生产的第一类轻型车	0.5	100	0.3	100
2005年7月1日后生产的第二类轻型车	0.8	150	0.5	150
2005年7月1日后生产的重型车	1.0	200	0.7	200
2000年7月1日后生产的第一类轻型车	0.8	150	0.3	100
2001年10月1日后生产的第二类轻型车	1.0	200	0.5	150
2004年9月1日后生产的重型车	1.5	250	0.7	200

注意

怠速和高怠速时检测的 CO、HC 浓度应分别符合排放标准的要求,否则为不合格。

2) 装配点燃式发动机的车辆加速模拟工况检验排气污染限值

根据 GB 18285—2005《点燃式发动机汽车排气污染物排放限值及测量方法》的规定,采用简易工况法的地区,应制定地方排气污染物排放限值,经省级人民政府批准,报国务院环境保护行政主管部门备案后实施。由此可知,区域的不同,排气污染物排放限值也略有不同。如广东省地方标准 DB 44—592—2009《点燃式发动机汽车排气污染物排放限值及测量方法》规定的装配点燃式发动机的车辆加速模拟工况检验排气污染限值见表 2-17。

表 2-17 装配点燃式发动机的车辆加速模拟工况检验排气污染限值

限值类型	基准质量 RM/kg	ASM5025			ASM2540		
		CO (%)	HC (10^{-6})	NO (10^{-6})	CO (%)	HC (10^{-6})	NO (10^{-6})
I	RM≤1250	2.00	200	4000	2.50	200	3500
	1250 < RM≤1700	1.50	160	2800	2.00	160	2600
	1700 < RM	1.20	130	2100	1.60	130	2000
II	RM≤1250	0.95	150	1650	0.90	120	1400
	1250 < RM≤1700	0.80	115	1250	0.80	110	1150
	1700 < RM	0.75	95	950	0.70	100	850
III	RM≤1305	0.95	150	1650	0.90	120	1400
	1305 < RM≤1760	0.80	115	1250	0.80	110	1150
	1760 < RM	0.75	95	950	0.70	100	850

> **特别说明**
>
> 第Ⅰ类限值适用于2000年7月1日以前登记注册并取得号牌的第一类轻型汽车，以及2001年10月1日以前登记注册并取得号牌的第二类轻型汽车；第Ⅱ类限值适用于2000年7月1日以后且于2008年6月30日以前登记注册并取得号牌的第一类轻型汽车，以及2001年10月1日以后且于2008年6月30日以前登记注册并取得号牌的第二类轻型汽车；第Ⅲ类限值适用于2008年7月1日以后登记注册并取得号牌的轻型汽车。

3) 按照GB 3847—2005《车用压燃式发动机和压燃式发动机汽车排气烟度排放值及测量方法》的规定，装配压燃式发动机的车辆自由加速检验排气限值应符合表2-18的要求。

表2-18 装配压燃式发动机的车辆自由加速检验烟度排放限值

车 辆 类 型	烟度排放限值
2005年7月1日新车	<原车规定值 +0.5m^{-1}（光吸收系数）
2001年10月1日起生产的在用汽车	<2.5m^{-1}（光吸收系数）
2001年10月1日前生产的在用汽车	<3.0m^{-1}（光吸收系数）
1995年7月1日起生产的在用车	<4.5（烟度值/Rb）

3. 汽车排放污染物的检测设备与方法

按照GB 18285—2005《点燃式发动机汽车排气污染物排放限值及测量方法》和GB 3847—2005《车用压燃式发动机和压燃式发动机汽车排气烟度排放值及测量方法》的规定：汽油车排放污染物的检测方法有双怠速法与简易工况法；柴油车排气烟度的检测方法主要有自由加速法、全负荷烟度测量法和加载减速法。

（1）双怠速检测法 按照GB 18285—2005《点燃式发动机汽车排气污染物排放限值及测量方法》规定，装用点燃式发动机的新生产汽车的形式核准和生产一致性检查以及在用汽油车的排放检查采用双怠速法。双怠速检测是指汽车在空档条件下，加油至高速和低速时检测污染物的方法，用于对汽油车怠速、高怠速工况下排气中的CO和HC浓度进行监测。

高怠速工况是指发动机无负载稳定运转在50%额定转速或制造厂技术文件中规定的某一高转速时的工况。

怠速和高怠速时检测的CO、HC浓度应分别符合排放标准要求，对于使用闭环控制电子燃油喷射系统和三元催化转化器技术的汽车，高怠速时检测的过量空气系数应在1.00 ± 0.03或制造厂规定的范围内，否则为不合格。

双怠速检测法的检测设备主要是部分红外线气体分析仪，如TH500E、FGA-4100等汽车尾气分析仪，如图2-29所示。由于不同的分析仪各有其特点，所以操作前一定要认真阅读其操作使用说明书，严格按照设备使用说明书进行操作。

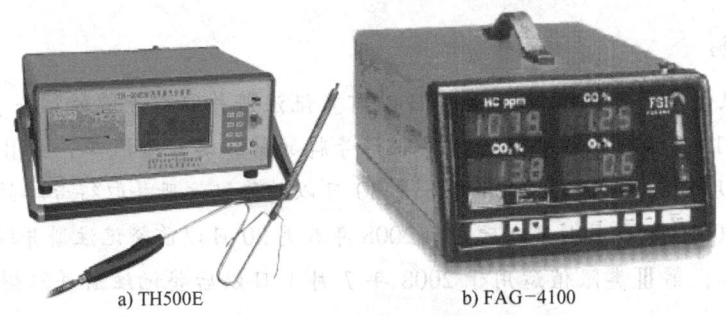

a) TH500E　　　　b) FAG-4100

图 2-29　汽车尾气分析仪

（2）简易瞬态工况法　简易瞬态工况法是一种带负荷的测试方法，它是模拟汽车上路时有负荷的检测，涵盖加速、减速、等速、怠速等各种工况过程，如实反映车辆实际行驶时的尾气排放特征；由于瞬态工况能够克服其他检测方法不能检测电喷车氧传感器故障的缺点，从而增加了尾气排放缺陷的检测。与双怠速检测方法相比，简易瞬态工况法具有误判率较低，能有效防止调校作弊行为，同时也能对汽车的氮氧化物排放进行检测，为在用车监管提供更加科学、客观的依据。

简易瞬态工况法的设备主要包括底盘测功机、排气取样系统、五气分析仪、气体流量分析仪和自动检测控制系统，如图 2-30 所示。

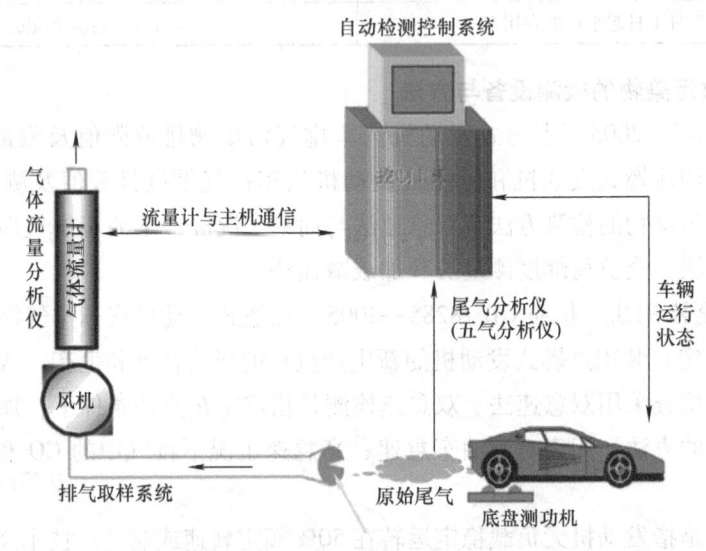

图 2-30　简易瞬态工况法检测汽车尾气简图

简易瞬态工况法使机动车尾气由静态检测上升为动态检测，可以保证机动车尾气排放始终处于合理的水平，从而有效控制了机动车尾气污染，加速淘汰尾气严重超标的老旧车辆。同时，可以及时发现尾气排放状况不佳的车辆，使其相关部件得到维修、清洗、更换或正确调整，从而使车辆恢复正常工作状态。

(3) 自由加速烟度法　自由加速烟度法是指柴油机从怠速状态突然加速至高速空载转速过程中进行排气烟度测量的一种方法，它包括滤纸烟度法和不透光烟度法。

1) 滤纸烟度法。滤纸烟度法是指柴油机处于怠速、将加速踏板迅速踏到底，维持4s后松开。在该工况下，从排气管抽取规定长度的排气柱所含的炭烟，用光电法确定清洁滤纸染黑的程度。

滤纸烟度法适用于自1995年7月1日起至2001年9月30日期间生产的在用汽车，所测得的烟度值应不大于4.5Rb。

2) 不透光烟度法。不透光烟度法是指被测气体封闭在一个内表面不反光的容器内。不透光烟度计的显示仪表有两种计量单位：一种为绝对光吸收系数单位，从0到趋于∞（m^{-1}）；另一种为不透光度的线性分度单位，从0到100%。两种计量单位的量程，均应以光全通过时为0，全遮挡时为满量程。

"不透光烟度法"适用于自2001年10月1日起至GB 3847—2005实施之日生产的汽车，按要求进行自由加速试验，所测得的排气光吸收系数应符合表2-18的要求，否则为不合格。

(4) 全负荷烟度测量法　全负荷烟度测量法是指柴油机在全负荷稳定转速下测量柴油机排气烟度的一种方法。

由于柴油车冒黑烟在全负荷运转时较为严重，因此全负荷烟度测量法是柴油车烟度检测中最常用的方法。GB 3847—2005《车用压燃式发动机和压燃式发动机汽车排气烟度排放限值及测量方法》标准中，规定压燃式发动机形式核准的烟度检测试验采用全负荷烟度测量法。

(5) 加载减速工况法　加载减速工况法（Lug Down Mode）是一种在汽车底盘测功机上模拟车辆负载稳定运行时测量压燃式汽车排气烟度的方法。

测试设备主要包括底盘测功机、不透光烟度计和发动机转速计，由计算机控制系统集中控制，如图2-31所示。

根据GB 3847—2005《车用压燃式发动机和压燃式发动机汽车排气烟度排放限值及测量方法》规定，在机动车保有量大、污染严重的地区，对于压燃式发动机在用汽车的排放监控采用加载减速工况法检测烟度。

图2-31　汽车排烟度的检测
（加载减速工况法）

4. 排放污染物超标的故障诊断

汽车发动机可燃混合气在燃烧过程中会产生HC、CO、NO_x等有害气体和CO_2、H_2O、O_2等无害气体。由于尾气成分与发动机的工况有最直接的联系，所以通过汽车尾气的检测可初步分析发动机的工作状况、性能好坏，还可以检查包括燃烧情况、点火能量、进气效果、供油情况、机械情况等诸多方面。更为重要的是，当发动机各系统出现故障时，尾气中某种成分必然偏离正常值，通过检测发动机不同工况下尾气中不同气体成分的含量，可判断发动机故障所在的部位。

（1）发动机各部分技术状况与尾气成分间的关系表（表2-19）

表2-19 发动机各部分技术状况与尾气成分间的关系表

部位名称	技术状况	检测项目	相关的尾气
进排气门、气缸衬垫	烧蚀或密封性下降	气缸压力、气缸漏气率和进气真空度	HC、CO
活塞、活塞环、缸套	磨损或密封性下降		HC、CO
空气流量、温度、节气门位置、转速传感器和ECU	信号失真，影响喷油时间	相关电路信号、MAF（L型）、MAP（D型）、转速信号、TPS信号、氧传感器信号	HC、CO
喷油器、进气温度、进气管内壁状况	喷油雾化质量不良	温度信号、燃油压力、空燃比（A/F）	HC、CO
点火线圈初级	影响点火能量		HC
点火模块、与点火有关的传感器信号	工作不良，影响点火正时	点火波形、漏电检验、导通检验	HC
火花塞、高压线、分电器	有效点火能力下降		HC
曲轴箱强制通风装置、燃油箱蒸发控制装置	工作性能下降	检查电磁阀电路	HC
二次空气喷射系统、进气预热系统	工作性能下降	检测相关控制电路	HC、CO
催化转化器	工作温度、转化效率、使用寿命	表面颜色检查	HC、CO、NO_X

> **特别提示**
>
> 通过尾气分析，可以检测到混合气过浓或过稀、二次空气喷射系统失灵、喷油器故障、进气歧管真空泄漏、废气涡轮增压器故障、气缸盖衬垫损坏、EGR阀故障、排气系统泄漏以及点火系统提前角过大等方面的故障。

（2）尾气成分异常的原因分析　HC的读数高，说明燃油没有充分燃烧。气缸压力不足、发动机温度过低、油箱中油气蒸发、混合气由燃烧室向曲轴箱泄漏、混合气过浓或过稀、点火正时不准确、点火间歇性不跳火、温度传感器不良、喷油器漏油、油压过高或过低等因素都将导致HC读数过高。

CO的读数是零或接近零，则说明混合气充分燃烧。CO的含量过高，表明燃油供给过多、空气供给过少，燃油供给系统和空气供给系统有故障，如喷油器漏油、燃油压力过高、空气滤清器不洁净。也可能是其他问题，如活塞环胶结、曲轴箱强制通风系统受阻、点火提前角过大或冷却液温度传感器有故障等。CO的含量过低，则表明混合气过稀，故障原因有燃油油压过低、喷油器堵塞、真空泄漏、EGR 阀泄漏等。

CO_2 是可燃混合气燃烧的产物，其高低反映出混合气燃烧的好坏，即燃烧效率。可燃混合气燃烧越完全，CO_2 的读数就越高，混合气充分燃烧时尾气中 CO_2 的含量达到峰值的 13%~16%（体积分数，下同）。当发动机混合气过浓或过稀时，CO_2 的含量都将降低。当排气管尾部的 CO_2 低于 12% 时，要根据其他排放物的浓度来确定发动机混合气的浓度。燃油滤芯太脏、燃油油压低、喷油器堵塞、真空泄漏、EGR 阀泄漏等将造成混合气过稀。而空气滤清器阻塞、燃油压力过高，都将导致混合气过浓。

O_2 的含量是反映混合气空燃比的最好指标，是最有用的诊断数据之一。可燃混合气燃烧越完全，CO_2 的读数就越高；与此相反，燃烧正常时，只有少量未燃烧的 O_2 排出气缸，尾气中 O_2 的含量应为 1%~2%。O_2 的读数小于 1%，说明混合气过浓；O_2 的读数大于 2%，表示混合气太稀。导致混合气过稀的原因有很多，如燃油滤芯太脏、燃油油压低、喷油器堵塞、真空泄漏、EGR 阀泄漏等。而空气滤清器阻塞、燃油压力过高等都可能导致混合气过浓。

当 CO、HC 浓度高，CO_2、O_2 浓度低时，表明发动机混合气很浓。HC 和 O_2 的读数高，则表明点火系统工作不良、混合气过稀，而引起失火。

利用尾气分析仪的读数，可以知道每个缸的工作状况。当进行单缸断火时，如果每个缸 CO、CO_2 的读数都下降，HC、O_2 的读数都上升，且上升和下降的量都一样，表明各缸都工作正常。如果只有一个缸的变化很小，而其他缸都一样，则表明这个缸点火或燃烧不正常。另外，当四缸发动机中有一缸不工作时，其浓度将上升到 4.75%~7.25%；若有两缸不工作，则会上升到 9.5%~12.5%。

二、汽车噪声的检测与故障诊断

噪声是指人们不需要、令人烦躁的讨厌的干扰声，是一种不规则或随机的声音信号。汽车发出的噪声可归为两类：一类是发动机工作和冷却系统工作发出的噪声；另一类是行驶、传动系统工作过程和喇叭发出的噪声。汽车的主要噪声源如图 2-32 所示。

噪声对人的生理、心理会产生较大的影响。长期工作在较大的噪声环境下，可导致听觉器官损伤，引起神经、心脏、消化等疾病，易使人产生烦躁和疲劳。因此，噪声是汽车使用中不安全因素之一。

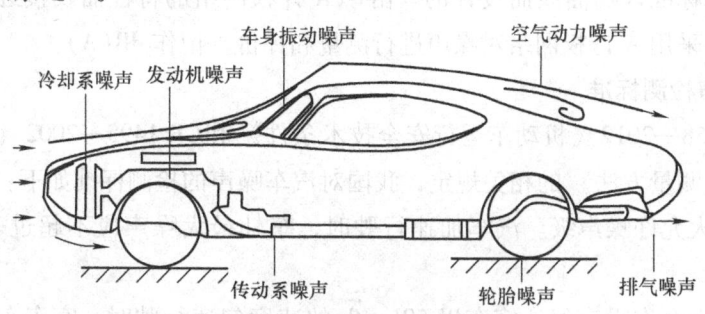

图 2-32 汽车主要噪声源

1. 噪声的评价指标

据统计，当环境噪声大于45dB（dB称为分贝，是声压级的单位）时，人会感到明显不适；噪声达到60~80dB时，会影响睡眠；当超过90dB时，就会对身体健康产生明显影响。

噪声的评价指标常采用与人耳生理感觉相适应的下列指标：

(1) **噪声的声压和声压级** 噪声的主要物理参数有声压与声压级、声强与声强级等。声压与声压级是表示声音强弱的最基本的参数。

声压是指由于声波的存在引起在弹性介质中压力的变化值。声音的强弱取决于声压，声压越大听到的声音越强。人耳可以听到的声压范围是2×10^{-5}（听阈声压）~20Pa（痛阈声压），相差100万倍，因此用声压的绝对值表示声音的强弱会感到很不方便，所以常用声压级来表示声音的强弱。

声压级是指某点的声压P与基准声压（听阈声压）P_0的比值取常用对数再乘以20的值，单位为分贝（dB）。可闻声声压级范围为0~120dB。

(2) **噪声的频谱** 人耳对声音的感觉不仅与声压有关，而且还与声音的频率有关。人耳可闻声音的频率范围为20~20000Hz。一般的声源并不是仅发出单一频率的声音，而是发出具有很多频率成分的复杂声音。声音听起来之所以会有很大的差别，就是因为它们的组成成分不同造成的。因此，为全面了解一个声源的特性，仅知道它在某一频率下的声压级和声功率级是不够的，还必须知道它的各种频率成分和相应的声音强度，这就是频谱分析。

(3) **噪声级** 声压级相同的声音但由于频率不同，听起来并不一样响；相反，不同频率的声音，虽然声压级也不同，但有时听起来却一样响。用声压级测定的声音强弱与人们的生理感觉往往不一样，因而，对噪声的评价常采用与人耳生理感觉相适应的指标。

为了模拟人耳在不同频率有不同的灵敏性，在声级计内设有一种能够模拟人耳的听觉特性，把电信号修正为与听觉近似值的网络，这种网络称作计权网络。通过计权网络测得的声压级，已不再是客观物理量的声压级，而是经过听感修正的声压级，称作计权声级或噪声级。

国际电工委员会（IEC）对声学仪器规定了A、B、C等几种国际标准频率计权网络，它们是参考国际标准等响曲线而设计的。由于A计权网络的特性曲线接近人耳的听感特性，故目前普遍采用A计权网络对噪声进行测量和评价，记作dB(A)。

2. 汽车噪声检测标准

根据GB 7258—2012《机动车运行安全技术条件》和GB 1495—2002《汽车加速行驶车外噪声限值及测量方法》的相关规定，我国对汽车噪声的检测标准如下：

1) 车外最大允许噪声级。汽车加速行驶时，车外最大噪声应不超过表2-20所示的限值。

2) 车内最大允许噪声级。客车以50km/h的速度匀速行驶时，客车车内噪声声级应不大于79dB(A)。

3) 驾驶人耳旁噪声级。客车以 50km/h 的速度匀速行驶时，汽车驾驶人耳旁噪声声级应不大于 90dB(A)。

表 2-20 机动车最大允许车外加速噪声

车 辆 类 型	中国标准/dB（A）	
	2002 年 10 月 1 日～2004 年 12 月 30 日期间生产的汽车	2005 年 1 月 1 日起生产的汽车
M1	77	74
M2（GVM≤3.5t），或 N1（GVM≤3.5t）：		
GVM≤2t	78	76
2t＜GVM≤3.5t	79	77
M2（3.5t＜GVM≤5t），M3（GVM＞5t）：		
P＜150kW	82	80
P≥150kW	85	83
N2（3.5t＜GVM≤12t），N3（GVM＞12t）：		
P＜75kW	83	81
75kW≤P＜150kW	86	83
P≥150kW	88	84

注：1. M1、M2（GVM≤3.5t）和 N1 类汽车装用直喷式柴油机时，其值增加 1dB（A）。

2. 对于越野汽车，其 GVM＞2t 时，其值增加 1dB（A）。如果 P＜150kW，其值增加 1dB（A）；如果 P≥150kW，其值增加 2dB（A）

3. M1 类汽车，若其变速器前进档多于四个，P＞140kW，P/GVM 大于 75kW/t，其值增加 1dB（A）。

4. 表中符号的含义：GVM 为最大总质量（t）；P 为发动机额定功率（kW）。

4) 汽车喇叭检测标准。

① 具有连续发声功能，其工作应可靠。

② 在距车前 2m，离地高 1.2m 处测量时，喇叭声级的数值应为 90～115dB（A）。

3. 噪声检测仪器与原理

按照 GB 1495—2002《汽车加速行驶车外噪声限值及测量方法》的规定，汽车噪声常用的测量仪器有声级计和频谱分析仪，如图 2-33 所示。

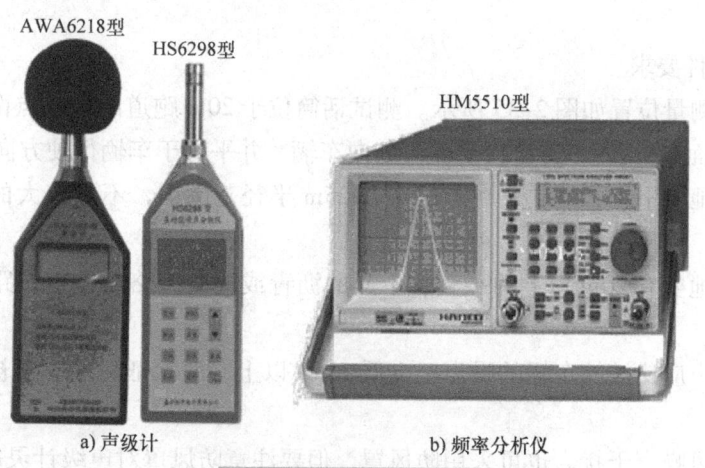

a) 声级计　　　　　　　　　b) 频率分析仪

图 2-33　汽车噪声检测仪

声级计是一种能把工业噪声、生活噪声和交通噪声等，按人耳听觉特性近似地测定其噪声级的仪器。根据声级计在标准条件下测量1000Hz纯音所表现的精度不同，把声级计分为两类：一类叫精密声级计；一类叫普通声级计。根据声级计所用电源不同，还可分为交流式和用干电池的直流式声级计两类，后者也可以称为便携式声级计。便携式声级计具有体积小、质量轻和现场使用方便等优点。声级计一般都有"快"和"慢"两档，其中"快"档平均时间为0.27s，比较接近人耳听觉的生理平均时间；"慢"档平均时间为1.05s。

声级计一般由传声器、放大器、衰减器、计权网络、检波器、指示表头和电源等组成，其结构原理及组成如图2-34所示。

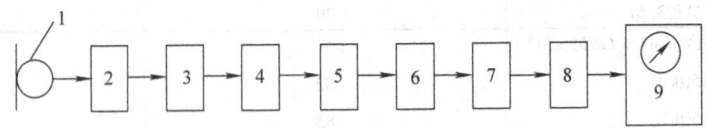

图2-34 声级计结构原理及组成

1—传声器 2—前置放大器 3—输入衰减器 4—输入放大器 5—计权网络 6—输出衰减器
7—输出放大器 8—检波器 9—指示表头

声级计检测时，噪声通过传声器转换成电压信号，并由前置放大器变换阻抗，使其与输入衰减器匹配，然后信号经输入放大器送入计权网络处理，再经输出衰减器及放大器将信号放大到一定的幅度，最后经有效值检波器进入指示仪表，从表头得到相应的声级读数。

所谓频谱分析就是应用数学原理（傅里叶变换），将原来由时间域表征的动态参数转换为由频率域表征。实现这一转换的最基本装置是滤波器，利用滤波器将待分析的噪声信号所包含的不同频率的分量分离出来，由记录器记录测量结果。

4. 汽车噪声的检测

汽车噪声检测有车外噪声检测、车内噪声检测、驾驶人耳旁噪声检测、汽车喇叭噪声检测和汽车排气噪声检测等。

（1）车外噪声检测 车外噪声检测方法按我国规定有加速噪声测定法和匀速噪声检验法。

1）测量条件要求

① 场地及测量位置如图2-35所示。测试话筒位于20m跑道的中心点两侧，各距中心线7.5m，距地面高1.2m，话筒接受面应朝向车辆，并平行于车辆行驶方向。

② 检测场地要平坦、空旷，在测试中心25m半径范围内，不应有大的反射物，如厂房、围墙等。

③ 检测场地要有20m以上的平直、干燥的沥青或混凝土路面跑道。跑道路面坡度不应超过0.5%。

④ 本底噪声应比被检车辆的噪声至少低10dB以上，并保证测量时不被偶然的其他声源干扰。

⑤ 要避免风噪声干扰。也可采用防风罩，但要注意防风罩对声级计灵敏度的影响。

⑥ 声级计附近不要有其他人员，如必须有时，则要在检测人员身后。

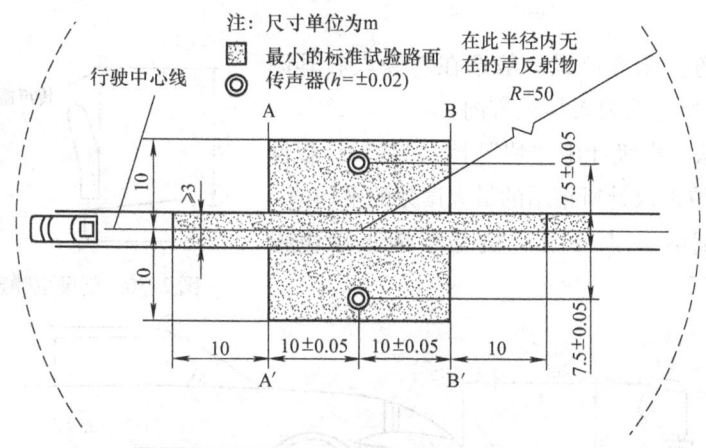

图 2-35 测量场地和测里区及传声器的布置

⑦ 被检车辆不载重,发动机要达到正常工作温度。

2)加速噪声测定法。在进行加速噪声测定时,车辆以 50km/h 的稳定车速到达起始线。此时,发动机转速应为额定转速的 3/4;变速器有 4 档以上的档位时,使用 3 档,4 档及 4 档以下者用 2 档。车辆前端到达起始线开始立即全开节气门,直线加速行驶。当车辆后端到达终了线时,立即停止加速。声级计用"快"档、"A"计权网络进行测量,并读出车辆驶过时声级计所指示的最大读数。车辆应往返测量两次,且同一侧面两次测量结果之差不应大于 2dB。

3)匀速噪声检验法。测定时车辆以 50km/h 的车速匀速通过测量区,变速器取常用行驶档位。声级计的档位和测量方法与测加速噪声时相同。

(2)车内噪声检测

1)测量条件要求

① 测量路面跑道要有足够的长度。跑道应是平直、干燥的沥青或混凝土路面。

② 测量时风速应不大于 3m/s。

③ 测量时车辆门窗应关闭。

④ 车内本底噪声应比被检车辆的车内噪声至少低 10dB,并保证测量时不被偶然的其他声源干扰。

⑤ 车内除驾驶人和检测人员外,不应有其他人员。

2)测点位置

① 驾驶室内测点一般在人耳附近位置。声级计话筒朝车辆前进方向。

② 载客车室内测点可选在车厢中部及最后排座的中间位置,如图 2-36 所示。

3)测量方法

① 测定时车辆以 50km/h 以上的车速匀速通过测量区,变速器取常用行驶档位。

② 声级计用"慢"档,"A"、"C"计权网络进行测量,分别读取车辆驶过时声级计所指示的最大读数的平均值。

(3)驾驶人耳旁噪声检测

1)测量时车辆状态。变速器空档,发动机以额定转速运转,车辆处于静止状态。车辆门窗关紧。

2）测点位置。测点位置一般选在驾驶人右耳附近，声级计话筒朝向驾驶人耳朵方向。

3）测量方法。声级计用"快"档、"A"计权网络进行测量，读取声级计所指示的最大读数的平均值。

（4）汽车喇叭噪声检测　机动车喇叭噪声检测如图2-37所示。

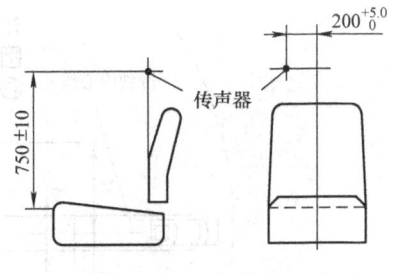

图2-36　驾驶室噪声测点位置

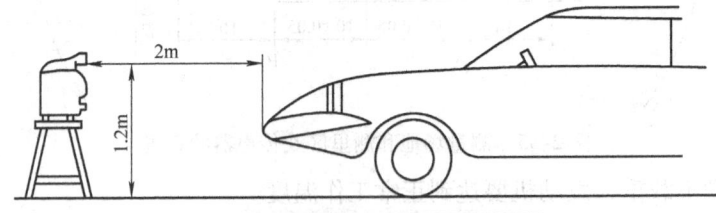

图2-37　机动车喇叭噪声检测位置

检测汽车喇叭噪声时要将话筒放置在距被检车辆的正前方2m、离地面高1.2m的位置上，并保证测量时不被偶然的其他声源干扰。测量次数要在两次以上，并监听喇叭声音是否悦耳。

（5）汽车排气噪声检测

1）测量条件要求

① 测量场地应为开阔的沥青或混凝土平坦路面。

② 测量时风速如大于2m/s，应使用防风罩，并注意其对测量结果的影响。

③ 声级计用"快"档、"A"计权网络。

④ 传声器位置处本底噪声应比被检车辆的噪声至少低10dB，并保证测量时不被偶然的其他声源干扰。

⑤ 除驾驶人和检测人员外，检测现场不应有其他人员。

2）测点位置。传声器的放置位置随排气管的数量和位置的不同而有所不同。要按规定位置放置，如图2-38所示。

3）测量方法。

① 测量时车辆位于场地中央，变速器位于空档，车辆处于静止状态。

② 发动机要达到正常工作温度。

③ 发动机盖、车窗和车门等要关上，空调及其他辅助装置应关闭。

④ 声级计用"快"档、"A"计权网络进行测量，每类检验的每个测点进行重复检验，直到连续出现3个读数变化范围在2dB之内为止，取其算术平均值作为测量结果。

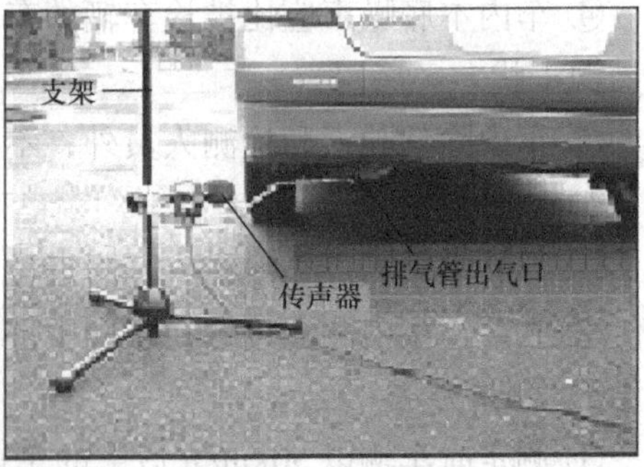

图2-38　排气噪声测量（传声器朝向排气口）

5. 汽车噪声超标的故障诊断

当汽车的噪声检测超标时，不仅对环境产生噪声污染，危害人的身心健康；而且暴露出汽车的技术状况下降，存在维护与使用方面的问题。

根据汽车噪声产生的特点可以将噪声源大致分为两类：一类是与发动机运转有关的噪声；另一类是与汽车行驶有关的噪声。如何正确地判断出问题的根本所在呢？首先要从产生噪声规律入手，分清噪声产生的特征和属性。然后按照形成噪声的机理查出产生噪声的直接原因或故障所在。具体的方法步骤如下：

（1）在发动机工作，而汽车不动时检测噪声　若发动机工作时噪声超标，就要进一步检查发动机：是发动机运转时发出的燃烧噪声、机械噪声、进排气噪声和风扇噪声；还是发动机运转时所带动的各种附件（如压气机、发电机等）发出的噪声。由此就可以诊断出与发动机相关的问题所在。

（2）检测汽车行驶时的噪声　若发动机技术状况正常，就要查找与汽车行驶有关产生噪声的原因了。汽车在行驶中产生的噪声主要包括传动机构（变速器、传动轴及驱动桥）的机械噪声、轮胎发出的噪声、车身振动及和空气作用所发出的噪声。所以，根据行驶过程中各部分产生噪声的规律和特点就不难查出故障的根源了。

（3）汽车噪声超标的处理　汽车噪声超标经过处理后，仍感到噪声较大时，可以给汽车的各厢（发动机箱、车室箱、行李箱）做防噪喷涂处理，再加上各厢的内饰装修，汽车内的噪声就会减少很多。

实践活动

结合实训条件选择一台汽油机汽车，进行排放尾气检测，并对结果成分异常的原因进行分析。

要求：以小组为单位，可采用双怠速检测法或简易瞬态工况法检测；填写好实训记录表（表2-21）。并且根据实训记录写出检测报告（主要包括车型、检测设备、检测工艺过程、结果分析）。

表 2-21　实训记录表

车型		出厂时间		检验人	
VIN 码		调查时间		学号	
选用检测方法	□双急速法 □简易工况法				
检测工艺步骤	1）选用_____型尾气分析仪，并做好检测前的准备。 2）将待检测_____准备。 3）按照_____操作使用说明书测量尾气。				
检测结果分析	尾气中 HC_____；CO_____；NO_x_____。尾气中_____等超标的原因有_____。				
制定维修方案	1）用故障解码仪进行_____；用_____检查气缸压力；用_____检测燃油喷射系统压力。 2）根据检测的参数是否符合技术要求，来确定进一步检修的部位。				
学生小结	通过本次实训知道了_____；掌握了_____。在_____方面，还要努力。				
老师点评					

思考与实践

一、填空题

1. 汽车整车性能是指汽车的（　）、（　）、（　）、（　）、（　）、（　）等技术使用性能的（　）。

2. 一般常用汽车的（　）、（　）、（　）、（　）最大输出功率、底盘输出（　）作为动力性评价指标。

3. 底盘测功机的结构主要由（　）、（　）、（　）、（　）及辅助等装置组成。

4. 汽车油耗道路试验项目主要有直接档（　）燃料消耗量试验、（　）料消耗量试验、（　）燃料消耗量试验和（　）条件下的（　）使用燃料消耗量试验。

5. 汽车动力性道路试验应在（　）或（　）路面的（　）路段上进行。路面要求平整、干燥、清洁、（　）不（　）0.1%。试验时，大气温度应在 -10～30℃ 之间，（　）不大于 3m/s。

二、选择题

1. 进行道路试验时要求大气温度应在（　）之间，风速不大于 3m/s。
   A. -10～30℃　　B. 10～30℃　　C. 0～30℃　　D. -10～20℃

2. 最高车速是指汽车以厂定最大总质量状态在风速（　）的条件下，在干燥、清洁、平坦的混凝土或沥青路面上，能够达到的最高稳定行驶速度。
   A. 3～5m/s　　B. ≤3m/s　　C. ≤10m/s　　D. ≥3m/s

3. 汽车的最高车速、加速能力、最大爬坡度等评价指标主要是通过（　）测定的。
   A. 道路测试　　B. 测试台架　　C. 修理工　　D. 驾驶人

4. 保证（　）的条件下，汽车以尽量少的燃油消耗量经济行驶的能力，称作汽车的燃油经济性。
   A. 动力性　　B. 经济性　　C. 安全性　　D. 通过性

5. 用油耗计检测汽车油耗量时，对于电控燃油喷射系统发动机，油耗计传感器应串接在燃油滤清器与燃油分配管之间，回油管（　）接油箱。
   A. 直接
   B. 经过油耗计传感器
   C. 不
   D. 任意

6. 汽车的制动性能是指汽车行驶时，能在（　）内停车并且维持行驶方向稳定，在下坡时能维持较低车速的能力。
   A. 长距离　　B. 短距离　　C. 适当距离　　D. 任意距离

7. 汽车安全性能检测是指汽车在（　）情况下，对影响汽车安全性能方面的项目进行检查与测试的技术。包括前照灯、制动性能、转向轮侧滑量的检测以及车速表校验等。
   A. 不解体　　B. 解体　　C. 任意　　D. 特定

8. 聚光式、屏幕式、投影式、自动追踪光轴式四种前照灯检测仪，能检测（　）。

A. 四灯制前照灯　　B. 二灯制前照灯　　C. 所有灯光　　D. 所有前照灯

9. 用制动距离、充分发出的平均减速度和制动力等参数检测制动性能时，三项参数（　　）符合要求，可判为合格。

A. 其中之一　　B. 任意二项　　C. 全部　　D. 不需要

10. 用五轮仪检测制动性能时，不能检测出的参数是（　　）。

A. 制动初速度　　B. 制动距离　　C. 制动时间　　D. 制动力

11. 产生前轮侧滑故障的根本原因是前轮前束与（　　）的不匹配。

A. 主销后倾角　　B. 主销内倾角　　C. 前轮外倾角　　D. 后轮外倾角

12. 汽车轮胎磨损或气压不符合规定（　　）引起的车速表的指示偏差。

A. 一定会　　B. 不会　　C. 不一定　　D. 大概会

三、判断题

1. 在实验室内通过测试台架主要是测定最高车速、加速能力、最大爬坡度等评价指标。（　　）
2. 道路测试主要是测量汽车的驱动轮输出功率和传动系传动效率等。（　　）
3. 汽车经济性是指汽车以最低的消耗费用完成运输工作的能力。（　　）
4. 汽车前照灯的评价指标就是光束照射位置。（　　）
5. 汽车前照灯的评价指标包括前照灯光束发光强度（cd）和光束照射位置。（　　）
6. 侧滑是轮胎胎面在前进过程中的横向滑移现象。（　　）
7. 产生前轮侧滑故障的根本原因是主销内倾角与前轮外倾角的不匹配。（　　）
8. 制动抗热衰退性能是指汽车高速制动、短时间重复制动或下长坡连续制动时，制动效能的热稳定性。（　　）
9. 检测汽车制动性能时，只有当制动距离、平均减速度和制动力等指标都符合要求才能判为合格。（　　）
10. 车速表指示偏差的主要原因是车速表传动或本身零部件损坏，而与其他因素无关。（　　）

四、简答题

1. 汽车整车性能检测与故障诊断的含义是什么？
2. 如何检测汽车的油耗量？
3. 为什么说汽车燃料消耗量是对汽车评价的一个综合性参数？
4. 汽车油耗明显增加，产生故障的原因如何判断？
5. 前照灯检测仪的类型有哪几种？
6. 如何查找前照灯发光强度偏低故障？
7. 行车侧滑量过大的危害是什么？如何判断前轮侧滑的故障原因？
8. 单轴测力式滚筒制动检测台的基本结构是什么？
9. 制动检测台有哪些不同类型？
10. 车速表检测台有哪几种类型？
11. 影响汽车通过性能的因素主要有几方面？

12. 什么是汽车行驶的平顺性？影响因素有哪些？
13. 什么是汽车空气调节性能？
14. 什么是汽车乘坐环境及驾驶操作性能？
15. 什么是汽车环保性能检测？它包括的范畴是什么？
16. 现代汽车排放污染物的检测方法有哪些？
17. 汽车噪声的主要噪声源是什么？汽车噪声检测的主要项目有哪些？
18. 汽车噪声的评价指标有哪些？它们的含义是什么？

五、实践题

整车性能检测，并对结果进行分析，对车辆技术状况做出评价。对不合格部分，进行原因分析，提出解决问题方案。

要求：结合实训条件选择一车辆，以小组为单位，写出实训报告。自行设计制作检测记录表，并填写好。

项目三
汽车发动机的性能检测与故障诊断

学生：发动机的性能检测与故障诊断有什么关系呀？需要学会哪些知识啊？

技师：通过检测与发动机技术性能及机械磨损相关的诊断参数，不仅可以评价发动机的技术状况，更重要的是为判定汽车是继续行驶还是进行维修提供可靠依据。因此，学会通过对发动机的各项性能检测来诊断故障的本领，才能在汽车维修过程中服务好用户。

知识点

1）发动机的动力性评价标准。

2）检测发动机功率的方法：稳态测功法和动态测功法。

3）发动机动力性下降的诊断步骤、方法：单缸测功法和单缸断火法。

4）判断气缸密封性诊断参数与密封性的评价标准。

5）发动机密封性的不同检测方法：气缸压缩压力检测法、曲轴箱窜气量检测法、气缸漏气量和漏气率检测法以及进气歧管负压检测法。

6）气缸压力、曲轴箱窜气量、气缸漏气量和漏气率等检测设备的种类、使用方法、操作步骤和执行的检测标准。

7）根据发动机密封性评价结果，进行发动机故障诊断的方法、步骤。

8）电控汽油机燃油喷射系统主要元件性能检测的标准、步骤和方法。

9）电控汽油机燃油喷射系统故障诊断的方法、步骤和工作流程。

10）发动机起动性能评定标准与起动性能检测方法。

11）发动机起动系统的故障诊断与排除的方法、步骤。

12）电控点火系统的性能评价标准与检测诊断设备的种类。
13）利用点火正时和点火波形进行点火系统故障诊断的步骤、方法。
14）电控点火系统故障主要表现形式与低压、高压电路故障诊断方法。
15）有分电器电控点火系统故障的诊断与排除方法。
16）无分电器点火系统故障的诊断与排除方法。
17）发动机润滑系统评定标准、检测内容与检测方法。
18）发动机润滑系统的故障表现形式和故障诊断步骤方法。
19）发动机冷却系统的评价标准、性能检测的内容与方法。
20）冷却系统产生故障的现象、原因及排除方法。
21）进气控制系统类型、基本结构、原理与检修方法。
22）发动机异响的类型，表现形式和诊断步骤方法。
23）电控发动机故障诊断检测常用工具与仪器的类型及使用范围。
24）电控发动机故障类型与特点。
25）电控发动机故障诊断的步骤方法。

知识目标

1）掌握发动机性能检测的基本内容。
2）掌握发动机各性能指标的评价标准。
3）掌握发动机各种性能检测与故障诊断步骤、方法。

技能目标

1）掌握发动机各种性能检测的工艺流程。
2）掌握各种发动机检测仪器、设备的正确使用操作规程。
3）掌握发动机各种常见故障的诊断工艺规程。

项目概述

发动机是汽车的重要组成部分，是汽车的动力源。所以，发动机的技术状况会直接影响汽车的动力性、经济性、排放性以及行车的可靠性。发动机的技术状况取决于其结构参数及技术参数变化，具体表现为发动机的动力性、经济性、排气净化性等使用性能的改变。通过检测与发动机动力性、经济性、排气净化性及机械磨损相关的诊断参数，不仅可以评价发动机的技术状况，而且还为判定汽车是继续行驶还是进行维修提供可靠依据。本项目开设发动机的动力性检测与故障诊断、发动机的气缸密封性检测与故障诊断、电控汽油机燃油喷射系统的检测与故障诊断、发动机的起动系性能检测与故障诊断、汽油机电子控制点火系统检测与故障诊断、发动机润滑系统检测与故障诊断、发动机冷却系统检测与故障诊断、发动机进气控制系统的检测与故障诊断、发动机异响故障的诊断与排除、电控发动机综合故障的诊断与排除十个学习任务。

任务一　发动机的动力性检测与故障诊断

> **案例思考**
>
> 　　一辆桑塔纳2000GSi轿车采用的是AJR电控发动机，发动机无负荷运转时基本正常，但带负荷运转时加速缓慢，上坡无力，加速踏板踩到底时仍感动力不足，车速提升很慢，达不到最高车速。
> 　　请思考应该如何查找该车故障。

相关知识与技能

发动机的动力性是指发动机通过曲轴飞轮向外输出转矩或功率的能力。通过对表征发动机向外做功能力大小的发动机有效功率、有效转矩和转速等参数的检测，可以直接掌握发动机的动力性能，从而可以判断发动机的技术状况，确定发动机是否需要大修或鉴定发动机的维修质量。

一、发动机动力性评定标准

发动机的动力性评价指标包括有效功率、有效转矩和转速。而发动机的有效功率是曲轴对外输出的净功率，是一项综合性能评价指标。通过该评价指标，不仅可以定量地获得发动机的动力性，而且可以定性地确定发动机的技术状况，是判断汽车动力性最主要的诊断参数。因此，将发动机的有效功率作为发动机动力性的直接评价指标。

在用汽车发动机，根据GB 7258—2012《机动车运行安全技术条件》的规定，发动机功率不允许小于标牌（或产品使用说明书）标明的发动机功率的75%；大修竣工发动机，根据GB/T 15746—2011《汽车修理质量检查评定方法》的规定，在标准状况下，发动机的额定功率和最大转矩不得低于原设计标定值的90%。

二、发动机动力性检测方法

发动机有效功率的确切值是通过发动机功率检测设备获取的，检测发动机功率的方法可以分为稳态测功和动态测功。

1. 稳态测功

稳态测功是指发动机在节气门开度（或油量调节机构位置）一定，转速一定和其他参数都保持不变的稳定状态下，在测功器上测定发动机功率的一种方法。

常见的测功器有水力测功器、电力测功器和电涡流测功器三种。测功器能测出发动机的转速和转矩，然后通过下述公式计算得出功率。即

$$P_e = T_e n / 9550$$

式中　T_e——发动机有效转矩（N·m）；

n——发动机转速（r/min）；

P_e——发动机有效功率（kW）。

稳态测定发动机的额定功率是在节气门全开（或油量调节机构位置限定在标定功率的循环供油量位置）的情况下，由测功器向发动机的曲轴施加额定负荷，使其在额定转速下稳定运转，测出其对应的转矩。不论发动机的形式和型号如何，均可用上式计算出有效功率。

2. 动态测功

动态测功是在发动机节气门开度和转速等均为变动的状态下，测定发动机功率的一种方法。由于动态测功时不必对发动机施加外部载荷，又称为无负荷测功或无外载测功。

动态测功就是当发动机在怠速或某一空载低转速运转时，突然全开节气门，使发动机克服其惯性和内部各种运动阻力而加速运转，其加速性能的好坏可直接反映出发动机功率的大小。因此只要测出发动机在加速过程中的某一参数（如加速时间），就可得出相应的最大功率。

（1）无负荷测功仪类型与特点　目前使用的无负荷测功仪，一种是可以测功的发动机综合检测仪，其规格型号很多，图3-1所示为QFC—5型发动机综合检测仪；另一种是单一功能的测功仪，有便携式和袖珍式两种，如图3-2所示。其规格型号有FG—1型、ZC.2—800型等。

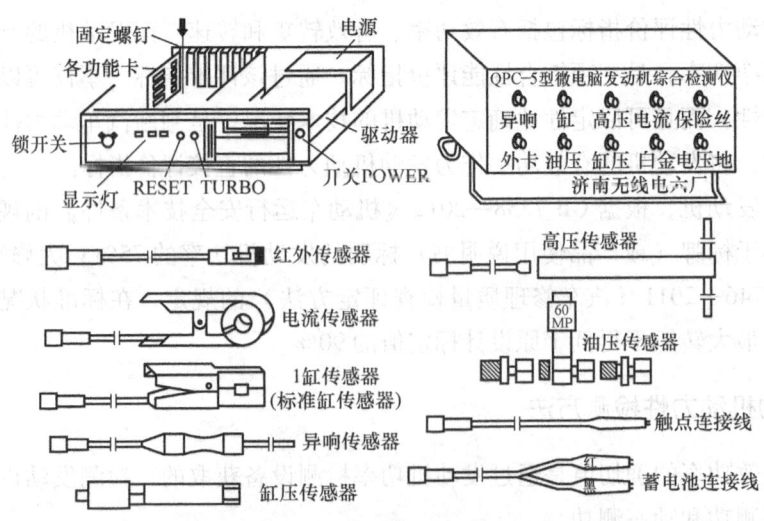

图3-1　QFC—5型发动机综合检测仪的组成

无负荷测功仪既可以检测发动机的整机功率，又可以检测发动机的单缸功率，并且其测试方法和测试条件基本相同。

（2）无负荷测功仪的使用方法

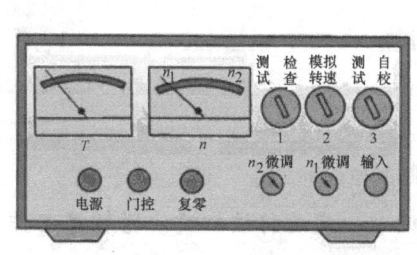

a) 便携式无负荷测功仪面板　　b) 袖珍式

图 3-2　单一功能无负荷测功仪

1) 测试前的准备。

① 起动发动机；预热至正常工作温度（80~90℃）；使发动机怠速，使之在规定范围内运转。

② 接通电源，预热仪器并调零，把传感器按要求连接在规定部位。

③ 按检测仪器的要求设置起始转速 n_1 和终止转速 n_2。

④ 将被测发动机的转动惯量输入仪器内。若被测发动机的转动惯量未知时，则应先测定其转动惯量。

⑤ 操作其他必要的功能键选择机型（汽油机、柴油机）、缸数和"测试"键等。

2) 功率测试方法。发动机无负荷测功常用的测试方法有怠速加速法和起动加速法两种。

① 怠速加速法。发动机在怠速下稳定运转，然后突然将加速踏板踩到底，发动机转速上升，当转速超过终止转速时，仪表显示出所测功率值。

特别注意

当发动机达到规定转速后，应立即松开加速踏板，以避免发动机长时间高速运转；为保证测试结果可靠，一般重复测量3次取其平均值。

② 起动加速法。首先将加速踏板踩到底，然后起动发动机使其自由加速运转，当转速超过终止转速后，仪表显示出测试值。

将测出的结果与厂家规定的标准功率比较，就可以初步判断发动机的动力性能。表3-1所示为部分车型的标准功率。

表 3-1　部分车型的标准功率

汽车型号	发动机型号	排量/L	最大功率/kW	转速/(r/min)
桑塔纳2000GSI	AJR	1.8	74	5200
别克	6L46	3.0	126	5200
奥迪	JW	1.8	66	4800
红旗	CA488	2.2	65	4800

(3) 单缸功率测试

1) 测出发动机整机功率。

2) 测出某缸断火情况下的发动机功率。

> **特别提示**
>
> 发动机单缸断火时，对于电控汽油机一定要将该缸喷油器暂停工作。请思考这是为什么？

3) 计算出两功率之差，即为断火之缸的功率。

技术状况良好的发动机，各单缸功率应是一致的，亦即各缸功率差应是相等的，否则会造成发动机运转不平稳。比较各单缸功率，可判断各缸工作状况。

另外，还可以利用在单缸断火情况下测得的发动机转速下降值，来评价发动机各气缸的工作状况。当发动机在 800r/min 下稳定工作时，取消一个气缸工作致使转速正常平均下降值见表3-2，要求最高与最低下降值之差不大于平均下降值的30%。若转速下降值偏小，就说明该断火之缸工作不良。

表3-2 单缸断火转速正常平均下降值

发动机缸数	单缸断火转速正常平均下降值/(r/min)
4	150
6	100
8	50

三、发动机动力性评价与故障诊断

当将检测的动力性的结果与其评价标准进行比对时，若在用车发动机功率低于原额定功率的75%，就可以判定这台发动机的动力性能不合格，技术状况严重下降；若是大修后的发动机功率低于原额定功率的90%，就可以判定发动机大修质量不合格。

导致发动机功率下降的原因：一是整机多缸工作不良；二是单缸或少数缸工作不良。但是，不管是单缸或多缸的技术状况下降都与发动机的点火系统、燃料供给系统和与发动机工作循环相关的机械部分等的技术状况有关。下面重点介绍诊断发动机动力性下降的直接原因或故障部位的方法。

1. 区分是整机各缸功率均下降还是单缸工作不良

区分是整机各缸功率均下降还是单缸工作不良，可采用单缸测功法或单缸断火法来判断。

1）若发动机整机各缸功率均偏低，对于现代汽车发动机，由于燃料供给系和点火系都广泛应用了电控技术，所以影响发动机正常工作的因素不再是简单的机、电、液方面的问题，而是一个与空气、燃油、点火控制和缸压等都相关的综合性问题。查找故障的方法原则是先外后内、先机后电、先查后测、有码优先。具体的故障原因和部位的诊断方法参见本项目任务十"电控发动机综合故障的诊断与排除"。

2）若个别气缸技术状况下降，工作不良时，可用单缸测功法或利用在单缸断火情况下测得的发动机转速下降值，来确定气缸具体的工作情况。

2. 单缸工作不良的判断

1）工作正常的发动机，在某一转速下稳定空转时，发动机的指示功率与摩擦功率是平衡的。此时，若取消任一气缸的工作，发动机转速都会有相同的下降值。要求最高与最低下降值之差不大于平均下降值的30%。如果转速下降值低于规定值，说明断火之缸工作不良。转速下降值愈小，则单缸功率愈小，其技术状况愈差，当转速下降值等于零时，单缸功率也等于零，即该缸不工作。

2）发动机单缸功率偏低，一般系该缸高压分火线或火花塞技术状况不佳、气缸密封性不良、喷油器工作不良等原因造成，应予调整或检修。

 特别提示

当检测出发动机功率下降时，一定要区分是发动机各缸功率均下降，还是由于单缸工作不良引起的功率下降。这是制定检修工艺步骤的依据。

 实践活动

1）根据下面的案例描述，在老师的引导下，以实训小组为单位，讨论制定检修工艺流程，并绘制成流程图。

案例描述：一辆桑塔纳2000GSi轿车采用的是AJR电控发动机，发动机无负荷运转时基本正常，但带负荷运转时加速缓慢，上坡无力，加速踏板踩到底时仍感动力不足，车速提升很慢，达不到最高车速。（提示：首先区分是单缸故障还是整机故障，然后再继续诊断。）

要求：检测工艺步骤要合理，并要将检测过程中的项目，所需要的仪器、设备和使用注意事项等写清楚。

2）在实训老师指导下，选择一辆能起动的货车或轿车，用单缸测功法和单缸断火法分别检测发动机的动力性，并填写好实训记录，见表3-3。

表 3-3　实训记录表

发动机型号		出厂时间		检验人	
VIN 码		检测时间		学号	
检测步骤					
气缸序号		1	2	3	4
参数	功率/kW				
	降速/（r/min）				
检测结论	整机功率　　　　；　　　　　　　　　缸工作不良。				
结果分析	导致整机功率下降的根本原因是　　　　　　　　　　。相关因素有　　　　　　　　　　　　　　　　　　　　　　　等。				
学生小结	通过本次实训知道了　　　　　　　　　　　；掌握了　　　　　　　　　　　　　　　　　　。在　　　　　　方面，还要努力。				
指导教师点评					

检测步骤栏内容：
1) 将待测发动机做好测试前的准备（怠速稳定、温度在80℃左右）。
2) 将　　　　　型无负荷测功仪，按照使用说明书连接到发动机上。
3) 先测出发动机　　　　　功率，然后，用单缸断火法，分别测量各缸的功率；同时观察发动机转速表，记录下断火时的转速下降值。

任务二　发动机的气缸密封性检测与故障诊断

案例思考

一辆帕萨特 B4 轿车，怠速不稳，且最高车速只能提至 140km/h，试车发现急加速时排气管冒黑烟，并且有回火现象。拆检火花塞发现电极发黑，测量高压线电阻为 5～6kΩ，无故障码。

请思考应该如何检测与诊断这辆车的发动机故障。

相关知识与技能

发动机的气缸密封性是由活塞组、气门组、缸体组及火花塞、喷油器等组件的技术状况决定的。在发动机使用过程中，由于上述零件发生磨损、烧蚀、结胶、积炭、断裂等故障将会引起气缸密封性下降，气缸密封性的下降将直接导致发动机的功率下降、油耗增加。这不但严重影响发动机的动力性、燃料经济性、排放净化性，而且还涉及发动机的使用寿命。所以，为保证发动机正常的工作状态，确保发动机良好的技术性能，就必须对发

动机的气缸密封性进行定期检测。

气缸密封性的诊断参数主要有气缸压缩压力（简称缸压）、气缸漏气量、曲轴箱漏气量和进气歧管真空度等。就车检测气缸密封性时，只要检测上述诊断参数的一项或两项，就可以判断气缸密封性的状况。

一、发动机气缸密封性评定标准

根据对发动机气缸密封性检测的参数不同，分别有气缸压缩压力、气缸漏气量、曲轴箱漏气量和进气歧管真空度等不同的评价指标。

1. 气缸压缩压力

根据 GB/T 15746—2011《汽车修理质量检查评定方法》的规定：修竣后发动机，在正常温度下，气缸压缩压力应符合原设计规定；其压力差汽油机应不超过各缸平均压力的 5%，柴油机应不超过 8%。常见轿车发动机气缸压力标准见表 3-4。

表 3-4 常见轿车发动机气缸压力

车型	标准压力/kPa	磨损极限压力/kPa	各缸最大压力差/kPa
桑塔纳 AJR 1.8L	1 000~1 350	750	300
五菱	1 320~1 330	—	98
奥迪 A4L	1 100~1 300	900	不大于 200
捷达 EA827	900~1 100	700	不大于 300
别克凯越	950~1 150	689	100

2. 气缸漏气量

对于气缸漏气量，我国还没有制定出统一的诊断参数标准。检测技术标准是由发动机生产厂家提供，根据发动机种类、缸径、活塞位置等因素通过实验制定的。表 3-5 为气缸漏气量检测要求，供参考。

表 3-5 气缸漏气量

气缸密封状况	仪器读数值/kPa	气缸密封状况	仪器读数值/kPa
合格	>250	不合格	<250

3. 曲轴箱漏气量

对于曲轴箱窜气量，还没有制定出统一的检测标准；同时，由于曲轴箱窜气量大小还与缸径大小和缸数多少有关，也很难把众多车型的曲轴箱窜气量综合在一个检测标准内。维修企业和汽车检测站应当积累具体车型的曲轴箱窜气量检测数据资料，经分析整理制定企业标准，以作为检测依据。有些国家以单缸平均窜气量作为诊断参数。综合国内外情况，单缸平均窜气量标准可参考表 3-6。

表 3-6 单缸平均窜气量参考 （单位：L/min）

参考标准	汽油机	柴油机
允许窜气量	2~4	3~8
极限窜气量	16~22	18~28

4. 进气歧管真空度

根据 GB/T 15746—2011《汽车修理质量检查评定方法》的规定：在正常工作温度和标准状态下，发动机怠速运转时，进气歧管真空度应符合原厂规定，其波动范围，六缸汽油机一般不超过 3kPa，四缸汽油机一般不超过 5kPa。

二、发动机密封性的检测方法

发动机密封性的检测根据工作环境设备条件的不同可分别采用气缸压缩压力检测法、曲轴箱窜气量检测法、气缸漏气量和漏气率检测法和进气歧管负压检测法等不同的方法。

1. 气缸压缩压力检测法

气缸压缩压力检测法简称缸压法，就是通过测量活塞到达压缩行程上止点时燃烧室内的压力大小来确定气缸的密封状况的方法。常用的测量仪器有气缸压力表和气缸压力测试仪。

（1）用气缸压力表检测　气缸压力表如图 3-3a 所示，由表头、导管、单向阀和接头组成。

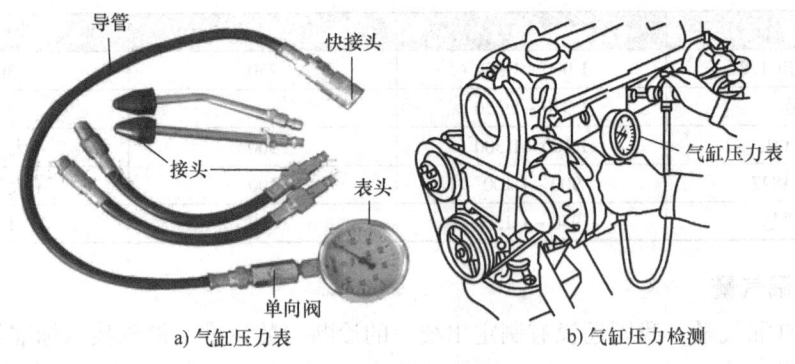

a) 气缸压力表　　　　　　b) 气缸压力检测

图 3-3　气缸压力表检测

气缸压力表的接头有两种：一种为螺纹管接头，可以旋紧在火花塞或喷油器螺纹孔内；另一种为锥形或阶梯形的橡胶接头，可以压紧在火花塞或喷油器座孔上。导管也有两种：一种为软导管，适用于螺纹管接头与压力表头的连接；另一种为金属硬导管，适用于橡胶接头与压力表头的连接。

气缸压力表还装有能通大气的单向阀。当单向阀处于关闭位置时，可保持压力表指针位置以便于读数。当单向阀处于打开位置时，可使压力表指针回零。

用气缸压力表测量气缸压缩压力如图 3-3b 所示，具体方法及步骤如下：

1）起动发动机，使发动机达到正常工作温度 80～90℃。

2）停机后，拆下空气滤清器，用压缩空气吹净火花塞或喷油器周围的灰尘和脏物。

3）卸下全部火花塞或喷油器，并按气缸次序放好。

4）把气缸压力表的锥形橡胶接头压紧在被测缸的火花塞孔内，或把螺纹管接头拧在火花塞孔上。

5）用起动机带动曲轴旋转 3～5s，指针稳定后读取读数。

6）然后按下单向阀使指针回零。

7）按上述方法依次测量各缸，每缸测量不少于两次，每缸结果取算术平均值。

（2）用气缸压力测试仪检测　气缸压力测试仪主要有压力传感器式气缸压力测试仪、起动电流式气缸压力测试仪、电感放电式气缸压力测试仪等。气缸压力测试仪用于评价各缸压力的均衡情况。

1）用压力传感器式气缸压力测试仪检测。用压力传感器式气缸压力测试仪检测气缸压力时，须先拆下被测缸的火花塞，旋上仪器配置的压力传感器，用起动机转动曲轴 3～5s，由传感器测出气缸的压力信号，经放大后送入 A－D 转换器进行模数转换，再送入显示装置即可获得气缸压力。其检测步骤如下：

① 需先拆下被测气缸的火花塞或喷油器，旋上仪器配置的压力传感器。

② 使节气门位于全开位置，用起动机转动曲轴 3～5s。

③ 在显示装置上读取所测气缸的压缩压力值。

2）用起动电流或起动电压降式气缸压力测试仪检测。起动机带动发动机曲轴所需的转矩是起动机电流的函数，并与气缸压力成正比。通过实测电流波形即可读取缸压值。波形峰值与各缸压力最大值有关。需用压力传感器测出任一缸压缩压力，以确定缸序。缸压波形与压力传感器如图 3-4 所示。

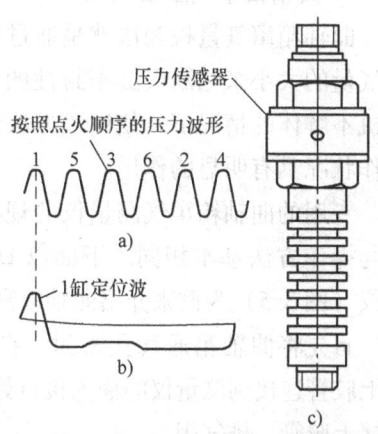

图 3-4　缸压波形与压力传感器

有的测试仪可以显示各缸压缩压力的具体数值，并能与标准值对照；有的仅能定性显示"合格"或"不合格"；也有的只能显示波形。对于后者，如果检测时显示的各缸波形振幅一致，峰值又在规定范围内，说明各缸压缩压力符合要求；若各缸波形振幅不一致，对应某缸电流峰值低于规定范围，则说明该缸压缩压力不足，应借助其他方法测出压缩压力的具体数值，以便分析判断。至于各缸波形峰值对应的缸号，一般是通过点火传感器或喷油传感器（柴油机）确定 1 缸波形位置，其他缸的波形位置按点火次序确定。

3）用电感放电式气缸压力测试仪检测。这是一种通过检测点火二次电感放电电压来确定气缸压力的仪器，仅适用于汽油机。汽油机在工作中，随着点火器将点火线圈初级绕组断开，次级绕组的次级电压随即上升击穿火花塞间隙，并维持火花塞放电。火花放电电压也称为点火电压，它属于电感放电。电感放电的电压与气缸压力之间具有近似直线的对应关系，因此各缸火花放电电压可作为检测各缸压力的信号，该信号经变换处理后即可显示气缸压力。

💡 **特别注意**

在应用上述检测方法时，发动机不要着火。电控发动机必须要断油（可断开电动油泵的熔丝或继电器）。

> **特别提示**
>
> 随着汽车发动机故障诊断仪功能的不断完善，现代汽车发动机故障诊断仪有许多带有缸压检测功能，这为结构比较复杂的采用直接点火控制系统的发动机进行缸压检测提供了方便。要学会充分利用先进的现代汽车故障诊断仪器设备进行检测。

2. 曲轴箱窜气量检测法

曲轴箱窜气量检测法就是通过用专用仪器测量曲轴箱窜气量的大小来判断气缸密封性的一种方法。特别是在发动机不解体的情况下，使用该方法诊断气缸活塞摩擦副的工作状况具有明显的作用。

专用的曲轴箱窜气测量仪的规格型号有多种，但其原理与操作方法基本相同。下面以 LQC-2 型曲轴箱窜气测量仪（图3-5）为例来介绍曲轴箱窜气测量仪的操作方法。

首先将曲轴箱通气孔密封，在机油加注处装上气嘴，接上胶管连接到测量仪的输入接口处；在测量仪的输出接口处接上胶管，排气用。

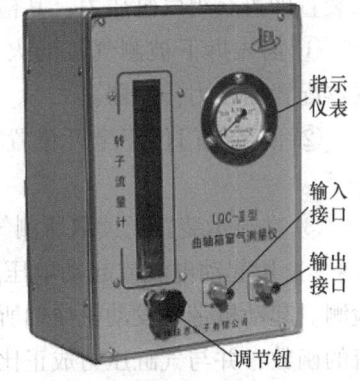

图3-5 LQC-2 型曲轴箱窜气测量仪

然后，观察一次压力，应不超过 0.1MPa 时，操作流量计调节阀，操作要缓慢，防止突上突下，直至全部打开，观察指示表。

> **特别注意**
>
> 操作时，仪器必须水平放置，以免测量不准。流量计应保持清洁，锥形管及浮子如果被油尘玷污，可用汽油或酒精清洗，切勿用丙酮、甲苯清洗。

曲轴箱窜气量除与发动机气缸活塞组技术状况有关外，还与发动机转速和负荷有关。因此在检测时，发动机应加载，节气门全开（或柴油机最大供油量），在最大转矩转速（此时窜气量达最大值）下测试。发动机加载可在底盘测功机上实现，测功机的加载装置可方便地通过滚筒对发动机进行加载，以实现发动机在全负荷工况下从最大转矩转速至额定转速的任一转速下运转，因此，可用曲轴箱窜气量检测仪检测出各种工况下曲轴箱的窜气量。

目前，对曲轴箱窜气量还没有制定出统一的国家诊断标准，有些维修企业自用的企业标准一般是根据具体车型逐渐积累资料制定的。由于曲轴箱窜气量还与缸径大小和缸数多少有关，很难把众多车型统一在一个诊断参数标准内。有些国家以单缸平均窜气量作为诊断参数。综合国内外情况，单缸平均窜气量值可参考以下标准：

汽油机：新机 2~4L/min，达到 16~22L/min 时需大修。
柴油机：新机 3~8L/min，达到 18~28L/min 时需大修。

曲轴箱窜气量过大，一般是由于气缸、活塞、活塞环磨损量大，使各部分间隙大；活塞环对口、结胶、积炭、失去弹性、断裂及缸壁拉伤等原因造成的，应结合使用、维修和配件质量等情况来进行深入诊断。

3. 气缸漏气量和漏气率的检测

（1）气缸漏气量的检测　气缸的密封性可用检测气缸漏气量的方法进行评价。检测气缸漏气量时，发动机不运转，活塞处在压缩终了上止点位置，从火花塞孔处通入一定压力的压缩空气，通过测量气缸内压力的变化情况，来表征整个气缸组的密封性，也就是说，不仅表征气缸活塞摩擦副，还表征进排气门、气缸衬垫、气缸盖及气缸的密封性。该方法仅适用于对汽油机的检测。

国产气缸漏气量检测或分析仪有 QLY—1 型、ZK18—QLC 型、LLQ—3 型等有多种类型，但其结构原理与操作方法基本相同。在此以 LLQ—3 型气缸漏气分析仪来介绍气缸漏气检测仪的使用操作方法。

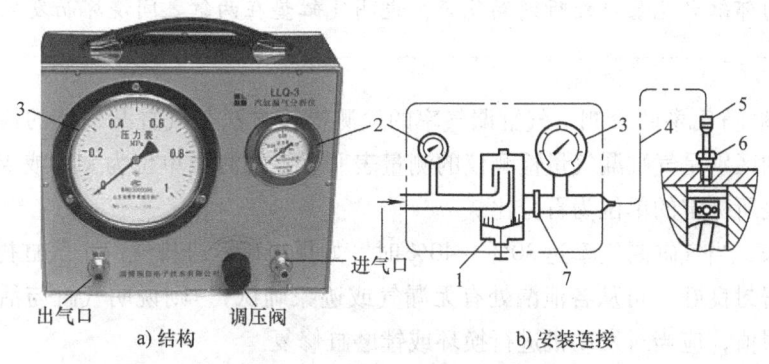

图 3-6　LLQ—3 型气缸漏气分析仪
1—调压阀　2—进气压力表　3—测量表　4—橡胶软管　5—快速接头　6—充气嘴　7—校正孔板

LLQ—3 型气缸漏气分析仪的结构组成如图 3-6 所示，由调压阀、进气压力表、测量表、校正孔板、橡胶软管、快速接头和充气嘴等组成。此外，还须配备外部气源、指示活塞位置的指针和活塞定位盘。外部气源的压力相当于气缸压缩压力，一般为 600~900kPa。压缩空气按箭头方向进入气缸漏气量检测仪，其压力由进气压力表 2 显示。随后，它经由调压阀、校正孔板、橡胶软管、快速接头和充气嘴进入气缸，气缸内的压力变化情况由测量表 3 显示。检测方法如下：

1）将发动机各火花塞卸下，利用手摇把转动曲轴，使活塞处于上止点，挂直接档，拉紧驻车制动器，以防测试时压缩空气推动活塞移动。

2）在处于压缩上止点的第一缸上拧上送气接头，将导气管带快换接头一端与测量仪输出端相接，同时，将空气压缩机与测试仪器输入端相接。将仪器调压阀门关闭（使用时将调压器旋钮拉出）。

3）开动空气压缩机充气，当充到 0.8MPa 时关闭，准备好记时秒表，迅速开启调压阀，同时按动秒表，记录保压时间，观察测量压力表的变化，当表压降至0.4MPa时，按停秒表，记录表压从0.8MPa降到0.4MPa所用的时间，用这段时间的长短与同类机进行比较，即可诊断出气缸漏气量损坏的程度。维持时间越长，气缸密封性越好；如保压维持时间很短，通常在10s以下，说明气缸漏气严重，必须进行修理。为方便测试，各缸的测试顺序依气缸点火顺序进行，曲轴每转半转（180°）即可试验一个气缸。

4）漏气部位判断：开动空气压缩机，向处在压缩上止点的气缸送气，用调压阀将压力控制在0.6MPa，仔细倾听漏气声，以此判断气缸漏气部位。

> **特别提示**
>
> 若在进气口处听到漏气声，说明进气门不密封；若在排气管的消声器口处听到漏气声，说明排气门不密封；若在加机油口处听，一般都有漏气声，轻微的小声音属正常，听到较大声音，并感到有气流出，则是严重漏气，说明气缸活塞配合副不密封；若在散热器加水处看到有气泡从水中冒出，说明气缸垫烧坏，造成气缸与水套窜通；若在该缸的邻缸火花塞口处听到漏气声，说明气缸垫在两缸之间烧坏而发生冲缸。

（2）气缸漏气率的检测　气缸漏气率的检测操作方法与气缸漏气量的检测方法基本相同，主要的区别是气缸漏气量检测仪的测量表所标定的测量单位为kPa或MPa，而气缸漏气率测量表所标定的单位为百分比。

一般说来，当气缸漏气率达30%～40%时，如果能确认进排气门、气缸衬垫、气缸盖和气缸套等密封良好（可从各泄漏处有无漏气或迹象确认），则说明气缸与活塞摩擦副的磨损临近极限值，应当对发动机进行换环或镗磨缸修复。

4. 进气歧管负压检测法

进气歧管负压（也称真空度）是进气歧管内的压力与大气压力的差值。进气歧管负压检测法就是通过对发动机进气歧管负压大小的检测来判断气缸密封性的一种方法。发动机进气歧管负压的大小随气缸活塞组零件的磨损而变化，并与气门组零件的密封技术状况、进气歧管的密封性有直接关系，并且还与点火系和燃油喷射系统的技术状况相关。因此，检测进气歧管的负压，可以用来诊断发动机的多种故障。

进气歧管负压用真空表检测。真空表如图3-7所示。检测时不需要拆任何机件，而且快速简便，应用极广。一般发动机综合分析仪也具有进气歧管负压检测的功能。

测试操作方法：

1）起动发动机，并使其以高于怠速的转速空转30min以上，使发动机达到正常工作温度。

2）将真空表软管接到进气歧管的测压孔上。

3）变速器挂空档，发动机怠速运转。

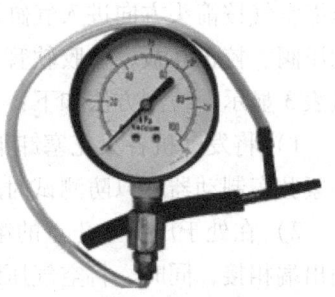

图3-7　真空表

4) 读取真空表上的示值与诊断标准比较。若在规定的范围内为合格,否则为有故障。

三、发动机密封性评价与故障诊断

发动机密封性的好坏,可以通过对相关的技术参数检测结果进行分析判断,如发动机的进气歧管真空度、气缸漏气量或漏气率等。但实际工作中一般应用最多的是通过对气缸压缩压力的分析来判断发动机的密封性,诊断发动机密封性故障。这是由于用测量气缸压缩压力的方法来检验发动机的密封性,操作简单,方便,并且能直接观察到各缸的缸压技术状况。

若测得的缸压高于原设计规定,并不一定是气缸密封性很好,必须要结合实际情况进行分析。这种情况有可能是燃烧室内积炭过多,或气缸衬垫过薄,或缸体与缸盖接合平面修理加工过甚所造成。

若测得的缸压低于原设计规定,可以通过被检测的气缸上的火花塞或喷油器装配孔向气缸注入适量机油(一般不超过20mL),然后用气缸压力表重测气缸压缩压力,做进一步的分析诊断。

如果第二次测出的压力比第一次高,接近标准压力,表明是气缸、活塞环、活塞磨损过大或活塞环对口、卡死、断裂及缸壁拉伤等原因造成气缸密封不严;如果第二次测出的压力与第一次略同,即仍比标准压力低,表明是进、排气门或气缸衬垫不密封;如果两次检测的压力结果都相同,并且是相邻两缸都相当低,说明这两缸相邻处的气缸衬垫烧损窜气。

当缸压偏低时,还可以采用下面的方法做更进一步的具体故障部位的判断。

先拆下空气滤清器,打开散热器盖和加机油口盖,用一根胶管,一头接压缩空气气源,另一头通过锥形橡胶接头插在火花塞孔内。摇转发动机曲轴,使被测气缸活塞处于压缩终了上止点位置,然后将变速器挂低档,拉紧驻车制动器操纵杆,打开压缩空气(600kPa以上)开关,注意倾听漏气声。漏气部位的判断方法如前特别提示所述。

1) 根据下面的案例描述,在老师的引导下,以实训小组为单位,讨论制定检修工艺流程,并绘制成流程图。

故障描述:一辆帕萨特B4轿车,急速不稳,且最高车速只能提至140km/h,试车发现急加速时排气管冒黑烟,且有回火现象。拆检火花塞发现电极发黑,测量高压线电阻为5~6kΩ,无故障码。

检测工艺步骤要合理,并要将检测过程中的项目,所需要的仪器、设备和使用注意事项等写清楚。

2）在教师指导、监督下，以实训小组为单位，选择一辆能起动的汽油车（轿车或货车），进行气缸压力检测，并记下检测过程，认真填写实训记录表（表3-7）。

表3-7　实训记录表

发动机型号		出厂时间		检验人	
VIN码		检测时间		学号	
检测工艺步骤	1）将发动机热机到_____℃后熄火，拆下相关附件和全部火花塞。 2）把_____表的锥形橡胶接头压紧在被测缸的_____孔内，或把_____接头_____火花塞孔上。 3）用_____曲轴旋转3～5s，指针_____读数。每缸测量不少于两次，每缸结果取_____值。（标准值：_____kPa）				
气缸序号	1		2	3	4
缸压/kPa					
检测结果判断					
原因分析	导致_____缸压下降的原因有：_____ _____。				
学生小结	通过本次实训知道了_____；掌握了_____。在_____方面，还要努力。				
指导教师点评					

3）在教师指导、监督下，以实训小组为单位，选择一辆能起动的装有电控发动机的车辆，进行进气歧管真空度的检测，并根据表3-8的要求，记录检测过程。（提示：进气歧管真空度应符合原厂规定，其波动范围，六缸汽油机一般不超过3kPa，四缸汽油机一般不超过5kPa。）

表3-8　实训记录表

发动机型号		出厂时间		检验人	
VIN码		检测时间		学号	
检测工艺步骤	1）起动发动机，并使其以高于急速的转速空转30min以上，使发动机达到正常工作温度。 2）将_____软管接到进气歧管的测压孔上。 3）变速器挂_____，发动机_____运转。 4）读取_____表上的示值与诊断标准比较。				
急速真空度	_____kPa。				
检测结果与原因分析	该发动机真空度_____；导致的原因：_____； _____。				
学生小结	通过本次实训知道了_____；掌握了_____。在_____方面，还要努力。				
指导教师点评					

任务三　电控汽油机燃油喷射系统的检测与故障诊断

> **案例思考**
>
> **案例1**　一辆捷达王轿车正常运行后熄火,但在第二天却出现了无法起动的现象。点火时起动机运转强劲有力,但发动机却不能起动。
>
> **案例2**　一辆长安福特蒙迪欧乘用车(2.5L V6发动机),行驶里程为80000km。当关闭发动机约30min后,需多次起动,发动机才能运转,并且排气管发出"突突"的声音。
>
> 请思考以上两车发动机故障应该如何诊断排除。

相关知识与技能

电子控制燃油喷射系统(EFI)的功用是ECU根据系统中的各传感器监测到的发动机运行状态参数转换成的电信号,精确地控制喷油器的喷油时刻与喷油量,使发动机在各种工况下都能获得最佳空燃比的可燃混合气。

电控汽油机燃油喷射系统由空气供给系统、燃油供给系统、排放控制系统、电控系统四部分组成,如图3-8所示,其技术状况的好坏直接影响发动机的动力性、经济性和排放性。所以,电子控制燃油喷射系统是电控发动机维修检测的重点。

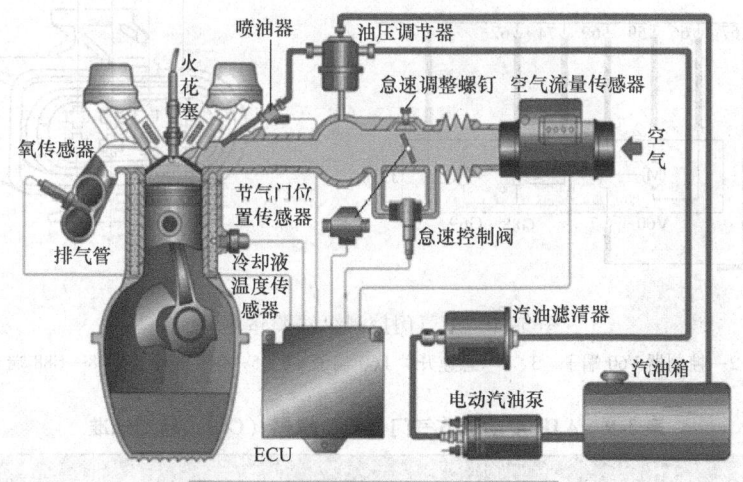

图3-8　电控燃油喷射系统组成简图

发动机电控系统的维修检验标准应按照GB/T 19910—2005《汽车发动机电子控制系统修理技术要求》的规定执行。

一、空气供给系统的检测与故障诊断

电控发动机空气供给系统的作用是提供并控制燃油燃烧所需的清洁空气量。它主要由

空气滤清器、节气门体总成（包括节气门位置传感器）、空气流量传感器（或进气绝对压力传感器）及进气管路等组成，如图3-9所示。

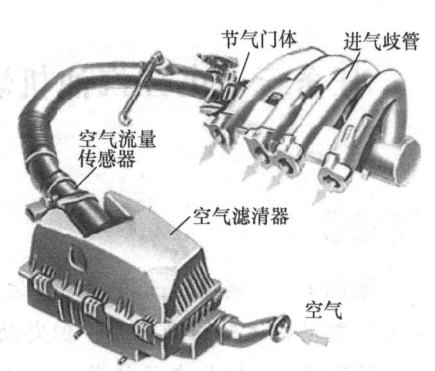

图3-9 空气供给系统

1. 空气供给系统的检测标准

1）由空气滤清器、节气门体总成、进气管路等组成的进气通道不应有漏气和堵塞现象，要定期进行维护、检查，对空气滤清器要根据污损程度进行更换或清理，确保进气清洁。

2）监测和控制进气量的传感器和怠速控制阀虽然因车型不同，其类型、规格型号和控制方案也不同，没有统一的检测标准，但是，每种车型都有相应的检测标准，所以进行检测时要认真查阅相关汽车维修手册中的技术要求。

2. 空气供给系统主要元件的检测与故障诊断

（1）节气门位置传感器（TPS）的检测　节气门位置传感器（TPS）有触点开关式、线性可变电阻式、触点与可变电阻组合式三种结构类型。对节气门位置传感器（TPS）的检测可采用万用表和故障解码仪等检测设备。

下面以桑塔纳2000GSI的节气门控制组件为例，介绍节气门位置传感器的检测方法。

桑塔纳2000GSI的节气门控制组件J338是典型的组合式节气门位置传感器，其电路连接如图3-10所示，用万用表检测的内容、条件、部位和标准见表3-9。

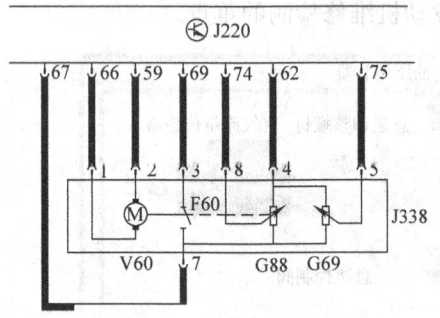
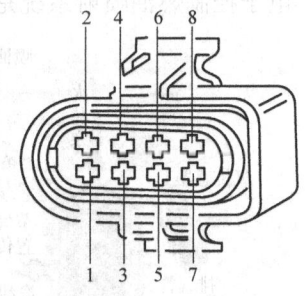

图3-10 节气门控制组件J338电路

1、2—控制器V60端子　3、7—怠速开关F60端子　4、5—G69端子　6、8—G88端子

表3-9　AJR发动机节气门位置传感器（G69）检测标准

检测项目	检测条件	检测部位	检测标准
TPS（G69）电源电压	点火开关"ON"	4端子—7端子	≥4.5V
TPS（G69）信号电压	节气门关闭 点火开关"ON"	5端子—7端子	0.1~0.9V
TPS（G69）信号电压	节气门全开 点火开关"ON"	5端子—7端子	3.0~4.8V

(续)

检测项目	检测条件	检测部位	检测标准
急速开关 F60	节气门（近于）关闭	3 端子—7 端子	0Ω
	节气门开	3 端子—7 端子	∞Ω
TPS（G69）正极导线	拔下 ECU、传感器插头	62 端子—4 端子	<0.5Ω
TPS（G69）信号导线	拔下 ECU、传感器插头	75 端子—5 端子	<0.5Ω
TPS（G69）负极导线	拔下 ECU、传感器插头	67 端子—7 端子	<0.5Ω
急速开关 F60 正极导线	拔下 ECU、传感器插头	3 端子—69 端子	<0.5Ω

> **特别提示**
>
> 若检测结果不符合技术要求，说明传感器或连接线路出现故障，应及时维修或更换。节气位置传感器出现故障时会有急速不稳、加速不良、油耗增加、排放超标等现象。

（2）空气流量传感器（MAF）的检测　空气流量传感器根据结构原理的不同，可分为叶片式、热式（热线与热膜）、卡门涡流式及真空度-转速式空气流量传感器（进气压力传感器）。不同类型的空气流量传感器检测方法略有不同。现在应用较多的是热式和真空度-转速式空气流量传感器（进气压力传感器）。

桑塔纳 2000 AJR 发动机用的热膜式空气流量传感器的端子名称电路连接如图 3-11 所示。下面以桑塔纳 2000 AJR 发动机为例说明热式空气流量传感器检测的内容、标准和方法。

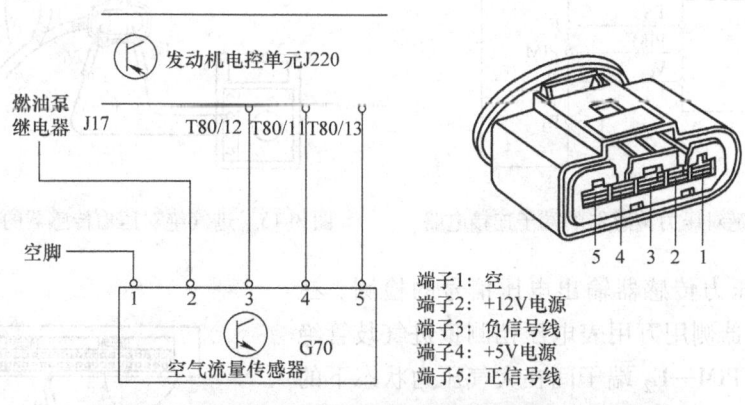

图 3-11　热膜式空气流量传感器的端子名称与电路连接

当空气流量传感器出现故障时会有起动困难、急速不稳、加速不良、油耗增加、排放超标等现象。所以，当出现上述故障现象时，进行检测的步骤是首先用故障解码仪读取故障码确定故障部位范围；然后用汽车专用万用表做进一步的检测确定故障的属性。采用车用万用表检测空气流量传感器的内容与标准见表 3-10。

表 3-10 AJR 发动机空气流量传感器检测标准

检测项目	检测条件	检测部位	检测标准
MAF 的电源电压	点火开关"ON" 燃油继电器导通	2 端子—3 端子（或搭铁）	12V（蓄电池电压）
MAF 的参考电压	点火开关"ON"	4 端子—3 端子（或搭铁）	5V
MAF 的信号电压	点火开关"ON" 起动或吹风	5 端子—3 端子（或搭铁）	1.0~4.0V
5V 电源导线	拔下 ECU、传感器插头	11 端子—4 端子	<0.5Ω
正信号导线	拔下 ECU、传感器插头	13 端子—5 端子	<0.5Ω
负信号导线	拔下 ECU、传感器插头	12 端子—3 端子	<0.5Ω

若检测结果不符合技术要求，说明空气流量传感器或连接线路出现故障，应及时维修或更换。

丰田皇冠 3.0 轿车 2JZ-GE 发动机采用的是半导体压敏电阻式进气歧管绝对压力传感器，连接电路如图 3-12 所示。下面以 2JZ-GE 发动机为例，说明真空度-转速式空气流量传感器（进气绝对压力传感器）的检测内容与标准。

1）绝对压力传感器（MAP）电源电压的检测。点火开关置于"OFF"位置，拔下进气歧管绝对压力传感器的导线插接器，然后将点火开关置于"ON"位置（不起动发动机），用万用表电压档测量导线插接器中电源端 V_C 和接地端 E_2 之间的电压，如图 3-13 所示，其电压值应为 4.5~5.5V。如有异常，应检查进气歧管绝对压力传感器与 ECU 之间的线路是否导通。若断路，应更换或修理线束。

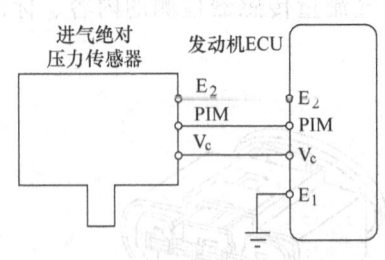

图 3-12 进气绝对压力传感器的端子连接电路

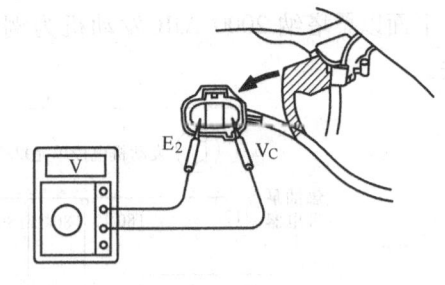

图 3-13 进气绝对压力传感器的电源电压检测

2）绝对压力传感器输出电压信号的检测。在 ECU 导线插接器侧用万用表电压档测量进气歧管绝对压力传感器 PIM—E_2 端子间在大气压力状态下的输出电压（图 3-14），并记下这一电压值；然后用真空泵向进气歧管绝对压力传感器内施加真空，从 13.3kPa 起，每次递增 13.3kPa，一直增加到 66.7kPa 为止，然后测量在不同真空度下进气歧管压力传感器（PIM—E_2 端子间）的输出电压。该电压应能随

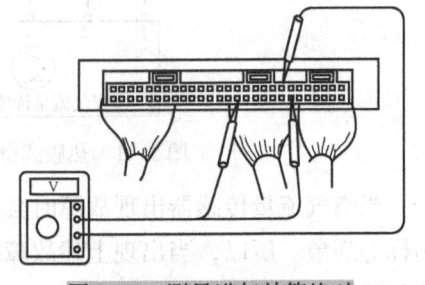

图 3-14 测量进气歧管绝对压力传感器输出信号

真空度的增大而不断下降。将不同真空度下的输出电压下降量与标准值（表3-11）相比较，如不符，应更换进气歧管压力传感器。

表3-11 JZ – GE 发动机进气歧管压力传感器信号电压标准

真空度/kPa	13.3	26.7	40.0	53.5	66.7
电压值/V	0.3~0.5	0.7~0.9	1.1~1.3	1.5~1.7	1.9~2.1

特别提示

不同车型规格发动机的传感器，虽然结构类型可能相同，但是其参数值会有很大的差异，所以各传感器的标准参数一定要查阅相关的维修手册。

二、燃油供给系统的检测与故障诊断

电控发动机燃油供给系统是由电动燃油泵、燃油滤清器、燃油压力调节器、脉动阻尼器及油管组成的，如图3-15所示。其功能是提供具有一定压力的清洁燃油给喷油器，喷油器根据ECU的指令将燃油喷入到进气歧管或气缸内，与进入的空气形成最佳配比的可燃混合气，以适应发动机不同工况的需要。

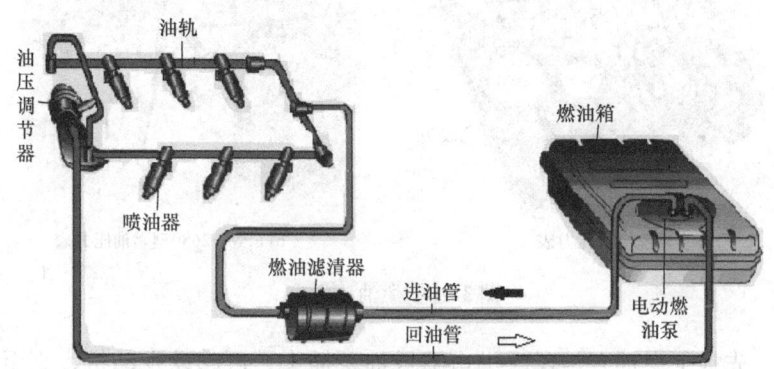

图3-15 燃油供给系统组成简图

1. 燃油供给系统的检测标准

目前，对电控发动机的燃油供给系统没有制定统一的检测标准。但是，每种规格型号的电控发动机都有相关生产企业的检测标准，所以进行检测时要认真查阅相关汽车维修手册中的技术要求。常见车型的电控燃油喷射系统压力见表3-12。

2. 燃油供给系统的检测内容与方法

燃油供给系统的检测主要包括两个方面：一是外观检查；二是系统压力的测量。

（1）外观检查 外观检查主要是通过目视检测系统的所有连接处有无泄漏或脱落；所有元件表面有无破损等。如发现问题及时修复。

表 3-12 电控燃油喷射系统压力

类型	测试项目		压力值/MPa	测试条件
单点燃油喷射系统	系统压力		0.25~0.35	油泵运转或急速
	调节压力		0.20~0.26	
多点燃油喷射系统	系统保持压力	10min 后	大于 0.20	熄火后开始计时
		20min 后	大于 0.15	
	油泵压力		0.5~0.7	油泵运转
	油泵压保持力		0.35	油泵运转

（2）燃油供给系统燃油压力的检测　燃油供给系统的燃油压力是通过燃油压力表来检测的。燃油压力表的类型有两种：第一种是机械式的压力表，如图 3-16a 所示；第二种是电子显示的燃油压力表，如图 3-16b 所示。通过检测电控燃油供给系统燃油管路内的燃油压力，可以判断电动燃油泵或燃油限压调节器有无故障，汽油滤清器是否堵塞等。采用多功能燃油压力表检测燃油压力的方法如下：

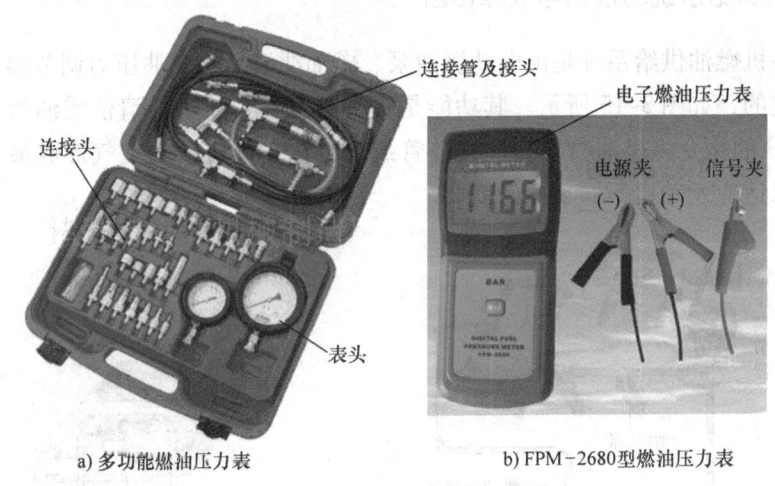

a) 多功能燃油压力表　　b) FPM-2680型燃油压力表

图 3-16　燃油压力表

1) 卸压。先拔下燃油泵熔丝、继电器或油泵插头，再起动发动机，直至发动机自行熄火后，再次起动发动机两三次，然后拆下蓄电池负极。

2) 安装燃油压力表。如图 3-17 所示。将燃油压力表串接在进油管中，在拆卸油管时要用一块毛巾或棉布垫在油管接口下，防止燃油泄露在地上；带测压口的车辆将燃油压力表连接到测压口上。

3) 检测油压。包括静态油压、供油压力、调节压力、最大油压、剩余油压的检测。

① 静态油压。不起动发动机，用跨接线连接油泵诊断插头上的两个端子（如丰田车系的"+B"

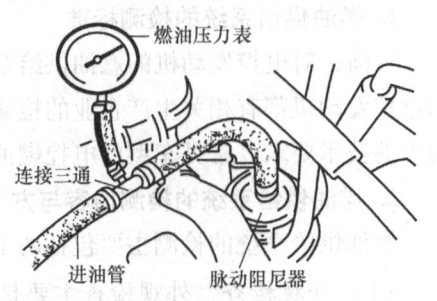

图 3-17　油压表的安装示意图

与"FB"端子),并将点火开关转至"ON"位置,令油泵工作,静态油压一般在300kPa左右。

② 供油压力。

a. 装复燃油泵熔丝或继电器,起动发动机,使燃油泵在怠速下运转,此时油压表读数为怠速工作油压,应符合车型技术要求。如丰田车系正常值应为200~300kPa。

b. 急加速至节气门全开时油压表读数即为燃油供给系统的急加速油压。一般急加速时油压应迅速由怠速工作时的0.25MPa上升至0.3MPa,或符合车型技术规定。

c. 拔下燃油压力调节器上的真空软管,并用手堵住(图3-18a),让发动机怠速运转,测量此时的燃油压力。该压力应和节气门全开时的燃油压力基本相等。

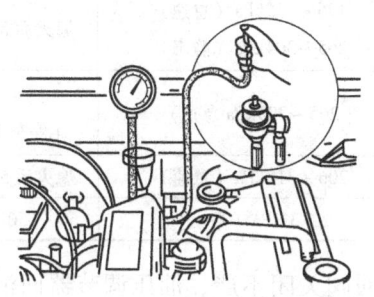 

a) 拔下油压调节器真空管测量燃油压力　　b) 装复油压调节器真空管测量燃油压力

图3-18　调节压力的检测

③ 调节压力。指发动机怠速运转中将油压调节器真空管拆开后燃油系统升高的油压。如图3-18所示,拆下燃油压力调节器上真空软管,用手堵住进气管一侧,检查油压表指示的压力,缸外多点喷射系统应为0.25~0.35MPa;接上燃油压力调节器的真空软管,检查燃油压力表的指示,应有所下降(约为0.05MPa)。否则检查真空管是否堵塞和漏气,若正常,说明燃油压力调节器有故障,应更换。

④ 最大油压。用包有软布的钳子夹住回油管,此时油压表读数为油泵最大供油压力,一般为正常工作油压的2~3倍。

⑤ 剩余油压。松开油管夹钳,发动机熄火,燃油泵停止运转10min后,油管保持压力应大于150kPa。若保持压力低于标准值,应做进一步的判断检测。

a. 将回油管夹住后,若能保持正常残压,则说明燃油压力调节器有故障;若不能保持正常残压则表示汽油泵内漏或喷油器漏油。

b. 再将进、回油管同时夹住,不漏则说明是油泵漏油,漏则说明喷油器有问题。

4)检测完毕后,应释放系统压力,拆下油压表,装复燃油系统。对于装有燃油压力传感器的电控发动机燃油喷射系统的压力检测可采用电子显示的FPM—2680型燃油压力表。其操作方法是把对应的电源夹连接到蓄电池两极,信号夹夹到传感器信号线,仪器将直接给出燃油压力值。表3-13为常见车型的燃油压力检测标准。

3. 燃油供给系统的故障诊断分析

1)若静态油压偏高,多是由于回油管变形或油压调节器损坏造成的;若静态油压偏低,多是由于油泵进油滤网脏堵、电动燃油泵内部磨损、电动燃油泵限压阀损坏、汽油滤清器脏堵、油压调节器调压弹簧过软或喷油器喷孔卡滞常喷油造成的。

表 3-13 常见车型的燃油压力检测标准

车型	排量	喷射类型	系统油压（接真空管）	残压
桑塔纳 2000	1.8L	缸外多点喷射	约 300kPa	>150kPa（停车 10min 后）
奥迪 A6	1.8L	缸外多点喷射	约 350kPa	>250kPa（停车 10min 后）
上海别克	3.0L	缸外多点喷射	284~325kPa	>33kPa（停车 10min 后）
丰田凯美瑞	1.8L	缸外多点喷射	196~235kPa（急速） 265~304kPa（静态）	熄火后 5min 不降低
本田	2.0L	缸外多点喷射	265~305kPa 急速)	>150kPa（停车 10min 后）
福特	2.3L	缸外多点喷射	206~318kPa（急速）	熄火后 5min 不降低
瑞麒 G5	2.0TGDI	缸内直接喷射	2~3MPa（高压）	50~650kPa（低压）

2）若保持压力过低，是由于电动燃油泵止回阀关闭不严、油压调节器回油口关闭不严或喷油器滴漏造成的。检测完毕保持压力后再次复查静态压力，如果静态压力仍然偏低，应更换油压调节器。

3）若油泵最大供油压力偏高，是由于油泵限压阀卡滞造成的，应更换电动燃油泵。若油泵最大供油压力偏低，是由于燃油滤清器堵塞、油泵进油滤网脏堵、电动燃油泵内部磨损、油泵限压阀关闭不严或调压弹簧过软造成的。

4）若急速工作油压偏高，多是由于油压调节器真空管错装、漏装或漏气造成的，此时应先检视真空管安装是否正确、是否存在漏气部位，必要时予以更换。检测急速工作压力时，拔下真空管时油压应上升至 0.3MPa，否则应更换油压调节器。

5）若急加速油压无变化，则可能是真空管插在了有单向阀的真空储气罐上（如制动真空系统），应予以恢复。

6）若急加速油压与急速油压差值小于 0.05MPa，则说明在节气门全开时进气系统仍存在真空节流（例如，节气门无法开至最大角度），应予以检修。

4. 燃油供给系统主要元件的检测与故障诊断

(1) 电动燃油泵的检测　正常的电动燃油泵在接通电源时，用手触摸其外壳应能感到轻微的振动；如无振动首先应检查确定故障是在电路部分还是在机械部分。

1）燃油泵控制电路的故障检测与排除。

① 将电动燃油泵的导线拆下，用试灯测试（也可以用汽车专用万用表检测）。如果试灯亮，说明电源正常；如果试灯不亮，则检查电动燃油泵的控制电路。

② 进行燃油泵控制电路的检查，必须要清楚电路的构成及控制原理。电控发动机常见的燃油泵控制电路有燃油泵 ECU 控制的燃油泵控制电路，如图 3-19 所示；燃油泵继电器控制的燃油泵控制电路，如图 3-20 所示；发动机 ECU 直接控制的燃油泵控制电路，如

项目三 汽车发动机的性能检测与故障诊断 | 103

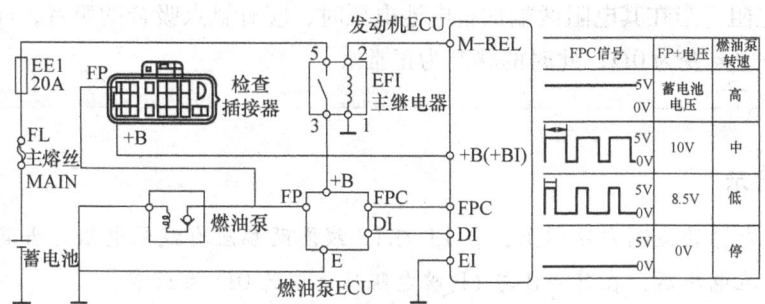

图3-19 ECU控制的燃油泵控制电路

图3-21所示的大众车系AJR电控发动机的燃油泵电路等几种。

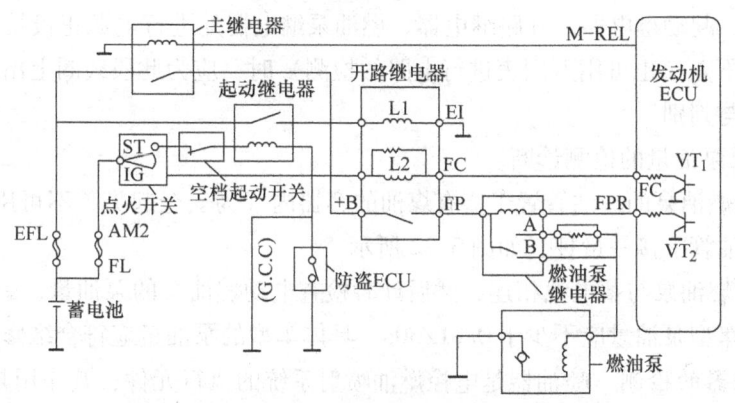

图3-20 燃油泵继电器控制的燃油泵控制电路

③ 根据电动燃油泵的控制电路组成特点，对于ECU控制的EFI系统（图3-21），首先要检查发动机转速传感器信号是否正常，若不正常需要更换转速传感器；若信号正常，要检查燃油泵继电器与线路连接是否有问题；若无问题，则需要更换ECU。

④ 对于有检查插接器的燃油泵控制电路（图3-19），若将燃油泵检查插座孔+B与FP端子短接后燃油泵仍然不工作，则要进行下一步的检查：用万用表的电压档检查插孔+B的对地电压，标准为蓄电池电压。若低或无电压时，

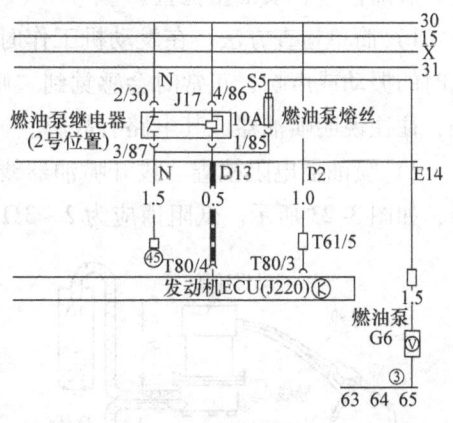

图3-21 AJR发动机燃油泵控制电路

则为燃油泵前的电源有故障，需要检查熔断器、线路插头、点火开关等。若电压正常，则要再做如下检查：用万用表电压档检查FP对地电压，正常值也为蓄电池电压。若电压正常，可判断为燃油泵及相关电路故障，检查相关电路；若无问题，则要更换燃油泵。若电压不正常，则应检查或更换燃油泵继电器。

⑤ 燃油泵继电器的检测。如图3-20所示电路，测量起动继电器线圈电阻两端，应有

大于10Ω的电阻,当在其电阻两端加蓄电池电压时,应有触点吸合的声音,同时被吸合两触点间的电阻由∞变为0Ω,此时的状态为正常。

> **特别提示**
>
> 开路继电器的检测方法同上,在 L1 与 L2 线圈两端应有线圈电阻,当其中任何一线圈通蓄电池电压后,在其 +B 与 FP 端电阻从∞变为0Ω为正常。

⑥ 线路通断的检测。当在车体上,向燃油泵供电端提供蓄电池电压时,发动机能够正常工作,不提供发动机不能运转时,说明油泵控制线路出现了问题。此时,可用试灯相继对主继电器、起动继电器、开路继电器、燃油泵继电器处进行电源正极接柱试电,如发现在某处试灯不亮(也可用万用表进行电路的检测)时,应为此段线圈上出现了问题,再详细进行查找与判别。

2)燃油泵泵油量的检测诊断。

① 将电动燃油泵的进油管置于盛有煤油的容器内(为安全起见,不可用汽油),在电动燃油泵的出油管下接一量杯,如图3-22所示。

② 将电动燃油泵与蓄电池相连,然后计时检查电动燃油泵的泵油量,一般采用L/30s来计量,常见车型泵油量应不少于0.8L/30s。具体车型的泵油量应符合维修手册的要求。

(2)喷油器的检测　喷油器是电控燃油喷射系统的执行元件,其作用是根据ECU发出的脉冲信号,控制燃油喷射量。对喷油器检测的内容主要包括电阻检查、工作脉冲检查、滴漏检查、喷油量检查。

1)简单检查方法。在发动机工作时,用手触试或使用车用听诊器检查喷油器针阀开闭时的振动或声响,正常时会感觉到"嗒、嗒、嗒"的声音,如果感觉无振动或听不到声响,往往说明喷油器或其电路有故障。

2)喷油器电阻检查。拔开喷油器线束插接器,用万用表测量喷油器两端子之间的电阻,如图3-23所示。低阻值应为2~3Ω,高阻值应为12~17Ω,否则应更换喷油器。

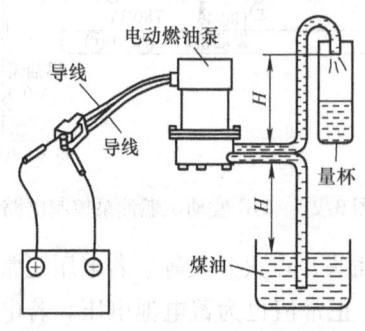

图3-22　电动燃油泵的泵油量检测

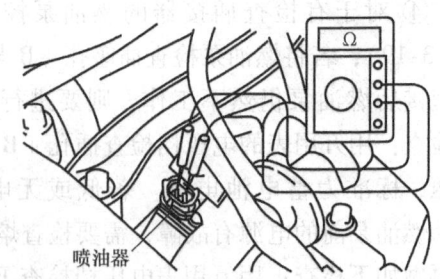

图3-23　测量喷油器(电磁线圈)的电阻值

3)喷油工作脉冲检查。在有些情况下,可以使用数字万用表进行喷油器的工作脉冲电压测试。将万用表笔分别接在喷油器的输入与输出两端接线上,调到2V的档位上,在发动机怠速时,会出现1V左右的电压。当发动机转速上升时,此电压也会跟着上升。当出现此现象时,一般说明喷油器电控部分是完好的,如果此时仍然缺缸不工作(要排除点火系统的故障),可对喷油器进行堵塞的检查。

4)喷油器滴漏检查。在专用设备上进行检查,也可以将喷油器和输油总管拆下,再与燃油系统连接好,用专用导线将诊断座上的燃油泵测试端子跨接到12V电源上,然后打开点火开关,或直接用蓄电池给燃油泵通电。燃油泵工作后,观察喷油器有无滴漏现象。若检查时,在1min内喷油器滴油超过1滴,应更换喷油器。

5)喷油器的喷油量检查。喷油器的喷油量可在专用设备上进行检查,也可按滴漏检查做好准备工作。燃油泵工作后,用蓄电池和导线直接给喷油器通电,并用量杯检查喷油器的喷油量。每个喷油器应重复检查两三次,各缸喷油器的喷油量和均匀度应符合标准,一般喷油量为50~70mL/15s,各缸喷油量相差不超过10%,否则应清洗或更换喷油器。同时,观察燃油从喷孔喷出的形状,应为35°左右的圆锥雾状,如图3-24所示。

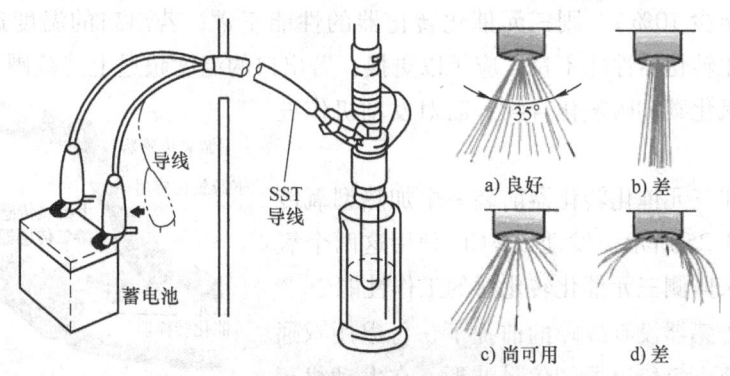

图3-24 检查喷油器喷油量与喷油状况

> **特别提示**
>
> 喷油器工作不良会造成发动机单缸不工作或工作不良;同时也要注意,如果单缸点火不良时,也会导致发动机单缸工作不良。所以在进行故障诊断排除时要加以区别。

三、排放控制系统的检测与故障诊断

排放控制系统的作用是通过对尾气和燃油蒸气的监控和燃烧控制,降低排放污染。排放系统一般由排气总管、三元催化装置、废气再循环装置(EGR)、氧传感器、排气管、汽油蒸发排放(EVAP)控制系统等组成。车型不同,具体的结构安装位置略有差异,并且系统中各装置都具有相对的独立性。下面分别介绍排放控制系统中各装置的检测内容与

故障诊断方法。

1. 三元催化装置检测与故障诊断

三元催化转化器是安装在汽车排气系统中最重要的机外净化装置，它可将汽车尾气排出的 CO、HC 和 NO_x 等有害气体通过氧化和还原作用转变为无害的二氧化碳、水和氮气。

（1）三元催化转化器机械损伤与过热的检查

1）观察三元催化转化器表面有无刮擦、凹痕或裂纹等损伤。如有则说明受到过损伤；如外壳上有严重的褪色斑点或有青色与紫色的斑痕，或在其防护罩的中央有明显的暗灰色斑点，则说明三元催化转化器曾发生过过热状态，需对它作进一步检查。

2）轻轻敲击并晃动三元催化转化器，同时听其内部是否有物体移动的声音，如有，则说明催化剂载体已破碎，需要更换三元催化转化器。

（2）三元催化转化器性能的检查　在三元催化转化器工作时，氧化反应会产生大量热，可通过测量进、出口的温差来检查其性能：使发动机在正常温度下以 2500r/min 的转速运转，测量三元催化转化器进、出口的温度并予以比较。若出口的温度比进口的温度高 20%~25%（至少 10%），则三元催化转化器的性能正常；若出口的温度达不到上述范围，则三元催化转化器性能不良，应予以更换；若出口的温度超过上述范围，则说明尾气中有大量的一氧化碳和碳氢化合物，需对发动机作进一步检查。

有些车辆在三元催化转化器前装一个加热型氧传感器，如图前 3-25 所示，发动机 ECU 利用这两个氧传感器的信号来监测三元催化转化器的工作性能。

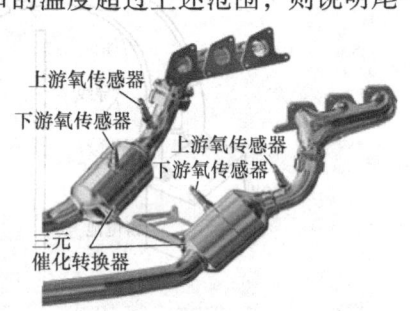

图 3-25　奔驰车系三元催化转化器与氧传感器的安装

在确认氧传感器没有故障的前提下，可以用双通道示波器获取两个氧传感器的信号波形。在发动机正常的工作温度条件下，如果两个氧传感器的信号波形变化基本同步，说明三元催化转换器已经失效，必须进行更换。

2. EVAP 控制系统的检测与故障诊断

EVAP 控制系统的功能是收集汽油箱蒸发的汽油蒸气，并将汽油蒸气导入气缸参加燃烧，从而防止汽油蒸气直接排出，而造成大气污染。同时，根据发动机工况，控制导入气缸参加燃烧的汽油蒸气量。其组成如图 3-26 所示，主要由活性炭罐、真空控制阀、真空阀、电磁阀、单向阀等组成。车型不同，汽油蒸气回收控制模式不尽相同，如图 3-27 所示的韩国现代轿车的 EVAP 控制系统，活性炭罐上不设真空控制阀，而将受 ECU 控制的电磁阀直接装在活性炭罐与进气管之间的吸气管中。EVAP 控制系统的检测项目和方法基本相同，具体项目的参数应符合维修手册中的标准要求。

下面以桑塔纳 2000GSI AJR 发动机为例，介绍汽油蒸气控制回收系统的检测内容和方法。AJR 发动机汽油蒸气控制回收系统的安装位置与电路连接如图 3-28 所示。

1）一般维护检查。检查管路有无破损或漏气，炭罐壳体有无裂纹，每行驶 20000km 应更换活性炭罐底部的进气滤芯。

项目三 汽车发动机的性能检测与故障诊断

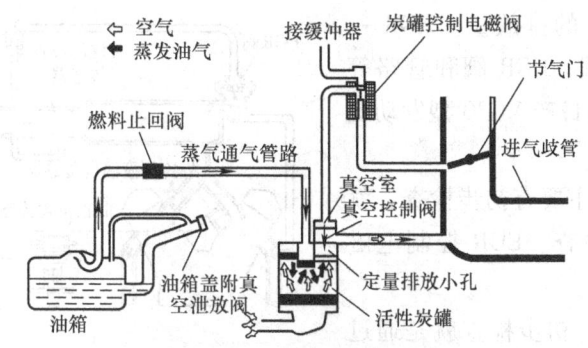

图 3-26 EVAP 控制系统组成简图

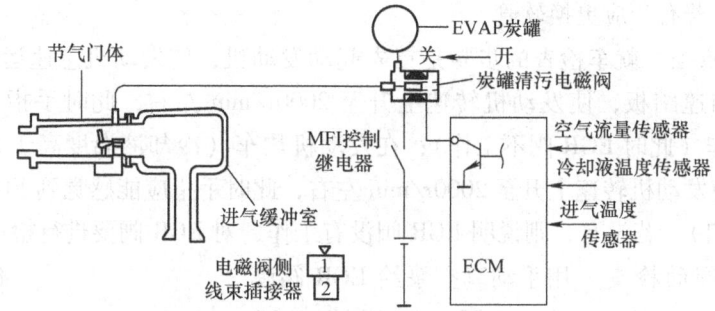

图 3-27 韩国现代轿车的 EVAP 系统

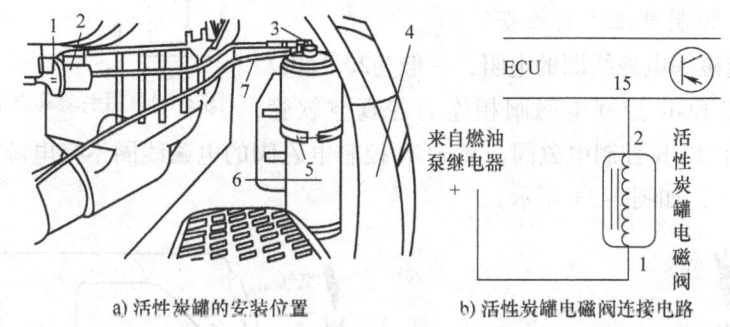

a) 活性炭罐的安装位置   b) 活性炭罐电磁阀连接电路

图 3-28 桑塔纳 2000GSI AJR 发动机汽油蒸气控制回收系统（AKF 系统）
1—通向进气歧管 2—活性炭罐电磁阀 3—真空控制阀 4—内护板
5—活性炭罐卡子 6—活性炭罐 7—来自汽油箱通气管

2）真空控制阀的检查。拆下真空控制阀，用手动真空泵由真空管接头给真空控制阀施加约 5kPa 真空度时，从活性炭罐侧孔吹入空气应畅通，不施加真空度时，吹入空气则不通。若不符合上述要求，应更换真空控制阀。

3）控制电磁阀的检查。测量控制电磁阀 1 端子与 2 端子间电阻，应为 22～30Ω。拆开电磁阀进气管一侧的软管，用手动真空泵由软管接头给控制电磁阀施加一定的真空度，控制电磁阀不通电时应能保持真空度（不导通），若接蓄电池电压，真空度应释放（导通）。若不符合上述要求，应更换。

3. 废气再循环装置（EGR）的检测与故障诊断

废气再循环装置的作用是将适量的废气重新引入气缸参加燃烧，从而降低气缸内的最高温度,以减少 NO_x 的排放量。EGR 一般由 EGR 控制电磁阀、EGR 阀和管路等组成。图 3-29 所示为日产 VG30 型发动机 EGR 系统。

EGR 系统的检测主要有初步检查、就车检查、EGR 阀的检查、EGR 控制电磁阀的检查等。

(1) 初步检查 初步检查就是通过外观查看真空软管有无破损,接头处有无松动、漏气等。若有,应更换软管。

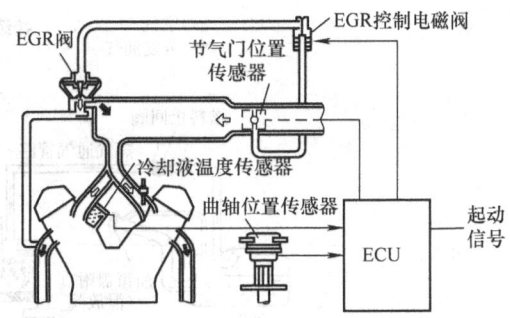

图 3-29 日产 VG30 型发动机 EGR 系统

(2) 就车检查 就车检查的步骤是首先起动发动机,使发动机怠速运转。然后在冷车状态下踩下加速踏板,使发动机转速上升至 2000r/min 左右,此时手指上应感觉不到 EGR 阀膜片动作(此时 EGR 阀不工作);在发动机热车(冷却液温度高于 50℃)后再踩下加速踏板,使发动机转速上升至 2000r/min 左右,此时手指应能感觉到 EGR 阀膜片的动作(EGR 阀开启)。若没有,则说明 EGR 阀没有工作,对 EGR 阀要进行检修。

(3) EGR 阀的检查 用手动真空泵给 EGR 阀膜片上方施加约 15kPa 的真空度,如图 3-30 所示。EGR 阀应能开启,不施加真空度,EGR 阀应能完全关闭。

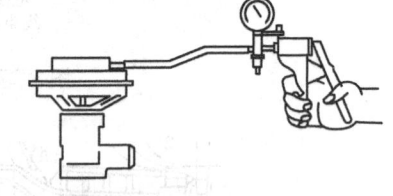

图 3-30 用手动真空泵检查 EGR 阀

(4) EGR 控制电磁阀的检查

1) 测量电磁阀电磁线圈的电阻,一般为 $20 \sim 50\Omega$。

2) 拔下与 EGR 控制电磁阀相连的各真空软管,从发动机上拆下 EGR 控制电磁阀。在 EGR 控制电磁阀的电磁线圈不接电源时,检查各管口之间是否通气,如图 3-31 所示。

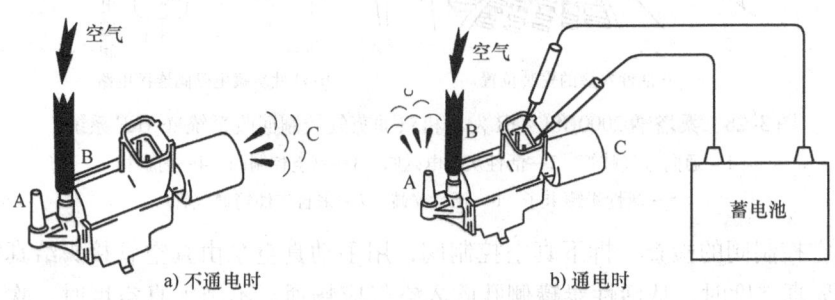

图 3-31 EGR 控制电磁阀的检查

4. 氧传感器的检测

汽车用氧传感器的主要作用在于监测发动机排气中的氧含量,并根据所测得的数据输出信号电压,反馈给 ECU,从而控制喷油量的大小,实现空燃比反馈控制(闭环控制),并将空燃比控制在理论值 14.7:1 附近,使发动机得到最佳浓度的混合气,从而降低有害气体的排放和节约燃油。

根据传感元件材料的不同,氧传感器有氧化锆式和氧化钛式两种类型,两者不能互换。氧传感器常见的结构外形如图3-32所示。按照氧传感器的内部结构又可以划分为非加热型和加热型。

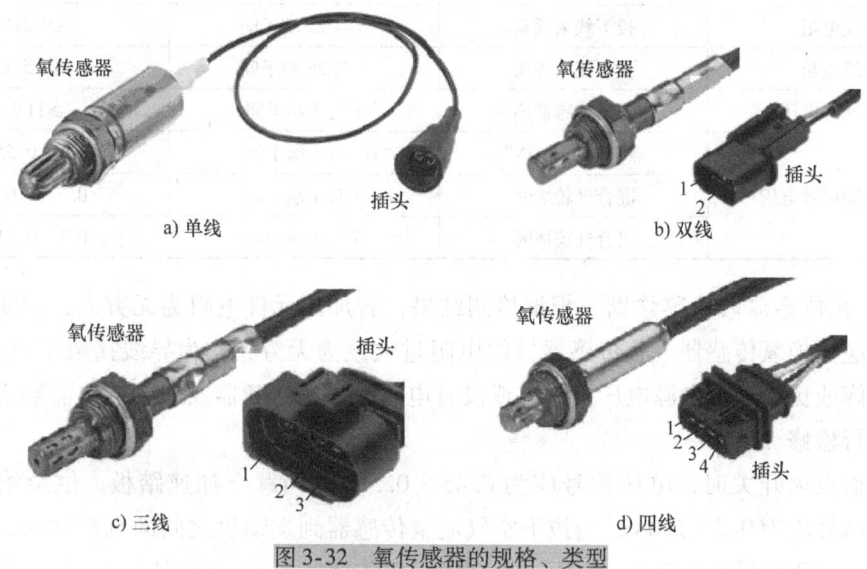

图 3-32 氧传感器的规格、类型

> **特别提示**
>
> 接线为单线和双线的是非加热型;而接线为三线和四线的是加热型。

由于氧传感器有不同的规格、类型,因此其检测参数略有不同,但是检测的内容和故障诊断的方法基本相同。

(1) 氧传感器的检测标准与方法　氧传感器的性能一般可用汽车专用万用表检测。下面以桑塔纳2000GSI型轿车所用的四线加热型氧化钛氧传感器为例,说明氧传感器的检测内容、条件与标准。

桑塔纳2000GSI型轿车的氧传感器插接器和工作电路如图3-33所示。其检测项目、条件、部位和标准见表3-14。

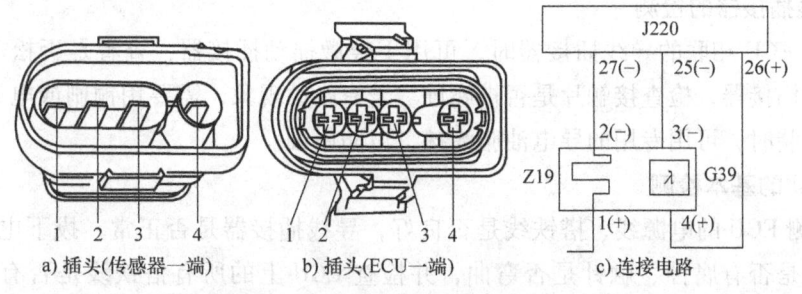

图 3-33 桑塔纳2000GSI型轿车氧传感器
1、2—加热元件正、负极端子　3、4—氧传感器的正、负极端子

表 3-14 桑塔纳 AJR 发动机氧传感器检测参数标准

检测项目	检测条件	检测部位	检测标准
加热电阻值	常温,拔下氧传感器线束插头	1 与 2 端子间	1~5Ω
导线电阻	拔下线束插头	3 与 25 端子间	≤0.5Ω
导线电阻	拔下线束插头	4 与 26 端子间	≤0.5Ω
加热元件电压	拔下氧传感器插头	1 与 2 端子间	≥11V
氧传感器信号电压	点火开关"ON"	3 与 4 端子间	0.45~0.55V
氧传感器信号电压	混合气较浓时	3 与 4 端子间	0.7~1.0V
氧传感器信号电压	混合气较稀时	3 与 4 端子间	0.1~0.3V

(2) 氧传感器的故障诊断 根据检测结果,若加热元件电阻为无穷大,说明加热元件断路,应更换氧传感器。若传感器导线电阻过大或为无穷大,为导线接触不良或断路,应进行检修或更换。若电源电压接近零或没有电压,说明熔断器或断路继电器触点接触不良,应进行检修。

当接通点火开关时,电压信号应为 0.45~0.55V;当踩下加速踏板,供给浓混合气时,电压信号应为 0.7~1.0V;当拔下空气流量传感器到发动机之间的真空软管,供给稀混合气时,电压信号应为 0.1~0.3V。否则说明氧传感器失效,应更换。

特别提示

氧传感器还可用示波器或汽车故障诊断仪通过检测波形或数据流来检测。

四、燃油电控系统的检测与故障诊断

发动机燃油喷射系统的电子控制系统主要由电控单元(ECU)、各种传感器和驱动器等组成。其功能是 ECU 根据各传感器的信号,通过执行器完成最佳喷油量和喷油时刻以及怠速、进气与排放等的控制。电控系统检测的内容主要包括 ECU 导线插接器的检测和 ECU 的基本检测及传感器的检测。

1. 导线插接器的检测

检测与 ECU 相联的导线插接器时,可用手轻微摇动插接器,查看是否松动。若有松动,应拔下插接器,检查接触片是否被腐蚀。若有腐蚀现象,需要用铜刷或电器清洁剂将其除去。安装时,可用专用的导电油脂涂抹,以防腐蚀。

2. ECU 的基本检测

1) 检测 ECU 的电源线、搭铁线是否良好,导线插接器是否正常。拔下电缆插接器,查看其内部是否有腐蚀、触针是否弯曲,并检查 ECU 上的所有搭铁线是否有腐蚀现象。若上述检测均正常,可用替代法确定 ECU 是否有故障。

2) 检测 ECU 的闭环控制情况。在氧传感器良好的情况下,起动发动机并使其怠速运

转,检测氧传感器的信号电压。正常情况下,其信号电压在 0.1~0.9V 之间不停地变化,否则,说明 ECU 有故障。

3. 温度传感器的检测

电控发动机上的温度传感器包括进气温度传感器和冷却液温度传感器,其功能是反映发动机的热负荷状态,并将温度信号传给 ECU,作为喷油和点火的修正信号。

(1) 温度传感器的检测方法 现代汽车发动机一般都采用负系数热敏电阻型温度传感器,检测的内容与方法基本相同。图 3-34 为冷却液温度传感器与进气温度传感器的接线电路。下面以桑塔纳 2000 轿车 AJR 发动机的温度传感器为例,介绍温度传感器检测的内容、条件和方法。

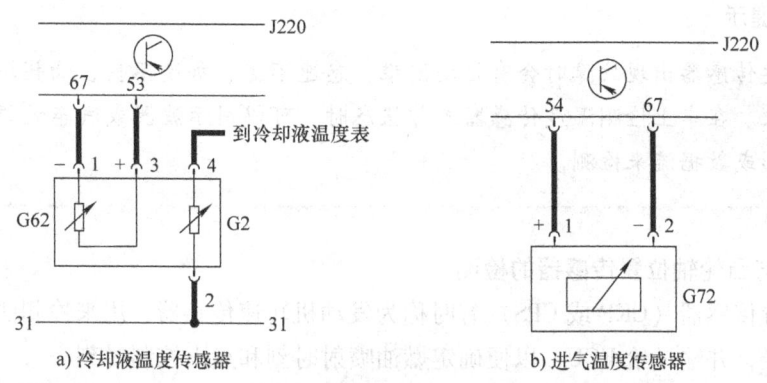

图 3-34 桑塔纳 2000GSI 轿车 AJR 发动机冷却液温度传感器与进气温度传感器的接线电路
a) 1、3—组成冷却液温度信号传感器 G62 2、4—组成冷却液温度表传感器 G2 b) 1、2—组成进气温度传感器 G72

1) 检测温度传感器电阻值时,断开点火开关后拔下温度传感器插头,拆下温度传感器,将传感器加热。在不同温度下检测两端子间的电阻值,然后再与标准阻值进行比较。

2) 检测电源电压时,拔下温度传感器插头,接通点火开关,检测传感器线束插头上两端子间的电源电压,应为 5V 左右。

3) 检测信号电压时,插上传感器插头,接通点火开关。当发动机工作时,温度高时电压低,温度低时电压高。

(2) 温度传感器的检测标准 不同车型的发动机温度传感器的检测标准略有差别,检测时的标准参数要认真查阅相应的维修手册。表 3-15 和表 3-16 为 AJR 电控发动机用万用表检测温度传感器的标准。

表 3-15 AJR 电控发动机冷却液温度传感器检测标准

检测项目	检测条件	检测部位	检测标准
电阻检测	拔下温度传感器插头	1端子与3端子	符合温度与阻值对照表
检测电源电压	拔下温度传感器插头 点火开关"ON"	1端子与3端子	5V 左右
输出信号电压值检测	插上传感器插头 点火开关"ON"	1端子与3端子或 53与67端子	1~5V

表 3-16 AJR 电控发动机进气温度传感器检测标准

检测项目	检测条件	检测部位	检测标准
电阻检测	拔下温度传感器插头	1 端子与 2 端子	符合温度与阻值对照表
检测电源电压	拔下温度传感器插头 点火开关 "ON"	1 端子与 2 端子	5V 左右
输出信号电压值检测	插上传感器插头 点火开关 "ON"	1 端子与 2 端子或 54 与 67 端子	1.86 ~ 3.26V

> **特别提示**
>
> 当温度传感器出现故障时会有起动困难、怠速不稳、加速不良、油耗增加、排放超标等现象。在车上检测温度传感器工作状态时，可以用示波器或汽车故障诊断仪通过信号波形或数据流来检测。

4. 曲轴与凸轮轴位置传感器的检测

曲轴位置传感器（CKP 或 CPS）有时称为发动机转速传感器，用来检测曲轴转角和发动机转速信号，并输送给 ECU，以便确定燃油喷射时刻和点火控制时刻。

凸轮轴位置传感器（CMP 或 CIS）用来检测凸轮轴位置信号，并输送给 ECU，以便 ECU 确定第一缸压缩上止点，从而进行顺序喷油控制和点火时刻控制；同时，还用于发动机起动时识别第一次点火时刻，因此也称为判缸传感器。

曲轴位置传感器和凸轮轴位置传感器有的安装在一起，有的分开。安装的位置一般在曲轴、凸轮轴、飞轮或分电器等处。根据结构和工作原理不同，可分为电磁式、霍尔式和光电式 3 种类型。当曲轴/凸轮轴位置传感器出现故障时会有起动困难、怠速不稳、加速不良、排放超标等现象，严重时发动机不能起动或立刻熄火而无法运转。

曲轴/凸轮轴位置传感器的技术状况的检测，既可以用汽车故障诊断仪读取故障码或检测动态数据流及工作波形来判断，也可以用汽车专用万用表检测相关的技术参数来确定。

（1）用万用表检测曲轴/凸轮位置传感器 AJR 发动机曲轴位置传感器是电磁式，而凸轮位置传感器是霍尔式。下面就以此为例来介绍用万用表检测曲轴/凸轮位置传感器技术参数的条件、部位和方法。

曲轴位置传感器 G28 的安装位置与接线电路如图 3-35 所示。检测各端子电阻时，要先断开点火开关，然后拔下传感器插头，各端子间的阻值应符合表 3-17 中规定，如阻值不符合，则应更换线束或传感器总成。信号转子凸齿与磁头间的间隙应在 0.2 ~ 0.4mm 范围内。

AJR 发动机霍尔式凸轮轴位置传感器 G40 的安装位置与连接电路如图 3-36 所示。测试参考条件、测试位置和数据应符合表 3-18 中的要求。

项目三　汽车发动机的性能检测与故障诊断

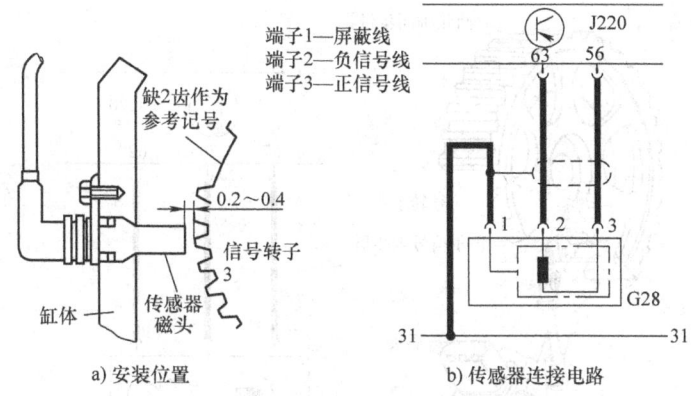

图 3-35　AJR 发动机曲轴位置传感器

表 3-17　AJR 发动机曲轴位置传感器各端子间的阻值

测试端子	电阻值/Ω	测试端子	电阻值/Ω
2 与 3	450～1000	1 与搭铁	不超过 0.5
1 与 2	∞	2 与 63	不超过 0.5
1 与 3	∞	3 与 56	不超过 0.5

表 3-18　测试参考条件和数据

测试条件	测试端子	测试结果
点火开关"ON"	1 与 3	应为 5V，若过低或过高，说明线束断路、短路或控制单元 ECU 有故障
点火开关"OFF"	1 与 62	应不大于 0.5Ω
	2 与 76	应不大于 0.5Ω
	3 与 67	应不大于 0.5Ω
	1（62）与 2	应为 ∞
	1（62）与 3	应为 ∞

（2）用故障诊断仪检测曲轴/凸轮轴位置传感器　当曲轴/凸轮轴位置传感器出现故障信号中断时，ECU 能够检测到故障信息，用故障诊断仪可以读取故障信息。如故障码显示曲轴/凸轮轴位置传感器有故障，可用万用表检测传感器电源电压和导线电阻，如果上述检测正常，应更换传感器。

（3）曲轴/凸轮轴位置传感器波形测试　当怀疑传感器出现故障，但 ECU 没有故障信号，或发动机性能已出现故障现象时，可用专用示波器或汽车故障诊断仪的示波功能测试传感器输出波形，曲轴/凸轮轴位置传感器波形依传感器类型不同，标准波形也不同。可根据波形分析故障原因。

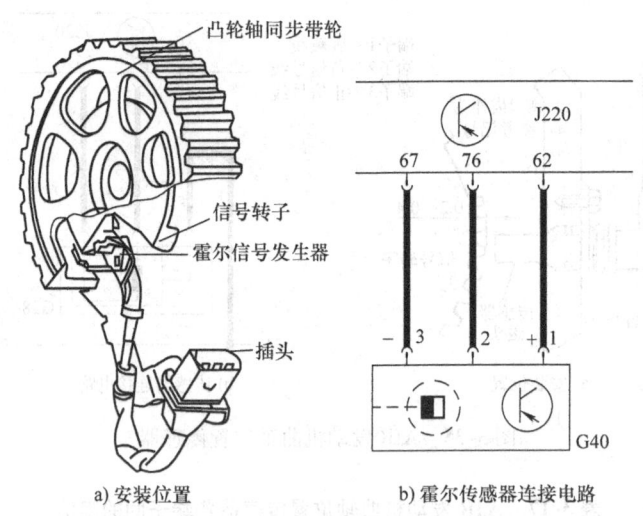

a) 安装位置 b) 霍尔传感器连接电路

图 3-36 AJR 发动机霍尔式凸轮轴位置传感器
1—正电源线端子 2—信号线端子 3—负电源线端子

五、电控汽油发动机燃油喷射系统故障诊断与排除

电控汽油发动机燃油喷射系统的构成相对比较复杂，它是将空气供给系统、燃油供给系统、排放控制系统、电控系统等四个方面有机结合的整体。所以，当系统出现故障时要想准确、快速地找出故障的直接原因或部位，就必须掌握故障诊断的工艺规程和方法步骤。

1. 故障诊断安全操作工艺规程

1）在没有搞清结构、工作原理和检修方法前，不要盲目拆卸，以免引起新的故障。

2）ECU 一般不易损坏。即使坏了也不易维修，所以不要随意打开 ECU 盒盖。

3）禁止使用大功率仪器，避免对电控单元产生无线电干扰，正确选用专用或通用检测设备。

4）在拆除蓄电池的搭铁线前，先读取 ECU 中的故障码。

5）检修燃油系统时，要先对油路进行卸压。

6）在拆卸和插接线路或元件插接器之前，点火开关一定要置于"OFF"位置。

2. 故障诊断方法步骤

汽油机燃油喷射系统的故障表现症状主要有起动困难、怠速不稳、加速不良、油耗增加、排放超标等现象。故障诊断工作流程如图 3-37 所示。

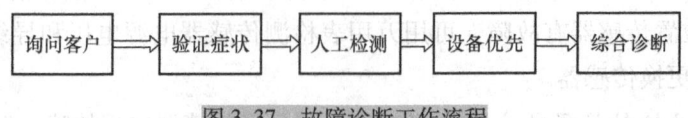

图 3-37 故障诊断工作流程

1）询问客户。询问客户故障发生的时间、环境、规律、特点和车辆维修情况等。

2）验证症状。根据客户的叙述，对故障的症状加以验证，以确定故障的类型。

> **特别提示**
>
> 相同的故障现象发生的原因有多方面，可能是燃油喷射系统故障；点火系统故障；也可能是机械方面的故障；还可能是燃油喷射系统故障。所以，只有通过验证才能做出是否是燃油喷射系统故障的判断。值得进一步思考的是如何区分不同性质的故障。

3）人工检验。这里包括两个方面：一是人工经验检查，主要是通过外观检查和经验分析做出初步的故障诊断；二是使用汽车故障诊断仪等专用设备检测。当然，如果故障灯亮，可先用汽车故障诊断仪检测确定故障的基本范围或部位。

4）综合诊断。因为故障的发生原因具有复杂性，所以进行故障分析判断就应多方位思考，采用各种方法进行综合诊断。但进行诊断时应遵循先外后内、先机后电、先查后测、先诊断后排除的原则。

3. 燃油喷射系统故障案例分析

案例1 发动机不易起动的故障诊断。

故障描述：一辆捷达王轿车正常运行后熄火，但在第二天却出现了无法起动的现象。点火时起动机运转强劲有力，但发动机却不能起动。

故障诊断与分析：用故障诊断仪 V.A.G1552 检测发动机，读取故障码，没有故障码输出。随后进行基本检查：检测发动机的燃油压力和气缸压力，都在正常范围内；检查喷油器，均能按顺序正常工作；检查配气相位、点火正时以及火花塞的跳火情况，也都没有发现问题。通过一系列检查，发现发动机有油、有火，就是不能起动，到底是什么原因呢？在拆检火花塞时发现，经多次起动发动机，火花塞却没有被油浸淹的迹象，显然，是喷油器喷油量过少，混合气过稀造成冷车不能起动。必须找出冷车喷油少的原因。因此再次连接故障诊断仪 V.A.G1552，读取该车静态发动机数据，发现 ECU 输出的冷却液温度为105℃，而此时发动机的实际温度只有20℃。很明显，冷却液温度传感器出现了故障，为发动机 ECU 提供了错误的冷却液温度信号。

故障排除：将已损坏的冷却液温度传感器更换后，故障排除。

> **特别说明**
>
> 经询问车主，他前一天曾在发动机很热的情况下冲洗过发动机，这恰恰是引起此故障的关键。用万用表测量了冷却液温度传感器。结果冷却液温度传感器既没有断路，也没有短路，因而没有故障码输出，但阻值却很小。由于车主的错误操作，使冷却液温度输出的信号失真了。值得思考的是影响传感器信号失真的因素还有哪些呢？

案例2 发动机起动困难,并且排气管有"突突"声的故障诊断。

故障描述:一辆长安福特蒙迪欧乘用车(2.5L V6 发动机),行驶里程为 80000km。当关闭发动机约 30min 后,须多次起动发动机才能运转,并且排气管发出"突突"的声音。

故障诊断与分析:首先用检测仪检查发动机电控部分是否存在故障码,经检查发现系统无故障码存储。然后对冷却液温度、进气温度等传感器信号进行动态检测,均在正常值范围之内。故问题根源不在发动机电控系统。

考虑到起动过程混合气的燃烧需要较高的点火能量,拆下 6 个火花塞进行检查,发现火花塞电极间隙都较大。更换全部火花塞后重新试车,发现冷车时发动机较容易起动一些,而热车熄火后一段时间仍然起动困难。针对该车症状仔细分析,故障出现在燃油系统的可能性较大,必须对燃油压力进行检测。取出燃油压力表,连接到供油管路上,起动发动机。急速时燃油压力为 350kPa,属标准范围。当发动机熄火后,燃油压力很快便下降到 20kPa 左右,不能保持压力。看来燃油管路中必定存在漏油的地方。经仔细检查,燃油管路及喷油器均无泄漏处,最后确定是燃油泵的单向阀已损坏。

故障排除:更换新燃油泵后,测试熄火后的保持压力为 300kPa,在正常范围内。经试车正常,故障排除。

> **特别提示**
>
> 由于燃油泵长时间使用没有得到及时的清洗造成单向阀损坏,导致熄火后油管中的残余燃油返流,系统压力降低,发动机得不到充足的起动油压。加之发动机舱内温度高,油管内汽油吸收周围热量,由液态变为气态,燃油供给通道受阻,发动机因缺乏正常的燃油供应而不能正常起动,所以起动困难。随着发动机连续多次起动,油压逐步提高,当达到起动所需油压时,才能起动车辆。请思考一下,在燃油喷射系统内,还有哪些元件出现故障,同样也会造成发动机虽然能起动,但是起动比较困难的现象。

案例3 丰田子弹头汽车加速无力的故障诊断。

故障描述:一辆已行驶数十万公里的丰田子弹头车在长途行驶中,出现加速迟缓无力的现象。每次都只需熄一下火,马上再起动,又一切正常。该车加速良好,超车强劲有力,但过一会儿就越来越没劲儿了,直至熄火后再起动又恢复正常。

故障分析与排除:对于这一故障,开始怀疑是汽油泵及其滤网、汽油滤清器有问题。拆下全部清洗、更换后故障依旧。检测喷油器喷油量及雾化情况,均良好;检查点火器、点火线圈,甚至 ECU 电路板及其线路,均无过热导致"过穿透"现象。

仔细分析故障现象,加速无力,声音喘振,似乎更应该是供油不足造成的,而供油量取决于:一是燃油喷射脉冲信号宽度的大小,其受 ECU 控制,这方面极少出现故障;二是燃油系统压力及流量。用燃油压力及流量分析仪接入系统中测得急速时系统压力为

项目三 汽车发动机的性能检测与故障诊断 117

300kPa，流量为1.7L/min，均正常。急加速时压力升至330kPa左右，流量略为下降。无意之中，发现点火开关关闭后，系统压力下降很快，不到1min就已几乎是零了。而正常的至少可以保持10min。供油总管压力的保持与燃油压力调节器及汽油泵出油口单向阀等相关。由于汽油泵是新换的，故不再怀疑。更换压力调节器（位于供油总管上）后，故障排除。

 特别提示

由于燃油压力调节器内部的弹簧弹力减弱、环阀封闭不严造成回油过快最终导致供油不足。它的失效并不仅仅简单地表现为怠速不稳、加速不良、不易起动，也可以像这辆车一样需长期行驶才表现出故障。思考一下，还有什么部位出现故障，也会造成供油不足，使发动机同样表现出上述现象。

案例4 奥迪V6 2.6L轿车起步熄火的故障排除。

故障描述：一辆奥迪V6 2.6L轿车不易起动，怠速时发动机抖动，一起步就熄火，无法行驶。

故障诊断与分析：用故障诊断仪读取故障码，无故障码出现，显示一切正常。检查各缸喷油器、高压线及高压火均正常；测量缸压，在规定范围内；检查正时齿带，有些松，但没跳齿。检查各缸火花塞时看到，2、4、6缸火花塞显示燃烧正常，而1、3、5缸火花塞上有一层黑色的炭灰。

该车为顺序喷油，不可能出现左列与右列气缸喷油不一样的情况。根据该现象仔细观察左右排气管出口，发现右排气管出口排出的废气不如左边的有力，由此想到右排气管可能有堵塞的地方。将车举升，用手触摸排气管，发现左侧烫手，右侧不烫手。经过细致检查，右侧排气管上的三元催化器已严重堵塞，造成排气不畅。

故障排除：更换右侧的三元催化器后，试车恢复正常。

 特别提示

三元催化器严重堵塞，造成排气不畅，这样就使进气歧管内混合气相互干扰，可燃混合气质量变差，各缸得不到正常的可燃混合气，发动机因此不能正常工作，动力下降，所以起步熄火。思考一下，还有什么样的元件出现故障，会出现和案例相同的故障症状。

 实践活动

在实训老师的指导下，以小组为单位，选择一辆装有电控发动机的汽车或电控发动机台架，进行燃油喷射系统压力检测，并填写好实训记录（表3-19）。

表 3-19 实训记录表

发动机型号		出厂时间		检验人	
VIN 码		检测时间		学号	
检测步骤					

检测步骤	1) 将系统卸压后,安装_____表。 2) 不起动发动机,用_____连接油泵诊断插头上的两个端子使油泵工作;此时读取表上的示数为_____油压。 3) 起动发动机,使燃油泵在怠速下运转,此时油压表读数为_____油压。 4) 在发动机怠速运转中将油压调节器_____拆开后,观察燃料系统_____的油压值(即调节压力)。 5) 用包有软布的钳子夹住_____,此时油压表读数为油泵_____供油压力。 6) 松开油管夹钳,发动机熄火,停止运转 10min 后,观察表的_____。

检测参数	静态油压	供油压力	调节压力	最大油压	剩余油压
参数值					
结果判断					

原因分析	导致_____油压下降的原因有_____ _____。
学生小结	通过本次实训知道了_____; 掌握了_____。 在_____方面,还要努力。
教师点评	

任务四　发动机的起动系性能检测与故障诊断

案例思考

一辆帕萨特 B5 轿车,行驶了 18 万 km,起动时起动机空转,并伴随"咔咔"的响声,而发动机不转。响声似乎是驱动齿轮空转时磨碰飞轮环发出的。若反复转动点火开关,偶尔听不到"咔咔"声,则此次起动必定成功。

请思考应该如何排除帕萨特 B5 轿车起动系统故障。

相关知识与技能

发动机起动系统如图 3-38 所示,主要由电源(蓄电池)、起动开关、起动机等组成。其功用是通过起动开关接通起动机电源时,起动机带动曲轴以高于保证发动机顺利起动所必需的转速运转。

一、发动机起动性能评定标准

根据 GB/T 15746—2011《汽车修理质量检查评定方法》的规定，发动机起动性能评定标准为：汽油发动机在环境温度不低于 -5℃，柴油发动机在环境温度不低于 5℃时，应能顺利起动。允许起动 3 次，每次不超过 5s。

二、发动机起动性能检测方法

起动机起动性能的好坏，主要取

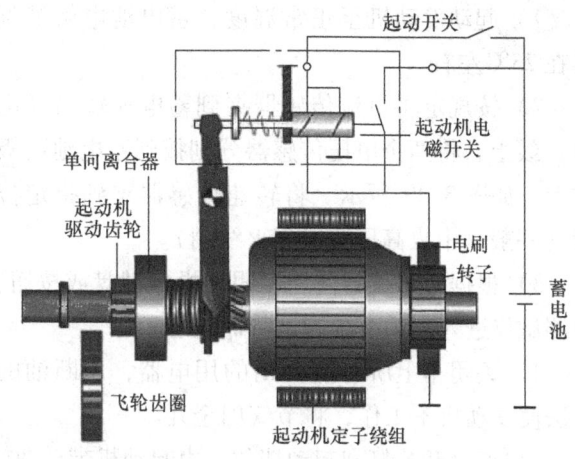

图 3-38 起动系统组成与电路

决于起动电流、蓄电池起动电压、起动转速以及起动系统其他零部件的技术状态。因此，通常是通过检测起动电流、起动电压和起动转速这三个参数来判断发动机起动性能。发动机起动时，其起动电压、起动转速和起动电流应符合表 3-20 的技术要求。

表 3-20 起动性能参数标准

检测参数	技术范围	
起动初始电压（U_B）	12V 电源系统：≥12.0V	24V 电源系统：≥24.0V
起动终止电压（U_E）	12V 电源系统：≥9.6V	24V 电源系统：≥19.2V
起动转速（n）	汽油机的起动转速（n）	50~70r/min
	柴油机的起动转速（n）	100~200r/min
起动初始电流（I_B）	应符合该车型相关资料的规定	
起动稳定电流（I_E）	应符合该车型相关资料的规定	

> **特别注意**
>
> 当开始起动瞬间，起动机所用电流一般是 100~200A，经过 1~2s 的时间，起动电流就比较稳定。蓄电池内阻越大，起动电流的变化就越大。

起动系性能检测方法有人工经验检测法和仪器检测法。

1. 人工检验法

所谓人工检验法就是靠直观感觉和观察来判断起动性能的好坏。若起动发动机成功着火，就可以认定起动性能正常；若起动发动机，虽然没有着火，但是感觉起动机很有力，观察发动机的转速表在规定的范围内，同样可以确定起动系统性能良好。

2. 仪器检测法

检测发动机的起动性能可用发动机综合分析仪，如元征 EA3000 便携式发动机综合性能分析仪；还可以用电气万用试验台等设备。具体操作方法如下：

1）起动发动机至正常温度，蓄电池电解液温度在25℃左右。

2）按规定将电流传感器夹到蓄电池输出（电源）线上；将两个电压传感器分别接到蓄电池两极柱上，如图3-39所示。将转速传感器夹到指定位置（一般是中央高压线或点火线圈）。

3）根据所用仪器使用说明书操作键盘或按钮，使测试仪进入起动系统测试待命状态。

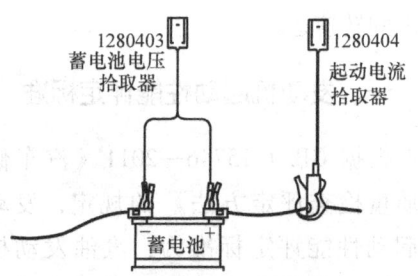

图3-39　起动电流、电压和转速测试

4）关闭车上所有能关闭的用电器，用断油的方法使发动机不工作，将节气门全开。

5）点火开关打到起动档位，由起动机带动曲轴旋转4~6s，读取电流表、电压表和转速表的指示值，并与标准值相比较，来判断起动性能是否符合技术要求。

6）间隔30s以上再重复测量一次。

三、发动机起动系统的故障诊断与排除

发动机起动系统的故障会直接导致发动机不能正常起动运转。常见的故障主要有起动机不转、起动机运转无力和起动机空转等。

要想准确快速地找出故障的原因和部位，首先要清楚地掌握系统的组成与控制电路图的类型。比如：克莱斯勒系列、奇瑞、日本车系、凯越、韩国车系等是带起动机继电器的起动控制系统，如图3-40所示的带起动继电器控制的日产阳光轿车起动系电路；而哈飞、赛欧、捷达、奥迪、上海大众、东南等车型是不带起动机继电器的起动控制系统，如图3-41所示的桑塔纳起动机电路；宝马、奔驰、别克等车型是发动机电脑控制的起动控制系统，如图3-42所示的宝马E39起动系统电路。其次，根据故障的规律特点进行综合分析判断。

下面以具体故障案例来介绍起动系统进行故障诊断与排除的方法。

案例1　起动机不转。

故障描述：一辆2011款的日产阳光1.5XE CVT轿车（起动系统电路如3-40所示），将点火开关旋至起动档，起动机驱动齿轮不向外伸出，起动机不转。

故障诊断与分析：

1）检查电源。按喇叭或开前照灯，如果喇叭声音小或嘶哑，灯光比平时暗淡，说明电源（蓄电池）有问题。

2）检查起动机。用螺钉旋具将起动机电磁开关上连接蓄电池和电动机导电片的接线柱短接，如果起动机不转，则说明是电动机内部有故障，应拆检起动机。

3）检查电磁开关。用螺钉旋具将电磁开关上连接起动继电器的接线柱与连接蓄电池的接线柱短接，若起动机不转，则说明起动机电磁开关有故障，应拆检电磁开关。

4）检查起动继电器。用螺钉旋具将起动继电器上的"电池"和"起动机"两接线柱短接，若起动机转动，则说明起动继电器内部有故障。否则应再作下一步检查。

5）检查点火开关及线路。将起动继电器的"电池"接线柱与点火开关用导线直接相

连，若起动机能正常运转，则说明故障在起动继电器至点火开关的线路中，可对其进行检修。

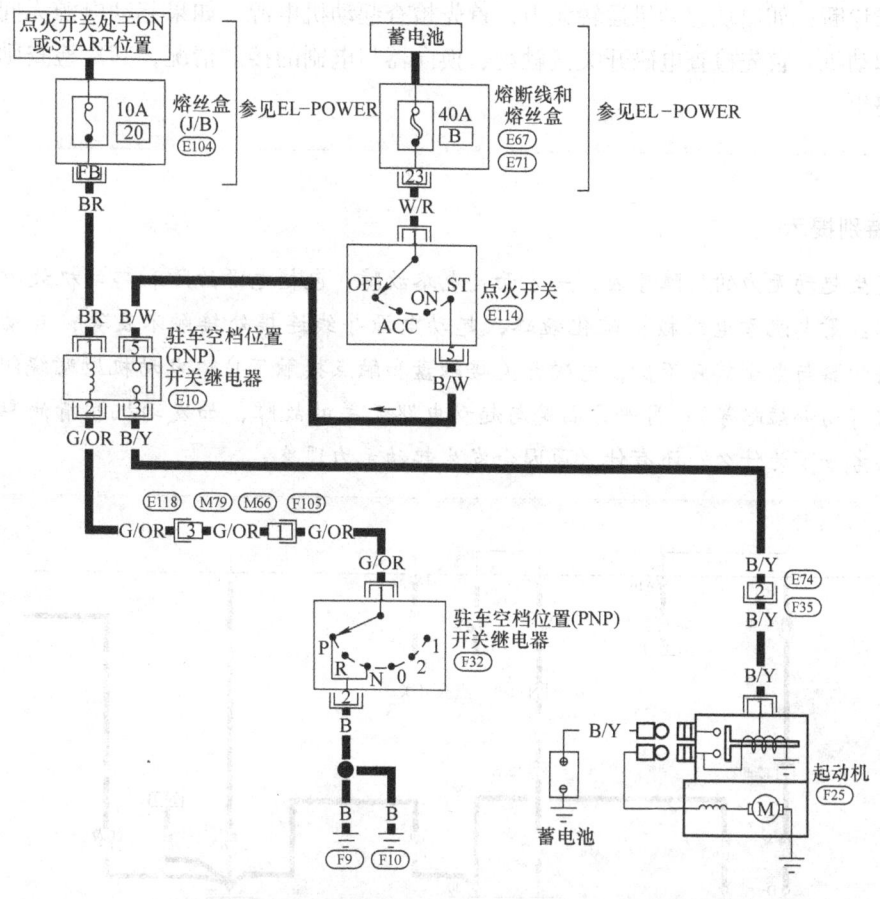

图3-40 带起动继电器控制的日产阳光轿车起动系统电路

> **特别提示**
>
> 发生起动机不能转动的故障原因不是单一的，可能存在以下方面故障：
>
> ① 电源故障。蓄电池严重亏电或极板硫化、短路等，蓄电池极桩与线夹接触不良，起动电路导线连接处松动而接触不良等。
>
> ② 起动机故障。换向器与电刷接触不良，励磁绕组或电枢绕组有断路或短路，绝缘电刷搭铁，电磁开关线圈断路、短路、搭铁或其触点烧蚀等。
>
> ③ 起动继电器故障。起动继电器线圈断路、短路、搭铁或其触点接触不良。
>
> ④ 点火开关故障。点火开关接线松动或内部接触不良。
>
> ⑤ 起动系线路故障。起动线路断路、导线接触不良或松脱等。

案例2 起动机起动无力。

故障描述：一辆桑塔纳2000GSI轿车（起动系统电路如图3-41所示），将点火开关旋至"起动"档，驱动齿轮发出"咔哒"声向外移出，但是起动机不转动或转动缓慢无力。

故障诊断：如出现起动机运转无力，首先检查起动机电源。如果起动电源无问题，则应拆检起动机。首先检查电磁开关接触盘、换向器与电刷的接触情况，其次检查励磁绕组和电枢绕组。

> **特别提示**
>
> 发生起动无力的故障原因，一方面是电路故障，包括电源故障和起动机故障（电源故障：蓄电池亏电或极板硫化短路，起动电源导线连接处接触不良等；起动机故障：换向器与电刷接触不良，电磁开关接触盘和触点接触不良，电动机励磁绕组或电枢绕组有局部短路等）；另一方面是与起动电路无关的故障，如发动机润滑油黏度过大。思考一下为什么？还有什么原因会发生起动无力现象。

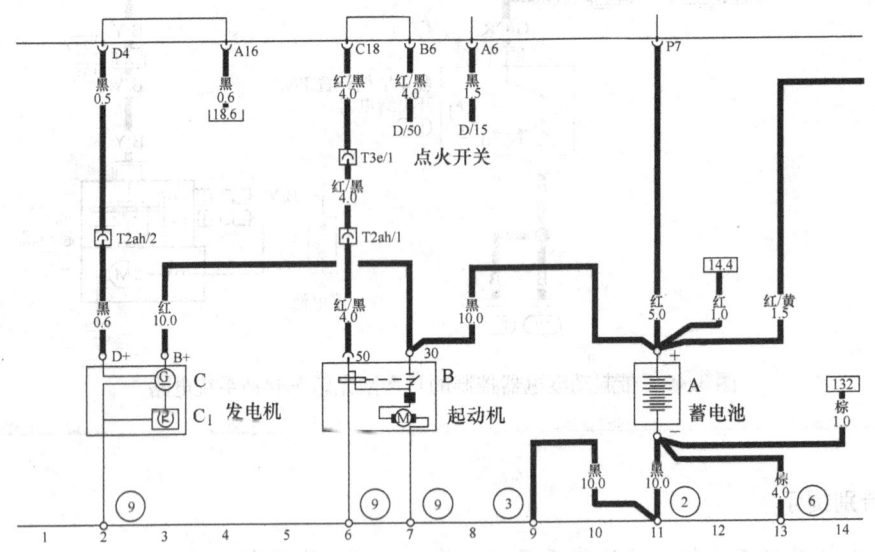

图3-41 桑塔纳起动系统电路

案例3 起动机空转。

故障描述：一辆宝马E39（起动系统电路如图3-42所示），接通点火开关"起动"档，起动机只是空转，不能带动发动机运转。

故障诊断与排除：

1）起动机空转时，有较轻的摩擦声音。起动机驱动齿轮不能与飞轮轮齿啮合而产生空转，即驱动齿轮还没有啮合到飞轮轮齿中，电磁开关就提前接通，说明主回路的接触盘行程过短，应拆下起动机，进行起动机接通时刻的调整。

2）起动机空转时，有严重的碰擦轮齿的声音。说明飞轮轮齿或起动机驱动齿轮严重

项目三 汽车发动机的性能检测与故障诊断

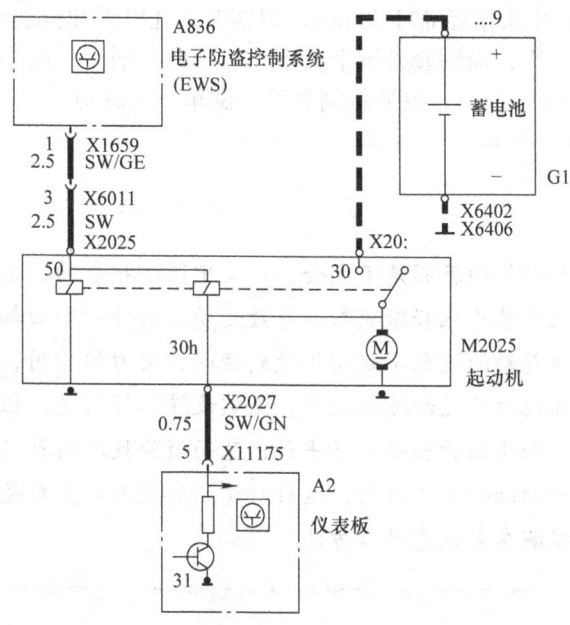

图 3-42 电脑直接控制的宝马 E39 起动系统电路

磨损，致使不能正确地啮合。应拆下起动机进一步检查，根据实际情况更换驱动齿轮或飞轮轮齿。

3）起动机空转时，速度较快但无碰齿声音。说明起动机单向离合器打滑，即驱动齿轮已经啮入飞轮轮齿中，但不能带动飞轮旋转，只是起动机电枢轴在空转，应更换单向离合器总成。

 特别提示

起动机空转与起动机外的控制电路的类型无关，主要原因是起动机接通电的时刻过早所致。可以通过改变驱动齿轮拨叉拉杆的长度来调整。

 思考案例解析

故障现象：一辆行驶了 18 万 km 的帕萨特 B5 轿车，起动时起动机空转，并伴随"咔咔"的响声，而发动机不转。响声似乎是驱动齿轮空转时磨碰飞轮环发出的。若反复转动点火开关，偶尔听不到"咔咔"声，则此次起动必定成功。

故障诊断与排除：据故障现象推测，起动机元件如单向离合器打滑、炭刷磨短、铜套磨损、驱动齿轮断齿以及飞轮齿环断齿等故障，均可能使起动机处于时好时坏的工作状态。要想查清起动机故障，需将其拆下解体逐个排查。

起动机被解体后，先后检查单向离合器、炭刷、铜套、驱动齿轮以及飞轮齿环。除了铜套被磨得铮亮外，其他均正常。用卡尺测量了铜套，发现原本是圆柱形的铜套，如今已磨成了圆锥形，大头锥径 $\phi14.06\,\mathrm{mm}$；小头锥径 $\phi13.58\,\mathrm{mm}$；铜套内孔也被磨成了圆锥形，

大头锥径 φ12.58mm,小头锥径 φ11.86mm。但铜套内孔锥形和铜套外圆锥形大小头颠倒,即铜套内孔锥形上小下大,而铜套外圆上大下小。因此,铜套外圆小头磨损最严重,壁厚仅剩 0.5mm,大头壁厚 1.1mm。更换新铜套后,试车一次成功。

> 💡 **特别提示**
>
> 正常情况下,起动机的磨损是不太会出现文中所述状态的,这种磨损状态的出现很可能是由于起动机安装基础轻微变形,导致起动机的轴心和曲轴的轴心不平行,从而造成在每次发动机起动的过程中起动机受到径向作用力的作用,日积月累造成铜套被磨损成圆锥形。因此对于该故障的排除,虽然故障已经消失,但是在更换铜套后应该检查起动机的轴心和曲轴的轴心是否平行,从而消除故障隐患。如果检测结果显示起动机的轴心和曲轴的轴心是平行的,这种特殊的磨损形式多数是由于车主操作习惯不好导致的,应该提醒车主注意操作方法。

 实践活动

在实训老师的指导下,以实训小组为单位,选择一辆车(轿车或货车)进行起动性能检测,做出评价,并按照表 3-21 要求,填写好实训记录。

表 3-21 实训记录表

发动机型号		出厂时间		检验人	
VIN 码		检测时间		学号	
检测步骤	1)起动发动机至_____温度,蓄电池电解液温度在 25℃ 左右。 2)将_____上的电流传感器夹到_____线上;将两个电压传感器分别接到_____两极柱上;将转速传感器夹到_____。 3)根据_____使用说明书操作键盘或按钮,使测试仪进入_____待命状态。关闭车上所有能关闭的用电器,用断油的方法使发动机不工作,将节气门全开。 4)点火开关打到起动档位,由_____带动曲轴旋转 4~6s,读取电流表、电压表和转速表的_____值,并与标准值相比较,来判断起动性能。 5)间隔 30s 以上再重复测量一次。				
检测参数	起动电流		起动电压		起动转速
参数值					
结果判断					
原因分析	导致_____下降的原因有_____。				
学生小结	通过本次实训知道了_____; 掌握了_____。 在_____方面,还要努力。				
教师点评					

任务五 汽油机电子控制点火系统检测与故障诊断

> **案例思考**
>
> 一辆丰田皇冠轿车进入高速后（车速达到100km/h以上），发动机出现"突突"声，并伴有回火现象，动力明显不足。
>
> 请思考应该如何诊断排除发动机故障。

相关知识与技能

汽油机在不同工况下工作时，不仅需要一定数量和浓度的可燃混合气，而且还需要按点火顺序准时地供给有足够能量的电火花，以点燃可燃混合气，使发动机产生动力。如果汽油机点火系统技术状况不佳，甚至出现故障，不但影响发动机的动力性、经济性、排气净化性，而且无法正常工作。

一、电控点火系统的类型与特点

电子控制点火系统也称微机控制的点火系统，是现代轿车广泛应用的一种新型点火系统。电子控制点火系统主要由监测发动机运行状况的传感器、处理信号和发出点火指令的电控单元、对点火指令作出响应的点火器和点火线圈等组成。它分为有分电器式的电子控制点火系统和无分电器式的电子控制点火系统两类，但是它们的主要组成及控制原理基本相同。下面分别介绍电控点火系统的组成与结构特点。

1. 有分电器式的电子控制点火系统

有分电器式的电子控制点火系统如图3-43所示，主要由传感器、电子控制器、点火器、点火线圈、分电器及高压线、火花塞等组成。其特点是系统中点火线圈的高压电是经配电器进行分配的，即由分火头和分电器盖组成的配电器，依照点火顺序适时地将高压电分配至各气缸，使各缸火花塞依次点火。由于仍然有机械装置，因此发动机在一些工况下仍存在缺陷，无法保证在各种工况下点火提前角均处于最佳。此外，由于分电器在工作运转过程中有磨损的情况，所以也无法保证点火提前角的稳定与准确性。

2. 无分电器式的电子控制点火系统（直接点火系统）

无分电器式的电子控制点火系统也叫直接点火系统，如图3-44所示，主要由传感器、电子控制器、点火器、点火线圈、高压线、火花塞等组成。其特点是系统中点火线圈上的高压线直接与火花塞相连，工作时，点火线圈产生的高压电直接送到各火花塞。由微机根据各传感器输入的信息，依照发动机的点火顺序，适时地控制各缸火花塞点火。这种点火方式不存在机械磨损，因此不存在各间隙间跳火的能量损失及由于机械的不确定性对点火的干扰；无分电器也使得发动机上的构件在布置上更方便与合理，方便检测与维修。

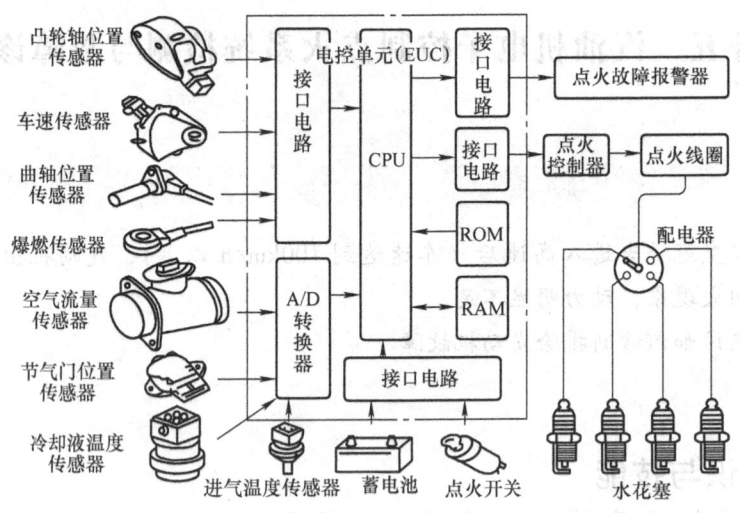

图3-43 有分电器式电子控制点火系统的组成

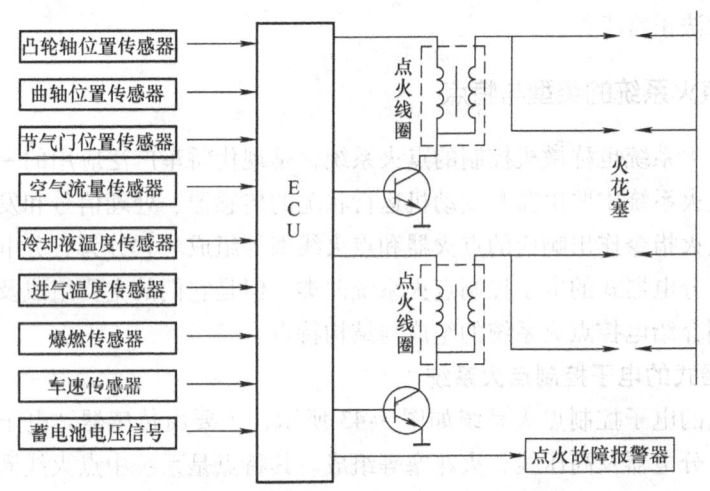

图3-44 无分电器式点火系统

二、发动机点火性能评定标准

为保证点火系统在各种使用条件下都能可靠地点燃可燃混合气,对其要求如下:

1) 点火系统应具有足以击穿火花塞电极间隙的高电压和足够的点火能量。

在火花塞电极之间产生火花的电压称为击穿电压。发动机正常工作时击穿电压一般均在15kV以上;发动机在满载低速时击穿电压为8~10kV;起动时需19kV。考虑各种不利因素的影响,通常点火系统的最高设计电压为30kV。

正常工作情况下,可靠点燃可燃混合气的点火能量为50~80mJ,起动时需100mJ左右的点火能量。

影响击穿电压的因素有火花塞电极间隙、气缸内混合气的压力与温度、电极的温度与极性等。

2）能根据发动机各种工况提供最佳的点火时刻（即点火提前角）。

发动机的温度、负荷、转速和燃油品质等的变化，都将直接影响混合气的燃烧速度。点火系统必须能适应上述情况变化并实现最佳点火时刻的变化。常见车型的点火提前角见表3-22。具体车型的发动机点火提前角应查相应的维修手册。

表3-22 常见车型点火提前角

汽车型号	检测条件	点火提前角
凯美瑞 3S-FE	急速运转	BTDC13°~22°
桑塔纳	标准大气压，急速运转	LX型，BTDC6°±1° GSI型，BTDC12°±1°
丰田皇冠3.0	(700±50) r/min	BTDC10°
宝马325is	750~850r/min	BTDC10°~16°
沃尔沃740GLE	850r/min	BTDC15°

三、汽油机电子控制点火系统性能的检测

对于电控点火系统的性能检测，主要是利用发动机综合测试仪、能检测发动机与点火系统各项参数及波形的汽车示波器和汽车故障分析仪、点火正时枪等仪器设备，通过对点火正时和点火波形的检测和分析来判断系统的技术状况。

1. 点火正时的检测

准确的点火时刻是发动机正常工作的保障，若点火失准会引起发动机急速不良、加速无力、滑行熄火，甚至回火、放炮等故障。检测点火正时的方法有经验法和仪器法。

（1）点火正时经验法检测 在发动机工作温度正常（80℃），蓄电池电压10.5V以上，电器设备均关闭等条件下进行路试：变速器挂入直接档，将车速提高到40km/h急加速到节气门全开，观察发动机是否有短暂的爆燃敲缸声。若5s内爆燃敲缸声逐渐消失为正时基本准确；若5s后爆燃敲缸声依然强烈为正时过早；若无爆燃敲缸声为正时过晚。

（2）用检测设备检测点火正时 对于电控发动机，点火提前角是不可调的，但是需要检测，目的是当发现发动机点火提前角不符合要求时，要进一步确定ECU或传感器是否有故障。对于带有高压线的点火系统可以用点火正时枪检测；而对于直接点火系统或有OBD接口的汽车发动机均可以通过汽车故障检测仪检测点火系统的数据流而获得精确的点火提前角。

2. 点火波形的检测

点火波形能够直观地显示出点火电压随时间的变化关系。由于点火次级波形与发动机的转速、负荷和燃料性质有关，还与燃烧室内温度、空燃比、大气压力、冷却液温度等因素有关，所以通过波形分析不仅可以判断点火系统的工作状况，还可以为故障诊断提供科

学的依据。

（1）点火波形测试方法　点火波形检测设备虽然结构类型相差很大，但是检测前的连接基本相同。图 3-45 所示为 K81 汽车故障诊断仪示波器的检测连接。先将示波器上的红色线夹夹在蓄电正极接线柱上，黑色线夹夹在蓄电池负极接线柱上。示波器高压感应夹夹紧在点火线圈至分电器的高压线外皮上。然后将示波器触发器的感应夹夹在第一缸火花塞高压线上。最后，按照示波器操作说明进行波形测试。

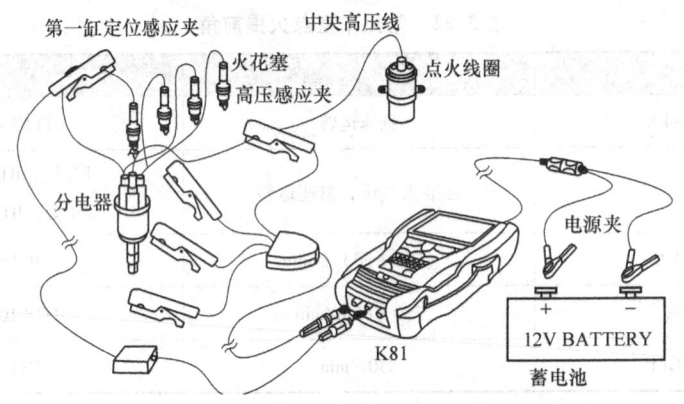

图 3-45　K81 汽车故障诊断仪示波器的检测连接

（2）次级点火电压标准波形分析

1）波形的识读。点火系统次级点火电压标准波形如图 3-46 所示，图中的各段波形含义如下：

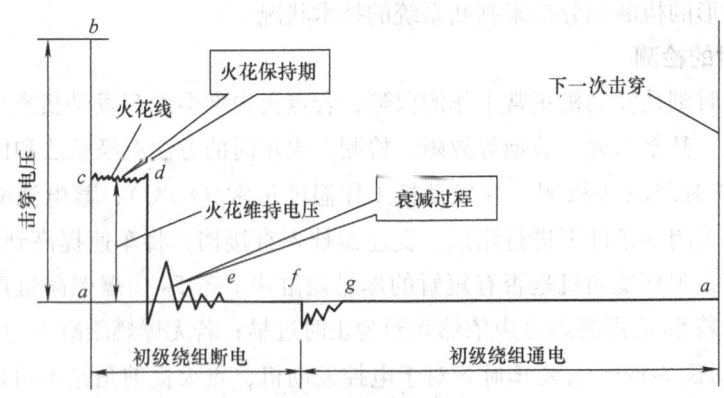

图 3-46　次级点火电压标准波形

a 点：电子点火器输出断开，点火线圈初级绕组突然断电，使次级电压急剧上升。

ab 段：为火花塞击穿电压。

cd 段：火花塞电极间隙被击穿后，维持火花放电所需电压，这段波形也叫"火花线"。

de 段：火花消失，点火线圈中剩余磁场能量在线路中维持一段衰减振荡。这段振荡也叫第一次振荡。

f 点：电子点火器输出导通，使点火线圈初级绕组突然闭合，初级电流开始增加，引起次级电压突然增大。

fg 段：因初级电流接通而引起回路电压出现衰减振荡，称为第二次振荡。

2）次级点火波形结果分析。

① 点火线：一般击穿电压，普通电子点火系统为 15~20kV，微机控制电子点火系统为 18~30kV，火花维持电压为 4~8kV。

> **特别提示**
>
> 如果击穿电压太高（甚至超过了示波器的显示屏），表明在点火次级电路中电阻值过高。可能有开路或损坏的火花塞、高压线或是火花塞间隙过大等故障。
>
> 如果击穿电压太低，表明点火次级电路电阻值低于正常值。可能有污浊和破裂的火花塞或漏电的高压线等故障。高压线搭铁，电压应低于4000V，否则有间隙过大处。

② 跳火或燃烧电压：观察跳火或燃烧电压的相对一致性，它表明的是火花塞工作和各缸空燃比正常与否，如果混合气太稀，燃烧电压就比正常值低一些。

③ 火花线：观察跳火或燃烧线应十分"干净"，即燃烧线上应没有过多的杂波。

> **特别提示**
>
> 过多的杂波表明气缸点火不良，或由于点火过早、喷油器损坏、污浊的火花塞以及其他原因。燃烧线的持续时间长度与气缸内混合气浓或稀有关。当发动机转速在1000r/min 时，火花时间为 1.5ms。燃烧线太长（通常指超过 2ms）表示混合气浓，燃烧线太短（通常指少于 0.75ms）表示混合气稀。

3）次级点火电压波形的各种组合与故障分析。将不同气缸次级点火电压波形按照一定的排列方式排在一起，通过观察、比较和分析，了解发动机点火系的技术状况，帮助检查人员发现并判断其故障所在。检测仪采集到发动机点火信号后，可以以多缸平列波、并列波、重叠波等形式显示点火波形。

① 平列波。从左到右按点火顺序将所有缸点火波形首尾相连的排列形式称为多缸平列波。图 3-47 所示为六缸发动机的标准点火次级电压平列波。从多缸平列波可观察到各缸次级击穿电压是否均衡，火花电压是否有差异等。

② 并列波。从下至上按点火顺序将所有气缸点火波形之首对齐并分别放置的排列形式称为并列波。图 3-48 所示为六缸发动机的标准点火次级电压并列波。这一波形既能观察到点火系所有缸的整个波形，也可看到各缸的波形。可比较各缸的闭合角和火花持续时

间，从中找出差异，判断出问题所在。

③ 重叠波。将各缸的点火波形之首对齐并全部重叠在一个水平位置上称为重叠波，如图3-49所示。这一波形可评价各缸工作的一致性。重叠波可观察到各缸波形间的重叠角及各缸对应初级绕组导通时刻的分散程度，从而间接判断点火器的技术情况。

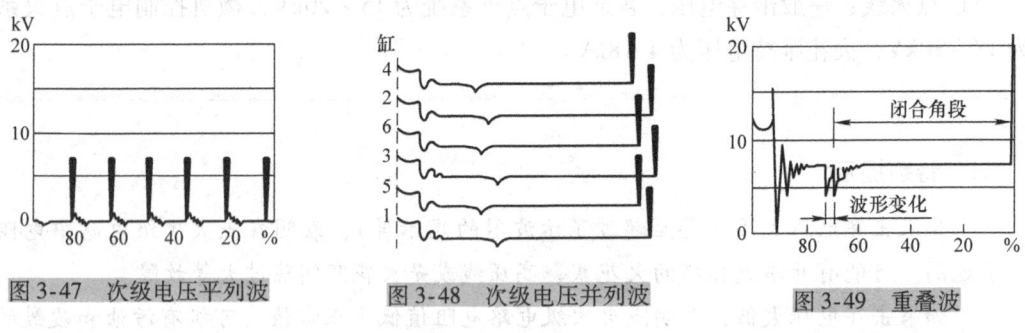

图3-47 次级电压平列波　　图3-48 次级电压并列波　　图3-49 重叠波

一般情况下，初级绕组导通即闭合波段所占百分比：四缸发动机为45%~50%；六缸发动机为63%~70%；八缸发动机为64%~71%；闭合波形偏移量不超过波段的5%。若重叠角相差过大或过小都说明点火器有故障，应更换。常见单缸次级故障波形如图3-50所示。

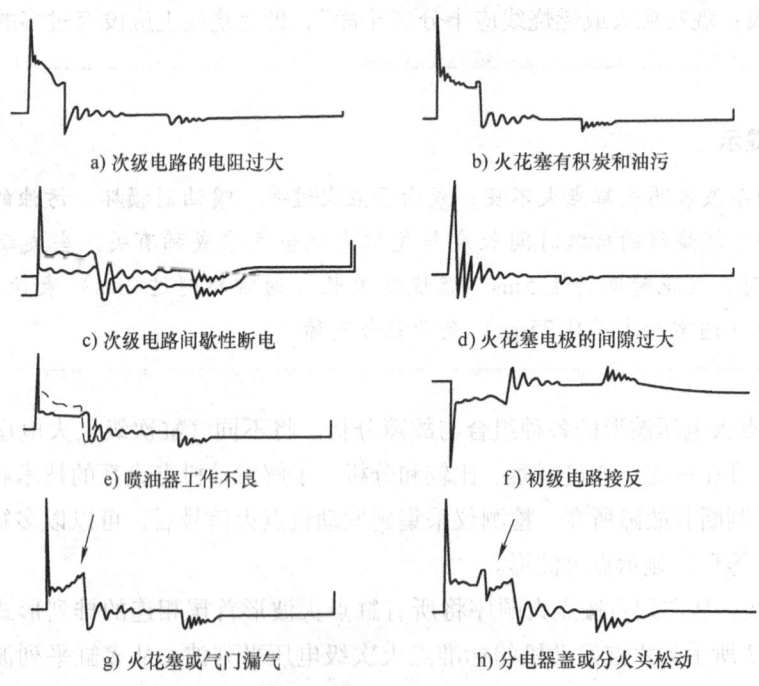

a) 次级电路的电阻过大　　b) 火花塞有积炭和油污
c) 次级电路间歇性断电　　d) 火花塞电极的间隙过大
e) 喷油器工作不良　　f) 初级电路接反
g) 火花塞或气门漏气　　h) 分电器盖或分火头松动

图3-50 单缸次级故障波形

> **特别说明**
>
> 各缸点火电压均过高,可能是火花塞间隙过大或烧坏,也可能是混合气太稀;若个别气缸点火电压过高,说明这个缸火花塞间隙过大或烧坏;全部气缸点火电压过低,可能是蓄电池电压不足、火花塞间隙小,此外混合气过浓时也会出现这种情况;个别气缸点火电压低,为该缸火花塞间隙小或绝缘体有裂纹;拔下某缸火花塞的高压线时,该缸点火电压立即升高至20kV以上则为正常,若取下某缸火花塞高压线后,点火电压低于20kV,说明点火线圈发火性能不好或分电器、高压线漏电;将发动机转速升至2500r/min时,若各缸点火电压一致减少,并可保持在5kV以上时,说明点火系统可在高速时正常工作;若发动机转速升高后,个别气缸点火电压高于其他各缸,说明该缸火花塞间隙过大;发动机转速升高后,个别气缸点火电压低(低于5kV),说明该缸火花塞间隙过小、脏污或绝缘体有细微裂纹。

四、汽油机电子控制点火系统主要元件的性能检测

1. 点火线圈的检测

电子点火系的点火线圈为高能点火线圈,可在万能试验台上进行测试,通过测量跳火间隙判断点火线圈的性能。

高能点火线圈初级绕组的电阻一般较小,可通过万用表测量其初级绕组和次级绕组的电阻值,判断点火线圈是否断路、短路和搭铁,如图3-51所示。

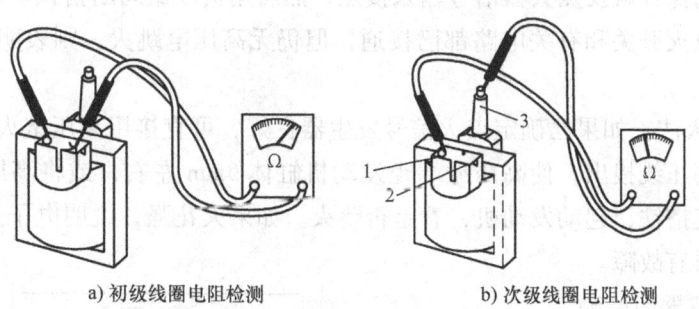

a) 初级线圈电阻检测　　　　b) 次级线圈电阻检测

图3-51　点火线圈电阻检测

1—初级绕组输入端子　2—初级绕组输出端子
3—次级绕组输出端子

其冷、热态的数值应符合维修手册中的规定,如不符合,必须更换点火线圈。如桑塔纳轿车点火线圈初级绕组的电阻为$0.52 \sim 0.76\Omega$,次级绕组的电阻为$2.4 \sim 3.5k\Omega$;红旗、奥迪轿车点火线圈初级绕组的电阻为$0.6 \sim 0.7\Omega$,次级绕组的电阻为$2.5 \sim 3.5k\Omega$。

2. 点火器的检测

点火器是综合控制的执行器之一。点火器的作用是根据ECU的指令,通过内部的大

功率晶体管的导通和截止,控制初级电流的通断,完成点火工作。

各种发动机的点火器结构各不相同,有的点火器除有接通、切断初级电路的功能外,还有恒流控制、闭合角控制、气缸判别、点火监视等功能。也有的发动机不设点火器,控制初级电路的大功率晶体管设在控制器(ECU)内部。下面以皇冠3.0L 2JZ-GE发动机的点火器为例介绍点火器的检测内容和方法。其点火器电路连接如图3-52所示。

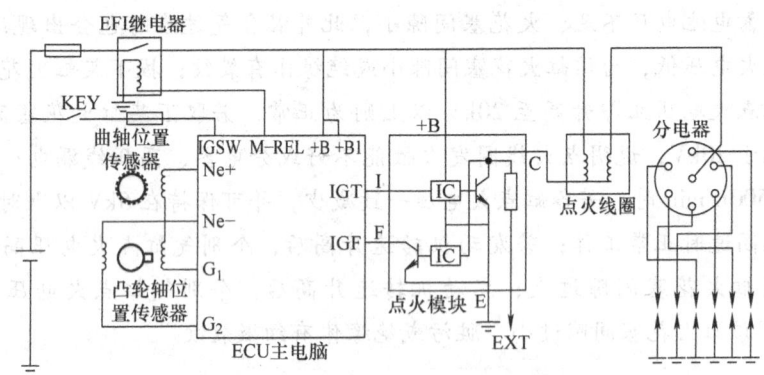

图3-52 皇冠3.0L 2JZ—GE发动机点火电路

1)检测电源电压。起动发动机,用万用表电压档或示波器检查点火器"+B"端子和点火线圈"+"端子与搭铁之间的电压,应为蓄电池电压。

2)检测脉冲信号。怠速时检查点火器"IGT"端子和"IGF"端子与搭铁之间,应有脉冲信号。如不符合,则必须做进一步的检查。可用模拟点火信号检查法或高压试火法来判断是点火器还是相关线路或ECU的故障。

① 模拟点火信号检查法。可利用一只1.5V的干电池或蓄电池的单格电池来模拟信号电压。将正极的探针触及点火器信号输入接点,然后用负极做间断搭铁。这时中央高压头应跳火。如果点火开关和有关电路都已接通,但仍无高压电跳火,则表明点火器有故障,应更换。

② 高压试火法。如果已确定点火信号发生器良好,可直接用高压试火的方法来检查。将分电器中央高压线拔出,使高压线端距发动机缸体5mm左右,或将高压线端插入一备用火花塞并使其搭铁,起动发动机,看是否跳火。如果火花强,说明电子点火器良好,否则,电子点火器有故障。

3. 爆燃传感器的检测

爆燃传感器是将发动机爆燃信号转变成电信号输入ECU,ECU根据爆燃信号对点火提前角进行修正。爆燃传感器的类型比较多,但是检测的内容和方法基本相近。下面以桑塔纳2000GSI,捷达GT、GTX型等轿车用的压电式爆燃传感器为例,介绍爆燃传感器的检测内容与方法,电路连接如图3-53所示。

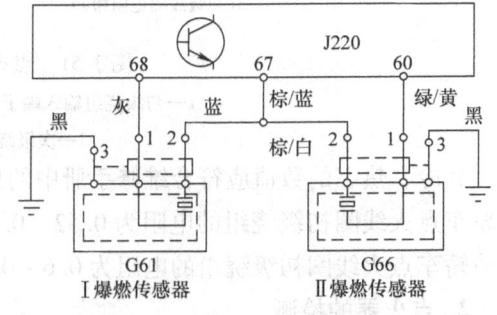

图3-53 桑塔纳2000GSI AJR发动机爆燃传感器连接电路

（1）电阻检测 用万用表电阻档测量爆燃传感器接线端子与外壳间的电阻，应为∞（即不导通）；否则，应更换爆燃传感器。接着用万用表电阻档检查传感器两接线端子间的电阻，其值应符合表 3-23 规定。如果电阻过大或过小，线束与端子可能接触不良或存在断路，应及时排除。

表 3-23 捷达 GT、GTX，桑塔纳 2000GSI 型轿车爆燃传感器检测标准

检测项目	检测条件	检查部位	标准值
传感器电阻	断开点火开关，拔下传感器插头	1 号与 2 号端子	>1MΩ
		1 号与 3 号端子	>1MΩ
		2 号与 3 号端子	>1MΩ
传感器正信号线	拔下 ECU 和传感器插头	1 号与 60 号端子	<0.5Ω
		1 号与 68 号端子	<0.5Ω
传感器负信号线		2 号与 67 号端子	<0.5Ω
传感器屏蔽线		3 号与搭铁点	<0.5Ω

（2）信号电压检测 检查爆燃传感器输出信号时，应关闭点火开关，拔下传感器插接器插头，再打开点火开关，起动发动机使之怠速运转。用万用表电压档检查爆燃传感器的两个接线端子 1 与 2（即：+、- 信号端子），应有脉冲电压输出。否则，应更换爆燃传感器。

（3）爆燃波形检测 将示波器的测试线通过夹钳接入爆燃传感器的两个接线端子上，当振动或敲缸发生时，有图 3-54 所示的波形产生。敲缸或振动越大，波形峰值就越大。当高过一定值时，表明发动机出现了爆燃。

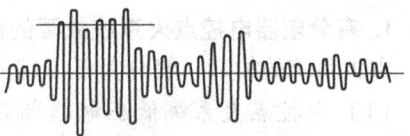

图 3-54 爆燃波形

4. 高压线检测

高压线的检测是通过用万用表测量高压线的电阻值来判断高压线的性能是否良好，其最大电阻值一般为 25kΩ。注意：有些发动机不同缸的高压线电阻值是不相等的，具体数值要查阅相关的维修手册。不符合规定时，应更换高压线。

5. 火花塞检测

用万用表电阻档测量火花塞绝缘电阻来判断火花塞能否继续使用，其绝缘电阻值应大于 10MΩ。另外，也可连续 5 次将发动机转速迅速提高到 4000r/min，然后熄火，拆下火花塞，检查其电极状况。若电极干燥，火花塞可用；若电极潮湿，则需要更换火花塞。

电控点火系统中不同的元件虽然作用不同，但是发生故障对发动机的影响却有相同之处，都可导致发动机不能起动、怠速不稳、加速不良、熄火、排放超标等故障现象的发生，见表 3-24。

表 3-24 点火系统主要元件功能、故障及导致汽车发动机故障现象

零部名称	功能	元件常见故障	故障现象
火花塞	以电极之间的电弧形式将点火能量输入燃烧室，从而使燃烧室内的混合气燃烧	积炭、陶瓷绝缘体破裂、电极间隙过大或过小、电极烧蚀、跳火性能下降等	1）不能起动 2）急速不稳 3）加速不良 4）熄火 5）排放超标等
高压线	输送高压电	断路或短路	
分电器	按照正确的顺序并以正确的正时向气缸的火花塞提供高压电	分电器盖裂纹、分火头触点烧蚀	
点火线圈	将蓄电池或发电机输出的低压电转变为高压电，使火花塞间隙产生足够强度的电火花	线圈断路或短路、点火线圈老化导致点火性能下降	
点火控制模块（ICM）	放大传感器点火信号或 ECU 的点火信号后，控制点火线圈初级电路的通断	工作不良	
点火信号传感器	向 ECU 或点火模块发送脉冲点火信号，以激发高压的产生	输出信号不正常	
低压线路	传输电信号	断路或传输不良	

五、发动机电控点火系统故障诊断与排除

电控点火系统的故障主要表现是不点火（没火花）、火花弱、点火正时不准和单缸缺火等，从而导致汽车发动机不能起动、起动困难、急速不稳、发动机动力不足、加速不良、易熄火等故障现象。不同车型的电控点火系统的线路结构不尽相同，但是它们的主要组成及控制原理是相同的，所以诊断的步骤方法是一样的，关键是对具体的点火线路结构要熟悉。

1. 有分电器电控点火系统故障的诊断与排除

点火系统的故障一般分为低压部分故障和高压部分故障。

（1）电控点火系统低压电路部分故障的诊断 电控点火系统低压电路部分主要包括点火线圈初级绕组、电子控制器（即点火器）、电控单元（ECU）、点火信号传感器及其连接线路。故障的诊断与排除方法如下：

1）外部检查。检查点火系统线路连接是否正确、可靠；检查分电器（或配电器）等是否完好、安装是否可靠。

2）拆线间断搭铁试火花。拆下点火线圈负端子上的连接线，另接上一根导线。接通点火开关，将点火线圈上的负极连接导线间断搭铁；若是带分电器的电控点火系统，取下中央高压线跳火；若是无分电器的电控点火系统，取下对应的点火线圈上的高压线跳火。如果无火花，说明点火线圈或高压部分有故障，应分别检修；如果有火花，应检查点火器及 ECU 等低压部分。

 特别提示

这种方法，主要用来分辨故障是点火线圈之前的故障，还是之后的故障。

3）拆线间断加压（脉冲式电压）试火花。断开点火开关，将点火线圈上的连接导线恢复到原来状态，取下点火器输入指令信号插头，接通点火开关，分别在插头的两接线端子上间断施加1.5V或者2V的直流电压，用中央高压线跳火。如果无火花，故障在点火器及其连接线路，应分别检修；若点火器损坏，应更换新件。若有火花，故障在ECU或点火信号传感器及连接线路，可通过故障解码仪读取故障码，来确定故障所在。

 特别提示

这种方法，主要用来分辨故障在点火器，还是在ECU或点火信号传感器。

（2）电控点火系统高压电路部分故障的诊断　电控点火系统高压电路部分主要包括配电器、分缸线、火花塞等。故障的诊断与排除方法如下：

1）外部检查。检查高压线是否脱落、插错；接通点火开关，用外力带动曲轴转动，检查分电器盖、火花塞是否漏电等。

2）转动曲轴试火花。断开点火开关，将中央线和分电器盖装好，从火花塞上拆下分缸线，接通点火开关，用外力带动曲轴转动，将分缸线在缸体上跳火。如无火花，故障在分电器盖或分缸线，应分别检修或更换；如果有火花，应拆下火花塞检查，有故障时应检修或更换；若各分线有火花，火花塞良好，应检查传感器信号电压极性。

若点火系统同时出现多个故障，仍按上述方法重复检查多次，直至所有故障均排除为止。

2. 无分电器点火系统故障的检测方法

无分电器点火系统的故障同样分为高压部分故障和低压部分故障，区分高压和低压部分故障的方法与有分电器点火系统基本相同。所不同的是由于高压配电方式和有分电器控制点火系不同，所以当对个别气缸工作不良（或不工作）进行故障诊断时，其方法也相应存在一些差异。如果只是为了判断个别气缸工作是否正常，可以人为停止该缸喷油，根据该缸停止喷油前后发动机的转速变化进行判断。但是要具体确定个别缸不工作的故障原因，还需要检测单缸高压火是否正常（可以通过示波器或故障解码仪检测）。如果是火花塞缺火导致的个别缸工作不良，主要原因除了火花塞、高压线的故障外，还可能是相应的点火信号控制电路连接不良或点火线圈、点火控制器、计算机控制单元等的相应部分发生故障，可以从分缸高压线的跳火情况进行检查。

 特别提示

对于无分电器点火系统，低压电路故障可以用故障诊断仪读取故障码进行初步判断，然后用汽车专用万用表或示波器对具体元件进行定性诊断；高压电路故障可以通过高压试火，用示波器查看点火波形及用汽车专用万用表来检测各部的阻值与标准进行比较加以判断。

3. 电控点火系统常见故障的案例分析

案例1 点火弱，造成发动机怠速不稳，加速时排气管冒黑烟。

故障描述：一辆捷达王轿车行驶约30000km，出现发动机怠速不稳，加速时排气管冒黑烟的现象，百公里油耗超过20L。用K81故障解码仪检查该车发动机控制单元的故障存储，显示"空气流量计信号不正常"、"节气门阀体超出调整范围"偶发性故障及"氧传感器对地短断路"永久性故障。

故障诊断与分析：用发动机综合检测仪检测发动机点火波形时，发现其点火波形异常，高压点火电压约7.5kV。分析故障可能是点火线圈受热后出现匝间短路，造成点火电压偏低，从而使发动机燃烧不完全。

故障排除：更换一个新的点火线圈，发动机状况马上好转，怠速运转平稳，加油时排气管也没有黑烟。用K81故障解码仪检查没有故障存储。试车，故障排除。

 特别提示

点火线圈受热后出现匝间短路，不能储存足够的能量，使点火电压达不到额定电压，造成发动机燃烧不完全，出现冒黑烟的故障。因此，发动机的点火系统必须能够提供足够高的点火电压和点火能量，才能击穿火花塞间隙，充分引燃可燃混合气。思考一下，还有什么故障可以形成与上述相似的故障现象。

案例2 火花塞故障，造成单缸缺火，且怠速发抖。

故障描述：一款丰田佳美轿车，装用1MZ—FE发动机，在做完保养（更换气门室盖垫、火花塞以及清洗喷油器），行驶10km后，发动机故障灯就亮了，且怠速抖动。

故障诊断与分析：先调取故障码，跨接发动机室故障诊断插座中的TEl与E1端子，打开点火开关，故障指示灯未闪烁，无故障码显示。用专用故障诊断仪（snap-on）读取故障码为5缸不点火。由于该发动机采用的是无分电器式点火，所以按如下步骤进一步检查：

首先，检查点火线圈。把5、6两缸点火线圈互换（测得点火线圈电阻都相同），清除故障码，起动发动机，怠速仍然抖动。试车，刚行驶1km故障灯又亮了，读取故障码，仍为5缸不点火。

再检查点火线圈的控制电路。关闭点火开关，剥开5缸点火线圈控制线的外皮，起动发动机，测得一根线为电源线，另一根用LED灯测试，LED灯闪烁，说明5缸点火线圈的控制电路正常。

最后检查火花塞。拆下第5缸火花塞，发现它的电极弯折，间隙变小，造成点火不良，导致怠速发抖。

故障排除：更换第5缸火花塞，试车，发动机运行正常。

项目三 汽车发动机的性能检测与故障诊断 137

 特别提示

　　无分电器点火系统有多个点火线圈，所以点火线圈的控制电路有问题或点火线圈损坏也能造成单缸缺火，使发动机怠速发抖。请再思考一下，火花塞还有什么样的问题能产生与上述相同的故障现象。

案例3　点火正时失准，导致发动机怠速不稳、游车、熄火、排气有汽油味。

故障描述：一辆2004款日产风度轿车，发动机怠速时有时游车，加速到1700～2000r/min时也有游车现象；无负荷时急加速顺畅，但排气汽油味浓；急加速收油后，有时发动机会熄火，转动转向盘和开空调挂档时也会熄火。

故障诊断与分析：根据故障现象分析，初步诊断是怠速控制阀过脏引起的，因为急加速收油后回到怠速状态，此时是由怠速控制阀控制的。在转动转向盘和开空调时发动机的负荷增大，其怠速提升由IACV—FICD电磁阀2和IACV—FICD电磁阀1分别进行控制。转动转向盘时动力转向油压开关接通，控制IACV—FICD电磁阀2工作；当开空调时，空调继电器控制IACV—FICD电磁阀1工作。

　　清洗怠速控制阀后，怠速不再游车，并且开空调和转动转向盘时发动机熄火频率降低，但有时还会熄火，并且还会出现挂档后熄火和加速到1700～1900r/min时发动机有游车的现象，排出的废气仍然汽油味很大。

　　检查燃油压力、高压火和火花塞等均正常。

　　用"SNAP—ON" MT 2500检测仪读取故障码，显示电控系统工作正常。

　　读取动态数据流，节气门位置传感器信号、空气流量传感器信号和喷油脉宽等均正常，但发动机怠速运转时的点火提前角为0°，加速到2000r/min时点火提前角增大到28°，这是一个异常值。

　　询问驾驶人后得知，该车因为曲轴前油封漏油，拆过正时链并对过正时。于是拆开正时链盖检查，发现正时链推迟了一个齿。

故障排除：重新调整正时后，试车，发动机工作正常，故障排除。

 特别提示

　　除了上述因装配不当引起点火正时失准的原因外，还有正时带或链条磨损严重、装有VVT-i控制阀发动机的VVT-i阀故障等。再思考一下，还有哪些故障会产生上述相同的故障。

案例4　配电器中的分火头击穿漏电，导致发动机工作无力直至不能起动。

故障描述：一辆雷克萨斯ES300轿车，装用3VX—FE发动机，在高速公路行驶时，先是发动机抖了几下，然后就加速无力，行驶一段路程后发动机熄火，后来一直无法起动。

故障诊断与分析：调取故障码，把诊断盒中的端子 TE1 与 E1 用一根跨接线相连。显示为正常码。

检查供油系统，把诊断盒中的端子 F_p 和 +B 用跨接线相连，将点火开关置于"ON"位，使仪表灯亮起，观察到喷油器支架顶端的脉动缓冲器中间的小螺母升了起来，说明燃油泵正常。

检查高压火花时发现无火花跳过火花塞电极间隙，拔下分电器一侧的中央高压线与机体保持 5mm 左右的间隙，起动发动机有火花，说明分电器没有把高压火分配到高压分线。检查分火头及分电器盖，发现分火头被击穿而分电器盖完好。

故障排除：更换分火头后，故障排除。

> **特别提示**
>
> 在分火头击穿的初始期，发动机会出现抖动现象，而且加速无力。分火头击穿以后，高压电在分火头与分电器转子之间跳火，而不能再将高压电分给各缸高压分线使火花塞电极间跳火，导致发动机熄火，再也不能起动。思考一下，如果分电器壳漏电会产生什么样的现象？

案例 5　丰田皇冠轿车点火线圈高压二极管损坏，导致发动机回火。

故障描述：一辆丰田皇冠轿车进入高速后（车速达到 100km/h 以上），发动机出现"突突"声，并伴有回火现象，动力明显不足。

故障诊断与分析：利用发动机自检系统显示无故障码。检测燃油压力为 0.29MPa，符合标准供油压力。检测气缸压力，6 个气缸均在 1.1~1.2MPa 之间，符合使用范围。最后检查点火系。丰田皇冠六缸轿车采用的是电控发动机中无分电器点火系，电路如图 3-55 所示。

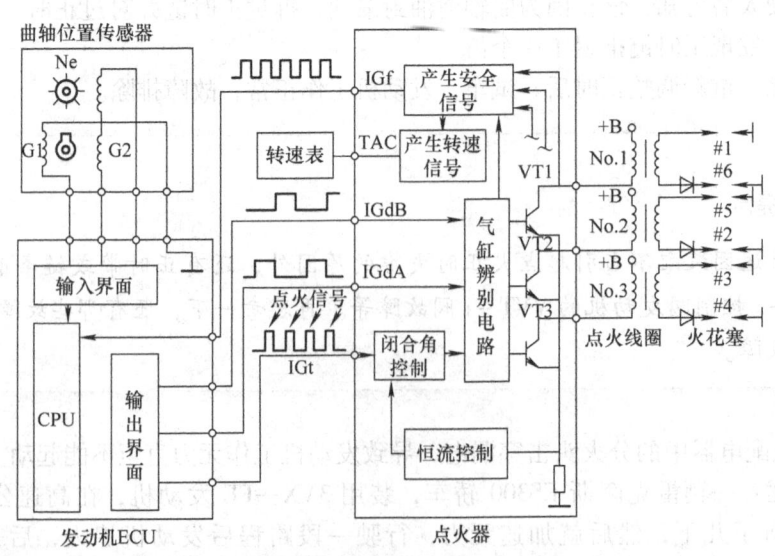

图 3-55　丰田皇冠轿车无分电器电子点火系统

由于该发动机的点火系采用的是双头点火，一个点火线圈负责两个气缸点火，即1、6缸，2、5缸，3、4缸分别由三个点火线圈负责产生高压火。每个点火线圈的次级绕组装有一个高压二极管，其作用是截止次级绕组产生的反向感应电动势。

当检测次级绕组的电阻时，发现1、6缸次级绕组不是单向导通而是双向都导通，说明该点火线圈高压二极管已经损坏。

故障排除：更换1、6缸点火线圈后，故障排除。

 特别提示

由于该发动机的1、6缸点火线圈串联的高压二极管损坏后，失去了单向导电的功能，从而导致1、6缸在进气终了时次级绕组感应出的反向电动势将火花塞击穿，点燃了气缸的部分可燃混合气，使该气缸产生回火的"突突"声，发动机的动力下降。思考一下，产生发动机回火故障现象的因素还有哪能些？（点火时间过晚；缸压过低；点火线圈工作不良等。）

 实践活动

在实训老师的指导下，以小组为单位，选择一辆轿车或电控汽油发动机，用示波器或故障诊断仪示波器功能进行点火性能检测，做出评价，并按照表3-25要求，填写好实训记录。

表3-25 实训记录表

发动机型号		出厂时间		检验人	
VIN码		检测时间		学号	
检测步骤	1）按照_____的操作要求，红、黑色线夹分别夹在_____上。 2）将示波器高压线感应夹分别夹紧在各缸的_____线外皮上。然后将示波器的触发器的感应夹夹在_____火花塞高压线上。 3）按照示波器操作说明进行波形测试。				
检测波形 结果判断	单缸波		平列波	并列波	重叠波
原因分析	导致_____下降的原因有_____。				
学生小结	通过本次实训知道了_____； 掌握了_____。 在_____方面，还要努力。				
教师点评					

任务六 发动机润滑系统检测与故障诊断

> **案例思考**
>
> 一辆本田雅阁 CD5 轿车，发动机运转正常，行驶中加速时机油压力警告灯闪亮。急速时，机油压力为 120kPa；当转速升至 3000r/min 时，实测机油压力为 330kPa 且不再升高（提示：急速时，机油压力 120kPa 为正常；转速升至 3000r/min 时，机油压力应为 450kPa）。
>
> 请思考应该如何诊断和排除发动机故障。

相关知识与技能

发动机润滑系统如图 3-56 所示，主要由机油泵、限压阀、旁通阀、集滤器、机油压力表、机油尺等组成。其功能主要是对发动机运动部件的摩擦副进行润滑、清洗、冷却和密封。

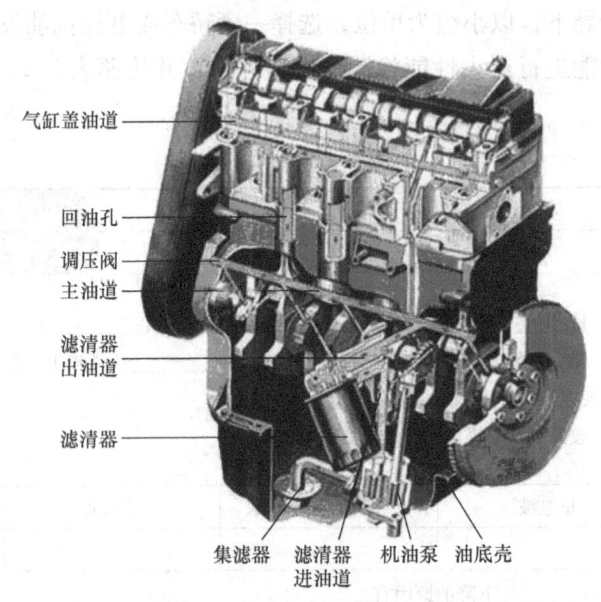

图 3-56 发动机润滑系统组成与油道分布图

在发动机使用过程中，润滑系统有时会产生机油消耗量过快、机油压力变化、机油品质变化等异常现象。润滑系统的技术状况，能直接影响发动机的工作可靠性和使用寿命。因此，为保证发动机良好的技术状况，应定期对发动机润滑系统的技术状态进行检测。

一、发动机润滑系统评定标准

发动机润滑系统的技术状况,可从机油压力、机油消耗量和机油品质三方面指标进行检测评价。

1. 机油消耗量

国外对轿车发动机机油消耗量并未作法规性强制规定,一般认为在最初行驶的10000km磨合期内,机油消耗量应维持在0.2L/1000km之内。维修手册中则标明,只要机油消耗量小于1L/1000km均为正常。

我国对于汽车发动机的机油与燃油的消耗比,在GB/T 19055—2003《汽车发动机可靠性试验方法》中规定:在额定转速、全负荷时机油/燃料消耗比不得超过0.3%,换言之,一辆百公里油耗为10L的轿车,其机油消耗量须小于0.3L/1000km。

2. 润滑系统压力

发动机在正常工作温度时,润滑系统压力的正常范围是由汽车厂商制定的,常见车型机油压力的规定应符合表3-26的规定。

表3-26 常见车型机油压力的规定

车型	发动机转速/(r/min)	润滑系统压力/kPa	发动机怠速时润滑系统压力/kPa
帕萨特B5	2000	200	120~160
奥迪A61.8L	2000	250~450	150
奥迪A62.4L	2000	200	120~160
广州本田1.8L	3000	300	70
广州本田2.0L	3000	490	70
东风日产阳光	3200	314~392	78
奇瑞	2000	280	100

3. 机油品质

机油在发动机使用过程中会逐渐变化,表现颜色变黑,黏度下降或上升,添加剂性能丧失等。机油品质变化的主要原因是机械杂质的污染和机油自身理化性能指标降低。

二、发动机润滑系统检测的内容与方法

发动机润滑系统的性能检测主要内容是机油消耗量、系统的压力和机油的品质。

1. 机油消耗量的检测方法

机油消耗量的检测,目前采用的是油尺测定法和质量测定法两种。

1)油尺测定法。测试前,汽车置于水平地面上,预热后停机,将机油加至油底壳规定的液面高度,然后在油尺上清楚地划上刻线,以记住这一油面位置。其后汽车投入实际运行,使机油消耗至油尺下限或行驶一定里程时,停止运行,仍置汽车于原地点,按原测试条件,向油底壳内加入已知量(质量或体积)的机油,使油面仍升至油尺上的原刻线,所加油量即为机油消耗量。此测定方法简单,但测量误差较大。

2）质量测定法。预热发动机至正常温度，按测试条件打开油底壳的放油螺塞，放出油底壳内的机油，至机油流变成滴时，拧上油底壳的放油螺塞，记下放油时间，然后将已知质量的机油加入油底壳至规定的液面，使汽车投入实际运行。汽车行驶若干里程后，当需要测试机油消耗量时，只要按同样的测试条件和放油时间，放出油底壳内的在用机油，并称出其质量就可以了。加入和放出的质量之差即为机油消耗量。此测定法费力费时，但测量精度较高。

2. 润滑系统压力的检测

润滑系统压力是发动机润滑系统技术状况的重要指标。检测时可采用观察法和油压表测量法。

1）观察法。所谓观察法就是直接通过查看汽车仪表板上的机油压力信号指示灯或机油压力表的状态来判断发动机的机油压力是否正常。此法虽然精度不太高，但能满足使用中的一般检测要求。

检测方法：当闭合点火开关时，机油压力表指针指示为"0"，如装有油压指示灯则灯亮；发动机起动后，油压指示灯在数秒内熄灭，机油压力表则表示为某一较高的数值，并随发动机暖机逐渐指示正常值。否则为有故障，需要进一步检查。

2）油压表测量法。采用油压表测量时，可在发动机主油道油堵螺钉或安装机油压力传感器的螺钉孔处接一油压表。起动发动机，测量发动机怠速和规定转速时的机油压力是否符合要求。机油压力不正常有两种情况：一种是机油压力过低；另一种是机油压力过高。

3. 机油品质的检测

目前，检测机油品质的方法有油滴斑点试验法、机油不透光度分析法、介电常数分析法、洁净性分析法等。使用最为广泛的是油滴斑点试验法。所以，在此仅介绍油滴斑点试验法的操作规程。该方法主要是分析机油的污染性质和程度。

用油尺取一滴发动机内的机油滴在专用滤纸上，油内的污染物便随油向滤纸四周扩散。2~3h后，滤纸上便形成颜色深浅不同的晕环，一般在3个或3个以上，如图3-57所示。中心有黑色的圆核，外围有一条色度很深的圆带，这就是中心沉淀区。油内粗颗粒的杂质都集中在该区。所以，中心沉淀区的色度表示出油的污染程度。如果发动机磨损异常，这里便可偶然发现金属屑粒。中心沉淀区以外是油内细小、分散的悬浮物向外扩散的

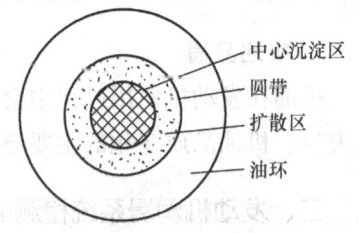

图3-57 滤纸斑示意图

痕迹，越向外颜色越浅。向外扩散的宽度代表着机油残余清净分散性的好坏。如果扩散的环很宽，甚至中心沉淀区和扩散区无明显界限，说明油的清净性还好，油内的清净分散剂性能亦佳。反之，滤纸中只有中心沉淀区而无扩散区，则表明油的清净分散剂已消耗殆尽。把油样加热到200℃保持5min，再滴一个油斑与未加热的油斑进行比较，更能说明油的清净分散剂性能。不含添加剂的机油即使污染很轻，也没有扩散区。如果油内有体积分数为2%以上的水分，油滴扩散受到阻碍，从中可以看出油中水的含量。最外层是机油及

油内可溶性氧化物的扩散环，称为油环。颜色从淡黄到深褐，表示出油的氧化程度。

机油品质变坏会使发动机润滑性能变差、磨损加剧，甚至引发严重机械故障，因而应加强对发动机机油品质的定期检测与分析，实行按质换油，以保证发动机良好润滑。更为重要的是，通过对机油品质的检测，可分析并监控发动机技术状况的变化。

三、发动机润滑系统故障的诊断与排除

发动机润滑系统的故障表现形式主要有机油压力过低或过高；机油消耗量过多；机油品质下降等。

1. 机油消耗量过多的故障诊断与排除

机油消耗量过多的主要原因有两方面：一是漏机油；二是烧机油。

如机油消耗量明显增加，外部检视也无渗漏，说明是由于气缸活塞配合副间隙太大、活塞环密封性能降低等原因造成气缸窜油严重。如有必要，可结合发动机行驶里程、排气烟色和火花塞油污情况等进行确诊。

（1）发动机漏机油的检查与故障诊断

1）检查外部是否有漏油处。应特别注意曲轴前端和后端的漏油：曲轴的前端油封破裂损坏、老化或曲轴带轮与油封接触面磨损，会引起曲轴前端漏油；曲轴的后端油封破裂损坏，或后主轴承盖的回油孔过小，回油受阻，会引起曲轴后端漏油。另外，还应注意凸轮轴后端油堵是否漏油，并仔细检查其他的漏油部位。

2）若发动机前后气缸盖罩、前后气门挺杆室、粗细机油滤清器、油底壳衬垫及发动机的前后油封中的多处有机油渗出，但又找不出明显的漏油处，应检查曲轴箱通风装置（PCV），清理曲轴箱管道中，尤其是通风流量控制阀处的积炭和结胶。若通风受阻，就会引起曲轴箱内压力升高，出现机油渗漏故障。

3）若机油滤清器盖和一些管路接头处经过紧固后还是漏油，应注意机油压力是否过高，检查机油限压阀是否失去泄油限压的功能。

4）对于用压缩空气制动的汽车，若从储气筒的放污螺塞放出较多的机油，则为空气压缩机的活塞、活塞环与气缸壁磨损过甚。

5）有些汽车的机油散热器管子装在水套内或水泵的进水管内，机油主要靠冷却液来冷却，若发现散热器内有机油，其原因多为散热器管子脱焊、腐蚀或破裂，或进出油管接头处密封垫损坏。

（2）发动机烧机油的检查与故障诊断

1）若排气管明显冒蓝烟，则是烧机油造成的。当发动机大负荷、高速运转时，排气管大量冒蓝烟，同时机油加注口（设在下曲轴箱内）也向外冒蓝烟，则为活塞、活塞环与气缸壁磨损过甚，或活塞环的端隙、背隙和边隙过大，多个活塞环对口、扭曲环装反等，使机油窜入燃烧室。

2）若发动机大负荷运转时，排气管大量冒蓝烟，但机油加注口不冒烟，而气缸盖罩内却向外窜烟，则为气门杆油封损坏、气门导管磨损过甚（尤其是进气门），使机油被吸入燃烧室烧掉。

3）若短时间冒蓝烟后停止，而油底壳的机油未见减少，则是湿式空气滤清器内的油面过高，或滤清器堵塞，使空气滤清器内的机油被吸入气缸。

4）对装有废气涡轮增压器的发动机，若排气管明显冒蓝烟，而机油加注口、气缸盖罩等处没有，则为废气涡轮增压器故障。

2. 机油压力过低或过高的故障诊断与排除

当机油压力过低或过高时，应停机检查，确定故障原因后，根据实际情况进行维修处理。值得注意的是在进行故障诊断前，要检查机油压力表和油压传感器是否工作正常。

（1）机油压力过低故障诊断方法　机油压力过低故障诊断的方法如图3-58所示。

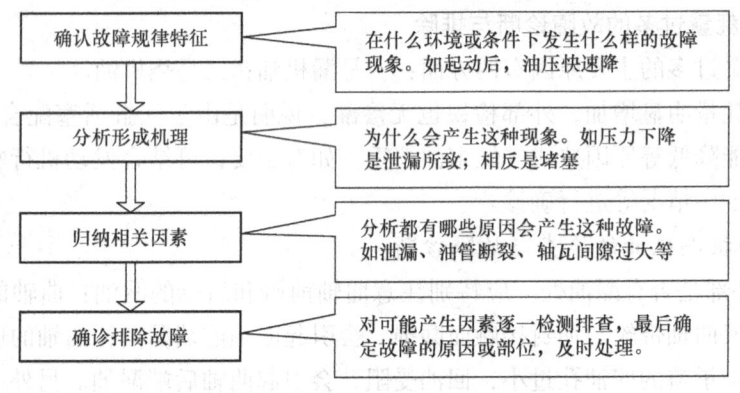

图3-58　机油压力过低故障诊断方法

（2）常见故障现象分析

1）若发动机起动后，刚开始机油压力表显示正常，然后快速下降，低于规定值不变，说明油量不足，或机油品质有问题，可先查油面高度，然后查机油品质是否正常。

2）若发动机起动后，刚开始机油压力表显示正常，随着发动机温度的升高，油压逐渐下降至规定值以下，说明机油品质有问题或各摩擦副的间隙过大。这是因为机油的品质下降后，黏度随温度的上升逐渐下降，导致油压过低。若机油品质正常，说明各需要润滑的摩擦副（如曲轴与轴承）间隙过大，应停车检修。

3）若发动机起动后，怠速时油压显示正常，而随着转速上升，油压先升而后降，发动机转速上升得越快，油压下降得越快。说明机油滤清器或集滤器堵塞，可更换滤清器排除。

4）若发动机起动后，机油压力始终显示过低，说明油压调节阀有故障，或机油泵有故障，应进一步检查。

5）若发动机运行中突然油压下降，说明系统中有严重泄漏、机油泵故障或有水（或冷却液）混入机油里，将机油快速稀释。应结合其他现象来进一步检查，比如：机油里进水，用油尺检测油面，油面升高并且还会变白。

6）若发动机起动后，机油压力表显示超过规定值，为油压过高。主要原因是机油的黏度过大、油压调节阀调整不当、摩擦副间隙过小等。诊断程序一般为首先检查机油的黏度是否过大。如果正常，则要检查主油道（或机油滤清器）上的油压调节阀或机油泵上的限压阀。对于新车或刚大修的发动机，如果上述检查正常，机油压力过高的原因就是装配时轴与轴承间隙过小所致。

3. 思考案例解析

故障描述：一辆本田雅阁 CD5 轿车，发动机运转正常，行驶中加速时机油压力警告灯闪亮。急速时，机油压力为 120kPa；当转速升至 3000r/min 时，实测机油压力为 330kPa 且不再升高。（提示：急速时，机油压力 120kPa 为正常；转速升至 3000r/min 时，机油压力应为 450kPa。）

故障诊断与分析：先拔出机油尺检查机油油量，油量在油尺刻度中间，基本正常；然后听发动机运转无异响，初步判定曲轴与连杆轴承间隙正常；再检查发动机油底壳等部位，没有凹陷现象；拆换机油压力传感器，故障依旧。最后，拆检机油泵。转子与泵壳内腔未发现严重磨损迹象，减压阀体也未卡滞，但却发现减压阀有明显砂眼。显然机油从泵阀座砂眼处泄出，造成机油泵泵油压力达不到规定值。

故障排除：更换机油泵总成，试车恢复正常。

思考

能采用修复而不是更换的方法来排除该故障吗？

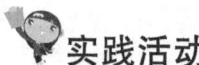

在老师的监督指导下，以实训小组为单位，选用一辆轿车跟踪测试机油的消耗量、急速时的机油压力和机油的品质，并填写实训记录（见表 3-27）。

表 3-27　实训记录表

发动机型号		出厂时间		检验人	
VIN 码		检测时间		学号	
检测项目	机油耗油量		机油压力		机油品质
选用检测方法	□油尺测定法 □质量测定法		□观察法 □油压表测量法		□油滴斑点试验法 □不透光度分析法 □介电常数分析法 □洁净性分析法
检测结果					
原因分析	导致_____的原因是： 　　　　　　　　　　　　　　　　　　　　　　　　。				
学生小结	通过本次实训知道了_____； 掌握了_____。 在_____方面，还要努力。				
教师点评					

任务七 发动机冷却系统检测与故障诊断

> **案例思考**
>
> 　　一辆帕萨特 B5 轿车，怠速一切正常，加大加速踏板行程使发动机转速升到 2500r/min 左右也未见异常。但在行驶过程中，只要车速升至 100km/h，不到 30s 的时间，冷却液温度立即升高，冷却液温度警告灯开始闪烁。
> 　　请思考应该如何诊断排除发动机故障。

相关知识与技能

发动机的冷却系统主要由水泵、散热器、风扇、节温器、水管、百叶窗、冷却液温度表或冷却液温度报警开关组成，如图 3-59 所示。其功能就是维持发动机的正常工作温度。冷却液温度过高或过低以及出现漏水等现象都将直接影响发动机的工作效率和燃油经济性。

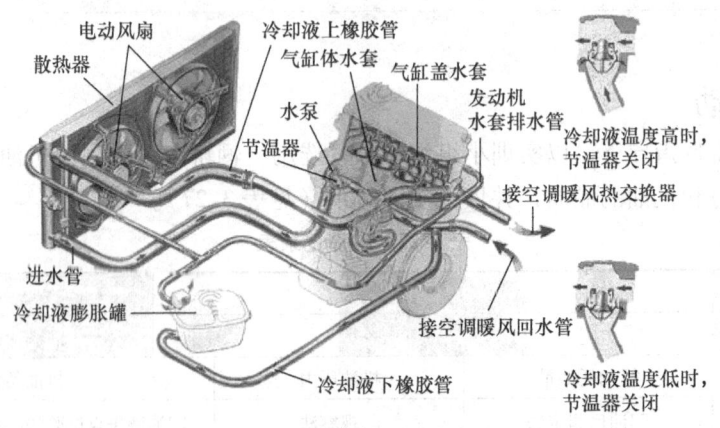

图 3-59　发动机冷却系统示意图

一、发动机冷却系统评定标准

发动机冷却系统技术状况的评价，主要取决于维持发动机正常工作温度的能力，最佳的温度范围是 85～105℃。

二、发动机冷却系统检测的内容与方法

发动机冷却系统技术状况的检测主要包括外观检查、冷却系密封性检测、水泵泵水性能检测等。

1. 外观检查

外观检查主要是通过观察散热器、水泵、水管、水套和放水开关等部位是否泄漏，观察散热器和膨胀罐中冷却液的量是否足够，风扇和散热器的距离是否正确，水泵传动带两侧面有否磨损。

2. 冷却系密封性检测

冷却系密封性能检测的主要目的是检查散热器、气缸体、气缸盖等本身和接合部位是否密封良好。测试冷却系统密封性的方法如下：

1) 测试之前，按规定在冷却系中加入足够的冷却液，并使发动机暖机至正常工作温度。

2) 不使用连接器，直接将检测器装在散热器的冷却液注入口，如图3-60所示。

3) 在确定没有漏气的情况下拧紧，然后给冷却系统加压，使压力达到规定值以上（一般为120~150kPa）。

4) 检查冷却系各部件及连接部位是否有渗漏现象。

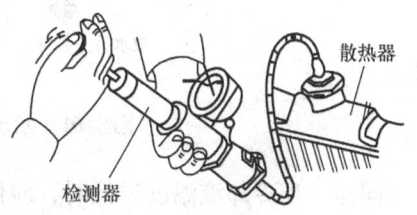

图3-60 冷却系统密封性检测

3. 水泵泵水性能检测

水泵泵水性能检测可分为就车检测与试验台检测。

1) 就车检测水泵泵水性能的方法。旋下散热器盖，然后起动发动机，查看散热器上水室进水口处的水流量是否正常、有力。若出水量小，出水无力，说明冷却系内部有阻塞或水泵泵水量不足。

2) 水泵泵水性能试验台检测的方法。水泵泵水性能试验是在专用试验台上检测水泵的泵水量。试验时，由试验台驱动装置带动水泵转动，观察泵水量是否符合制造厂的标准。例如，帕萨特轿车发动机水泵在规定转速6000r/min时，进口压力为0.1MPa，系统压力为0.14MPa，出口压力为0.16MPa。解放CA6120型发动机水泵规定在转速为2000r/min时，水泵的流量不少于140L/min，压力不得低于40.4kPa；当转速为3300r/min时，水泵流量不得少于240L/min，压力不得低于12.2kPa。东风EQ6100-1型发动机水泵转速为2000r/min时，水泵流量不得低于220L/min，压力不得低于49kPa。若水泵泵水性能达不到上述要求，说明水泵有叶轮和壳体之间间隙过大、水泵泵轴弯曲、水泵轴承松旷等故障，应进行检修。

三、发动机冷却系统故障诊断与排除

发动机冷却系统在使用过程中，经常出现故障的部位如图3-61所示。由此引发的故障表现形式有冷却液温度过高、冷却液温度过低、冷却液消耗异常等。冷却液温度过高时，不仅使机油降低润滑质量，加速运动摩擦副表面的磨损，而且容易导致发动机工作爆燃、活塞粘缸、活塞环卡死等严重故障。因此，行车时若发现冷却液温度过高，要及时进

行检查，找出故障的原因和其故障部位加以维修处理，确保汽车正常运行。

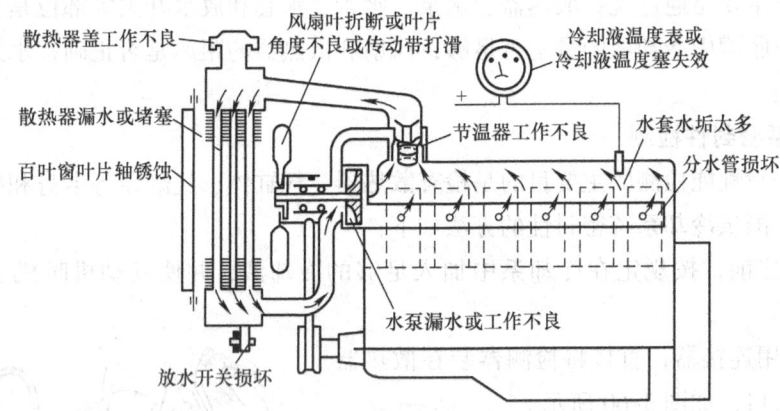

图 3-61　发动机冷却系统常见故障发生部位

同样，当冷却液温度过低时，应停止发动机工作，进行故障诊断。因为过低的冷却液温度同样会影响发动机的润滑，加快磨损，使发动机的寿命缩短。冷却系统故障的原因及排除方法见表 3-28。

表 3-28　冷却系统故障的原因及排除方法

故障	故障原因	排除方法
冷却液温度过高	冷却液量过少	补充冷却液
	节温器不能正常工作	换用新件
	散热器风扇不能正常工作	检查电路和风扇
	散热器芯（冷却管）部分堵塞	清洗水垢或更换
	温度表不准确	检修或更换
	散热器百叶窗关闭或开度不足	打开或调整
	缸盖、缸体内水道内水垢过多	清洗
冷却液温度过低	节温器常开	更换
	冷却风扇常开	检修电路
	温度表不准确	检修或更换
冷却液消耗异常	外漏	检修并紧固
	缸盖裂纹	检修或更换
	缸体裂纹	检修或更换

 特别提示

当发现冷却液消耗异常时，必须要停车查明原因。如果冷却液漏入缸内和油底壳里，会直接破坏发动机的润滑，造成严重机械事故。

思考案例解析

故障现象：一辆帕萨特 B5 轿车，怠速一切正常，加大加速踏板行程使发动机转速升到 2500r/min 左右也未见异常。但在行驶过程中，只要车速升至 100km/h，不到 30s 的时间，冷却液温度立即升高，冷却液温度警告灯开始闪烁。

故障分析与排除：一般情况下，冷却液温度高的可能原因有以下几方面：水泵工作不良、节温器失效、散热器脏污、水道堵塞、温控开关失灵、电子风扇工作不良以及冷却液不足等。

但是通过逐项检查均未发现异常。进行路试，当车速提升到 100km/h，冷却液温度警告灯亮起时，立即将车靠边熄火，打开发动机盖检查，发现膨胀罐内冷却液减少了，水管以及各连接处均未见有渗漏痕迹，由此判断，冷却系统可能存在内漏，即水道与气缸燃烧室窜通。

进一步用尾气检测分析法诊断，用举升器将车轮悬空，挂档运转，当车速加至 110km/h 时，尾气分析仪显示 HC 值明显偏高，并随着加速踏板行程加大而上升。于是用断油法逐缸检测，当拔下第四缸喷油器接头时，HC 值恢复到正常值，显然第四缸工作不良。拆下第四缸火花塞，火花塞呈铁锈色，说明燃烧室内已进水。拆下气缸盖，发现气缸盖上第四缸燃烧室与邻近的水道之间有一宽约 1.5mm 的不太明显的凹痕，于是将气缸盖表面加工处理，更换了气缸垫，装复后试车，故障排除。如果是你，会如何诊断呢？

实践活动

在实训老师的指导下，以小组为单位，对一台温度过高的发动机进行故障诊断与维修，并填写好实训记录（表3-29）。

表3-29 实训记录表

发动机型号		出厂时间		检验人	
VIN 码		检测时间		学号	
确认故障现象	发动机在_____情况下，有_____现象。				
分析故障原因	导致_____过高的原因有_____， _____。				
检修步骤	1）检查_____是否缺水；_____水管是否有泄漏现象。 2）检查发动机工作是否平稳，有无_____、_____现象。 3）检查发动机高温时，_____是否正常运转。 4）检查_____和_____工作是否正常。 5）检测温控开关性能是否_____。 6）检查上、下水管_____是否过大。（过大为散热器芯管有堵塞现象）				
学生小结	通过本次实训知道了_____； 掌握了_____。 在_____方面，还要努力。				
教师点评					

任务八　汽油机进气控制系统检测与故障诊断

> **案例思考**
>
> 1）有一辆奥迪 A6 轿车，怠速时发动机有轻微的异响，在市区行驶时动力不足现象不明显，而在高速公路上行驶时动力明显不足，油耗也大。
>
> 2）一辆 2007 款一汽丰田卡罗拉 GL 轿车，配备 1ZR—FE 发动机，行驶了 4.6 万 km。据用户反映，该车最近一个月来频繁出现着车困难的故障，早上要起动好几次才能着车，即使能着车，怠速也很不稳定，抖动得很厉害。最近还出现了热车熄火，如果马上再着车，转速会慢慢提高到 2800r/min，降不下来。熄火要等 10 多分钟，然后才能再着车。
>
> 请思考应该如何排除上述发动机故障。

相关知识与技能

目前在多种汽油车上，已经开始应用新的进气控制系统，包括谐波进气增压控制系统（ACIS）、涡轮增压电控系统、可变气门正时和气门升程电子控制（VTEC）系统、智能可变气门正时系统（VVT-i）等，通过提升发动机充气效率，使发动机的动力性和经济性及排放性得到很大的提高。不同车型采用的进气控制模式是不同的。下面分别介绍上述进气控制系统的性能检测与故障诊断。

一、谐波进气增压控制系统（ACIS）的检修

谐波进气增压控制系统（ACIS）是通过对进气空气控制阀进行优化控制以实现进气歧管长度的改变来提高充气效率的。ACIS 结构组成如图 3-62 所示，主要由进气控制阀（IACV）、真空马达（膜片式执行器）、电磁真空通道阀（IACV VSV）、真空罐、发动机 ECU 等组成。

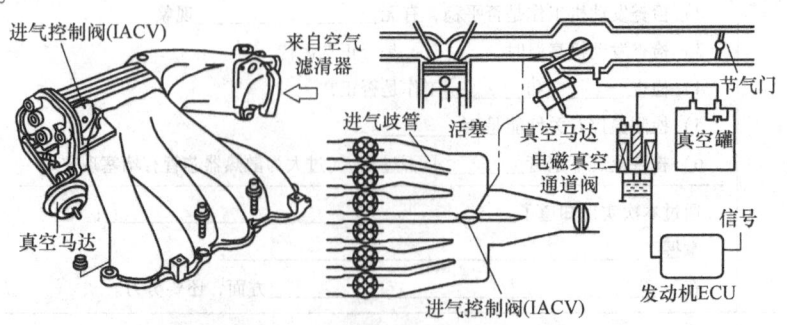

图 3-62　谐波进气增压控制系统（ACIS）组成与结构

1. 谐波进气增压控制系统检测标准

根据 GB/T 15746—2011《汽车修理质量检查评定办法》的规定，发动机各系统的元件应性能良好，工作正常，符合原设计要求。

2. 谐波进气增压控制系统主要元件检修

由于车型不同，其技术参数有所差异，但是检测方法基本相同。下面以皇冠2JZ-GE发动机的ACIS为例来介绍主要元件的检修方法。

（1）电磁真空通道阀的检修

1）检查电磁阀线圈。用万用表在常温下测量两端子间的电阻，当测得两端子间电阻是38.5~44.5Ω，同时两端子与电磁阀壳体也不导通时，表示正常。否则应予以更换。

2）电磁阀密封性的检测。未通电时，空气应能从通道E进入，然后从滤清器中排出，如图3-63a所示；当在电磁阀的两端子上施加12V电压时，空气应能从通道E进入，然后从F口排出，如图3-63b所示。否则应予以更换。

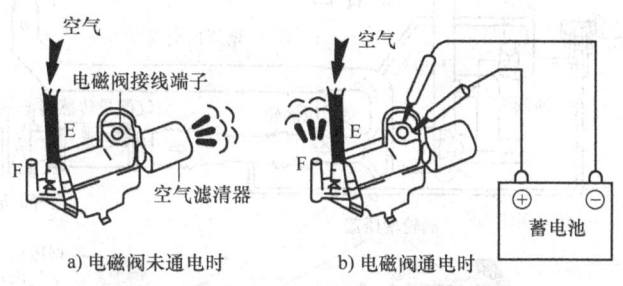

图3-63 检测电磁真空通道阀

（2）真空电动机的检修 如图3-64所示，当给真空电动机真空室施加53.3kPa的真空度时，检查真空室阀杆有无移动。当真空施加1min后，泄放真空，观察阀杆是否回位。如果上述操作后发现阀杆不动或不回位，先旋转其调整螺钉来调节，如仍无反应则予以更换。

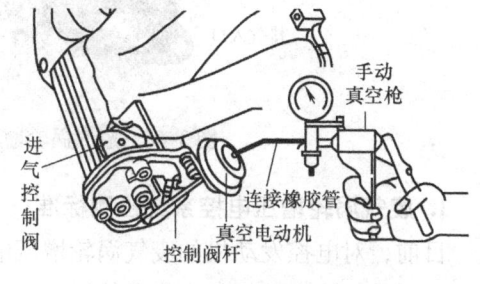

图3-64 真空电动机的检测

（3）真空罐的检查 当由A向B吹气时应当导通，如图3-65a所示；而由B向A吹气时应当截止，如图3-65b所示。用手指按住B口（图3-65c），施加53.3kPa的真空，观察1min，表头真空度应无变化。如不合上述要求，应更换真空罐。

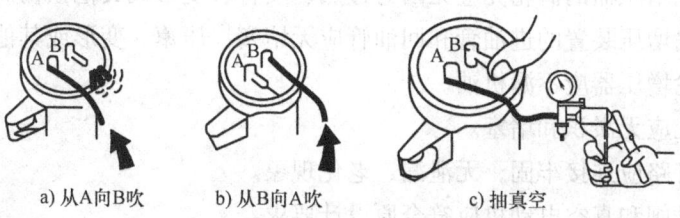

图3-65 真空罐的密封性检查

二、废气涡轮增压电控系统的检修

废气涡轮增压电控系统是随着电控技术不断发展而在汽车上应用的一种新技术。目前，装有废气涡轮增压电控系统的发动机已经在各车系中得到了广泛的应用。其系统组成如图3-66所示，主要由涡轮增压器、增压压力电磁阀、膜片式放气控制阀、冷却器、发动机ECU组成。它利用发动机排出的废气惯性冲力来推动涡轮增压器内的涡轮，涡轮又带动同轴的泵轮，泵轮将来自空气滤清器的空气加压后送入气缸，以此提高发动机的充气效率。

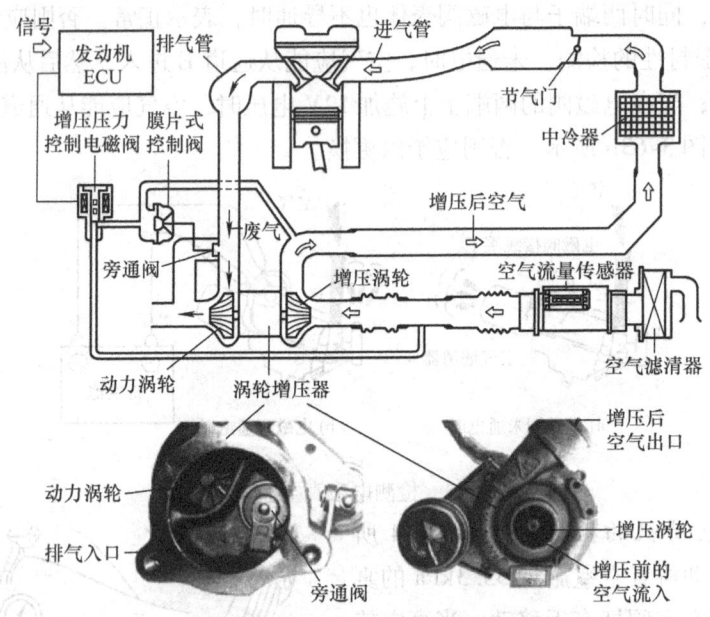

图3-66 废气涡轮增压系统组成与工作原理简图

1. 废气涡轮增压电控系统检测标准

目前，对电控发动机的废气涡轮增压电控系统没有制定统一的检测标准。但是，每种规格型号的电控发动机的废气涡轮增压电控系统都有相关生产企业的检测标准。根据GB/T 15746—2011《汽车修理质量检查评定办法》的规定，发动机各系统的元件应性能良好，工作正常，符合原设计要求。

一般技术要求：

1）废气涡轮增压器的涡轮壳应无因为过热、咬合、变形或其他损伤而产生的裂纹。
2）废气涡轮增压装置的进油管和回油管应无堵塞、压瘪、变形或其他损坏。
3）废气涡轮增压器应不漏机油。
4）涡轮油孔应无淤积和堵塞。
5）所有的管路应连接牢固，无泄漏、老化现象。
6）控制电磁阀和真空电动机应符合原设计要求。

2. 废气涡轮增压电控系统常见故障的检测与排除方法

废气涡轮增压电控系统故障会直接引起发动机动力下降、机油消耗量增大、发动机冒黑烟、工作不稳定以及产生噪声等。

（1）增压发动机功率下降或发动机冒黑烟

主要原因：空气滤清器堵塞；压气机吸气通道和内腔因油垢过多而阻塞；气缸内积炭与废气中的烟尘积聚在涡轮轴套内，使转子轴阻力增大；排气管阻塞或变形，导致排气不畅；涡轮密封环磨损失效，引起废气泄漏，对涡轮叶轮的驱动力减小；进气管或接头卡箍未拧紧造成进气泄漏；涡轮叶轮经废气长期冲刷而变形。

检查排除方法：可采用直观法检查。清除空气通道内阻塞物，消除进、排气管的泄漏。

（2）泵轮端或涡轮端漏油

主要原因：一是泵轮端油封磨损失效。当增压器润滑系统内的机油窜入泵轮室，被吸入气缸内燃烧，会造成机油过度消耗和气缸内积炭。二是涡轮端密封环损坏。当涡轮高速运转时，废气会窜入增压器的润滑系统，污染机油；且当发动机低速运转时，增压器内的机油则通过密封环从排气管排出，造成机油的过度消耗。

检查排除方法：用直观法检查回油管、进油管和各连接管路的密封，需要时更换密封圈。

（3）异常振动和噪声

主要原因：转子轴严重磨损，使轴承间隙加大产生振动；涡轮与泵轮由于损坏或者由于灰尘油泥使转子动平衡遭到破坏产生振动及噪声；增压器支架刚度不够或连接螺钉松动；增压器连接处局部漏气。

检查排除方法：用直观法检查各连接管道，紧固有关部件，清洁或更换转子总成。

（4）转子轴咬死

主要原因：机油过脏或变质，使转子轴润滑不良而造成转子轴与轴套烧结而咬死。当转子轴上的轴套咬死，增压器停止工作，将导致发动机功率急剧下降。

检查排除方法：用直观法检查。清洗润滑系统，更换机油和轴承。

（5）增压发动机进气压力上升

主要原因：增压压力控制电磁阀或膜片控制阀损坏，或发动机 ECU 出现故障，使旁通阀不能适时打开。

检查排除方法：可先用故障诊断仪调取故障码，根据故障码的提示排除故障；若无故障码，可用人工经验法，对增压压力控制电磁阀、膜片控制阀、旁通阀等逐一排查。

3. 故障案例解析

故障现象：有一辆奥迪 A6 轿车，怠速时发动机有轻微的异响，在市区行驶时动力不足现象不明显，而在高速公路上行驶时动力明显不足，油耗也大。

故障诊断与分析：先用故障解码仪检查无故障码，所以用人工经验法检查。根据故障现象，按照如下步骤诊断排查：

1）先检查清洁空气滤清器及管道，无阻塞现象。

2)检查软管接头、管子焊接处、锁紧机构等,未发现异常。

3)查看发动机的排气歧管、排气管垫片或排气管与涡轮壳之间的连接,涡轮壳有无裂纹等。未发现漏气现象。

4)查看废气涡轮增压器,发现废气涡轮增压器有异响,这说明是增压器系统的故障。拆下废气涡轮增压器,发现压力控制阀门的调整螺钉松动。

故障排除:将松动的压力控制阀门的调整螺钉紧固后,试车。高速动力正常,异响也随之消失。

三、可变气门正时和气门升程电子控制(VTEC)系统检修

VTEC是本田汽车公司研发的可变气门正时和升程电子控制系统,可使发动机在高速时,改变气门正时和升程,并由ECM控制,使发动机在高速范围时输出更大的功率。

1. VTEC的基本结构与原理

VTEC控制系统由传感器、控制部分和执行部分组成。执行部分由VTEC机构中的气门(每缸2进2排)、凸轮、摇臂、同步活塞(A、B)和正时活塞等组成,如图3-67所示。控制部分由发动机ECM、VTEC电磁阀、VTEC压力开关等组成,如图3-68所示。在发动机运转过程中,各传感器不断地向ECM输入转速、负荷、车速以及冷却液温度信号,由ECM判断何时改变气门正时和升程。当转换条件符合后,ECM操纵VTEC电磁阀打开油路,使从机油泵输出的压力油推动同步活塞把3个摇臂连锁起来,实行VTEC气门正时和升程变动,以改变进气量,增加发动机功率。如果转换条件不符合,ECM将VTEC电磁阀断电,切断油路,不实行VTEC控制。

2. VTEC的常见故障与检修方法

如果VTEC在发动机低速状态一直工作,发动机会因进气量不足而无力;如果一直在高速状态下工作,发动机的燃油消耗量就会增加。当VTEC控制系统出现故障时,发动机故障指示灯(MIL)就会点亮,显示出故障码。其中故障码21表示VTEC电磁阀线路不良,故障码22表示压力开关线路不良。

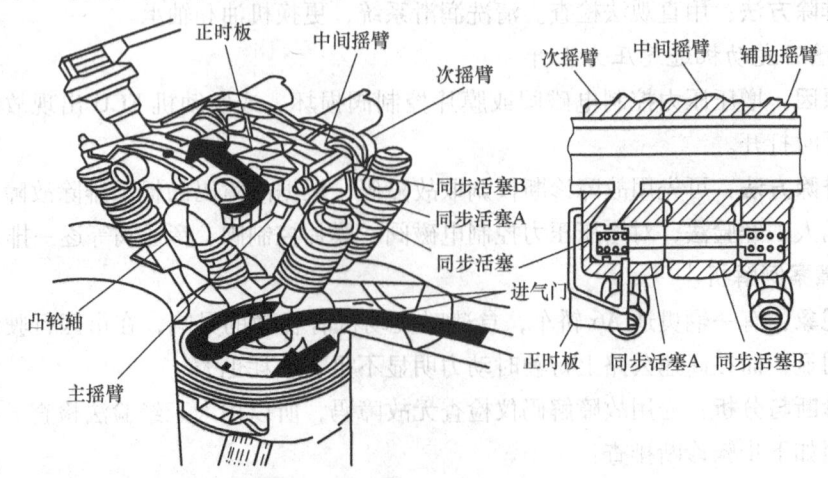

图3-67 F22B1发动机VTEC结构图

1）VTEC 电磁阀的检查。从 VTEC 电磁阀上拆下插接器，测量电磁阀电阻，应为 14~30Ω。把电磁阀从缸盖上拆下，检查滤网是否堵塞，若堵塞应进行清洁并更换机油。用手指推动电磁阀柱塞，应能自由运动。测量电磁阀连接导线与 ECM A4 端子，应导通。

2）VTEC 压力开关的检查。由于 VTEC 机构的运动是由压力油推动

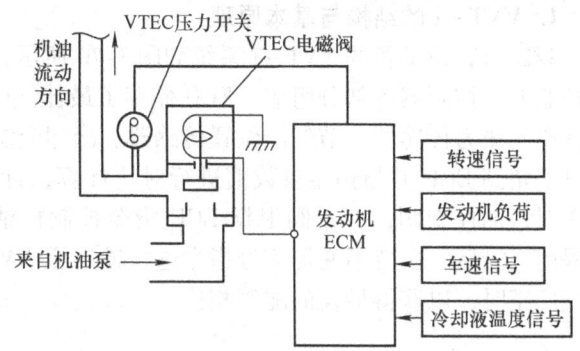

图 3-68 VTEC 控制系统

进行的，所以应检查机油压力。当发动机转速超过 3000r/min 时，机油压力最低值为 250kPa。从压力开关上拆下插接器，测量压力开关两接线端子之间的电阻。在发动机熄火时，压力开关应导通；发动机在 3000r/min 转速运转时，将压力开关的两接线端子分别接蓄电池正、负极时，压力开关应断开。测量插接器棕/黑线与搭铁之间应导通，蓝/黑线与 ECM D6 端子之间也应导通。

3）摇臂的检查。拆下气门室盖，在压缩上止点时，用手推动 3 个摇臂，应能独立自由动作，不应连锁。用 400kPa 压力的压缩空气从检查油孔处注入，并堵住泄油孔，然后把正时板推高 2~3mm，这时同步活塞应能把 3 个摇臂连锁；不注入压缩空气，3 个摇臂又分开独立动作。VTEC 摇臂的检查如图 3-69 所示。

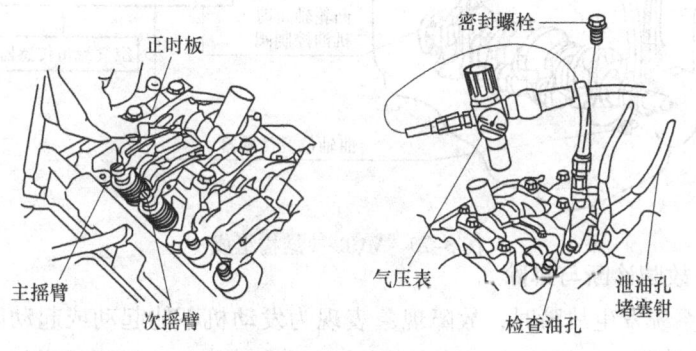

图 3-69 检测 VTEC 摇臂

四、智能可变气门正时系统检修（VVT-i）

VVT-i 是丰田汽车在发动机进气控制系统上应用的一项技术，是一种控制进气凸轮轴气门正时的机构。

VVT-i 在进气凸轮轴与传动链轮之间装有油压离合装置，使进气门凸轮轴与链轮之间转动的相位差可以改变。通过调整凸轮轴转角对气门正时进行优化，从而提高发动机在所有转速范围内的动力性、燃油经济性，并降低尾气的排放。下面就以一汽花冠轿车所装 3ZZ-FE 发动机为例，介绍 VVT-i 的结构原理与故障排除方法。

1. VVT-i 的结构与基本原理

3ZZ-FE 发动机的 VVT-i 系统如图 3-70 所示，主要由传感器、ECU 和凸轮轴正时机油控制阀、控制器等部分组成。ECU 储存了最佳气门正时参数值，曲轴位置传感器、进气歧管空气压力传感器、节气门位置传感器、冷却液温度传感器和凸轮轴位置传感器等反馈信息汇集到 ECU 并与预定参数值进行对比计算，计算出修正参数并发出指令到控制凸轮轴正时机油控制阀，控制阀根据 ECU 指令控制机油槽阀的位置，也就是改变液压流量，把提前、滞后、保持不变等信号指令选择输送至 VVT-i 控制器的不同油道上，连续改变进气门正时，以获得最佳的配气相位。

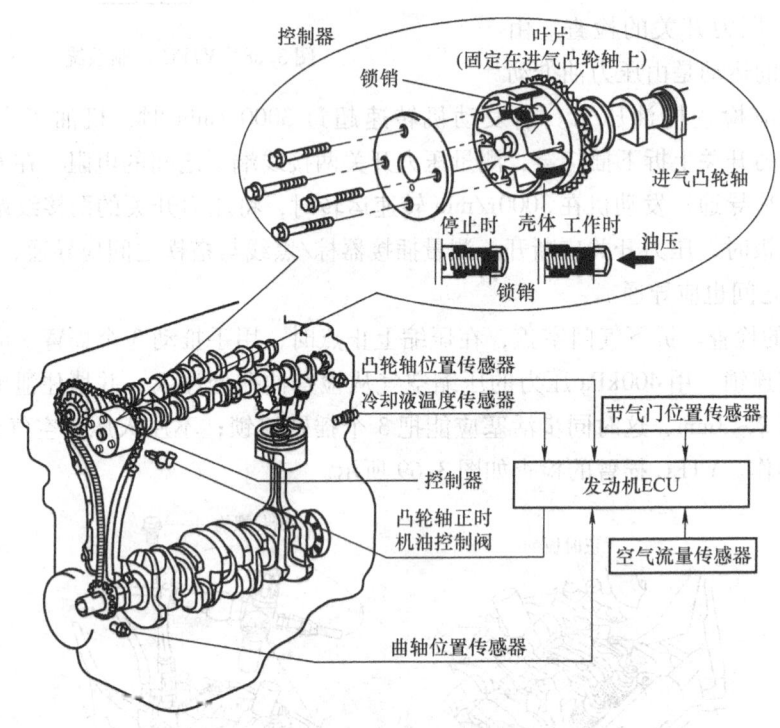

图 3-70 VVT-i 结构组成

2. VVT-i 故障诊断与排除

当 VVT-i 系统发生故障时，故障现象表现为发动机不能起动或起动困难；发动机怠速不良；运转不平衡；加速无力；汽车行驶中的动力下降；油耗明显增加；车辆正常行驶中突然熄火；仪表板上发动机故障警告灯点亮等。

VVT-i 系统故障的诊断方法以故障解码仪诊断为主，辅以人工拆检。用丰田汽车专用故障诊断仪读取发动机故障码，表示 VVT-i 有故障的故障码有 P1346、P1349、P1656 等三组。下面重点介绍这三组故障码产生的原因和深入检查故障的方法。

（1）故障码 P1346 的原因分析与诊断排除 产生故障码 P1346 的原因有曲轴位置传感器故障；凸轮轴位置传感器故障；机械系统（正时带跳齿、齿带过长）故障；发动机 ECU 故障。

1）检查曲轴位置传感器、凸轮轴位置传感器端子间的电阻，冷态时分别为 1630~2740Ω、835~1400Ω，热态时分别为 2065~3225Ω、1060~1645Ω。若正常，则进行下一步检查。若不正常，则更换曲轴位置传感器、凸轮轴位置传感器。

2) 检查图3-71所示电路中发动机ECU与曲轴位置传感器、凸轮轴位置传感器间的配线和插接器。

脱开曲轴位置传感器插接器C3，脱开发动机ECU插接器E8，检测曲轴位置传感器插接器C3端子1与发动机ECU插接器E8端子16（NE+）间的导通性及曲轴位置传感器插接器C3端子2与发动机ECU插接器E8端子24（NE-）间的导通性，正常情况下应导通。检测发动机ECU插接器E8端子16与17间、端子24与17间电阻（是否短路），正常阻值应为1MΩ或大于1MΩ。检测曲轴位置传感器插接器C3端子2与发动机ECU插接器E8端子24间的导通性，正

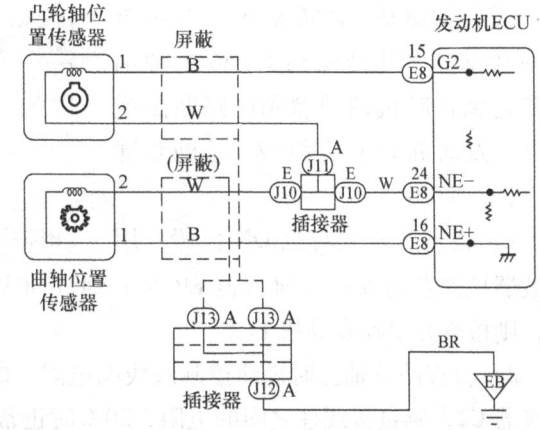

图3-71　凸轮轴/曲轴位置传感器与ECU连接电路

常情况下应导通。若不正常，则修理或更换配线和插接器。

脱开凸轮轴位置传感器插接器C1，脱开发动机ECU插接器E8，检测凸轮轴位置传感器插接器C1端子1（G+）与发动机ECU插接器E8端子15（G2）间的导通性及凸轮轴位置传感器插接器C1端子2与发动机ECU插接器E8端子24（NE-）间的导通性，正常情况下应导通。检测发动机ECU插接器E8端子17（E1）与凸轮轴位置传感器插接器C1端子1间的电阻（是否短路），正常阻值应为1MΩ或大于1MΩ。检测发动机ECU插接器E8端子24与17间的电阻（是否短路），正常阻值应为1MΩ或大于1MΩ。

3) 检查曲轴位置传感器、凸轮轴位置传感器的安装情况。若不正常，则紧固曲轴位置传感器、凸轮轴位置传感器。检查曲轴位置传感器信号齿盘。若不正常，则修理或更换曲轴位置传感器信号齿盘。

4) 在完成上述步骤后，检查气门正时。若正常，则检查并更换发动机ECU；气门正时若不正常，则调整气门正时。

(2) 故障码P1349的原因分析与诊断排除　产生故障码P1349的原因有气门正时不正常；凸轮轴正时机油控制阀有故障；VVT-i控制器总成有故障；发动机ECU有故障。

1) 检查气门正时。若不正常，则调整气门正时。

2) 检查凸轮轴正时机油控制阀线圈电阻及工作状况。断开蓄电池负极和凸轮轴正时机油控制阀插接器C2，测量接线柱之间的电阻，20℃时正常阻值为6.9~7.9Ω。如不符合技术标准，应更换凸轮轴正时机油控制阀。起动发动机，脱开凸轮轴正时机油控制阀插接器C2并检查发动机转速，发动机转速应正常。将蓄电池电压施加在凸轮轴正时机油控制阀端子间并检查发动机转速，发动机应怠速不稳或失速。若不能正常工作，则首先检查凸轮轴正时齿轮，必要时更换凸轮轴正时齿轮。若凸轮轴正时齿轮工作正常，则更换凸轮轴正时机油控制阀。

3）检查发动机ECU。将点火开关转至ON位置，用示波器检测图3-72所示电路中发动机ECU插接器E9端子24（OCV+）与23（OCV+）间的波形。若不正常，则检查并更换发动机ECU。

（3）故障码P1656的原因分析与诊断排除　产生故障码P1656的原因有凸轮轴正时机油控制阀电路断路或短路；发动机ECU有故障。诊断步骤如下：

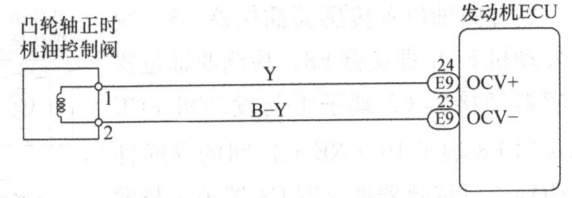

图3-72　凸轮轴正时机油控制阀与ECU连接电路

1）将点火开关转至ON位置，用示波器检测发动机ECU插接器E9端子24（OCV+）与23（OCV-）间的波形。若不正常，则检查并更换发动机ECU。

2）检查凸轮轴正时机油控制阀线圈电阻。断开蓄电池负极和凸轮轴正时机油控制阀插接器C2，测量接线柱之间的电阻，20℃时正常阻值为6.9~7.9Ω。如不符合技术标准，应更换凸轮轴正时机油控制阀。

3）检查图3-72所示电路中发动机ECU与凸轮轴正时机油控制阀间的配线和插接器。检查发动机ECU插接器E9端子24与凸轮轴正时机油控制阀插接器C2端子1间的电阻，正常阻值应为1Ω或更小。检测发动机ECU插接器E9端子24与21间的电阻，正常阻值应为1MΩ或更大。检测发动机ECU插接器E9端子23与凸轮轴正时机油控制阀插接器C2端子2间的电阻，正常阻值应为1Ω或更小。检测发动机ECU插接器E9端子23与21间的电阻，正常阻值应为1MΩ或更大。若正常，则检查是否是间歇性故障。若不正常，则修理或更换配线和插接器。

3. 故障案例解析

故障现象：一辆2007款一汽丰田卡罗拉GL轿车，配备1ZR—FE发动机，行驶了4.6万km。据用户反映，该车最近一个月来频繁出现着车困难的故障，早上要起动好几次才能着车，即使能着车，怠速也很不稳定，抖动得很厉害。最近还出现了热车熄火，如果马上再着车，转速会慢慢提高到2800r/min，降不下来，熄火要等个10多分钟，然后才能再着车。

故障诊断与分析：接车后，车间维修人员首先进行故障现象检验，确实如用户反映的那样，要起动好几次才能着车，而且发动机抖动得非常厉害，像要熄火，废气也很难闻，呛眼、呛鼻。检查发动机故障灯（MIL）在发动机运转时能熄灭。询问确认用户还没有做过油、电路保养后，对该车进行了油、电路保养，清洗了节气门、喷油器，更换了汽油滤清器，但是故障依旧。引起发动机难着车的可能故障原因包括冷却液温度传感器信号不良、汽油喷射压力不足、喷油器泄露、电子节气门电动机控制不良、进气门积炭过多，正时失准等。本着从易到难的程序，对该车进行故障排查：

1）把冷却液温度传感器从车上拆下，测量室温（约25℃）时，阻值为2.4kΩ。把冷却液温度传感器泡到开水里进一步测量，温度约93℃时，阻值为220Ω，并且在水温下降的过程中，测得传感器阻值逐渐上升，说明冷却液温度传感器元件正常。进一步测量冷却液温度传感器与发动机 ECU 端子 THW 和 ETHW 之间的连接线阻值,两根导线的阻值都小于 1Ω,也正常,至此可以排除冷却液温度传感器的故障。

2)在燃油管上接燃油压力表,起动着车,油压能迅速建立到 280kPa,熄车 10min 后再检查,还能保持在 240kPa,大于标准要求的 220kPa。油泵和燃油压力也没有问题。这么新的汽车,喷油器出现泄漏的可能性也不大。

3)现在国家的汽油出厂标准提高了,根据对其他发动机大修的拆检经验,电喷发动机的气门积炭在行使了 15 万 km 到 20 万 km 时,也仅有 2~3mm 厚,甚至更少。对于才行驶了 4.6 万 km 的 1ZR—FE 电喷发动机来说,气门积炭也不会多到引起发动机起动困难的程度。

4)经过初步的排查,重点放到了电子节气门单元上。由于前期已经对节气门单元进行了清洗,重点对电子节气门单元与发动机 ECU 之间的连接线进行测量,阻值都小于 1Ω,符合标准。最后,把电子节气门单元接上插头,在驾驶室内打开点火开关,慢踩加速踏板,观察到节气门活叶转动灵活,反应灵敏,没有发现异常。

该车使用正时链条驱动凸轮轴,新车至今还没有拆换过正时链条,出现跳齿的可能几乎为零。但是该车采用了丰田 VVT-i 可变气门正时技术,又使得气门正时产生变化变得非常可能。1ZR-FE 发动机的配气相位如图 3-73 所示。

从配气相位图中可以看出,进气门打开是在 1°~56°BTDC,关闭是 65°~10°ABDC;排气门打开是在 51°~11°BBDC,关闭是 3°~43°ATDC。也就是进气凸轮轴可以在 66°的范围内变化,排气凸轮轴也可以在 54°范围内变

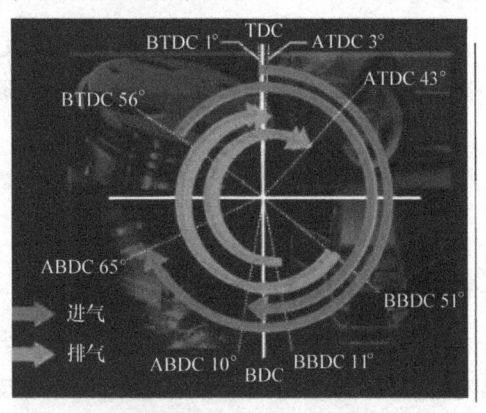

图 3-73 发动机配气相位图

化。如此大的变化范围相当于正时跳动了 5~6 个齿了。控制气门正时变化的是气门正时机油控制阀和 VVT-i 控制器。把进气侧气门正时机油控制阀拆下来检查,测量两端子之间的电阻,如图 3-74 所示。结果为 7.2Ω,在 6.9Ω~7.9Ω 之间,正常。

再按图 3-75 所示方法给控制阀通电,观察发现阀芯被机油积炭卡住不能自由移动。问题应该就出现在这里了。

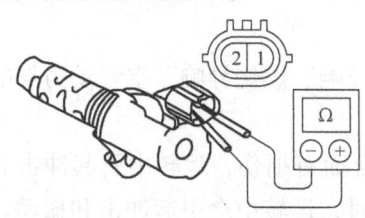

图 3-74 检测正时机油控制阀电阻

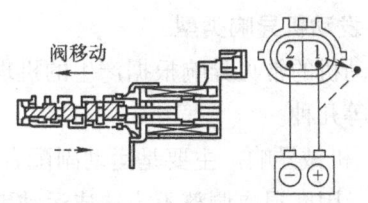

图 3-75 通电测试正时机油控制阀

故障排除:用清洗剂把阀芯清洗干净,用机油润滑,再通电检查,阀芯可以自由移

动,恢复正常。把排气侧的气门正时机油控制阀也拆下来检查,发现也有轻度的积炭滞塞,同样用清洗剂清洁润滑后,通电检查都恢复正常。把两个气门正时机油控制阀装复,试车,故障排除。

实践活动

在老师指导下,以小组为单位,分别选用装有 ACIS 系统、废气涡轮增压系统、VTEC 系统和 VVT-i 系统的发动机台架或汽车,进行进气控制系统的性能检测,并自行设计表格,填写好实训记录,写出实训报告。

任务九　发动机异响故障的诊断与排除

案例思考

一辆 2009 年生产的帕萨特轿车,发动机冷车起动时,发出清晰而明显的"嗒、嗒、嗒"的响声,热车后,响声明显减弱。

请思考应该如何判断发动机的异响。

相关知识与技能

发动机是一个结构复杂的机械整体,当一个或几个零、部件的技术状况下降时,就会影响到整机的工作状态。在发动机良好的技术状况下,无论转速、负荷怎样变化,虽然工作时发出声响的频率、波长、声级和衰减系数不同,但都是一种平稳而有节奏、协调而又圆滑的轰鸣声。这种响声称之为发动机正常响声。随着发动机使用时间的增长,因为机械零件的磨损、性能老化、连接松动,电气元件的接触不良、短路、断路等因素的影响,而导致发动机在运转过程中发出间歇或连续的金属敲击声或连续摩擦声等声响,表明发动机运转不正常,将这种响声称之为发动机异响。

一、发动机异响类型与影响因素

1. 发动机异响类型

发动机的常见异响根据产生的机理不同分为机械异响、燃烧异响、空气动力异响和电磁异响等几种。

1) 机械异响。主要是运动副配合间隙过大或配合面有损伤,运转中引起冲击和振动造成的。因磨损或调整不当造成运动副配合间隙过大时,运转中会引起冲击和振动,产生声波。如曲轴主轴承响、连杆轴承响、凸轮轴轴承响、活塞敲缸响、活塞销响、气门响、正时齿轮响等,多是因配合间隙过大造成的。但有些异响也可能是配合面(如正时齿轮齿面)有损伤或其他原因造成的。

2）燃烧异响。主要是发动机不正常燃烧造成的。如汽油发动机产生突爆和表面点火时，柴油发动机工作粗暴时，气缸内均会产生极高的压力波。这些压力波撞击燃烧室壁及活塞连杆组，发出了强烈的类似敲击金属的异响。当发动机进气管发出回火声，排气管发出放炮声或"突、突"声时，也属于燃烧异响。

3）空气动力异响。主要是在发动机进气口、排气口和运转中的风扇处，由于气流振动而造成的。

4）电磁异响。主要是在发电机、电动机和某些电磁元件内，由于磁场的交替变化，引起机械中某些部件或某一部分空间容积产生振动而造成的。

2. 影响发动机异响变化的因素

发动机的异响变化与配合间隙、润滑条件、温度、负荷、速转等有关。因此，通过对影响异响变化的因素分析，就可以找出异响变化的规律，从而为异响故障的诊断提供条件。

1）配合间隙。当润滑、温度、负荷和速度等一定时，异响是随配合间隙的增大而变得明显。如活塞与缸套的配合间隙越大，响声也越明显。

2）润滑条件。品质好的机油和适宜的压力就能产生较好的润滑油膜。润滑油膜越厚，机械冲击就越小，噪声也就越轻，异响就不易发生。

3）温度。金属零部件受到高温作用引起几何形状变化，这种变形又影响到配合间隙变化，机油在高温下易变质和变稀并且黏度下降，使润滑油膜厚变薄，润滑性能变差。

4）负荷。负荷越大异响就越明显。根据异响随负荷变化的规律和特点可判定故障的性质和位置。例如：发动机稳定在急速运转，就可听到清晰的活塞敲缸响；而不严重的连杆轴承响则需要急抖节气门才能听到；活塞敲缸响和连杆轴承响都有在单缸断火后异响减弱或消失的特点。利用这些特点不仅能确定故障的性质，而且还能找出故障的位置。

5）速度。发动机所以出现异响，是因为每种异响都有其特定的振动频率，当运动速度的频率是异响频率的整数倍时，会产生共振现象，于是异响加剧。即每种异响在其响声最明显时都对应一个运动速度段（速度范围）。如活塞敲缸响在发动机的低速段最明显；连杆轴承响在发动机的中速段最明显，传动轴不平衡响在汽车中速以上行驶时最突出，随着车速的升高，传动轴的振动也随之加剧。

6）部位。异响部位一般离故障位置较近，据此可以判定是什么机构、总成或系统出现故障，从而缩小诊断故障的范围。如异响在气门室处明显，说明气门机构有故障；在曲轴箱内异响明显，说明活塞、活塞销、连杆或曲轴轴承有故障等。图 3-76 所示为发动机异响分布简图。

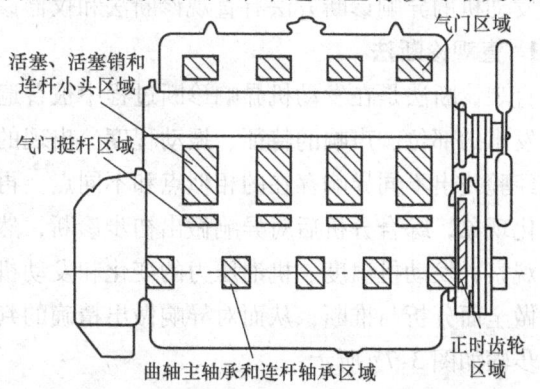

图 3-76　发动机异响分布简图

二、发动机异响的鉴别

1. 分清主机与附件的响声

如果将 V 带松开后响声消失，说明该响声与水泵或发动机及其旋转部件有关；松开空气压缩机 V 带后响声消失，说明该响声与空气压缩机及其旋转部件有关。若将 V 带松开后响声仍不消失，应考虑是主机及其他部件发响。

2. 分清连响与间响

连响提指曲轴每转一周响一次，间响是曲轴每转两周响一次。气门机构所发出的响声属于间响，活塞连杆组间隙过大发出的响声一般也是间响。这是由于摩擦副配合间隙较大，活塞在工作行程中产生的冲击所造成的。如果活塞顶部与气缸盖相撞，更换活塞环时未刮缸口或燃烧室里进入异物，所发出的撞击声一般都是连响。

3. 分清"上缸"与"反上缸"

将某缸单缸断火后，响声减弱或消失，复火时又重新出现，称该响声"上缸"；若单缸断火后响声增强或出现，称"反上缸"。配气机构所发出的响声一般不"上缸"。活塞、活塞销、连杆衬套及轴瓦由于配合间隙过大所发出的响声一般都"上缸"。活塞破损、连杆螺栓松脱、连杆轴瓦合金严重脱落，有时容易造成"反上缸"（某缸断火后，由间响变为连响，这也是"反上缸"的一种表现）。

4. 分清良性响声与恶性响声

所谓良性响声，是指在短期内不会对机件造成明显损坏的响声。例如，气门间隙稍大所发出的碰击声，发动机怠速运转时空气滤清器发出的振动声等。这些响声虽不会马上给机件带来损害，但容易与其他响声混淆，造成误判。

所谓恶性响声，是指能很快造成机件严重损坏的响声。发动机有明显的"上缸"响声时，应引起足够的注意，特别是"反上缸"响声及汽车所发出的沉重或振动较大的响声，都属于恶性响声。若此种响声随着温度、转速及负荷的升高而增大，则应立即停车检查。

三、发动机异响的诊断

发动机的异响诊断方法有直观诊断法和仪器诊断法。

1. 直观诊断法

直观诊断法是在发动机异响诊断过程中被普遍采用的一种方法。诊断时根据响声的大小、发出的部位、声响的特征、振动程度、出现的时机及声响变化的规律等因素，并结合实践经验找出不同异响存在的相似点和不同点。再区分出不同异响所具有的特性及一些伴随变化现象，综合分析后对异响做出初步诊断，然后结合不同工况对发动机排气烟色和烟量的观察，发动机温度、机油压力的变化和发动机的新旧程度，以及使用中的一些相关情况等做全面分析与推断，从而对异响做出精确的判断。利用直观法进行发动机异响诊断的具体步骤如图 3-77 所示。

2. 仪器诊断法

发动机异响的仪器诊断法，较常见的是示波器诊断法。利用示波器能够观测到异响产

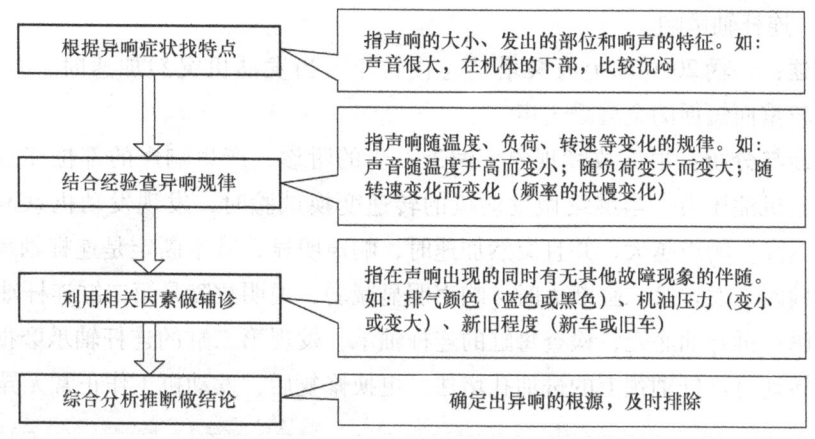

图 3-77 利用直观法诊断发动机异响

生的位置、波形特征、波形幅度等，可以实现快速诊断。其原理是利用振动传感器（拾振器）把各种异响对应的振动信号拾取出来，经过选频放大处理后送到示波器显示出波形，对异响进行频率鉴别和幅度鉴别，再辅之以单缸断火或断油、转速变换等手段，就能迅速、准确地判断出异响的种类、部位和严重程度。

除了专用异响示波器外，很多发动机综合检测仪均带示波器功能。具体发动机异响波形检测方法和步骤详见设备使用说明书。

3. 发动机异响故障案例分析

案例1 曲轴主轴承响。

故障描述：一辆2005年生产的捷达轿车，发动机稳定运转不响，转速突然变化时，发出低沉连续"哨、哨"的金属敲击声，严重时发动机发生振动。

故障诊断与分析：首先根据故障现象，做进一步的听诊，产生响声的部位在缸体下部的曲轴箱内；初步判断是主轴承响或连杆轴承响；当继续做发动机的转速变换试验时，发现发动机转速越高，响声越大，并且振动感加大；基本断定是曲轴主轴承响。当单缸断火时响声无明显变化，而相邻两缸同时断火时，2缸与3缸同时断火，响声明显减弱。说明故障是第三道主轴承。

故障排除：拆下油底壳，检查主轴承发现第三道主轴承减磨合金脱落严重，其余轴承均有不同程度的脱落，更换轴承后，发动机工作正常。

> **特别提示**
>
> 主轴承响是发动机异响中较为常见的一种，产生异响的直接原因是主轴颈与轴承的径向间隙变大，严重超过标准。而导致间隙变化的相关因素有主轴承盖固定螺栓松动；主轴承减磨合金烧毁或脱落；主轴承和轴颈磨损过甚及轴向止推装置磨损过甚，造成径向和轴向间隙过大；曲轴弯曲；机油压力太低或机油黏度太低等。所以，主轴承响可能是一道有问题也可能是多道都有问题，而诊断的方法是一样的。

案例2 连杆轴承响。

故障描述：一辆2010款上海桑塔纳志俊轿车，当发动机突然加速时，有"哐、哐"连续明显、较重而短促的金属敲击声。

故障诊断与分析：根据故障现象，做进一步的听诊，产生响声的部位在缸体中、下部。同时观察机油压力，当继续做发动机的转速变换试验时，发现发动机怠速时声响较小，而转速越高，响声越大，并且突然加速时，响声明显；基本断定是连杆轴承响。进行逐缸断火试验时，发现第二缸断火时，响声明显减弱，说明故障是第二缸连杆轴承。

故障排除：拆开油底壳，检查每缸的连杆轴承，发现第二缸的连杆轴承磨损严重，并且轴承已经转动将连杆轴颈上的进油孔堵住。更换修复后，发动机工作正常无异响。

特别提示

连杆轴承响是发动机常见异响之一，产生的根本原因是连杆轴颈与轴承径向间隙过大，而产生的轴与轴承的撞击响。本案例中，轴承在承孔中的滚动，使机油入孔堵住造成润滑不良而加速磨损是故障形成的主要原因。除此之外，同样可以导致间隙变大的相关因素有连杆轴承盖螺栓松动；连杆轴承减磨合金烧毁或脱落；连杆轴承或轴颈磨损过甚，造成径向间隙太大；机油压力太低或机油黏度太低。如果响声严重，又伴随有机油压力低，这往往成为区别连杆轴承响与活塞销响和活塞敲缸响的重要依据。

案例3 活塞销响。

故障描述：一辆丰田凯美瑞轿车，发动机在怠速、低速和从怠速向低速抖动节气门时，可听到清脆而又连贯的"嗒、嗒、嗒"的金属敲击声。

故障诊断与分析：首先根据故障现象，做进一步的听诊，产生响声的部位在缸体上部。然后做发动机变速试验，由怠速向低速急抖节气门，响声随转速的变化而变化。每抖一次节气门，如能听到清脆而连贯的"嗒、嗒、嗒"响声，则基本判定是活塞销响。将发动机稳定在响声明显的转速上，逐缸进行断火试验，当第三缸断火后响声明显减弱，在复火的瞬间又能立即连续出现两个响声，由此断定为第三缸活塞销响。

故障排除：拆检活塞连杆组，发现第三缸活塞销与衬套松旷，更换后发动机无异响，工作正常。

特别提示

活塞销响是发动机异响之一，但并不多见。产生的根本原因是活塞销与连杆小头衬套配合间隙过大或与活塞销座孔配合松旷而引起的冲击响。多发生在行驶里程较长的车上。

案例 4 活塞敲缸响。

故障描述：一辆 2009 年生产的帕萨特轿车，发动机冷车起动时，发出清晰而明显的"嗒、嗒、嗒"的响声，热车后，响声明显减弱。

故障诊断与分析：根据故障现象，进一步听诊发现该车响声冷车时明显，并且在缸体的上部。当在发动机温度升高后响声减弱；用单缸断火法检验时，一缸和二缸断火时响声减弱。当将一、二缸同时断火时，响声基本消失。由此可以断定，一、二缸均为敲缸响。

故障排除：拆检活塞连杆组发现一、二缸的活塞与缸壁的间隙过大。更换"四配套"修复后，无敲缸异响，发动机工作正常。

 特别提示

活塞敲缸响产生的根本原因是活塞裙部或头部与缸壁间的径向撞击。而导致故障的相关因素除本案例之外，还有活塞环在环槽内有卡滞；活塞与气缸壁间润滑条件太差；点火时间过早及发动机爆燃等。而由于爆燃或点火时间过早引起的敲缸响一般在热机状态和和负荷突然加大时症状明显。

 实践活动

在实训老师的指导下，以小组为单位，对一台有异响的发动机进行故障诊断，并填写好实训记录（表 3-30）。

表 3-30 实训记录表

发动机型号		出厂时间		检验人	
VIN 码		检测时间		学号	
确认异响特点		1）异响的部位在发动机的_____。 2）响声为□清脆的敲击声 □沉闷的撞击声音 □金属磨擦声 □连续响声 □间歇响声 □空气动力异响 □电磁异响			
确认异响规律		声响随温度_____；声响随负荷_____；声响随转速_____。			
分析判断		根据异响的特点和变化规律可以判断为_____响；产生的原因为_____。			
学生小结		通过本次实训知道了_____； 掌握了_____。 在_____方面，还要努力。			
教师点评					

任务十　电控发动机综合故障的诊断与排除

> **案例思考**
>
> 1）一辆别克君威轿车发动机怠速不稳，并且加速感觉无力。
> 2）一辆2008年出厂的帕萨特B5轿车，起动困难。一旦起动，只能高速运转。
> 请思考应该如何诊断与排除上述发动机综合故障。

相关知识与技能

由于电控发动机的机械构造和电控系统的工作原理都比较复杂，不同车型的电子控制系统又往往有很大差异，其故障形式既可能是电子方面的，又可能是机械方面的，因此给故障的诊断与排除带来一定困难。所以在诊断与排除电控发动机的故障时，必须了解发动机的机械构造与各种电控系统的工作原理和结构特点，参阅被修车型的详细技术资料，充分并合理地利用各种检测工具和手段。除此之外，掌握分析各种故障原因的方法，遵循由简到繁，由易到难，由外到内的诊断程序原则和合理的工艺步骤更为重要。

一、电控发动机故障诊断常用工具与仪器

电控发动机进行故障诊断时有如下常用的工具与仪器。

1. 跨接线

跨接线是一段专用导线，不同形式的跨接线主要是其长短和两端接头不同。跨接线两端的接头一般是不同形式的插头或鳄鱼夹，以适应不同位置的跨接，如图3-78所示。跨接线主要用于电路故障诊断。

2. 测试灯

测试灯主要用来检查电控元件电路的通、断。根据指示灯亮度判断被测电路的电压高低。测试灯分为自带电源测试灯和无电源测试灯，如图3-79所示。

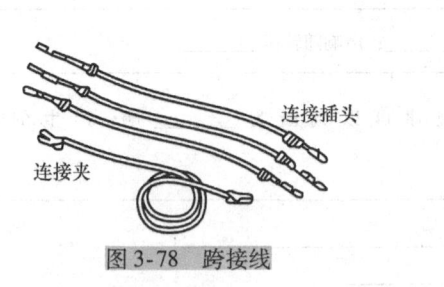

图3-78　跨接线

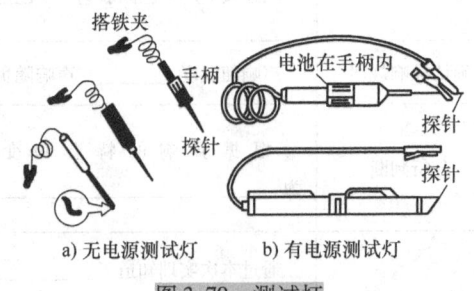

图3-79　测试灯
a）无电源测试灯　　b）有电源测试灯

3. 汽车数字式万用表

汽车数字式万用表主要用来测量电阻、电压、电流等参数，以此判断电路的通断和电控元件的技术状况，其类型分为普通型和专用型。

1)普通型汽车数字式万用表具有测量精度高、测量范围广、输入阻抗高、抗干扰能力强、容易读数等优点,在汽车故障诊断与检修中应用广泛,如图 3-80a 所示。

2)汽车专用万用表除具有数字万用表的功能外,还具有一些汽车专用测试功能,如图 3-80b 所示。它除可用来测量电控元件和电路的电阻、电压、电流外,一般还能测量转速、频率、温度、电容、闭合角、占空比等项目,并具有自动断电、自动变换量程、数据锁定、波形显示等功能。

a) 汽车普通数字万用表　　　　b) 汽车专用万用表

图 3-80　汽车数字万用表

4. 手动真空泵

手动真空泵又称手持式真空测量仪。在发动机电控系统中采用真空驱动的元件很多,所以,它主要是用来抽真空的工具。手动真空泵一般带有显示真空度的真空表、各种连接软管和接头等附件,以适应对不同车型和不同真空驱动元件的检测。其结构组成如图 3-81 所示。

5. 燃油压力表

燃油压力表是对燃油系统进行燃油压力检查和故障诊断的常用工具,如图 3-82 所示。使用时注意选择量程与被测系统压力范围相适应的燃油压力表。

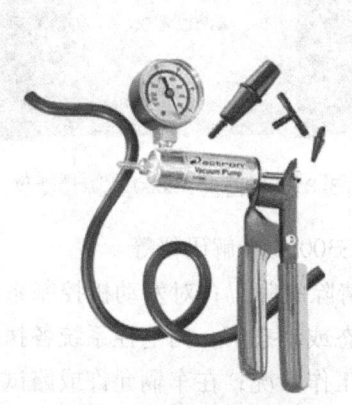 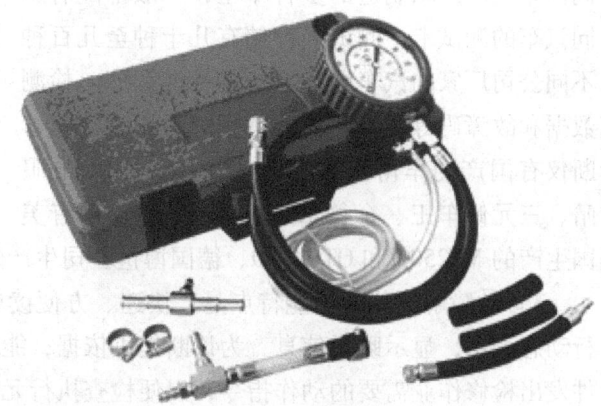

图 3-81　手动真空泵　　　　　　　图 3-82　燃油压力表

6. 汽车电子内窥镜

汽车电子内窥镜是利用电子、光学技术及精密机械相结合的新型无损检测仪器。它采用了 CCD 芯片，能在监视器上直接显示出观察图像。镜头柔软可弯曲，具有分辨率高、色彩逼真、被检测部位形状准确、有效探测距离长等优点。其外形结构如图 3-83 所示。汽车电子内窥镜不仅可用做观察发动机内部状况，还可以做许多其他的检查，包括观察发动机缸体是否有裂痕、变速器内部状况以及散热器和一些可以摸到却看不到的地方。由于它在检测方面具有无损、直观和快速的性能，在汽车生产、维修行业得到广泛的应用。汽车内窥镜主要应用于检测诊断汽车发动机、气缸、油压部件、燃料管、消声器、输送与空调系统、差速器、散热器、油箱、齿轮箱的磨损、积炭、堵塞等情况。使用汽车内窥镜，提高了工作效率，降低了修理费用，同时避免了对机件多次拆装而造成的损害。

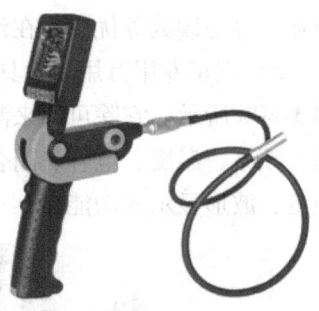

图 3-83　汽车电子内窥镜

7. 汽车故障诊断仪

根据汽车故障诊断仪应用的范围和功能的不同，分为专用型和通用型两大类。

1）专用型汽车故障诊断仪是汽车制造厂家为检测自己生产的汽车而专门设计制造的，如大众汽车用 V. A. G1551、V. A. G1552，宝马汽车用 MODIC、GT - 1 解码器，奔驰汽车用 HHT、STAR2000 解码器，通用汽车的 TECH - Ⅱ 解码器，福特汽车的 Super Star - Ⅱ 解码器，日产汽车的 Consult 解码器，丰田汽车的 XOBD2000 解码器等。专用故障诊断仪一般只能检测某一品牌或某一车型，不能检测其他厂家生产的汽车。图 3-84 所示为 5052 大众专用汽车故障诊断仪。

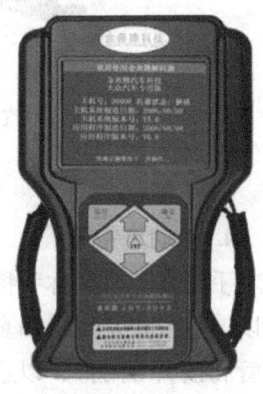

图 3-84　5052 大众专用汽车故障诊断仪

2）通用型汽车故障解码仪是汽车保修设备制造公司为适应诊断检测多种车型而设计制造的，它可以检测不同汽车生产厂家制造的多种车型，一般都配有不同汽车的测试卡，测试卡存储有几十种至几百种不同公司厂家的汽车电控系统的检测程序、检测数据和故障码等资料。目前常用的通用型故障诊断仪有国产的车博世（图 3-85）、X - 431 电眼睛、三元修车王、金德 K81、KT600 等；还有美

图 3-85　车博世 A2600 故障诊断仪

国生产的 MT2500 和 OTC4000、德国博世公司生产的 KTS300/500 解码仪等。

3）故障解码仪的功能特点是，快速、方便读取或清除故障码；对发动机控制系统进行动态测试，显示瞬时信息，为诊断提供依据；能在静态或动态下，向电控系统各执行元件发出检修作业需要的动作指令，以便检查执行元件的工作状况；在车辆允许或路试时监测并记录数据流；具有示波器功能、万用表功能和打印功能。

项目三 汽车发动机的性能检测与故障诊断

8. 示波器

示波器主要用来显示控制系统中输入、输出信号的电压波形，以供维修人员根据波形分析判断电控系统故障。示波器比一般电子设备的显示速度快，是唯一能显示瞬时波形的检测仪器，是电控系统故障诊断中的重要设备。示波器有通用与专用之分，图 3-86 所示为 FLUKE98 汽车专用示波器。

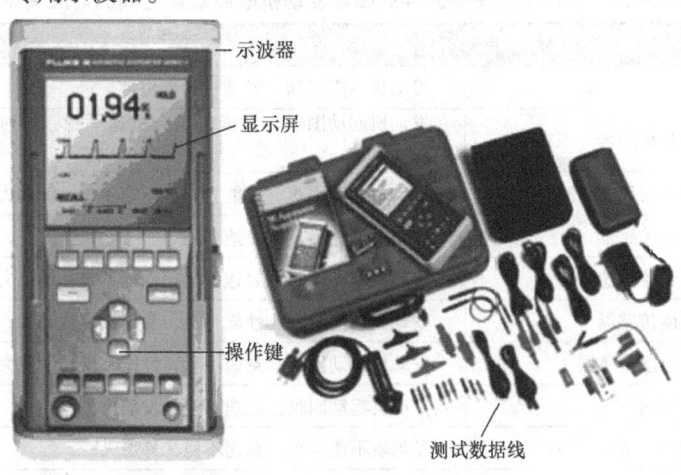

图 3-86　FLUKE98 汽车专用示波器

9. 汽车传感器模拟测试仪

汽车传感器模拟测试仪就是模拟汽车电脑的输入信号，代替传感器工作，无须更换传感器，从而准确判断传感器的好坏，减少因盲目更换配件而带来的经济损失，简化分析过程、缩短诊断时间。其结构组成如图 3-87 所示。

10. 发动机综合性能检验仪

发动机综合性能检验仪能对发动机进行不解体综合测试，并配备有标准的数据及专家分析系统，可通过对测试结果与标准数据比较，判断发动机整机或部分系统工作好坏。图 3-88 为 DA—1000D 型发动机综合测试仪。

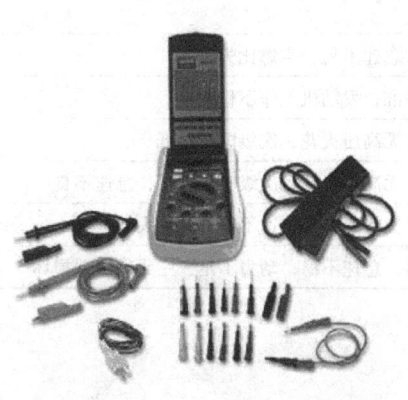

图 3-87　汽车传感器模拟测试仪

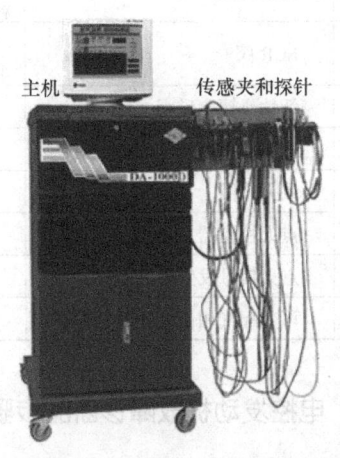

图 3-88　DA—1000D 型发动机综合测试仪

二、电控系统元件故障与电控发动机故障现象

不同电控系统元件或其电路发生故障时，会产生不同的故障现象。电控系统主要元件故障与发动机故障现象之间的对应关系见表3-31。

表3-31 电控系统主要元件故障与发动机故障现象之间的对应关系

序号	元件名称	发动机故障现象
1	ECU	发动机不能起动，发动机性能失常
2	空气流量传感器	发动机起动困难，性能失常，急速不稳，加速时回火、放炮，油耗大
3	进气管绝对压力传感器	发动机起动困难，性能失常，急速不稳，油耗大
4	大气压力传感器	发动机性能不良，急速不稳
5	节气门位置传感器	发动机起动困难，急速不稳，性能不良，油耗大
6	进气温度传感器	发动机急速不稳，性能不良，易熄火，油耗大，混合气过浓
7	冷却液温度传感器	发动机起动困难，急速不稳，性能不良，油耗大
8	急速控制阀	发动机起动困难，急速不稳，发动机失速
9	P/N、P/S、A/C 开关	发动机不能起动，急速不稳，易熄火
10	曲轴位置传感器	发动机不能起动，加速不良，急速不稳，间歇性熄火
11	喷油器	发动机起动困难，工作不稳，易熄火，急速不稳
12	冷起动正时开关	冷起动困难，混合气过浓，急速不稳
13	冷起动喷油器	冷起动困难，急速不良，混合气过浓，油耗大，排放污染增加
14	燃油泵	发动机不能起动，运转中熄火
15	燃油压力调节器	发动机起动困难，性能不良，急速不稳，易熄火
16	燃油滤清器	发动机不能起动，运转不稳
17	节气门	发动机不能起动或起动困难，性能不良
18	氧传感器	发动机性能不良，急速不稳，油耗大，排放污染增加，空燃比失常
19	曲轴箱通风阀	发动机不能起动或起动困难，急速不稳或无急速，加速不良，油耗大
20	EGR 阀	发动机过热，不能起动或起动困难，动力不足，减速熄火，爆燃，油耗大
21	活性炭罐电磁阀	发动机性能不良，急速不稳，空燃比失常
22	爆燃传感器	爆燃，点火正时失准，发动机工作不稳
23	点火线圈	发动机不能起动，无高压火花，次级电压过低
24	点火控制器	发动机不能起动，无高压火花，次级电压过低，急速不良
25	点火信号发生器	发动机不能起动，工作不稳，急速不稳，易熄火
26	可变配气相位电磁阀	发动机抖动，爆燃，急速不稳，动力不足，三元催化器损坏

三、电控发动机故障诊断的步骤与常见方法

1. 故障的类型与特点

电控发动机在使用过程中，根据故障出现的频率和规律归纳出以下故障类型和特点，

见表 3-32。

表 3-32　电控发动机故障类型与特点

故障类型	故障特点	形成故障原因
常见故障	故障症状明显、直观，用故障检测仪器、设备检测或是车载自诊断或依靠维修经验能顺利确定，其诊断较为容易	电控元件受损、老化或干扰，信号明显失真，控制线路松脱等
间歇性故障	时有时无，不是持续性发生。征兆表现不稳定	由于传感器或执行器的插头松动或导线接触不良所致
虚假性故障	故障现象以非电控形式出现，故障真正原因难以查明，而导致发生故障的真实原因不是机械部分，而是电控部分	某些传感器失灵，误导 ECU 发出错误指令，进而使故障恶性循环，造成机件的严重损坏
交叉性故障	电控与非电控部分同时出现综合性故障，非电控故障掩盖了电控故障	机械故障症状明显，电控部分故障又表现出机械故障特征
潜伏性故障	有故障存在，没有明显的故障征兆，通常为隐蔽状态，而只有在特定条件下，其症状才会显现出来	电控元件的故障只有在外界条件激发下，才能显现。如受振动、受热、受潮湿等
人为故障	检修过程中，电控系统出现新的故障	情况不明，维修人员未经科学分析盲目拆检而导致电控部分产生新的故障

2. 诊断程序步骤

电控发动机的故障诊断程序步骤是一询问、二查看、三确认，如图 3-89 所示。

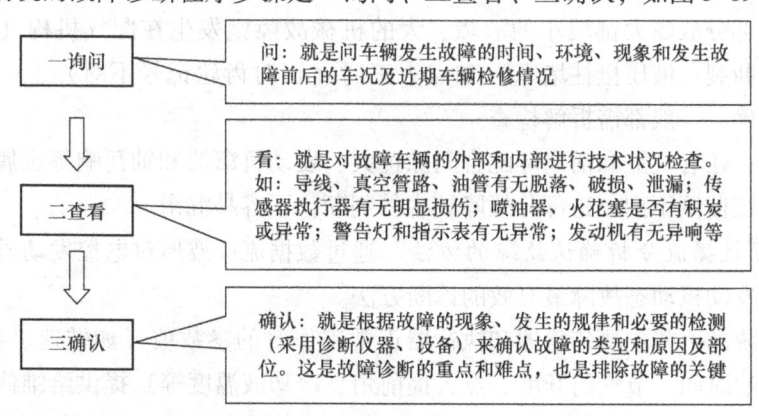

图 3-89　电控发动机的故障诊断程序

3. 确认故障的常用方法

由于电控发动机的故障表现形式和特点不尽相同，所以进行故障诊断时，对不同类型的故障就需要采用不同的确认方法。

（1）根据电控发动机的结构和电控系统原理确认故障的方法　电控发动机的控制系统（ECU）所控制的仅是发动机的电控系统部分，而无法兼顾到发动机的全部，特别是机械部分。掌握电控发动机的结构和电控原理是判断电控系统故障还是机械故障的前提。

电控发动机 ECU 不能监测由以下原因引发的故障，所以要根据故障发生的部位和表现特征来加以诊断。

1）一般低档车的 ECU 不能监测不工作的点火线圈、污染或损坏的火花塞以及高压线断芯而引起的高压点火电路的故障。

2）ECU 不能监测电动汽油泵进口滤网、燃油滤清器管路的堵塞，进油管线或回油管挤扁而引发的来油不畅，或混合气过稀的故障。

3）ECU 不能监测空气滤清器进口或空气滤芯堵塞或节流的原因使空气流量变化而引发的故障。

4）ECU 不能监测气缸压力的高或低，或者各缸压力的均匀度。

5）ECU 不能监测插头、端子损坏，但会产生因这种情况所导致的故障码。

6）ECU 不能监测搭铁不良，但会产生因这种情况所导致的故障码。

7）ECU 不能监测真空助力器在发动机控制系统中真空管路的泄漏或节流，然而进气歧管绝对压力传感器的真空度会被监测且 ECU 还会记录故障码。

检查中，如果发动机有故障，而发动机故障警告灯没有点亮（未显示故障码），此时说明发动机的故障可能在机械部分。一般来讲，机械故障大都发生在下列情况：火花塞和高压线路本身有缺陷；发动机曲轴箱强制通风装置阀门或管道堵塞；空气滤清器堵塞；进气管附近漏气或真空管有缺陷。这些部分产生的故障不属于电控部分的故障，但均会引起汽车发动机的不正常工作。例如，当火花塞、高压线有缺陷时，往往会出现发动机怠速不稳、加速断火、排气管放炮等故障。再比如，空气流量传感器壳体若破损造成漏气现象，使 ECU 监测失误，进而会导致发动机转速失准和运转无力。

以上机械部分故障大都属小的故障，大的机械故障则发生在配气机构（配气相位失准、气门弹簧断裂、液压挺柱堵塞）和点火正时（正时齿轮记号不对）上。配气相位和点火正时不正确，一般都需拆解检查。

除上述外，还有气缸和活塞环配合间隙过大、发动机窜油和轴瓦响等也属于机械故障范围，电控系统监测不到，这部分故障较容易判断，不容易混淆。

（2）根据数据流分析确认故障的方法　通过数据流或波形对电控发动机进行动态分析是确认电控发动机动态故障最有效的诊断方法。

把电控系统的一些主要传感器和执行器正常工作时的参数值（如转速、蓄电池电压、空气流量、喷油时间、节气门开度、点火提前角、冷却液温度等）提供给维修者，然后按不同的要求进行组合，形成数据组，就称之为数据流。这些标准数据流是厂方提供的，或者是在正常行驶的汽车上提取的数据，它能监测发动机在各种状态下的工作情况。而电控汽车在行驶过程中，故障自诊断系统还有记录的功能，它能把汽车行驶过程中的有关数据资料记录下来。使用中，这些数据资料可通过故障检测仪，把各种传感器和执行元件输入输出信号的瞬时值以数据的方式在显示屏上显示出来，这样可以根据汽车工作过程中各种数据的变化（指有故障时的数据）与正常行驶时的数据或标准数据流对比，即可诊断出电控系统故障的原因。

例如，一辆金杯海狮小客车，发动机在起动后，暖机阶段工作正常，正常行驶一段时

间，温度升高后，发动机有间断冒黑烟现象，加速时排气管还会发出"突突"声，动力下降，严重时则无法挂档行驶。

因为该车动力不足，排气管有"突突"声，其原因可能是个别气缸工作不好；冒黑烟，说明混合气浓度有问题。后对电路（火花塞、点火线圈、高压线）和油路进行了检查，均未发现异常，故障原因可能在进气系统上。用检测仪诊断，无故障码显示，利用数据流诊断法对其怠速工况（无故障时）各主要数据进行了提取，其主要数据如下：

发动机转速　760～800r/min
喷油脉冲　　0.6ms
点火提前角　7°～14°
进气压力　　30.8kPa
冷却液温度　80℃
节气门开度　＜5.5°

路试时，行驶了几十公里后，发动机就出现了上述故障现象。一踩加速踏板，排气管有沉闷的"突突"声，此时再观察怠速工况的数据流，其主要数据如下：

发动机转速　560～920r/min
喷油脉冲　　4.5ms
点火提前角　7°～21°
进气压力　　100.2kPa
冷却液温度　92℃
节气门开度　＜5.5°

把热机时的数据流与冷机时的数据流对比，最明显的变化是进气压力和喷油脉冲两项数据。从以上数据来看，该机故障的原因可能出在进气系统上，可能是由于进气压力传感器信号异常偏高引起的。拔下进气压力传感器上的真空软管，感觉只有微弱的真空吸力，真空不足就是造成上述故障的根本原因。于是对节气门进行了检查。拆下节气门，检查传感器真空源部位，节气门体与歧管座之间装有密封的石棉衬垫，在机体的高温和机油蒸气的侵蚀下，石棉垫未被压住的部分泡胀起层，阻塞了狭窄的真空源通道，冷机时石棉垫泡胀的程度有所还原，故障就消失了。后将这部分多余的垫片剪掉，装复后试车，故障随之排除。

（3）用波形法诊断分析故障的方法　发动机发生的故障，有时属于间歇性故障，时有时无，很难用数据流分析和判断。但用示波器显示的波形却能捕捉到元件工作中细小、间断的变化。利用电控发动机正常工作时各种传感器和执行器信号所描述的波形图与有故障时的波形图相比较，若有异常之处，则表示该信号的控制线路或元件本身出了问题。

波形分析在汽车电子控制系统故障诊断与维修中，主要应用方式有两个方面：一是确定整个系统的运行情况；二是确定在整个状态运行正常的情况下，某个电器或电路是否存在故障。波形分析应用最多而且最有效的地方是对氧传感器信号波形的分析。它通过对氧传感器波形分析，可诊断出真空漏气、点火不良、喷油不平衡等故障。

例如，一辆上海桑塔纳2000型轿车，行驶8万km多，发动机出现了怠速不稳，加速无力，有时还有回火现象。

本着由简到繁的原则，先对点火线圈、高压线、火花塞、分电器进行了检查，同时清洗了节气门、进气歧管和喷油器，都未排除故障。根据故障现象，用波形分析法重点对点火系进行了检查，特别是对点火正时的检查。用 F98 示波器测试点火系统，波形显示无异常，说明点火系统正常，用修车王解码器检查，出现了故障码 0561，其意是混合气失配，这可能就是故障的原因。

桑塔纳混合气的检测是靠氧传感器来进行的。用 F98 示波器对氧传感器信号进行了检测，发现信号电压在 600mV 以上，有时偶尔下到 100mV 以下，并且在某一范围变化没有任何规律。这说明氧传感器检测的信息是混合气过浓。引起混合气过浓的原因有油压过高、喷油脉宽太长、燃烧不完全。检测油压，怠速时为 0.25MPa，加速时为 0.29MPa，说明油压正常。用 F98 示波器检测第一缸喷油脉宽为 4.3ms，有时为 1.73ms，看来喷油脉宽不正常。检测二、三缸也有类似情况。检查第四缸，脉冲宽度为 3.3ms，有时达到 12ms。从以上测得数据可以说明该车喷油完全失控，并且从整体上看，喷射量不定也是导致出现 0561 故障码的主要原因。

引起第四缸喷油异常的原因有线束断续搭铁、ECU 不良、ECU 搭铁线不良。于是对线束等进行了详细检查，均未发现异常，那就是 ECU 有问题。更换了新的 ECU，故障排除。

（4）模拟技术法确认故障的方法　在读不出故障码和故障难以再现的情况下，可采用模拟技术来诊断。所谓模拟技术就是以调查研究和科学试验方式，让修理车辆以相似的条件和环境再现其故障，然后经过模拟验证和分析判断后，确切诊断出故障部位并加以排除。模拟技术诊断有以下三种方法。

1）环境模拟法。汽车电控系统有一些故障发生在特定环境中，其主要原因是由于电子元件对特定外界环境（振动、发热和受潮）等因素非常敏感，致使电控系统产生故障。这种环境模拟法的特点是采用振动、高温和渗水的方法，使故障得以再现，无需什么专用的仪器设备，可直接准确地判断出故障的部位和原因。缺点是速度相对缓慢，对维修人员的技术素质和基础理论要求较高，诊断必须耐心仔细，否则容易错过故障。环境模拟法分为振动法、加热法和水淋法三种。

① 振动法。通过在水平和垂直方向对插接器、配线、零件与传感器等的振动，观察原发生的故障是否会再现的方法叫振动法。这种振动法适用于时有时无的故障或者是车辆停下来后故障就不再现的情况。利用振动法应注意检查是否有虚焊、松动、接触不良、触点烧蚀、导线断裂等情况。使用振动法还应注意不要用力过大，以免损坏电子元件。

② 加热法。通过电热吹风或类似工具加热有故障的零件，使其原发生故障再现的方法叫加热法。这种加热法适用于电子元件因受热而发生故障的情况。使用中应注意，加热温度一般不超过 60~80℃，ECU 中的零件绝对不能加热。

③ 水淋法。通过喷水的方法，使其原发生故障再现的方法叫水淋法。这种方法适用于电子元件因在雨天或高温环境下或洗车之后而发生故障的情况。使用中应注意，在喷淋前应对电子元件予以保护，以免积水锈蚀电子元件，注意喷水角度，尽量喷到空中，让水滴自由落下，不可直接喷在发动机零件或电子元件上，或者将水喷在散热器前面间接改变

温度和湿度。

2）增减模拟法。汽车电控系统有一些故障发生是由于负载问题而引起的，此时必须产生与故障相似的负载条件下才能使原发生故障再现。也就是利用油路、电路中增减负载的办法来模拟验证油路、电路的故障症状，以诊断由负载引起的疑难故障。增减模拟法共有两种。

① 增加法。当怀疑故障可能是由于油路负载过大而引起的，故障症状表现又不明显时，可用增加油路负载的方法进行模拟验证，使故障部位和症状充分显示出来，以便于诊断和排除。对电路中由于负载过大而引起的故障，可以采用接通用电设备（如鼓风机、空调、冷却风扇、前照灯等）来增加负载，以模拟验证是否发生故障，以便进行诊断与排除。

② 减少法。当故障是由于某一局部电路短路而引起的负载过大烧断熔丝时，可采用减少法来进行模拟诊断。其方法是将一部分电路断开，然后用万用表测量电阻、电压或电流。用的最多的是测量电流，观察总电流的变化，就可以诊断出故障的大致范围。若断开被怀疑的某一电路后，总电流立即降为正常值，则说明故障在这一电路中。

3）输入模拟法。维修中，若怀疑某一电路中某些元器件有故障时，可用输入模拟法来诊断。其方法是把电路参数（电阻、电压、电流）输入到相关的元器件，进行模拟验证后诊断故障。输入模拟法有三种。

① 电阻法。用电阻元件代替某些被怀疑损坏的电阻式传感器进行模拟验证的方法叫电阻法。电阻法的连接方式为串联，所以这种方法称为串联法。例如，怀疑冷却液温度传感器有故障时，可用一只与冷却液温度传感器阻值相似的电阻，串联在冷却液温度传感器的插接器上，进行模拟验证，以便诊断该冷却液温度传感器是否损坏。

② 电压法。用外接电压来替代某些被怀疑有故障的传感器进行模拟验证的方法叫电压法。电压法的连接方式为并联，它可诊断传感器的好坏。

③ 电流法。就是用万用表，给怀疑有故障的电阻或元件施加电流，即模拟电子元件的工作状态去诊断故障。

（5）利用电控发动机正常工作三要素来分析确认故障　所谓电控发动机正常工作三要素是指正常的机械技术状态、足够的点火能量与正确的点火时刻、供给发动机在不同工况下要求不同浓度比例的混合气。这是分析电控发动机故障的重要依据。

正常的机械技术状态是指发动机机械结构能提供足够的压缩力，实际缸压不少于标准的75%，各缸压力偏差不大于0.3MPa；进气管无漏气，发动机怠速运转时的进气管真空度能稳定在66.5kPa左右。若达到以上指标，说明该机机械状态正常，可以保证可燃混合气能有效地燃烧与做功。

对电火花能量与点火时刻的要求分别是足够与正确。若电火花能量过弱，会导致燃烧不充分甚至不着火；若点火过迟或过早，都会影响发动机的功率，严重时会影响发动机的起动。

供给发动机在不同工况下要求不同浓度比例的混合气，其指标是在怠速和小负荷时，提供浓的混合气，空燃比约为12；在中小负荷时，为获得较好的经济性，应提供较稀的混合气，空燃比为16~17；大负荷运行时，为满足功率要求，应提供较浓的混合气，空燃比约为13；冷起动及加速时还需提供附加的燃油。空燃比过大或过小，均可导致发动机熄火，正确的空燃比，能使发动机具有良好的起动、急速、加速等性能。

> **特别提示**
>
> 　　发动机电控系统若发生故障而又不显示故障码时，说明存在自诊断系统不能识别的故障。此刻应根据发动机正常工作的三要素，本着先易后难、先简后繁的原则，边测试、边判断，最后排除故障。

四、电控发动机综合故障案例诊断与分析

电控发动机综合故障主要表现形式有电控发动机不能起动、电控发动机起动困难、电控发动机急速不良、电控发动机运转不良、电控发动机动力不足、电控发动机冒黑烟等。

下面就通过以下案例诊断分析来说明电控发动机综合故障的诊断步骤与方法。

案例1　电控发动机不能起动故障的诊断与排除。

故障描述：一辆捷达王，装AHP电控发动机，起动机工作完好，能够带动发动机曲轴正常转动，就是不着车，属于发动机不能起动故障。

故障诊断与排除：对于电控汽车发动机无法起动故障，主要是利用发动机正常工作三要素分析诊断故障的方法，从点火系统、燃料供给系统、空气供给系统、机械方面和ECU等几方面来分析和判断。

1. 检查点火系统

1）检查各缸是否有火。拆下火花塞，将分缸线插接上火花塞并搭在缸体上，起动发动机，观察跳火情况是否正常。也可以用正时灯夹住各缸高压线，观察正时灯的闪烁情况。还可以用点火测试仪进行检查。

2）检查继电器和熔丝是否良好。否则更换新件。

3）检查点火线圈。拔下点火线圈插头，检查点火线圈初级、次级绕组的电阻是否符合标准，否则更换。

4）检查点火器。检查点火器的电源及搭铁；检查ECU对点火器的脉冲信号；功率晶体管是否导通和截止。

5）检查控制点火的传感器。检查发动机曲轴位置传感器、凸轮轴位置传感器和转速传感器，可同时检查空气流量传感器或进气压力传感器等。如果确定传感器故障，就更换新件。不能确定的，就先检查传感器到ECU的线路是否导通和ECU给传感器的电源电压。

6）初步外部检查ECU。是否有变形、泡水、烧焦等。

2. 检查油路

1）检查是否有油。拆下燃油分配管与进油管的连接处，打开点火开关（不起动），观察是否有油来。若无油来，则应进一步检查燃油系统相关元件及其电路。首先检查EFI熔丝、EFI继电器，再检查油泵及其电路。若均良好，则应进一步检查曲轴位置传感器、凸轮轴位置传感器、空气流量传感器/进气压力传感器以及ECU。若有油，就检查油压是否符合标准。断开燃油滤清器到喷油器之间的管路并接上油压表，起动发动机，观察油压

应在 250~350kPa 之间，否则进一步检查燃料供给系统相关元件，即燃油泵、滤网、喷油器、燃油滤清器等。

2）检查喷油器。

① 电阻检测。低电阻型电阻应为 1~3Ω，高电阻型电阻应为 13~18Ω。如果电阻为无穷大，则应更换新的喷油器。

② 电压的检测。把点火钥匙打到 ON 档，应有 12V 左右的电压。

③ 控制脉冲的检测。拆下喷油器插头，并在插头上接上 LED 灯，起动发动机，LED 灯应闪烁。如果 LED 灯不闪烁或不发光，说明喷油器电源电路、燃油泵继电器或 ECU 故障。

④ 检查喷油器是否堵塞和滴漏。

3. 检查气路

查看空气滤清器是否堵塞；怠速控制阀是否关闭或卡死；真空管是否脱落；各种连接卡箍是否拧紧。

4. 检查机械部分

在发动机能转动的情况下，可用缸压表检查气缸压力，若缸压不在 800~1300kPa 范围或压差超过标准，则要检查配气正时、缸垫、正时带、活塞环密封性、气门密封性等。

5. 检查电脑（ECU）

先进行外观检查，查看是否有变形、烧伤、泡水、端子折断等。然后检查线路；检查电源及搭铁，必要时进行解体检查。

> **特别提示**
>
> 实践证明，汽车电子控制系统故障绝大多数都发生在传感器、执行器、插接器和线束等元件上，ECU 出现故障的可能性很小，汽车行驶 10 万 km，ECU 故障约占总故障的 1‰。因此，检查排除电子控制系统故障主要是检修零部件、插接器和线束。只有确认所有零部件正常之后，才能判定 ECU 故障。

案例 2 电控发动机怠速运转不良故障的诊断与排除。

故障描述：一辆帕萨特轿车，怠速不稳，经常熄火，且最高车速只能提至 140km/h，试车发现急加速时排气管冒黑烟，且有回火现象。

这是典型的怠速运转不良。

故障诊断与排除：通过故障描述，可以看出发动机怠速运转不良故障主要分为下面两种情况：一是怠速不稳；二是怠速偏高或怠速偏低。

1. 怠速不稳故障诊断与排除

电控发动机怠速不稳有多种原因造成。首先应区分发动机怠速是一直不稳，还是有节奏性的怠速不稳。若发动机故障为有节奏性的怠速不稳，一般是个别气缸不工作。若转速忽高忽低，多为喷油器漏气所引起。若发动机仅在热车或冷车时怠速不稳，多由于暖机调节器（有的车没有）或冷却液温度传感器有问题。

排除电控发动机怠速一直不稳的故障，应先读取故障码，然后再按以下程序来检查。

1）检查发动机各缸的工作情况，是否有的缸工作不好。

2）检查进气系统、喷油器是否漏气。把化油器清洗剂喷到进气管周围，观察发动机转速是否有变化，若有变化，说明进气管可能漏气。再检查喷油器固定螺栓紧固情况，密封如何，有无漏气现象，最常见的是喷油器与进气管的接合部密封不好，而使气缸里吸入过多的混合气，使混合气变稀。

3）检查节气门是否有积炭。

4）检查与急速相关的执行元件和传感器是否有故障。这些元件主要有节气门位置传感器、冷却液温度传感器、氧传感器、空气流量传感器、急速控制阀、进气温度传感器等。在检查这些元件之前，应先检查与这些元件连接的线路与插头有无损伤、断裂及插头松动等问题。如果传感器与发动机 ECU 之间的线路电阻值大于 0.5Ω，而又小于 10Ω，则要反复进行测量，以免引起故障误判断。

2. 急速过高或过低故障诊断与排除

电控发动机的急速是发动机电控单元（ECU）根据发动机冷却液温度、负载、节气门位置等的电信号来控制的。当急速转速低于设定值时，ECU 会指令急速调节装置开大急速进气通道，使进气量增加，从而提高急速值。当急速转速高于设定值时，ECU 则控制急速调节装置关小急速进气通道，使进气量减少而降低转速。因此电控发动机急速过高或过低故障的排除应从以下几方面入手。

1）发动机检查。起动发动机，使发动机冷却液温度达到正常温度，关掉所有附加电气装置，将变速杆置于空档位置，然后从发动机仪表板上查看急速情况，是否在正常的转速范围内。如不在规定范围，就应进行以下检查。

2）相关控制元件的检查。检查进气歧管处是否有紧固螺栓松动或胶管垫破裂现象。检查节气门位置传感器的输出电压值。可用万用表测量，正常电压值一般为 $0.4\sim0.5V$。如不符合要求，可通过清洁节气门体，并调节其开度，使输出电压恢复正常值。检查急速步进电动机工作情况。若急速过低而其他部位均正常时，可通过清洁急速步进电动机和空气孔上的结胶和积炭来排除。检查空气流量传感器信号。检查急速控制阀的工作情况。检查冷却液温度传感器和氧传感器工作是否正常。

> **特别提示**
>
> 急速自动控制系统是否有故障的快速诊断方法为在冷车状态下起动发动机，快急速系统能使发动机以比较高的转速运转（1500r/min），在发动机达到正常的工作温度后，急速转速能恢复正常。如果冷车起动后，急速不能按照上述规律变化，说明急速控制系统有故障。发动机达到正常工作温度后，打开空调开关，发动机急速应能上升，若打开空调开关后，发动机转速下降，说明急速控制系统有故障。在发动机急速运转中，对急速调整螺钉作少量调整，发动机急速转速应不会发生变化，若在调整中急速转速有变化，说明急速控制系统不工作。

案例 3 电控发动机运转不良故障的诊断与排除。

故障描述一： 一辆丰田皇冠车，仪表板上"检查发动机"警告灯有时常亮，当常亮时加速无力。

故障描述二： 雪佛兰子弹头车发动机动力不足，加速时放炮，故障灯常亮。

故障诊断与排除： 上述两车的故障现象都属于发动机运转不良。发动机运转不良就是指发动机的转速不正常。转速不正常将影响汽车的驾驶性能。发动机运转不良包括的内容比较多，综合起来可分为两大类：一类是运转不稳、加速不良；另一类是运转发抖，放炮回火。

> **特别提示**
>
> 运转不稳包括常速不稳和加速不稳。加速不良就是指发动机加不上油。运转发抖就是指转速忽高忽低，亦称游车。它包括常速发抖和加速发抖两种。放炮就是指排气管有响声。回火就是指在进气系统（进气管与空气滤清器）内有响声。

1. 加速不良故障的诊断与排除方法

当发动机加速不良时，首先应检查液力变矩器（自动档）或离合器（手动档）是否有故障；然后检查发动机的油路、电路和气路（包括气缸压力，进气管泄漏和进、排气管堵塞）。如果上述各项都正常，则可按下列步骤进行故障诊断。

1）检查节气门位置传感器。如果节气门位置传感器是开关输出性的，则可用导线短接节气门位置传感器的方法检查其工作情况；如果节气门位置传感器是线性输出性的，则可通过电阻的变化情况来判断其工作情况。对于线性输出性节气门位置传感器，常用化油器清洗剂清洗的方法来恢复其性能，因为其故障原因常为触点脏污。

2）检查空气流量传感器和冷却液温度传感器工作性能，可用万用表或示波器检查。

3）检查节气门是否能被完全打开。在节气门拉索外表皮褶皱的情况下，节气门是不可能被完全打开的。

2. 发动机回火故障的排除方法

1）读取故障码，根据故障码表找出故障原因，并予以排除。

2）检查汽油滤清器盖和各软管连接处有无漏气之处。

3）检查点火正时是否正确。

4）检查冷起动喷油器、冷起动正时开关及控制电路是否正常。

5）检查燃油压力是否偏低，若不正常再进一步检查燃油滤清器、油泵、油压调节器及管道是否正常。

6）检查喷油器有无堵塞、发卡现象。

7）用万用表检查电控电路，如 ECU 熔丝和主继电器、各线路连接状况、空气流量传感器、冷却液温度传感器、进气温度传感器、节气门位置传感器、燃油喷射信号电路等是否正常。

3. 消声器放炮故障排除方法

1）读取故障码，根据故障码表找出故障原因，并予以排除。

2）检查点火正时及控制系统是否正常。

3）检查冷起动喷油器和冷起动正时开关是否正常。

4）检查燃油压力是否过高，若不正常，再注意检查油压调节器。

5）检查喷油器的泄漏是否超过标准。

6）检查火花塞间隙是否正常。必要时检查气缸压力和气门间隙。

7）用万用表检查电控电路，主要检查喷油信号是否正常。

4. 运转发抖（转速忽高忽低）故障的排除方法

发动机节气门固定在某一位置，而发动机转速却在一定的范围内上下波动，忽高忽低，这种现象会引起发动机发抖，亦称游车。排除故障时注意按顺序查找故障属哪一原因，然后给以排除。运转发抖主要有以下几个原因：

1）节气门关闭不严，使发动机怠速转速在 1000～2000r/min 之间游车。这是由于电控发动机在怠速时节气门应处于关闭状态，若关闭不严造成漏气，ECU 无法对其控制，因而造成发动机进气量大，Vs 信号增大，ECU 增加喷油量，使转速增加。但此时怠速触点还处于闭合状态，ECU 又根据 IDL 信号按怠速程序供油，减少喷油量，使转速下降。这一增一减引起转速上下变化，从而导致游车。

2）怠速（IDL）触点常开（节气门关闭时，IDL 触点不能闭合），使发动机怠速转速在 800～1000r/min 之间波动。在怠速工况下开空调，开前照灯，或转动转向盘等，负荷增加时发动机不提速，但发动机加速正常。其原因是在怠速工况下 IDL 触点常开，ECU 收到的是加速工况信号，也就按加速工况进行燃油控制，而此时发动机却在怠速工况下工作，进气量较少，造成混合气过浓，转速上升；当 ECU 收到氧传感器反馈的"混合气过浓"信号时，减少喷油量，增加 ISC 阀的开度，又造成混合气过稀，使转速下降；当 ECU 收到氧传感器反馈的"混合气过稀"信号时，又增加喷油量，减小 ISC 阀的开度，又造成混合气过浓，使转速上升。如此反复，使发动机出现游车现象。

3）怠速（IDL）触点常闭（节气门打开时，IDL 触点仍然闭合），使发动机怠速稳定，加速时转速在 1500～2000r/min 之间上下波动，加速无力。这是由于 ECU 采用急减速断油程序控制的结果。发动机实际处于加速工况，但 ECU 收到的信号却是怠速工况。当发动机加速到 2000r/min 时，达到怠速断油转速，ECU 实施断油；当转速下降到 1500r/min 时，ECU 又恢复供油；转速再升至 2000r/min 时，ECU 又实施断油。即发动机反复地断油、供油循环，从而引起游车现象。

4）发动机点火过迟。故障表现是怠速游车，加速无力。其原因是发动机点火时刻过迟，使气缸中的可燃混合气燃烧不完全，有时延迟至排气管内燃烧，使氧传感器检测到混合气过浓的信号并传至 ECU。ECU 得到此信号后，便减少供油量，供油量降低造成混合气过稀，氧传感器又检测到混合气过稀的信号并传至 ECU。ECU 接到此信号后，又增加供油量。如此反复，从而引起怠速游车的故障。同时，由于点火过迟，可燃混合气燃烧不完全、发动机功率下降，加速无力。

5）废气再循环（EGR）控制阀卡死在常开位置。由于 EGR 阀常开，使得在以上四种工况下废气均参与循环进入燃烧室，使发动机燃烧变得不稳定（怠速时最明显），有时甚

至缺火，导致加速时动力不足，加速无力。

6）排气管部分堵塞。安排在排气管中的三元催化转换器，其催化剂是铂（或钯）和铑的混合物，它在与废气中的 HC、CO 和 NOx 发生反应的同时体积会膨胀，从而逐渐堵塞排气通道；此外，排气消声器内的消声小孔也会因积炭而逐渐堵塞，从而导致排气不畅，排气管中的压力逐渐升高。当升高到一定程度时，会突然吹开部分堵塞物，使排气状况有所好转，发动机转速得以提高。但经过一段时间后，又会逐渐出现堵塞，使发动机转速再下降。如此反复，出现游车现象。

7）ECU 丧失学习功能。电控发动机的 ECU 都具有学习控制功能。即 ECU 将上一次发动机熄火时的数据记录并存储起来，以备下一次工作时启用并修正完善。若发动机熄火时保持记忆的电源中断或记忆存储器损坏，ECU 将丧失这一功能，从而导致 ECU 对怠速转速进行控制时无法找到内存的目标转速，出现游车现象。

案例 4 电控发动机冒黑烟故障的诊断与排除

故障描述：一辆奥迪 A6 轿车，采用 2.4L APS 发动机，怠速比较稳定，只要踏加速踏板，排气管就冒浓烟，呈黑色。

故障诊断与分析：发动机排气管排黑烟是混合气过浓而导致燃烧不完全。

1. 故障的一般原因

1）空气滤清器堵塞。

2）喷油器有故障，例如雾化不良、滴漏或喷油压力过高。

3）燃油系统压力过高。如回油管堵塞、供油量过大或调节器有故障。

4）空气泄漏。

5）真空度降低。

6）点火系统能量太低。例如火花塞跳火弱从而引起积炭，影响燃烧质量。

7）气门密封不严，内部泄漏。

8）调整不当。

9）缸筒与活塞配合间隙过大。

10）搭铁线搭铁不良。例如发动机搭铁线。

2. 电控方面的原因

1）氧传感器有故障。如供电线路断路，不能加热，氧传感器本身中毒或脏污。

2）空气流量传感器有故障。如计量错误或失调。

3）冷起动喷油器有故障。

4）燃油压力调节器有故障。如油压调节器真空软管损坏或堵塞，就会造成调节器有时不受真空控制，从而使燃油压力过高。

5）节气门位置传感器及其电路有故障。

6）进气压力传感器有故障。例如不能提供正常的进气压力信号。

7）冷却液温度传感器有故障。例如不能正确提供冷却液的温度。

8）ECU 程序故障。

9）装配失误。例如把进气压力传感器的真空管接在进气歧管上（应该接在节气门体上)。

10)搭铁线搭铁不良。例如氧传感器的信号线与屏蔽搭铁拧在一起等。

3. 故障的排除方法

发动机排气管冒黑烟,说明发动机工作不好。燃油供给系统混合气过浓,说明汽车负荷工况与实际喷油量不匹配。造成排气管冒黑烟的原因很多,往往涉及机械、供油、进气及电控系统诸多方面。在排除故障之前,应先分析清楚上述各系统对冒黑烟、油耗高故障的直接或间接影响,同时要注意它们之间的内在联系,这样在排除故障时就可做到有的放矢。

电控发动机冒黑烟一般是电控系统出现故障所致。所以在排除冒黑烟故障时,注意检查以下三方面问题。

1)传感器是否损坏,输入信号是否正确。传感器损坏能引发冒黑烟故障。如空气流量传感器、节气门位置传感器、氧传感器或其他重要传感器损坏后,它们向电脑传输的信号(电压或频率)并不能真实地反映空气流量,因而使供油量不正常地增加,从而导致混合气过浓。下面用两个案例说明。

一辆宝马(BMW)535i轿车,在涉水后不久出现排气管冒黑烟的现象,提取故障码为正常码,检查其他各系统均未见异常。检查空气流量传感器输出信号,发现其值异常偏高。检查其印制电路板,发现有一处因腐蚀而出现断路。将断路处焊接好后再试车,冒黑烟现象逐渐减轻,最后完全消失。

一辆日产蓝鸟轿车,配置CA18(i)型电控发动机,因使用年久出现排气冒黑烟故障。测量空气流量传感器输出信号线(1号白色线),发现其电压偏高(正常值为2.5~4V),更换空气流量传感器后故障排除。

2)真空泄漏。在维修时若难以找到故障原因,此时应先用真空表测量发动机真空度,再按顺序检查所有空气管路是否存在漏气。可以采用分别切断真空的方法逐一排查。下面举例说明。

一辆丰田凯美瑞轿车,在更换发动机后出现排气管冒黑烟现象,反复检查电控系统及其他可能引起该症状的系统,最后将注意力集中到进气压力传感器上。测试其在急速时的信号电压为2V左右,明显高于正常值(1.6V)。经检查,原来是通往压力调节器的真空管脱开未装。由于该真空管与压力调节器上所用真空管相距很近,由此而引起漏气。真空度降低后,压力传感器输出大负荷工况所对应的高电压,致使混合气太浓而冒黑烟。

3)其他原因。冒烟故障有些是因传感器损坏而引发的,而有些故障并非由传感器本身引起,而是由其他一些原因引发的,如空气泄漏真空度降低,调整不当等。在实际操作中,切勿草率更换传感器,而要依据其逻辑关系,追根溯源,找到真正的原因。下面举一例说明。

一辆丰田凯美瑞型轿车,在发动机大修后出现排气管冒黑烟现象,而在此之前完全正常。按常规提取故障码为正常码,但不能说电控系统完全正常。检查压力传感器其电压偏高,但并未发现漏气之处,经仔细分析,认定为内部泄漏。拆检发动机,果然有一缸气门顶弯,密封不严,更换新件后故障完全排除。

案例 5 赛欧起动困难（专家点评故障案例）。

故障现象：发动机起动困难，起动后怠速不稳，加速无力且易熄火。

故障诊断与排除：首先用别克专用检测仪 TECH – Ⅱ 检测发动机控制模块（ECM），没有存储故障码。根据检测仪的数据功能观察发动机的相关数据如下：

进气压力 70～80kPa；喷油脉宽 6～7ms；发动机实际转速 870r/min；发动机设定转速 900r/min；发动机负荷 40%～50%；点火正时 4°～7°；长期燃油调整 –7%；短期燃油调整 –25%～17% 变化；怠速电动机步数 70～80 步；燃油压力检测为 280kPa。

由以上数据可知，MAP 数据值过高，其反馈信号给 ECM，从而造成发动机怠速负荷过大，相应的喷油脉宽、燃油长期调整、短期调整、怠速电动机步数等数据不正常。造成进气歧管内压力较高的原因可能有进气系统存在泄漏、排气系统堵塞、发动机气门正时存在偏差（两者均可能造成废气回流）等。

为了确认 MAP 存在着故障，用替换法更换 MAP，着车后，发现进气压力未曾改变。于是检查制动真空助力泵及其他真空软管，均未发现泄漏。拆卸排气管着车（着车时旁边一人拿灭火器以防意外），故障依就。于是检查气门正时，拆卸发动机带轮后发现曲轴正时齿轮的定位销损坏，从而造成发动机带轮的内沿凹槽磨损，出现了带轮的错位（带轮上的 58 齿与曲轴位置传感器的相对位置）。更换曲轴带轮及曲轴正时齿轮后，故障排除。

故障剖析：赛欧发动机带轮内沿有一凹槽，该凹槽与曲轴正时轮上的定位销确定了发动机第一缸的上止点、曲轴位置传感器和发动机带轮齿形之间的相对位置。因为 ECM 领先曲轴位置传感器感应带轮上 58 + 2 齿的波形信号来确认发动机的第一缸上止点，并且据此控制喷油及点火正时。当定位销损坏后，虽然有曲轴螺栓固定，但发动机带轮与正时齿轮形成一定的角度，这样便造成由曲轴位置传感器识别的发动机第一缸上止点与实际的发动机第一缸上止点有偏差，最终导致发动机的活塞在未达到上止点时，ECM 便指令喷油和点火，于是产生的废气回流至进气歧管内，使进气的压力升高（此故障现象类似于正时跳齿）。

专家点评：

1）起动困难是发动机常见的一种故障现象，但正时齿轮的定位销损坏少见一些，更常见的是正时带跳齿、进气系统泄漏、喷油器不良、火花塞不良、燃油压力低等。

2）判断 MAP 是否正常，可以用手动真空泵对其抽真空，然后测量其输出电压是否正常；也可以用真空表测量进气歧管真空度，与数据流显示是否一致来判断。除非配件充足或有同型号的汽车，否则换件应作为最后的判断方法。

3）如果是排气系统（三元催化器）堵塞的原因，那么排气系统（三元催化器）肯定堵塞很严重，只要起动 10min 左右，排气系统（三元催化器）前后就应该有很大的温差，甚至可以看到排气管前段被烧红，不需要拆排气管来判断。

4）案例作者有一定的理论分析能力和操作技能，也具备了一定的故障分析能力，应该在故障排除的顺序和方法上做更深一步的研究。

> 💡 **特别提示**
>
> 电控发动机起动困难的故障原因是复杂的，除本案例所涉及的之外，还有燃油喷射控制系统、电控点火系统及其他的机械故障都可能导致相同故障现象的发生。比如：空气流量传感器、凸轮轴/曲轴位置传感器、冷却液温度传感器等信号失真；点火控制模块、点火线圈等出现故障；造成气缸压力过低的机械故障等。

思考与实践

一、填空题

1. 发动机的技术状况取决于其（　　）参数及（　　）参数变化，具体表现为发动机的（　　）性、（　　）性、（　　）性等使用性能的改变。

2. 发动机的动力性评价指标包括有效（　　）、有效（　　）和（　　）。而发动机的有效功率是曲轴对外输出的净功率，是一项综合性能评价指标。

3. 检测发动机功率的方法可以分为（　　）测功和（　　）测功。

4. 发动机气缸密封性检测评价指标有（　　）、（　　）、（　　）和（　　）等。

5. 对于电控点火系统的性能检测，主要是利用（　　）、能检测发动机与点火系统各项参数及波形的（　　）和（　　）、（　　）设备，通过对点火正时、点火波形的检测和分析来判断系统的技术状况。

6. 点火次级波形与发动机的（　　）、（　　）和（　　）性质有关，还与燃烧室内（　　）、（　　）、（　　）、（　　）等因素有关。

7. 从多缸平列波，可观察到各缸（　　）是否（　　），（　　）是否有（　　）等。并列波可比较各缸的（　　）和（　　），从中找出差异，判断出问题所在。重叠波可观察到各缸波形间的（　　）及各缸对应初级绕组（　　）的分散程度，从而（　　）的技术情况。

8. 检查爆燃传感器输出信号时，敲缸或振动（　　），波形峰值就（　　）。当高过一定值时，表明发动机出现了爆燃。

9. 发动机润滑系统的技术状况，可从（　　）、（　　）和（　　）三方面进行检测评价。

10. 机油消耗量的检测目前实际使用的是（　　）测定法和（　　）测定法两种。

11. 冷却温度的（　　）或（　　）以及出现（　　）等现象都将直接影响发动机的工作效率和燃油经济性。

12. 发动机的常见异响根据产生的机理不同分为（　　）异响、（　　）异响、（　　）异响和（　　）异响等几种。

二、选择题

1. 在发动机的动力性评价指标中，（　　）是一项综合性能评价指标。
   A. 有效功率　　　　B. 有效转矩　　　　C. 转速

2. 根据国标规定：在用汽车发动机，发动机功率不允许小于标牌（或产品使用说明书）标明的发动机功率的（　　）。
   A. 95%　　　　B. 85%　　　　C. 75%　　　　D. 65%

3. 根据国标规定：大修竣工发动机，在标准状况下，发动机的额定功率和最大转矩不得低于原设计标定值的（　　）。
   A. 95%　　　　B. 90%　　　　C. 80%　　　　D. 60%

4. 修竣后发动机，在正常温度下，气缸压缩压力应符合原设计规定；其压力差汽油机和柴油机应分别不超过（　　）。
   A. 15%和20%　　B. 10%的5%　　C. 5%和8%　　D. 8%和5%

5. 进气歧管真空度应符合原厂规定，其波动范围：六缸汽油机和四缸汽油机一般分别不超过（　　）kPa。
   A. 10和30　　　B. 6和10　　　C. 3和5　　　D. 5和3

6. 各缸喷油器的喷油量和均匀度应符合标准，一般喷油量为50～70mL/15s，各缸喷油量相差不超过（　　），否则应清洗或更换喷油器。
   A. 5%　　　　B. 10%　　　　C. 15%　　　　D. 20%

7. GB/T 19055—2003《汽车发动机性能试验方法》中规定：在额定转速、全负荷时机油/燃料消耗比不得超过（　　）。
   A. 1%　　　　B. 0.5%　　　　C. 0.3%　　　　D. 1.5%

8. 发动机正常工作温度是（　　）℃。
   A. 60～70　　　B. 75～85　　　C. 80～90　　　D. 45～65

9. 发动机的异响变化与（　　）无关。
   A. 润滑条件　　B. 进气压力　　C. 负荷　　　　D. 转速

10. 与发动机异响无关的因素是（　　）。
    A. 配合间隙　　B. 燃油油压　　C. 温度　　　　D. 负荷

三、问答题

1. 节气门位置传感器检测的参数有哪些？TPS出现故障有哪些表现现象？
2. 热膜式空气流量传感器的检测参数有哪些？
3. 燃料供给系统外观检查的主要内容是什么？
4. 油压检测的内容有哪些？
5. 简述燃油泵控制电路的故障检测与排除的程序。
6. 喷油器的检测内容有哪些？
7. 三元催化转化器出现故障的表现现象有哪些？
8. EVAP检查的基本内容有哪些？
9. 汽油机燃油喷射系统的故障表现症状和诊断方法步骤有哪些？

10. 起动系性能检测方法有哪些？有哪些故障现象？
11. 简述用油滴斑点试验法分析机油的污染性质和程度。
12. 发动机润滑系统故障表现形式有哪些？
13. 如何进行发动机异响的鉴别？
14. 简述用拆线间断搭铁试火花法检测点火低压电路故障。
15. 简述用拆线间断加压（脉冲式电压）试火花法检测低压电路故障。
16. 进气控制系统的功能与控制类型有哪些？
17. 电磁真空通道阀检修的主要内容是什么？
18. 废气涡轮增压器电控系统故障表现症状有哪些？
19. 泵轮端或涡轮端漏油的原因和检查排除方法有哪些？
20. 增压发动机进气压力上升的原因和检查方法有哪些？
21. VTEC 电磁阀的检查内容方法有哪些？
22. 如何检查 VTEC 系统的摇臂？
23. VVT-i 系统发生故障时发动机表现症状有哪些？
24. 确认故障的常用方法有哪些？
25. 什么是模拟技术？在什么时候用模拟技术诊断故障？

四、实践题

选择一辆装汽油电控发动机的轿车或电控发动机试架，在实训老师的指导下，进行电控系统综合故障的诊断与排除，并记录下诊断过程（分别设置起动困难、怠速不稳、尾气排放颜色异常等故障），见表3-33。

表3-33 实训记录表

发动机型号		出厂时间		检验人	
VIN 码		检修时间		学号	
确认故障现象	□起动困难 □怠速不稳 □尾气排放颜色异常 □回火 □放炮 发动机的症状表现是_____。				
故障诊断步骤	1) 外表直观检查：_____； _____。 2) 用_____型故障诊断仪读取_____；然后用汽车专用万用表进一步检测确认故障性质。 若没有故障码，按照以下步骤进行。 3) 4) 5)				
故障排除	清洁_____；检修_____； 更换_____；最后试车，确认故障现象消失。				
故障剖析	该车故障是由于_____；导致_____ _____，使发动机产生_____现象。				

项目三 汽车发动机的性能检测与故障诊断

（续）

发动机型号		出厂时间		检验人	
VIN 码		检修时间		学号	
学生小结	通过本次实训知道了＿＿＿＿＿＿＿＿＿＿； 掌握了＿＿＿＿＿＿＿＿＿＿； ＿＿＿＿＿＿＿＿＿＿＿＿＿＿＿＿＿＿。 在＿＿＿＿＿＿＿＿＿＿＿＿方面，还要努力。				
教师点评					

项目四

汽车底盘的性能检测与故障诊断

学生：汽车底盘性能包括哪些内容啊？在故障诊断中有什么作用啊？

技师：汽车底盘性能主要包括安全性、操纵的稳定性、舒适性和通过性。在生产中通过对这些性能的检测可以判断出汽车底盘的技术状况，查找出现故障所在，为保证安全行车提供前提条件。要想掌握汽车底盘性能检测与故障诊断的技能，需要学会以下知识点。

知识点

1）传动系统的评价标准和检测内容。
2）传动系统游动角的检测方法。
3）离合器常见故障与诊断方法。
4）手动变速器常见故障的诊断方法。
5）自动变速器故障诊断的基本程序和常见故障的诊断方法。
6）万向传动装置的常见故障与诊断方法。
7）驱动桥的常见故障与诊断方法。
8）汽车转向系统的评价指标。
9）转向系统性能的检测项目与方法。
10）机械转向系统常见故障与诊断方法。
11）普通动力转向系的常见故障与诊断方法。
12）电控液压转向系统的故障诊断流程。
13）制动系统性能的评价标准。

项目四 汽车底盘的性能检测与故障诊断

14）制动系统性能检测内容与方法。
15）制动系统常见故障症状与诊断方法。
16）行驶系统性能的技术要求。
17）行驶系统性能检测内容与方法。
18）行驶系统常见故障与诊断方法。

知识目标

1）掌握底盘性能检测的基本内容。
2）掌握底盘各性能指标的评价标准。
3）掌握底盘各种性能检测与故障诊断方法。

技能目标

1）掌握底盘各种性能检测的工艺流程。
2）掌握底盘检测仪器、设备的种类与使用操作规程。
3）掌握底盘各种常见故障的诊断工艺规程。

项目概述

汽车底盘由传动系、制动系、转向系和行驶系组成。其技术状况直接关系到汽车行驶的安全性、操纵的稳定性、舒适性和通过性，并且还会影响到汽车的动力性以及燃料经济性。因此，汽车底盘的性能检测与故障诊断是汽车性能检测与故障诊断的重点之一。本项目开设传动系统的检测与故障诊断、转向系统的检测与故障诊断、制动系统的检测与故障诊断、行驶系统的检测与故障诊断四个学习任务。

任务一 传动系统的检测与故障诊断

案例思考

1）一辆手动档桑塔纳轿车，低速档起步时，放松离合器踏板后，汽车不能顺利起步。并且在汽车加速行驶时，车速不能随发动机转速的提高而提高，感到行驶无力，有时还能嗅到焦臭味，有时还有冒烟等现象。

2）一辆桑塔纳轿车在行驶过程中，特别是加速或爬坡行驶时，变速杆自动从某档跳回空档。

3）一辆2004款上海大众帕萨特1.8GSi轿车，搭载大众AG401N型4档电子控制自动变速器，用户反映该车变速器存在换档冲击的症状。检查试车有下列症状：起步时，变速杆从P位或N位挂入D位或R位时，汽车振动大；行驶中，自动变速器升档瞬间产生振动。

请思考应该如何诊断排除上述汽车故障。

相关知识与技能

汽车传动系统一般由离合器、变速器、万向传动装置、主减速器、差速器和半轴等组成,如图4-1所示。根据布置的不同,汽车的传动路线和方式也有很大差异。比如:四轮驱动的还有分动器;有些车型采用自动变速器等。传动系的技术状况,主要是通过检测游动角度、机械传动效率、功率损失(kW)、振动和异响以及总成工作温度等诊断参数来判定的。传动系的技术状况好坏直接影响汽车的动力性和经济性。

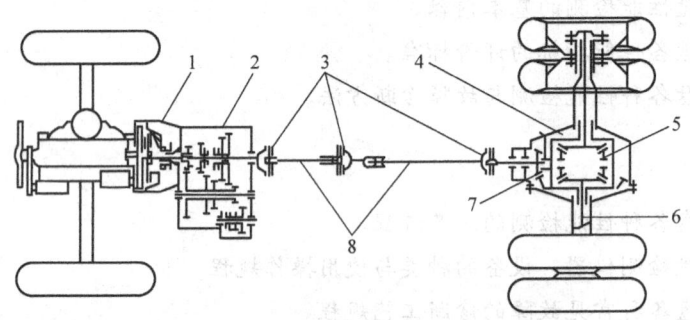

图4-1 传动系一般组成及布置示意图

1—离合器 2—变速器 3—万向节 4—驱动桥 5—差速器 6—半轴 7—主减速器 8—传动轴

一、传动系统性能评价标准

汽车传动系统的性能主要通过对传动系统游动角度、机械传动效率、功率损失三个指标来评价。

1. 传动系统游动角度

传动系统游动角度是离合器、变速器、万向传动装置和驱动桥的游动角度之和,又称为传动系总游动角度或总游动间隙。如果传动部位磨损过大,会产生过大的间隙,结果造成传动系抖振和异响,使传动效率降低。可见,传动系统游动角度是评价汽车传动系技术状况的综合性能诊断参数。该项指标目前我国还没有统一的标准,可以参考各汽车维修手册中相关的技术要求。国外汽车,对中型货车传动系统游动角度及各段游动角度的参考数据见表4-1。

表4-1 游动角度参考数据

部位	游动角度/(°)	部位	游动角度/(°)
离合器与变速器	≤5~15	驱动桥	≤55~65
万向传动装置	≤5~6	传动系	≤65~86

2. 机械传动效率与功率损失

汽车机械传动效率是驱动车轮输出功率与发动机飞轮输出功率之比。即

$$\eta_\mathrm{m} = \frac{P_\mathrm{k}}{P_\mathrm{e}} = \frac{P_\mathrm{k}}{P_\mathrm{k} + P_\mathrm{m}}$$

式中 η_m——机械传动效率；

P_k——驱动车轮输出功率；

P_e——发动机飞轮输出功率；

P_m——功率损失。

P_e 与 P_k 的差值就是功率损失。不同车型的机械传动效率见表 4-2。

表 4-2 汽车机械传动效率标准

车型	轿车	货车与大客		越野车	
		单级	双级	4×4	6×4
机械效率	0.90~0.92	0.90	0.84	0.85	0.80

二、传动系统性能检测项目与方法

1. 传动系游动角度的检测

传动系游动角度的检测可用人工经验法检测，还可采用游动角度检测仪进行检测。用游动角度检测仪检测传动系游动角度，与人工经验法相比较，可以获得较准确的游动角度值。游动角度检测仪有指针式、数字式两种。下面就传动系游动角度检测的不同方法分别加以介绍。

（1）用经验法检查游动角度　用经验法检查传动系游动角度时，先分段检查传动系各部分的游动角度，然后将各部分游动角度相加，即可获得传动系的游动角度。此时，角度值只能凭经验估算，检查应在热车熄火的情况下进行。检查的方法如下：

1）离合器与变速器游动角度的检查。变速器挂在要检查的某一档位上，松开驻车制动器，离合器处于接合状态；将变速器的输出轴或其上的驻车制动盘（鼓）从一个极限位置转到另一个极限位置，两极限位置之间的转角即为在该档位下离合器与变速器的游动角度。依次挂入每一档，可获得各档下的游动角度。

2）万向传动装置游动角度的检查。支起驱动桥，拉紧驻车制动器，然后将驱动桥凸缘盘从一个极限位置转到另一个极限位置，两极限位置之间的转角即为万向传动装置的游动角度。

3）驱动桥游动角度的检查。松开驻车制动器，变速器置于空档位置，驱动轮着地或处于制动状态，然后将驱动桥凸缘盘从一个极限位置转到另一个极限位置，两极限位置之间的转角即为驱动桥的游动角度。

以上三个游动角度之和即为传动系的游动角度。

　特别提示

用人工经验法检查传动系游动角度是普遍采用的一种方法，不过要求有检测经验的积累，才能确保检测的准确性。

（2）指针式游动角度检测仪及检测方法　指针式游动角度检测仪由指针、刻度盘、测量扳手等组成，如图4-2a所示。指针固定在驱动桥主动轴上，刻度盘固定在主减速器壳上。测量扳手一端带有U形卡嘴，以便卡在十字万向节上。为了适应多种车型，卡嘴上带有可更换的钳口。测量扳手另一端有指针和刻度盘，可指示转动扳手的转矩值，如图4-2b所示。

检测传动系游动角度时，将测量扳手卡在万向节上，用不小于30N·m的转矩转动，使之从一个极限位置转动到另一个极限位置，刻度盘上指针转过的角度即为所测游动角度值。

检测传动系游动角度应分段进行，具体方法如下：

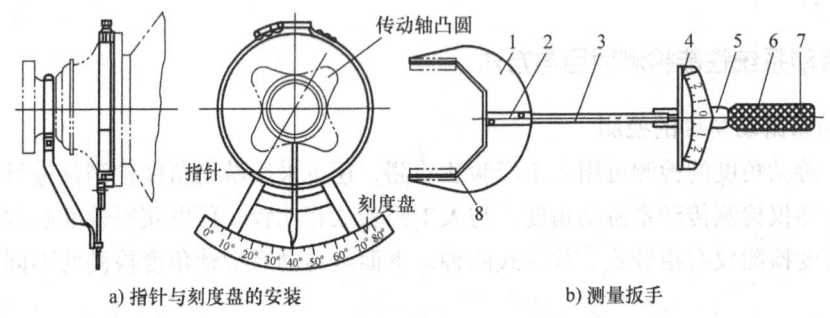

a）指针与刻度盘的安装　　　　　　　b）测量扳手

图4-2　指针式游动角度检测仪

1—卡嘴　2—指针座　3—指针　4—刻度盘
5—手柄　6—手柄套筒　7—定位销　8—可换钳口

1）检测驱动桥的游动角度。变速器挂空档，驻车制动器松开，驱动轮制动，将测量扳手卡在驱动桥主动轴万向节的从动叉上，即可测得驱动桥的游动角度。

2）检测万向传动装置的游动角度。与测驱动桥游动角度的方法基本相同，只是将测量扳手卡在变速器后端万向节的主动叉上。此时获得的游动角度减去驱动桥的游动角度，即为万向传动装置的游动角度。

3）检测离合器和变速器的游动角度。放松制动器，离合器处于接合状态，视必要可支起驱动桥。测量扳手仍卡在变速器后端万向节的主动叉上，依次挂入各档即可获得不同档位下从离合器到变速器的游动角度。

对上述三段游动角度求和，即可获得传动系的游动角度。

（3）数字式游动角度检测仪及检测方法　数字式游动角度检测仪由倾角传感器和测量仪两部分组成，两者以电缆相连。检测范围为0°~30°，使用的电源为直流12V。

1）倾角传感器。其作用是将传感器外壳随传动轴游动之倾斜角转换为相应频率的电振荡。传感器外壳是一个长方形的壳体，其上部开有V形缺口，并配有带卡扣的尼龙带，因而可方便地固定在传动轴上。倾角传感器外壳内的装置如图4-3所示。图中弧形线圈固定在外壳中的夹板上，弧形铁氧体磁棒通过摆杆和心轴支承在夹板的两轴承上，因此可绕心轴轴线摆动。在重力作用下，摆杆与重力方向始终保持某一夹角α_n。当传感器外壳倾斜角度变化时，弧形线圈内弧形磁棒的长度亦随之变化，产生的电感量亦不同，因而也就改变了电路的振荡频率。可见，传感器实际上是一个倾角－频率转换器。为使传感器可动部分摆动后能迅速处于平衡状态，传感器内装有变压器油。

2）测量仪。测量仪实际上是一台专用的数字式频率计，由于采用了与传感器特性相应的初始置数的措施，因而能直接显示传感器的倾角。

3）仪器工作原理。仪器采用了 PMOS 数字集成电路。由传感器送来的振荡信号经计数门进入主计数器，在置成的补数基础上累计脉冲数。计数结束后，在锁存器接收脉冲作用下，将主计数器的结果送入寄存器，并由荧光数码管将结果显示出来。使用中，将游动范围内两个极限位置的倾角读出，其差值即为游动角度。

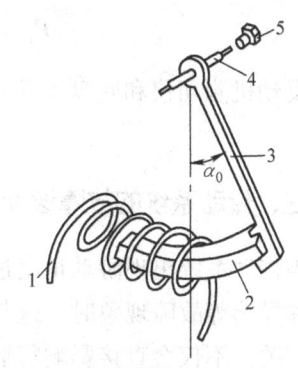

图 4-3　倾角传感器结构示意图
1—弧形线圈　2—弧形铁氧体磁棒
3—摆杆　4—心轴　5—轴承

4）仪器使用方法。将测量仪接好电源，用电缆把测量仪和传感器连接好，先按仪器使用说明书的要求对仪器进行自校，再将转换开关扳到"测量"位置上，就可进行实测了。在汽车传动系统中，最便于固定倾角传感器的部位是传动轴。因此，在整个检测过程中，该传感器一直固定在传动轴上。各部位游动角度的测量方法如下：

① 测量万向传动装置的游动角度。把传动轴置于驱动桥游动范围的中间位置或将驱动桥支起，拉紧驻车制动器。左、右旋转传动轴至极限位置，测量仪便直接显示出固定在传动轴上的传感器的倾斜角度。将两个极限位置的倾斜角度记下，其差值即为万向传动装置的游动角度。此角度不包括传动轴与驱动桥之间的万向节的游动角度。

② 检测离合器与变速器各档的游动角度。放松驻车制动器，变速杆挂入选定档位，离合器处于接合状态，传动轴置于驱动桥游动范围中间位置或将驱动桥支起。左、右旋转传动轴至极限位置，测量仪便显示出传感器的倾斜角度。求出两极限位置倾斜角度的差值，便可得到一游动角度值。该游动角度值减去已测得的万向传动装置的游动角度，即为离合器与变速器在该档位下的游动角度。按同样方法，依次挂入各档位，便可测得离合器与变速器各档位下的游动角度。

③ 检测驱动桥的游动角度。变速杆置于空档位置，松开驻车制动器，踩下制动踏板将驱动轮制动。左、右旋转传动轴至极限位置，即可测得驱动桥的游动角度。该角度包括传动轴与驱动桥之间万向节的游动角度。

对于多桥驱动的汽车，当需要检测每一段的游动角度时，传感器应分别固定在变速器与分动器之间的传动轴、前桥传动轴、中桥传动轴和后桥传动轴上。

2. 机械传动效率与功率损失的检测

汽车传动的机械效率和功率损失的检测方法一般是利用发动机无负荷测功仪和底盘测功仪分别测出发动机飞轮输出功率 P_e 和驱动车轮输出功率 P_k，然后根据公式计算出功率损失 P_m 和机械效率 η_m。即

$$P_m = P_e - P_k; \qquad \eta_m = \frac{P_k}{P_e} = \frac{P_k}{P_k + P_m}$$

发动机测功仪和底盘测功仪的操作方法，详见项目二任务一中关于动力性能检测中所述。

三、传动系统的故障诊断

当传动系统出现游动角度过大、机械传动效率下降、功率损失增大以及传动过程中有抖动和异响等故障现象时，这与离合器、变速器、传动轴及主减速器等各总成的技术状况直接相关，不仅会直接影响行驶的安全、稳定性，还会导致汽车动力性下降，油耗增加。因此应当及时进行故障诊断与排除。由于传动系统各个总成结构分别具有不同功能和特点，所以各总成出现故障的规律和现象各有其独特性，进行传动系统故障诊断时要注意区分。确定传动系统各总成故障的诊断基本流程如图4-4所示。

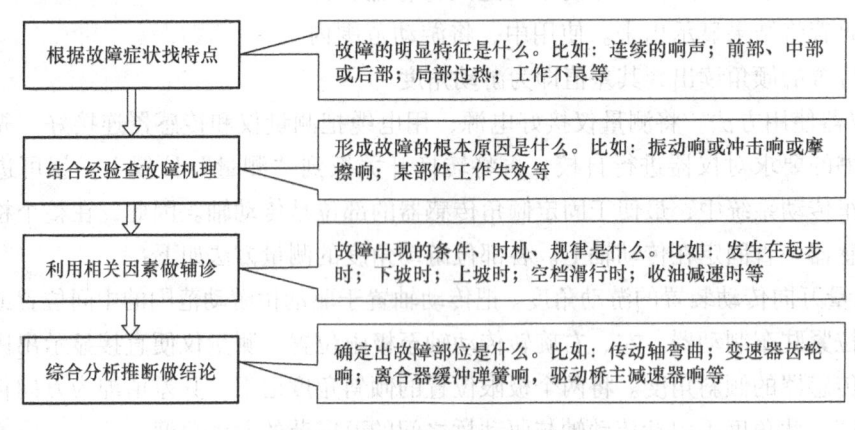

图4-4 传动系统故障诊断流程

 特别提示

根据传动系统故障诊断流程图，可以初步诊断出故障所属总成或部位。而各总成都有自己的结构特点，所以确定具体的故障原因或属性还要做进一步的分析诊断。

1. 离合器的故障诊断与排除

离合器安装于发动机飞轮与变速器之间，其作用是接通或切断发动机传递来的转矩。常出现的故障现象有离合器打滑、分离不彻底、发抖、发响等。

由于离合器的种类较多，有膜片弹簧式和周布弹簧式等，所以进行故障诊断时，一定要熟悉其结构，然后根据现象加以分析判断。下面结合案例来分别介绍离合器常见故障的诊断步骤和排除方法。

案例1 离合器打滑。

故障现象：一辆手动档的桑塔纳轿车，低速档起步时，放松离合器踏板后，汽车不能

顺利起步。并且汽车加速行驶时，车速不能随发动机转速的提高而提高，感到行驶无力，有时还能嗅到焦臭味或看到冒烟现象。

故障原因：离合器主动盘和从动盘摩擦片不能有效地传递摩擦转矩。

故障的相关因素：

1) 离合器踏板自由行程过小或没有自由行程，使分离轴承一直压在分离杠杆上。

2) 从动盘摩擦片、压盘或飞轮工作面磨损严重，离合器盖与飞轮的连接松动，使压紧力减弱。

3) 从动盘摩擦片油污、烧蚀、表面硬化、铆钉外露或表面不平，使摩擦力下降。压力弹簧疲软或折断，膜片弹簧疲软或开裂，使压紧力下降。

4) 分离轴承套筒与导管间油污严重，使分离轴承不能回位。

故障诊断与排除：检查离合器踏板自由行程是否合适，不合适应进行调整。还应检查操纵机构是否调整不当或卡滞，踏板弹簧是否失效，分离轴承是否能回位，分离杠杆内端是否调整过高。若自由行程正常，则要拆下离合器，检查从动盘摩擦片、压盘或飞轮工作面磨损情况，若磨损严重应及时更换。检查压力弹簧、膜片弹簧是否疲软、折断或弹性不足，若弹性不足或损坏应及时更换。

案例 2 离合器分离不彻底。

故障现象：一辆 2005 年生产的手动档捷达轿车，发动机怠速运转时，完全踩下离合器踏板，挂档时有齿轮撞击声，且难以挂入；如果勉强挂上档，在离合器踏板尚未完全松开时，汽车就猛向前窜或发动机熄火。

故障原因：离合器压盘与从动盘摩擦片没有分开，仍然有摩擦转矩输出。

故障的相关因素：

1) 离合器踏板自由行程过大。

2) 新换的摩擦片太厚或从动盘正反面装错。

3) 从动盘钢片翘曲、摩擦片破裂或铆钉松动。

4) 液压传动离合器的液压系统漏油，造成油量不足，或有空气侵入。

5) 分离杠杆调整不当，其内端不在同一平面内或内端高度太低，或分离杠杆弯曲变形、支座松动、支座轴销脱出，使分离杠杆内端高度难以调整。

故障诊断与排除：检查离合器操纵机构是否有卡滞现象。主要检查液压系统管路、管接头是否漏油，要确保其工作正常；然后检查踏板自由行程是否合适，若自由行程过大，应进行调整。若故障仍然存在，就要拆下离合器压板，检查离合器从动盘或摩擦片安装是否正确，若从动盘变形或损坏应及时更换。检查分离杠杆是否变形，支座是否松动，分离杠杆调整是否合适。若有问题应更换或调整。

案例 3 离合器发响。

故障现象：一辆速腾 1.6L（MT）轿车，起步或换档时操纵离合器有清晰的不正常响声。而且，当踏下离合器踏板时，发出连续的响声。

故障原因：离合器中的零、部件由于磨损、松旷，使离合器在接合或分离的瞬间，由于惯性冲击的作用，造成不正常摩擦或冲击而产生异响。

故障的相关因素：分离轴承磨损严重或缺油、轴承回位弹簧过软、折断或脱落；从动盘铆钉松动或减振弹簧折断；踏板回位弹簧过软、脱落或折断。

故障诊断与排除：稍踩下离合器踏板，使膜片弹簧与分离轴承接触，若听到有"沙沙"的响声，为分离轴承响。若加油后仍响，为轴承磨损松旷或损坏，应予以更换。踩下、放松离合器踏板时，如出现间断的碰击声，为分离轴承前后滑动响（分离轴支承弹簧失效），应更换支承弹簧。发动机一起动就有响声，将踏板提起后响声消失，为踏板弹簧失效，应更换踏板弹簧。连踩踏板，在离合器刚接触或分开时响，为从动盘铆钉松动和摩擦片铆钉外露，应修复铆钉。

案例4 离合器发抖（又称离合器接合不稳）。

故障现象：一辆夏利N5轿车，在起步时，松开离合器踏板，车身出现抖动。

故障原因：离合器的主、从动盘接合不平顺，传动过程的摩擦力不均匀。

故障的相关因素：离合器压盘或从动盘发生翘曲，或从动盘铆钉松动；变速器与飞轮壳或者离合器盖与飞轮固定螺栓松动；膜片弹簧弹力不均。

故障诊断与排除：检查变速器与飞轮壳、离合器盖与飞轮固定螺钉是否松动，排除产生抖动的原因是由于螺栓松动引起的；让发动机怠速运转，挂上低速档，缓慢松开离合器踏板并加油起步，如车身有明显的抖动，则为离合器发抖；检查膜片弹簧的高度；拆开离合器盖测量膜片弹簧的高度是否一致。若上述各项均符合要求，则拆下离合器，分别检查压盘、从动盘是否变形，铆钉是否松动，膜片弹簧的弹力是否在允许范围内。

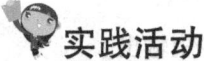 **实践活动**

根据实训条件，在老师的指导下，选择一辆车（轿车或货车），以小组为单位，进行离合器故障诊断与排除，填写好实训记录（表4-3）。

（提示：老师可设置离合器自由行程过大或过小、发抖、异响等故障。）

表4-3 实训记录表

汽车类型		出厂时间		检验人	
VIN码		检测时间		学号	
确认故障现象	□离合器打滑 □离合器分离不彻底 □离合器发抖 □离合器发响 故障症状表现是_____。				
故障原因分析	该车发生_____故障的根本原因是_____ _____。相关因素有_____ _____ _____。				
故障诊断	1）首先检查_____； 2） 3） 4） 5）				

（续）

汽车类型		出厂时间		检验人	
VIN 码		检测时间		学号	
故障排除	1）调整_____。 2）检修_____。 3）更换_____。 4）试车：确认_____故障现象是否消失				
学生小结	通过本次实训知道了_____ _____； 掌握了_____ _____。 在_____方面， 还要努力。				
教师点评					

2. 变速器的故障诊断与排除

汽车变速器有自动和手动之分，它们的传动机理是完全不同的。

（1）手动变速器的故障诊断与排除　手动变速器常见的故障是跳档、乱档、异响、换档困难和漏油等。

下面以桑塔纳 2000GSI 轿车手动变速器为例，来介绍手动变速器常见故障的诊断步骤与方法。桑塔纳 2000GSI 轿车手动变速器传动机构如图 4-5 所示。

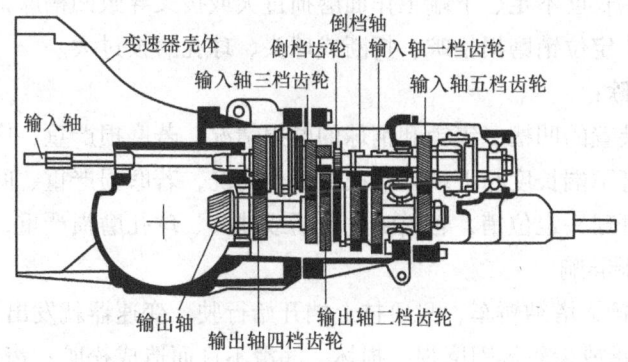

图 4-5　桑塔纳变速器传动机构

案例 1　变速器跳档。

故障现象：一辆桑塔纳轿车在行驶过程中，特别是加速或爬坡行驶时，变速杆自动从某档跳回空档。

故障原因：啮合齿轮在传动时产生较大的轴向作用力，从而脱离啮合位置；或啮合齿轮未能全长啮合，当载荷突变时导致跳档。

故障的相关因素：

1）变速杆系磨损松旷或变速器内拨叉弯曲变形、止推垫片磨损，使齿轮不能完全啮合。

2）相啮合的齿轮或齿圈磨损严重。

3）自锁装置的凹槽、钢球磨损严重，自锁弹簧疲劳或折断。

4）轴或轴承磨损严重，使相啮合的齿轮或齿圈不同心。

5）齿轮与轴的花键严重磨损，使配合间隙过大。

故障诊断与排除：

1）检查变速杆系是否松旷或严重磨损；变速器内拨叉是否弯曲变形；止推垫片是否严重磨损。若松旷或损坏严重，应及时调整或更换零件。

2）检查相啮合的齿轮或齿圈的磨损情况，若磨损严重或断齿应更换。

3）检查自锁装置的凹槽、钢球是否严重磨损；自锁弹簧是否疲劳或折断。若磨损严重或损坏应及时更换拨叉轴、钢球。

4）检查轴或轴承是否磨损严重，必要时应更换。

5）检查齿轮与轴的花键的磨损情况，若磨损严重应更换。

案例 2 变速器乱档。

故障现象： 一辆桑塔纳轿车在起步挂档或行驶中换档时，挂不上所需档位；挂档后不能退回空档；车辆静止时可能同时挂上两个档。

故障原因： 互锁作用失效，导致不能限制两个档位同时挂档。

故障的相关因素：

1）互锁装置的凹槽、锁销或钢球磨损严重。

2）变速杆下端长度不足、下端工作面磨损过大或拨叉导致凹槽磨损过大。

3）变速杆球头定位销磨损松旷、折断或球头、球孔磨损过大。

故障诊断与排除：

1）检查互锁装置的凹槽、锁销和钢球的磨损情况，若磨损严重，应及时更换。

2）检查变速杆下端长度与下端工作面的配合情况，若磨损严重、间隙过大应予更换。

3）检查变速杆球头定位销，若松旷、折断或球头、球孔磨损严重，应及时更换。

案例 3 变速器异响。

故障现象： 一辆桑塔纳轿车，只要挂上档开始行驶，变速器就发出不正常的响声。

故障原因： 轴承或齿轮等因磨损、损坏、润滑不良而造成松旷；齿轮或花键等啮合不正确从而导致异常摩擦或冲击。

故障的相关因素：

1）变速器第一轴、第二轴或拨叉弯曲变形，轴承、同步器毂磨损、失圆。

2）齿轮加工精度或热处理工艺不当等造成齿轮偏磨或齿形发生变化，齿轮啮合间隙或花键配合间隙过大。

3）自锁装置的凹槽、钢球磨损过甚或自锁弹簧疲劳、折断。

4）齿轮油不足、变质、规格不符合要求或油中有杂物。

故障诊断与排除：变速器异响主要有变速器齿轮的啮合声、轴承的运转声等。一般若在各档都有连续响声，为轴承损坏；某档位有连续、较尖细的响声，为该档齿轮响声；挂上某档时有断续、沉闷的冲击声，为该档个别齿轮折断；停车时踩下离合器踏板不响，松开离合器踏板发响，为常啮合齿轮响。应根据响声特点，着重检修相应部位。

案例 4　变速器换档困难。

故障现象：一辆桑塔纳轿车，变速器不易挂上档或挂上档后不易脱出。

故障原因：换档时待啮合齿轮的圆周速度不相等，或换档拨叉移动时阻力过大。

故障的相关因素：离合器分离不彻底；拨叉轴弯曲或叉轴与导向孔严重锈蚀、拨叉固定螺栓松动；同步器磨损或弹簧安装不正确。

故障诊断与排除：检查离合器操纵机构能否灵活移动，离合器能否分离彻底。拆开变速器盖，查看拨叉轴是否弯曲，如弯曲应校直或更换；若离合器轴与导向孔锈蚀应除锈修复；若拨叉固定螺钉松动，应拧紧。若同步器磨损或损坏，应更换。

 特别提示

　　由于手动变速器的类型比较多，所以进行故障诊断与排除时，先要了解变速器的结构类型特点，这是诊断与排除故障的关键。

（2）自动变速器的故障诊断　不同车系的自动变速器由于结构差别较大，所以在使用中出现的故障现象、表现形式不同，造成故障的原因和部位也不同。但是，只要熟悉自动变速器的工作原理，正确使用自动变速器的检测仪器，按照诊断故障的程序操作，就能做到快速地排除故障。

自动变速器故障诊断的流程如图 4-6 所示。

自动变速器常见的故障现象有自动变速器换档冲击大、自动变速器打滑、自动变速器不能升档、自动变速器升档缓慢、自动变速器无前进档、自动变速器无超速档、自动变速器无倒档、自动变速器频繁跳档、无发动机制动、液力变矩器离合器无锁止、不能强制降档和自动变速器异响等。下面通过案例来介绍自动变速器常见故障的诊断与排除方法。

案例 1　自动变速器换档冲击大。

故障现象：一辆 2004 款上海大众帕萨特 1.8GSi 轿车，搭载大众 AG401N 型 4 档电子控制自动变速器，用户反映该车变速器存在换档冲击的症状。试车检查有下列症状：起步时，变速杆从 P 位或 N 位挂入 D 位或 R 位时，汽车振动大；行驶中，自动变速器升档瞬间产生振动。

故障原因：发动机急速过高；节气门拉索调整不当或节气门位置传感器故障，主油路油压高；升档过迟；真空式节气门阀真空软管破损；主油路调压阀故障，使主油路油压过高；离合器活塞卡住，不起连接作用；单向阀球漏装，制动器或离合器接合过快；换档组件打滑；油压电磁阀故障；电控单元故障。

排除方法：检查发动机急速；检查、调整节气门拉索和节气门位置传感器；检查真空

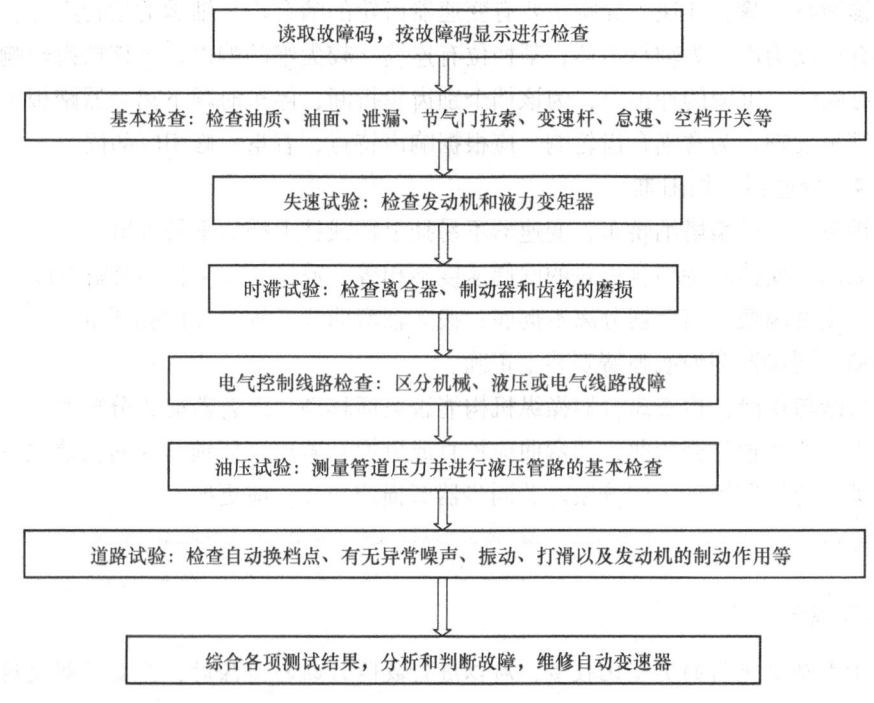

图 4-6 自动变速器故障诊断流程

式节气门阀的真空软管；路试检查自动变速器升档是否过迟。升档过迟是换档冲击大的常见原因。

检测主油路油压。如果怠速时主油路油压高，说明主油路调压阀或节气门阀存在故障；如果怠速油压正常，而起步冲击大，说明前进离合器、倒档及高档离合器的进油单向阀损坏或漏装。

检查换档时主油路油压。正常情况下，换档时主油路油压瞬时应有下降。若无下降，说明离合器活塞卡住，应拆检阀体和离合器。

检查油压电磁阀的工作是否正常；检查电控单元在换档瞬间是否向油压电磁阀发出控制信号。如果电磁阀本身有问题则应更换；如果线路存在问题则应修复。

案例 2 自动变速器打滑。

故障现象：一辆 2005 年产广州本田雅阁 3.0 轿车（CM6），装有 BAYA 型 5 速自动变速器。据车主反映，该车在行驶过程中曾经出现过变速器打滑的现象，起步时踩下加速踏板，发动机转速上升很快但车速升高缓慢；上坡时无力，发动机转速上升很高。

故障原因：液压油油面太低；离合器或制动器磨损严重；油泵磨损严重，主油路漏油造成主油路油压低；单向超越离合器打滑；离合器或制动器密封圈损坏导致漏油。

排除方法：检查液压油油面高度和油的品质。若液压油变色或有烧焦味，说明离合器或制动器的摩擦片烧坏，应拆检自动变速器。

路试检查，若所有档都打滑，原因出在前进离合器。

若变速杆在 D 位的 2 档打滑，而在 S 位的 2 档不打滑，说明 2 档单向超越离合器打

滑。若不论在 D 位、S 位的 2 档时都打滑，则为低档及倒档制动器打滑。若在 3 档时打滑，原因为倒档及高档离合器故障。若在超速档打滑，则为超速制动器故障。若在倒档和高档时打滑，则为倒档和高档离合器故障。若在倒档和 1 档打滑，则为低档及倒档制动器打滑。

在前进档或倒档都打滑，说明主油路油压低。此时应对油泵和阀体进行检修。若主油路油压正常，原因可能是离合器或制动器摩擦片磨损过度或烧焦，更换摩擦片即可。

案例 3 自动变速器不能升档。

故障现象：一辆 2006 年出厂的奇瑞轿车，行驶中自动变速器只能升 1 档，不能升 2 档及高速档；或可以升 2 档，但不能升 3 档或超速档。

故障原因：节气门拉索或节气门位置传感器调整不当；调速器存在故障；调速器油路漏油；车速传感器故障；2 档制动器或高档离合器存在故障；换档阀卡滞或档位开关故障。

排除方法：电控自动变速器应先进行故障诊断。检查、调整节气门拉索和节气门位置传感器；检查车速传感器；检查档位开关信号。测量调速器油压，如果车速升高后调速器油压为 0 或很低，说明调速器有故障或漏油。如果控制系统无故障，应拆检自动变速器，检查换档执行组件是否打滑，用压缩空气检查各离合器、制动器油缸或活塞有无泄漏。

案例 4 自动变速器升档缓慢。

故障现象：一辆捷达王装 01N 自动变速器，驾驶人反映该车升档缓慢。进汽车修理厂检验有以下症状：行驶中，升档车速较高，发动机转速也偏高；升档前必须松开加速踏板才能使自动变速器升入高档。

故障原因：节气门拉索调整不当或节气门位置传感器故障；调压阀存在故障；输出轴上调压阀进出油孔的密封圈损坏；真空式节气门阀推杆调整不当；真空式节气门阀的真空软管或真空膜片漏气；主油路油压或节气门油压太高；强制降档开关短路；传感器故障。

排除方法：电控自动变速器应进行故障诊断。检查、调整节气门拉索或节气门位置传感器，测量节气门位置传感器电阻，如不符合标准应更换。检查强制降档开关是否短路。

测量怠速主油路油压，若油压太高，应通过节气门拉索或节气门位置传感器予以调整。采用真空式节气门阀的自动变速器，应用减少节气门阀推杆长度的方法进行调整。若以上调整无效，应拆检油压阀或节气门阀。

测量调压阀油压，调压阀油压应随车速的升高而增大。将不同转速下测得的调压阀油压与规定值比较，若油压太低，说明调压阀存在故障或调压阀油路存在泄漏。此时应拆检自动变速器，检查调压阀固定螺钉是否松动，调压阀油路密封环是否损坏，阀芯是否卡滞或磨损过度。

如果调压阀油压正常，升档缓慢的原因可能是换档阀工作不良。应拆卸阀体检查，必要时更换。

案例 5 自动变速器无前进档。

故障现象：倒档正常，但在 D 位时不能行驶；在 D 位时汽车不能起步，在 S、L 位（或 2、1 位）时可以起步。

故障原因：前进离合器打滑；前进单向超越离合器打滑；前进离合器油路泄漏；变速

杆调整不当。

排除方法：检查、调整变速杆位置。测量前进档主油路油压。若油压太低（说明主油路油压低），拆检自动变速器，更换前进档油路上各处密封圈。检查前进档离合器，如果摩擦片烧损或磨损过度应更换。若主油路油压和前进离合器均正常，应拆检前进单向超越离合器。

案例 6　自动变速器无超速档。

故障现象：汽车行驶中，不能从 3 档升入超速档；车速已达到超速档工作范围，采用松开加速踏板几秒后再踩下加速踏板的方法，自动变速器也不能升入超速档。

故障原因：超速档开关故障；超速电磁阀故障；超速制动器打滑；超速行星排上的直接离合器或直接单向超越离合器故障；档位开关故障；液压油温度传感器故障；节气门位置传感器故障；3—4 换档阀卡滞。

排除方法：对电控系统自动变速器进行故障诊断，检查有无故障码输出。

检查液压油温度传感器电阻值；检查档位开关和节气门位置传感器的输出信号。档位开关信号应与变速杆的位置相符，节气门位置传感器输出电压应与节气门的开度成正比。

检查超速档开关。在 ON 位时，超速档开关触点应断开，指示灯不亮；在 OFF 位时，超速档开关触点应闭合，指示灯应亮。否则检查超速档电路或更换超速档开关。

检查超速档电磁阀的工作情况。打开点火开关，不起动发动机，按下 O/D 开关，超速档电磁阀应有接合声音。若无接合声音，应检查控制电路或更换电磁阀。

用举升器举起车辆，使四轮悬空。起动发动机，使自动变速器在 D 位工作，检查在无负荷状态下自动变速器升档情况。如果能升入超速档，并且车速正常，说明控制系统工作正常。如果不能升入超速档，是因为超速制动器打滑，所以在有负荷情况下不能升入超速档。如果能升入超速档，而升档后车速不提高，发动机转速下降，说明超速行星排中直接离合器或直接单向超越离合器有故障。如果在无负荷情况下不能升入超速档，说明控制系统存在故障，应拆检阀体，检查 3—4 档换档阀。

案例 7　自动变速器无倒档。

故障现象：车辆在 D 位能行驶而倒档不能行驶。

故障原因：变速杆调整不当；倒档油路泄漏；倒档及高档离合器或低档及倒档制动器打滑。

排除方法：检查并调整变速杆位置。检查倒档油路油压。若油压太低，说明倒档油路泄漏，应拆检自动变速器。

如果倒档油路油压正常，应拆检自动变速器，更换损坏的离合器或制动器摩擦片或制动带。

案例 8　自动变速器频繁跳档。

故障现象：汽车行驶中，自动变速器出现突然降档现象，降档后发动机转速升高，并产生换档冲击。

故障原因：节气门位置传感器故障；车速传感器故障；控制系统电路故障；换档电磁阀接触不良；电控单元故障。

排除方法：先用故障诊断仪对电控自动变速器进行故障诊断，检查有无故障码输出。若有故障码，按故障码提示排除。若无故障码，测量节气门位置传感器、车速传感器。拆下自动变速器油底壳，检查电磁阀连接线路端子情况；检查控制系统各接线端子电压。

案例9 无发动机制动。

故障现象：汽车行驶中，当变速杆位于2、1或S、L位时，松开加速踏板，发动机转速降至急速，但汽车减速不明显；下坡时，自动变速器在前进低档，但不能产生发动机制动作用。

故障原因：变速杆位置调整不当；档位开关调整不当；2档强制制动器打滑或低档及倒档制动器打滑；控制发动机制动的电磁阀故障；阀体故障；自动变速器故障。

排除方法：对电控自动变速器进行故障诊断。路试检查自动变速器有无打滑现象。如果变速杆在S位时没有发动机制动作用，而在L位时有发动机制动作用，说明2档强制制动器打滑。如果变速杆在L位时没有发动机制动作用，而S位时有发动机制动作用，说明低档及倒档制动器打滑。

检查控制发动机制动作用的电磁阀是否存在故障。拆检阀体，清洗所有控制阀。检查电控单元各接线端子电压，如果正常，再检查各个传感器电压。更换新的电控单元重新试验，如果故障消失，说明电控单元损坏。

案例10 液力变矩器离合器无锁止。

故障现象：汽车行驶中，车速、档位已经满足离合器锁止条件，但锁止离合器仍没有锁止作用；油耗增大。

故障原因：锁止电磁阀故障；锁止控制阀故障；变矩器中锁止离合器损坏。

排除方法：检查锁止电磁阀；检查清洗锁止控制阀；若控制系统无故障，则应更换变矩器。

案例11 不能强制降档。

故障现象：汽车以3档或超速档行驶时，突然把加速踏板踩到底，自动变速器不能立即降低一个档位，汽车加速无力。

故障原因：节气门拉索或节气门位置传感器调整不当；强制降档开关损坏；强制降档电磁阀短路或断路；强制降档阀卡滞。

排除方法：检查节气门拉索、节气门位置传感器的安装情况。

检查强制降档开关。在加速踏板踩到底时，强制降档开关触点应闭合；松开加速踏板时，强制降档开关触点应断开。如果加速踏板踩到底时，强制降档开关触点没有闭合，可用手动开关。如果按下开关后触点能闭合，说明开关安装不当，应重新调整；如果按下开关触点不闭合，说明开关损坏。

检查强制降档电磁阀工作情况。拆卸阀体，分解、清洗强制降档控制阀，若阀芯有问题，应更换阀体总成。

 特别提示

对于电控自动变速器的故障诊断,应充分利用电控自动变速器的故障自诊断功能。读取故障码可为自动变速器控制系统的检修和故障诊断提供依据。必须在拆检之后才能确诊的故障,应是故障诊断的最后步骤。因为微机控制自动变速器一般是不允许轻易分解的。

1)根据实训条件,在老师的指导下,选择一辆车(轿车或货车),以小组为单位,进行手动变速器故障诊断与排除,并填写好实训记录(表4-4)。

(提示:实训老师可以设置手动变速器脱档、异响、挂档困难等故障。)

表4-4 实训记录表

汽车类型		出厂时间		检验人	
VIN 码		检测时间		学号	
确认故障现象	□变速器跳档 □变速器乱档 □变速器异响 □换档困难 □漏油 故障症状表现是_____。					
故障原因分析	该车发生_____故障的根本原因是_____ _____。相关因素有_____ _____ _____。					
故障诊断	1)首先检查_____。 2) 3) 4) 5)					
故障排除	1)调整_____。 2)检修_____。 3)更换_____。 4)试车:确认_____故障现象是否消失。					
学生小结	通过本次实训知道了_____; _____。 掌握了_____ _____。 在_____方面, 还要努力。					
教师点评					

2）根据实训条件，在老师的指导下，选择一辆轿车，以小组为单位，进行自动变速器性能的基本检测，进行故障诊断与排除，并填写好实训记录（表4-5）。

> **特别提示**
>
> ① 做自动变速器的失速试验、时滞试验等性能检测试验，必须在老师的监督和指导下进行，做好试验前的准备工作。
>
> ② 实训教师可以设置自动变速器换档冲击大、自动变速器打滑、自动变速器不能升档、自动变速器升档缓慢、自动变速器无前进档、自动变速器无超速档、自动变速器无倒档、自动变速器频繁跳档等故障。

表4-5　实训记录表

汽车类型		出厂时间		检验人	
VIN 码		检测时间		学号	
确认故障现象	□换档冲击大　□打滑　□不能升档　□无前进档　□频繁跳档 故障症状表现是_____。					
故障原因分析	该车发生_____故障的根本原因是_____ _____。相关因素有_____ _____ _____ _____。					
故障诊断	1）基本检查_____。 2）用_____读取故障码，根据故障码做进一步检验。 3）做时滞试验：_____ _____。 4）做失速试验：_____ _____。 5）做油压检测：_____。					
故障排除	1）调整_____。 2）检修_____。 3）更换_____。 4）试车：确认_____故障现象是否消失。					
学生小结	通过本次实训知道了_____ _____； 掌握了_____ _____ 在_____方面， 还要努力。					
教师点评						

3. 万向传动装置故障诊断

汽车万向传动装置一般安装在变速器与主减速器（或分动器）之间，用来传递转矩。其结构主要由万向节和传动轴组成，必要时还加装中间支承。万向传动装置的常见故障现象有传动轴振动和噪声、起动撞击及滑行异响等。下面通过案例来介绍万向传动装置常见故障的诊断方法。

案例1 传动轴的振动和噪声。

故障现象：一辆丰田RAV4多用途越野车，在中速或高速行驶时，明显感到车身有周期性振动和噪声。并且车速越快，振动频率越高。

故障原因：传动轴弯曲或扭转变形；传动轴不平衡；十字轴万向节的轴承磨损或失效。

故障诊断与排除：

1）检查传动轴直线度偏差，若超过允许范围，应进行校正或更换。

2）检查传动轴是否平衡。若不平衡应检查装配标记是否对正，轴两端万向节叉是否装在同一平面内。

3）检查十字轴万向节的轴承是否磨损严重或失效，若磨损严重或失效应及时更换。

4）检查支承、花键、缓冲橡胶垫等是否损坏，紧固螺栓是否松动。若有松动或损坏，应予以紧固、检修或更换。

案例2 起动时万向传动装置有撞击声或滑行时异响。

故障现象：一辆奔驰C230轿车，起步或行驶变速时，传动轴有撞击声，并且空档滑行时传动轴异响严重。

故障原因：万向节磨损或损伤；变速器输出轴花键及传动轴滑动叉花键处磨损或损伤；传动轴连接部位松动。

故障诊断与排除：

1）首先检查万向节是否磨损严重或损伤，若磨损严重或损伤，应更换零件。

2）检查变速器输出轴花键及传动轴滑动叉花键处是否磨损严重或损伤，若磨损严重或损伤，应予以修理或更换。

3）检查传动轴连接部位是否松动，若松动需拧紧各螺栓或螺母。

4. 驱动桥故障诊断

驱动桥的功用是将万向传动装置传来的转矩改变方向后传给驱动车轮，并起到降速增扭的作用。同时，允许左右驱动轮以不同转速旋转。

驱动桥主要由主减速器、差速器、半轴及驱动桥壳组成，其常见故障现象有异响、发热和漏油等。下面结合案例来介绍驱动桥常见故障的诊断方法。

案例1 驱动桥异响。

故障现象：一辆宝马轿车，当起步、转弯或突然改变车速行驶时，驱动桥发出较大响声，而当直行、滑行或低速行驶时响声减弱或消失。

故障原因：驱动桥的传动部件磨损松旷或啮合间隙过大而引发冲击响声。

故障的相关因素：

1) 后桥壳内润滑不良。

2) 圆锥滚子轴承预紧度调整不当。

3) 圆锥或圆柱主、从动齿轮、行星轮和半轴齿轮等啮合间隙过大或过小,齿面磨损严重、轮齿折断、变形或啮合印痕不符合要求。

4) 半轴齿轮与半轴的花键配合松旷,差速器壳与十字轴配合松旷或行星轮孔与十字轴配合松旷。

5) 主减速器主动齿轮紧固螺母或从动齿轮连接螺钉松动,或驱动桥壳体、主减速器壳体变形。

故障诊断与排除:

1) 检查后桥壳内润滑情况,若漏油应查明部位进行维修;油量不足应及时补充。

2) 停车检查。先将驱动桥架起,起动发动机并挂上档,然后急剧改变车速,查听驱动桥响声来源,以判断故障所在部位。最后将发动机熄火,并将变速器放入空档,在传动轴停止转动后,用手转动主动齿轮凸缘。若齿轮啮合间隙过大,则会有松旷的感觉。若感到一点活动量都没有或很小,则说明啮合间隙过小,应分别进行调整;若感到活动量很大或没有,且有不正常的响声,应拆下主减速器进行修理。

3) 行车检查(路试)。

① 当汽车加速前进或放松加速踏板降速时,听到"嗡、嗡"的噪声,这可能是齿轮啮合间隙过小或啮合不良,应按规定重新调整。

② 当汽车在行驶中连续发响,车速越高,噪声越大,而在滑行时,噪声减小或消失,则为轮毂轴承、主减速器轴承或差速器轴承磨损松旷,应更换轴承。

③ 当汽车下坡或速度急剧变化时,发出"咯啦、咯啦"的碰撞声,而正常行驶中消失或减小,则为齿轮啮合间隙过大,应予以调整。如调整后还不能消除,则应更换齿轮。

④ 当汽车转弯时发响严重,而在直行时响声不明显,则可能是差速器两侧轴承端隙过大、差速器齿轮或止推垫片磨损严重、半轴齿轮及键磨损严重,应分别调整轴承的预紧度,或更换垫片及齿轮等。

案例2 驱动桥过热。

故障现象:一辆丰田的锐志轿车,行驶一段路程后,用手触摸后桥,有烫手感觉。

故障原因:主减速器内有异常磨损(干摩擦)现象。

故障的相关因素:齿轮油型号不对或油量不足;轴承预紧度过大;齿轮磨损严重;主、从动锥齿轮啮合间隙过小。

故障诊断与排除:

1) 检查齿轮油量是否充足,若不足应按规定将齿轮油加至规定高度。

2) 检查齿轮油型号是否正确。若不正确应将原油放净,并冲洗桥壳内部,换上规定型号的齿轮油。

3) 检查驱动桥轴承的预紧度是否过大,若过大应重新调整。

4) 检查齿轮的磨损情况,若磨损严重应更换齿轮。

5) 检查主、从动锥齿轮啮合间隙是否过小,若过小应重新调整。

案例 3 驱动桥漏油。

故障现象：一辆一汽丰田锐志轿车，驱动桥减速器衬垫和放油螺塞周围漏油。

故障原因：有泄漏点。

故障的相关因素：油面过高；通气塞堵塞；齿轮油型号不对；油封磨损或损坏，放油螺塞松动或垫片损坏；桥壳有裂纹。

故障诊断及排除：

1）检查齿轮油的油面高度，若油面过高，应放掉多余的齿轮油，调整至合适位置。

2）检查通气塞是否堵塞，若堵塞应予以检修。

3）检查放油螺塞是否松动，垫片是否损坏，若损坏应更换垫片，并拧紧放油螺塞。

4）检查油封是否磨损或损坏，若磨损或损坏应更换油封。

5）检查齿轮油型号是否正确，若不正确要更换符合规定型号的齿轮油。

6）检查桥壳有无裂纹，若有裂纹应修理或更换。

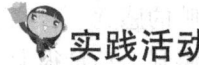

实践活动

用经验法检测汽车传动系统的离合器、变速器、万向传动装置和驱动桥的游动角度，并根据检测结果，制定该车传动系统的维修方案，见表4-6。

表4-6 实训记录表

汽车类型		出厂时间		检验人	
VIN 码		检测时间		学号	
检查部位项目	离合器与变速器游动角度	万向传动装置游动角度		驱动桥游动角度	总游动角度
检测结果					
检测结果分析	通过对车辆进行_____检测，产生上述车辆发生_____故障现象的原因是_____。				
制定维修方案	1）调整_____。 2）检修_____。 3）更换_____。 4）试车：确认_____故障现象是否消失。				
学生小结	通过本次实训知道了_____； 掌握了_____。 在_____方面，还要努力。				
教师点评					

任务二 转向系统的检测与故障诊断

案例思考

1) 一辆广州雅阁2.3L轿车行驶过程中出现跑偏现象。据车主反映，路况较好时，跑偏现象不严重；在不平路面或有冲击时，往往会出现明显的跑偏。

2) 一辆丰田皇冠轿车静止时，两前轮保持直线行驶位置不动，轻轻来回转动转向盘，感到游动角度很大。明显特征是转向盘自由行程过大。

3) 一辆2008年款，速腾自动档车型，行驶里程33803km，在行驶时感觉转向盘突然很沉重，仪表板上电控机械助力转向系统故障警告灯点亮。

请思考应该如何诊断与排除上述汽车故障。

相关知识与技能

汽车的转向系统是由转向操纵机构、转向器和转向传动机构组成，其功能是改变汽车的行驶方向或使汽车保持稳定直线行驶。转向系统技术状况的好坏，直接影响汽车行驶的安全性和操纵性。因此，转向系统的检测是汽车技术性能检测的重点之一，发现故障应及时检修。

一、转向系统的性能评价指标

汽车转向系统的性能一般是通过转向盘转向力、转向盘自由行程、车轮定位及汽车的行车侧滑量等参数来评价。

根据GB 7258—2012《机动车运行安全技术条件》规定：机动车在平坦、硬实、干燥和清洁的道路上行驶，以10km/h的速度在5s之内沿螺旋线从直线过渡到外圆直径为25m的车辆通道圆行驶，施加于转向盘外缘的最大切向力应小于等于245N；机动车转向盘的最大自由转动量小于等于：最大设计车速大于等于100km/h的机动车15°，其他机动车25°；汽车（三轮汽车除外）的车轮定位与该车型的技术要求应一致。对前轴采用非独立悬架的汽车（前轴采用双转向轴时除外），其转向轮的横向侧滑量，用侧滑台检验时侧滑量值应在±5m/km之间。部分汽车的车轮定位参数参见表4-7。

表4-7 部分汽车车轮定位参数　　　　　　单位：（°）

定位参数 汽车型号	前轮前束	前轮外倾角	主销后倾角	主销内倾角	后轮前束	后轮外倾角
桑塔纳3000	−0.99~2.98	−0.9~0.7	0.5~3.8	0	0~3.97	−1.3~0.17
帕萨特B5	0.27~3.19	−0.6~0.17	−1.2~−0.1	0	0.8~1.46	−1.5~−1.1
别克君威	−0.1~0.3	−1.4~0.40	2.5~3.5	0	−0.4~0.2	−1.4~−0.4
奥迪A6	1.06~2.53	0.17~1.17	0.25~1.15	0	0~1.99	0~0.5
丰田皇冠	−1.04~1.04	−0.3~0.7	1.2~4.2	0	−1.5~4.5	−0.9~−0.2

二、转向系统性能的检测项目与方法

汽车转向系统性能的检测主要包括转向盘转向力、转向盘自由行程、车轮定位及汽车的行车侧滑量等参数。

1. 转向盘转向力的检测

转向盘转向阻力过大，会使转向沉重，增加驾驶人的劳动强度，容易造成行车事故。当转向系各部间隙过小，机件变形造成运动发卡以及齿轮油黏度过高时，转向盘阻力增大。

转向盘阻力检测如图4-7所示，可用弹簧秤拉动转向盘边缘进行测量，也可用转向盘参数测量仪进行检查。国产ZC—2A型转向参数测量仪，是以微机为核心的智能化仪器，可测得作用在转向盘上的转向力和转向盘自由行程。该仪器由操纵盘、主机箱、联接叉和定位杆四部分组成，如图4-8所示。操纵盘由螺钉固定在三爪底板上，底板经力矩传感器与联接叉相接，每个联接叉都有一只可伸缩长度的活动卡爪，以便与被测转向盘相联接。主机箱为一圆形结构，固定在底板中央。其内装有接口板、微机板、转角编码器、打印机和电池等，力矩传感器也装在其内。定位杆从底板下伸出，经磁力座吸附在仪表盘上，内端连接有光电装置，光电装置装在主机箱内的下部。

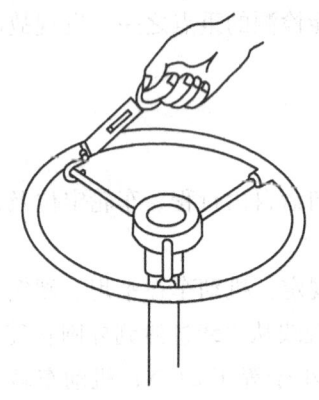

图4-7 转向盘转向阻力的检测

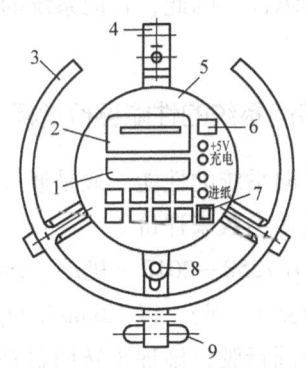

图4-8 ZC—2A型转向参数测试仪

1—显示器 2—打印机 3—操作盘 4—联接叉
5—主机箱 6—电压表 7—电源开关 8—固定螺栓 9—定位杆

测量转向盘转向阻力时，顶起前桥，按下测力键，缓慢地将转向盘由一侧极限位置转到另一侧极限位置，即可测出转动力矩。再根据转向盘半径，即可求出转向盘边缘上的转动力。

2. 转向盘自由转动量的检测

转向盘自由转动量也采用转向参数测量仪进行检测。测量时，把转向测量仪对准被测转向盘中心，调整好三只伸缩爪长度与转向盘联接牢固后，转动操纵盘的转向力通过底板、力矩传感器、联接叉传递到被测转向盘上，使转向盘转动以实现汽车转向。此时，力矩传感器将转向力矩转变成电信号，而定位杆内端连接的光电装置则将转角的变化转变为电信号。电信号由微机自动完成数据采集、转角编码、运算、分析、存储、显示和打印。该仪器既可测得转向力,又可测得转向盘转角,当然也可测得转向盘自由行程。

3. 前轮定位的检测

汽车前轮定位角度的检测,有静态检测法和动态检测法两种。静态检测法是在汽车停止的情况下,使用测量仪器对前轮定位进行几何角度的测量;动态检测法是在汽车以一定车速行驶情况下,用测量仪器或设备检测前轮定位产生的侧向力或车轮侧滑量。

前轮定位包括前轮前束、前轮外倾、主销后倾和主销内倾,是前桥技术状况的重要诊断参数。前轮定位正确与否,将直接影响到汽车行驶的稳定性、安全性、燃油经济性、轮胎和有关机件的磨损等,也对驾驶人的劳动强度有一定影响。

前轮定位值的检测一般采用静态检测法,使用的检测设备有气泡水准式、光学式、激光式、电子式和电脑式等多种车轮定位仪。图4-9为远红外四轮定位仪。该定位仪是利用前轮旋转平面与各定位角间存在的直接或间接的关系进行测量的。

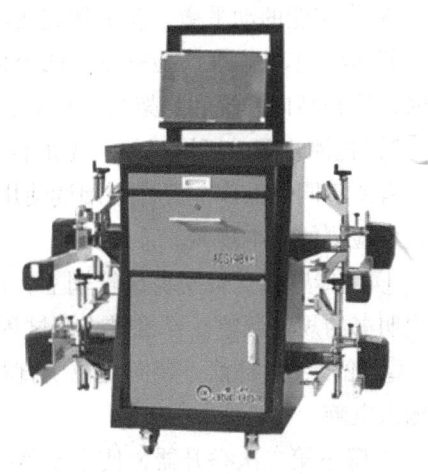

图4-9 远红外四轮定位仪

(1) 对被检车辆的基本要求 在检测汽车的前轮定位时,被检车辆应满足以下要求:

1) 前后轮胎气压及胎面磨损基本一致。
2) 前后悬架系统的零部件完好、不松旷。
3) 转向系统调整适当,不松旷。
4) 前后减振器性能良好,不漏油。
5) 汽车前后高度与标准值的差不大于5mm。
6) 制动系统正常。

(2) 注意事项

1) 使用前,检查四轮定位仪所配附件是否与使用说明书上列出的清单相符,设备安装时要遵循使用说明书所提出的各项要求。
2) 对于光学式四轮定位仪中的投影仪(或投光器)应细心维护,并经常进行调整;传感器是电脑式四轮定位仪的重要元件,使用前要进行校正,以保证测试精度。
3) 传感器应正确地安装在传感器支架上,在不使用时应妥善保管,避免受到损坏;电测类传感器应在接线完毕后再通电,以避免带电接线引起电磁振荡而损坏。
4) 移动四轮定位仪时,应避免使其受到振动,否则可能使传感器及电脑受到损坏。
5) 四轮定位仪应半年标定一次,标定时应使用购买时所带专用标定器具,并按规定程序进行标定。
6) 在检测四轮定位前,须进行车轮传感器偏摆补偿,否则会引起大的测量误差。

(3) 四轮定位的检测方法

1) 检测前准备。

① 把汽车开上举升平台，托起四个车轮，把汽车举升 0.5m（第一次举升）。

② 托起车身适当部位，把汽车举升至车轮能够自由转动（第二次举升）。

③ 拆下各车轮，检查轮胎磨损情况。

④ 检查轮胎气压，不符合标准时应充气或放气。

⑤ 作车轮的动平衡，动平衡完成后，把车轮装好。

⑥ 检查车身高度，检查车身四个角的高度和减振器技术状况，如车身不平应先调平；同时，检查转向系统和悬架是否松旷，如松旷则应先紧固或更换零件。

2) 检测步骤。不同规格类型的四轮定位仪，在进行汽车四轮定位检测时，其操作的方法有所不同，操作前要详细阅读使用说明书。下面就以远红外四轮定位仪为例，介绍四轮定位检测的基本步骤。

① 把传感器支架安装在轮辋上，再把传感器（定位校正头）安装到支架上，并按使用说明书的规定调整。开机进入测试程序，输入被检汽车的车型和生产年份。

② 轮辋变形补偿。转向盘位于直行位置，使每个车轮旋转一周，即可把轮辋变形误差输入电脑。

③ 降下第二次举升器，使车轮落到平台上，把汽车前部和后部向下压动 5 次，使其作压力弹跳。然后用制动锁压下制动踏板，使汽车处于制动状态。

④ 把转向盘左转至电脑发出"OK"声，输入左转角度；然后把转向盘右转至电脑发出"OK"声，输入右转角度。

⑤ 把转向盘回正，电脑屏幕上显示出后轮的前束及外倾角数值。

⑥ 调正转向盘，并用转向盘锁锁住转向盘使之不能转动。

⑦ 把安装在四个车轮上的定位校正头的水平仪调到水平线上，此时电脑屏幕上显示出转向轮的主销后倾角、主销内倾角、转向轮外倾角和前束的数值。

⑧ 调整主销后倾角、车轮外倾角及前束，调整方法可按电脑屏幕提示进行。若调整后仍不能解决问题，则应更换有关零部件。

值得注意的是，当进行第二次压力弹跳，将转向轮左右转动，把车身反复压下后，观察屏幕上的数值有无变化，若数值变化应再次调整。若第二次检查未发现问题，则应将调整时松开的部位紧固。拆下定位校正头和支架，进行路试，检查四轮定位检测调整效果。

4. 汽车侧滑量的检测

侧滑量是指汽车直线行驶位移量为 1km 时，转向轮的横向位移量，侧滑量的单位是 m/km。侧滑量采用动态检测法来检测。汽车侧滑试验台是用以检测汽车前轮侧滑量的一种专门设备。而汽车前轮的侧滑量主要受转向轮外倾角及转向轮前束值的影响。所以，侧滑试验台就是为检测汽车转向轮外倾角与前束值这两个参数配合是否恰当而设计的一种专门的室内检测设备。

侧滑试验台的型号、结构形式、允许轴重不同，其使用方法也有所区别。在使用前一定要认真阅读使用说明书，以掌握正确的使用方法。

三、转向系统的故障诊断

汽车转向系统技术性能下降或出现故障的症状有转向盘自由行程过大、转向沉重、自动跑偏、前轮摆头和前轮轮胎磨损异常及漏油、噪声等。一般转向系统的故障都是综合性的故障,不只是转向系统自身故障,还与前桥、悬架、车身、轮胎等技术状况有关,所以,进行故障诊断时要综合分析。

转向系统的构成分为普通机械转向系统和动力转向系统。动力转向系统又可分为普通动力转向系统和电控动力转向系统。各种转向系统的组成与结构原理不尽相同,所以分别介绍其故障诊断方法。

1. 普通机械转向系统的故障诊断

普通机械式转向系统主要由转向操纵机构、转向器和转向传动机构三部分组成。目前,在汽车上应用较多的转向器有齿轮齿条式和循环球式。其系统结构如图4-10所示。

a) 齿轮齿条式

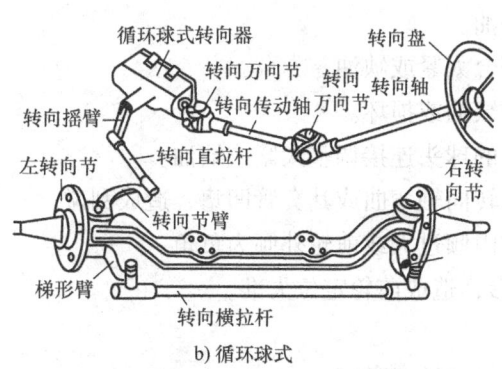

b) 循环球式

图4-10 普通转向系统的组成

这种转向系统常见故障现象主要有转向盘自由行程过大、转向沉重、自动跑偏、前轮摆头等。下面通过故障案例分析来介绍机械转向系统常见故障诊断方法。

案例1 转向盘自由行程过大。

故障现象：一辆丰田皇冠轿车静止，两前轮保持直线行驶位置不动，轻轻来回转动转向盘，感到游动角度很大。明显特征是转向盘自由行程过大。

故障原因：传动链中一处或多处的配合间隙过大。

故障的相关因素：

1）转向盘与转向轴的连接松旷。

2）转向器内主、从动啮合部位松旷或主、从动部分的轴承松旷；转向器垂臂轴与垂臂的连接松旷。

3）纵、横转向拉杆的球头连接松旷；纵、横转向拉杆臂与转向节的连接松旷。

4）转向节与主销配合松旷。

5）轮毂轴承松旷。

故障诊断：重点应判断故障是由转向器还是转向传动机构的原因造成的。检查故障时，架起汽车使转向轮悬空，左右转动转向盘。当转动转向盘时，观查转向拉杆的动态，若转向盘转动量已经超过自由行程而联动的拉杆不动，则说明转向器的啮合间隙过大。反之，传动机构连接处松旷。然后检查相关部件的技术状况，看是否有磨损、松动、调整不当等情况，找出故障部位。

案例 2 转向沉重。

故障现象：汽车行驶中，驾驶人向左、右转动转向盘时，感到沉重费力，无回正感；汽车低速转弯或掉头时，转动转向盘更加费力。

故障原因：传动链中一处或多处的阻力过大。

故障的相关因素：

1）轮胎气压不足。

2）转向器主动部分轴承预紧力太大或从动部分（垂臂轴）与衬套配合太紧。

3）转向器主、从动部分啮合调整太紧。

4）转向器无油或缺油。

5）转向节与主销配合太紧或缺油。

6）转向节止推轴承缺油或损坏。

7）纵、横转向拉杆的球头连接调整太紧或缺油。

8）与转向盘连接的转向轴弯曲或其套管凹瘪，造成刮碰。

9）主销后倾过大或内倾过大或前轮外倾为负角。

10）前梁、车架变形，造成前轮定位失准。

故障诊断：

1）拆下转向节臂并转动转向盘。

2）若仍感到转向沉重，说明转向器存在故障，如齿轮啮合间隙过小、转向柱轴套严重磨损等。

3）若感觉转向并不沉重，应检查拉杆球头间隙是否过小、车身是否变形、转向轮定位角是否满足要求等。

案例 3 自动跑偏。

故障现象：汽车行驶中自动跑向一边，必须用力把住转向盘才能保持直线行驶。

故障原因：左右车轮受力不对称。

故障的相关因素：

1）两前轮轮胎气压不等、直径不一或车箱（厢）装载不均。

2）两前轮轮毂轴承或轮毂油封的松紧度不一。

3）两前轮外倾角、主销后倾角、主销内倾角不等或前轮前束在两前轮上分配不均；前轮前束太小或负前束。

4）左、右钢板弹簧挠度不等或弹力不一。

5）前梁、后桥轴管或车架发生水平平面的弯曲。

6）车架两边的轴距不等。

7）前、后桥两端的车轮有单边制动或单边制动拖滞现象。

8）路面拱度太大或有侧向风。

故障诊断：

1）检查左、右转向轮气压是否符合标准及是否一致。若不符合标准或不一致时，应充气至标准值。

2）检查前稳定杆和前摆臂是否变形，减振器刚度及左、右钢板弹簧的变形量是否一致。

3）行车后检查左、右轮毂和制动毂的温度情况。若温度不一致，则说明高温一侧的制动器存在单边制动、制动拖滞或轮毂轴承装配过紧、损坏等情况。

4）检查转向轴的轴距和转向轮定位是否符合标准值。

案例4 前轮摆头。

故障现象：汽车在某低速范围内或某高速范围内行驶时，有时出现两前轮围绕各自主销进行左、右摆动的现象，尤其是高速行驶时，两前轮左右摆振严重，甚至在驾驶室内都可以看到整个车头晃动。

故障原因：前轮受周期性策动力，并且，其频率与固有频率达到共振。

故障的相关因素：

1）前轮旋转质量（包括轮胎、轮辋、轮毂、制动鼓或制动盘等）不平衡；前轮径向圆跳动或轴向圆跳动太大；前轮轮毂轴承松旷；前轮使用翻新胎。

2）前轮定位不准；前轮外倾、主销后倾或主销内倾在两前轮上数值不等；前轮前束在两前轮上分配不均。

3）前梁或车架弯、扭变形。

4）由于转向器布置位置关系，造成转向系与前悬架（钢板弹簧）的运动相互干涉。

5）转向系刚度太低（如横拉杆、横拉杆臂、纵拉杆臂和垂臂等）；转向器主、从动部分啮合间隙或轴承间隙太大；转向器垂臂与其轴配合松旷；转向节与主销配合松旷或转向节与前梁拳形部沿主销轴线方向配合松旷。

6）转向器在车架上的固定松动；纵、横转向拉杆球头连接松旷。

7）前悬架减振器失效或两边减振器效能不一；左、右两边的前悬架在高度或刚度

（对于钢板弹簧，包括厚度、长度、片数、弧高或新旧程度等）等方面不一；前钢板弹簧的 U 形螺栓松动或钢板销与其衬套松旷。

8）道路不平度太大时，路面对车轮的冲击频率与前梁角振动的固有频率一致时，在陀螺仪效应的影响下，引起前轮摆头。

故障诊断：出现转向轮摆振故障时，应首先检查转向系各部件的配合间隙，及时排除故障。在此基础上进行前轮定位检测和调整，对转向轮作动平衡检测和校正。

2. 普通动力转向系统故障诊断

普通动力转向系是在机械转向系的基础上加装转向助力装置而构成的。图 4-11 所示为液压式动力转向系示意图。转向助力装置主要由储油罐、转向油泵、转向控制阀、转向动力缸和油管等构成。

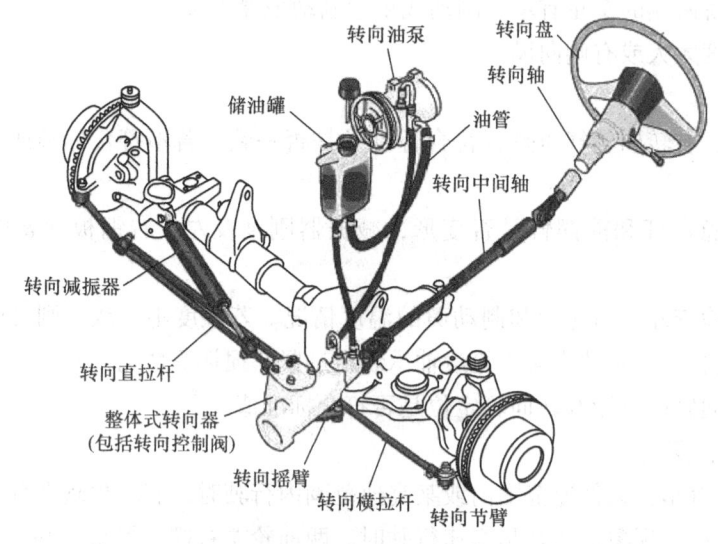

图 4-11 液压式动力转向系统

普通动力转向系的常见故障现象有转向沉重、噪声、左右转向轻重不同、直线行驶时转向盘发飘或跑偏、转向时转向盘发抖、转向盘回正不良等症状。下面通过故障案例来介绍动力转向系统故障的诊断方法。

（1）液压动力转向系统转向沉重的故障诊断与排除

故障现象：装有液压动力转向系统的汽车，在行驶中突然感到转向沉重。

故障原因：一般是液压转向助力系统失效或助力不足所造成的，其根本原因在于油压不足。引起转向系统油压不足的主要原因有以下几个方面：

1）储油罐缺油或油面高度低于规定要求。
2）液压回路中渗入了空气。
3）油泵传动带过松或打滑。
4）动力缸或转向控制阀密封损坏；各油管接头处密封不良，有泄漏现象。
5）油路堵塞或滤清器污物太多。

6）油泵磨损、内部泄漏严重；安全阀、溢流阀泄漏，弹簧弹力减弱或调整不当。

故障诊断与排除：

1）检查转向油泵驱动部分的情况。用手压下转向油泵的传动带，检查传动带的松紧度，若传动带过松，应调整；起动发动机，使发动机处于怠速运转，突然提高发动机的转速，检查转向油泵传动带有无打滑现象，其他驱动形式的齿轮传动有无损坏。

2）检查储油罐内的油液质量和液面高度。若油液变质则应更换规定油液；若只是液面低于规定高度，应加油使油面达到规定位置。

3）检查转向油泵储油罐内的滤清器。若发现滤网过脏，说明滤清器堵塞，应清洗。若发现滤网破裂，说明滤清器损坏，应更换。

4）检查油路中是否渗入空气。如果发现储油罐中的油液有气泡时，说明油路中有空气渗入，应检查各油管接头和接合面的螺栓是否松动，各密封件是否损坏，有无泄漏现象，油管是否破裂等。对于出现故障的部位应进行修理和更换，并进行排气操作，最后重新加入油液。

5）检查各油管接头等处有无泄漏、油路中是否有堵塞，查明故障后按规定力矩拧紧有关接头或清除污物。

6）对转向油泵进行输出油压检查。如果油泵输出压力不足，说明油泵有故障，此时应分解油泵，检查油泵是否磨损或内部泄漏严重，安全阀、溢流阀是否泄漏或卡滞，弹簧弹力是否减弱或调整不当，各轴承是否烧结或严重磨损等。对于叶片泵还应检查转子上的密封环或油封是否损坏，对于齿轮泵应检查齿轮间隙是否过大等。查明故障予以修理，必要时更换油泵。

（2）液压动力转向系统有噪声的故障诊断与排除

故障现象：汽车转向时，转向系统有不太大的噪声是正常现象，但当噪声过大或影响汽车的转向性能时，必须对转向系统进行检查，并排除故障。

故障原因：

1）储油罐中液面太低，油泵在工作时容易渗入空气。

2）液压系统中渗入空气。

3）储油罐滤网堵塞，或液压回路中有过多的沉积物。

4）油管接头松动或油管破裂。

5）油泵严重磨损或损坏。

6）转向控制阀性能不良。

故障诊断与排除：

1）当转向盘处于极限位置或原地慢慢转动转向盘时，转向器发出"嘶嘶"声，如果这种异响严重则可能为转向控制阀性能不良，应更换转向控制阀。

2）当转向油泵发出"嘶嘶"声或尖叫声时，应进行以下检查：

① 检查储油罐液面高度。液面高度不够时应查明泄漏部位并修理，然后按规定加足油液。

② 检查转向油泵传动带是否打滑。若打滑，应查明原因更换传动带或调整传动带

紧度。

③ 察看油液中有无泡沫。若有泡沫，应查找漏气部位并予以修理，然后排除空气。若无漏气，则说明油路有堵塞处或油泵严重磨损及损坏，应予以修复或更换。

(3) 液压动力转向系统左右转向轻重不同的故障诊断与排除

故障现象：汽车行驶时，向左和向右转向操纵力不相等。

故障原因：

1) 转向控制阀阀芯（或滑阀）偏离中间位置，或虽然在中间位置，但与阀体槽肩的缝隙大小不一致。

2) 控制阀内有污物阻滞，使左右转动阻力不同。

3) 液压系统中动力缸的某一油腔渗入空气。

4) 油路漏损。

故障诊断与排除：这种故障多是油液脏污所致，应按规定更换新油后再进行检查。

1) 如果油质良好或更换新油后故障没有消除，应对液压系统进行排气并检查系统有无油液泄漏，液压系统中出现泄漏时，应更换泄漏部位的零部件。

2) 如果故障仍不能排除，则可能是由于控制阀定中不良造成的。滑阀式转向控制阀可在动力转向器外部进行排除，通过改变转向控制阀阀体的位置来实现。如果滑阀位置调整后仍不见好转，应拆检滑阀测量其尺寸，若偏差较大，应更换滑阀。对于转阀式转向控制阀必须通过分解检查来排除故障。

(4) 液压动力转向系统直线行驶时转向盘发飘或跑偏的故障诊断与排除

故障现象：汽车直线行驶时，难以保持正前方向而总向一边跑偏。

故障原因：

1) 油液脏污、转向控制阀回位弹簧折断或变软，使转向控制阀不能及时回位。

2) 转向控制阀阀芯（或滑阀）偏离中间位置，或虽在中间位置但与阀体槽肩的缝隙大小不一致。

3) 流量控制阀卡滞使油泵流量过大或油压管路布置不合理，造成油压系统管路节流损失过大，使动力缸左右腔压力差过大。

故障诊断与排除：

1) 检查油液是否脏污。对于新车或大修以后的车辆，如果不认真执行磨合维护的换油规定，会使油液脏污。

2) 对于使用较久的车辆，则可能是流量控制阀或转向控制阀回位弹簧失效所致，此时可在不起动发动机的情况下转动转向盘，凭手感判断控制阀是否开启运动自如，若有怀疑一般应拆卸检查。

3) 最后检查转向油泵流量控制阀是否卡滞和油压管路布置是否合理，发现故障予以修理。

(5) 液压动力转向系统转向时转向盘发抖的故障诊断与排除

故障现象：发动机工作时转向，尤其是在原地转向时滑阀共振，转向盘抖动。

故障原因：

1）储油罐液面低。
2）油路中渗入空气。
3）转向油泵传动带打滑。
4）转向油泵输出压力不足。
5）转向油泵流量控制阀卡滞。

故障诊断与排除：

1）检查储油罐液面是否符合规定，否则按要求加注转向油液。
2）排放油路中渗入的空气。
3）检查转向油泵传动带是否打滑或其他驱动形式的齿轮传动等有无损坏，发现问题后应按规定调整传动带紧度或更换性能不良的零件。
4）对转向油泵输出压力进行检查。压力不足时应分解油泵，检查油泵是否磨损或内部泄漏严重、安全阀及流量控制阀是否泄漏或卡滞、弹簧弹力是否减弱或调整不当、各轴承是否烧结或严重磨损等。对于叶片式转向油泵还应检查转子上的密封环或油封是否损坏。对于齿轮式油泵，应检查齿轮间隙是否过大等。查明故障予以修理，必要时更换油泵。如果泵轴油封泄漏也应更换转向油泵。

（6）液压动力转向系统转向盘回正不良的故障诊断与排除

故障现象： 汽车完成转向后，转向盘不能回到中间行驶位置（直线行驶位置）。

故障原因：

1）转向油泵输出油压低。
2）液压回路中渗入空气。
3）回油软管扭曲阻塞。
4）转向控制阀或转向动力缸卡滞。
5）转向控制阀定中不良。

故障诊断与排除：

1）对液压系统进行排气操作，排气后按规定加足转向油液。
2）检查转向油泵输出油压，若油压不足应拆检转向油泵，检查油泵是否磨损或内部泄漏严重、安全阀及流量控制阀是否泄漏或卡滞、弹簧弹力是否减弱或调整不当、各轴承是否烧结或严重磨损等。查明故障予以修理，必要时更换油泵。如果泵轴油封泄漏也应更换转向油泵。
3）检查回油软管是否阻塞，如有应更换回油软管。
4）拆检转向控制阀或转向动力缸，查明故障原因，然后视情况进行修复，对于损坏的零件应更换。必要时更换转向控制阀或转向动力缸。

3. 电控动力转向系统的故障诊断

（1）电控动力转向系统的类型与结构组成　根据动力源的不同，电子控制动力转向系可分为液压式电子控制动力转向系（液压式EPS）和电动式电子控制动力转向系（电动式EPS）。液压式EPS是在传统的液压动力转向系的基础上增设了控制液体流量的电磁阀、车速传感器和ECU等，如图4-12所示。ECU根据检测到的车速信号控制电磁阀，使转向动力放大倍率实现连续可调，从而满足高、低速时的转向助力要求。

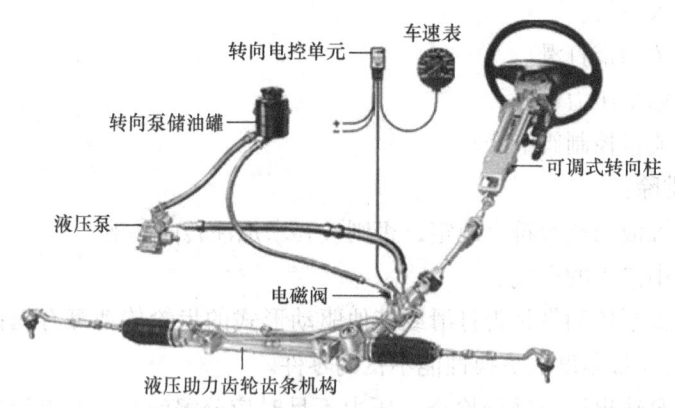

图 4-12　液压式电控转向系统组成

电动式 EPS 的结构组成，通常是在机械式转向系统的基础上加装转向转矩传感器、车速传感器、电子控制单元（ECU）、转向助力机构（包括直流电动机和电磁离合器）等装置，如图 4-13 所示。根据转向助力机构的安装位置不同，有三种结构类型：

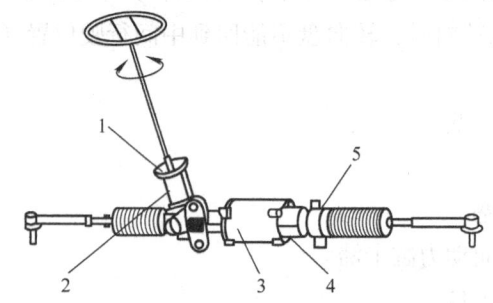

图 4-13　电动式电控助力转向系统

1—输入轴　2—转矩传感器　3—电动机　4—循环球螺杆　5—齿条

1）转向轴助力式。转向助力机械安装在转向轴上。当驾驶人转动转向盘时，控制单元接受转矩、转动方向、车速等信号，控制直流助力电动机的电流。电动机的动力经离合器、电动机齿轮传给转向轴的齿轮，然后经万向节及中间轴传给转向器。

2）转向器小齿轮助力式。转向助力机械安装在转向器小齿轮处。与转向轴助力式相比，可以提供较大的转向力，适用于中型车。

3）齿条助力式。转向助力机械安装在转向齿条处。电动机通过减速传动机构直接驱动转向齿条。与转向器小齿轮助力式相比，可以提供更大的转向力，适用于大型车。

电动式 EPS 利用直流电动机作为动力源，ECU 根据转向参数和车速等信号，控制电动机转矩的大小和方向。电动机的转矩由电磁离合器通过减速机构减速增加转矩后，加在汽车的转向机构上，使之得到一个与工况相适应的转向作用力。

（2）电控动力转向系统的故障诊断流程　电控动力转向系统出现故障时，主要症状表现是低速或发动机怠速时转向沉重或高速行驶时转向过度灵敏。如果是电控系统出现故障，EPS ECU 将进行如下控制：打开助力转向警告灯，启动安全模式。

由于电控动力转向系统和其他电控系统一样都是将机械组成与电路控制进行有机的结合，所以进行故障诊断的程序步骤是询问车主、外部检查、故障诊断。其流程如图4-14所示。

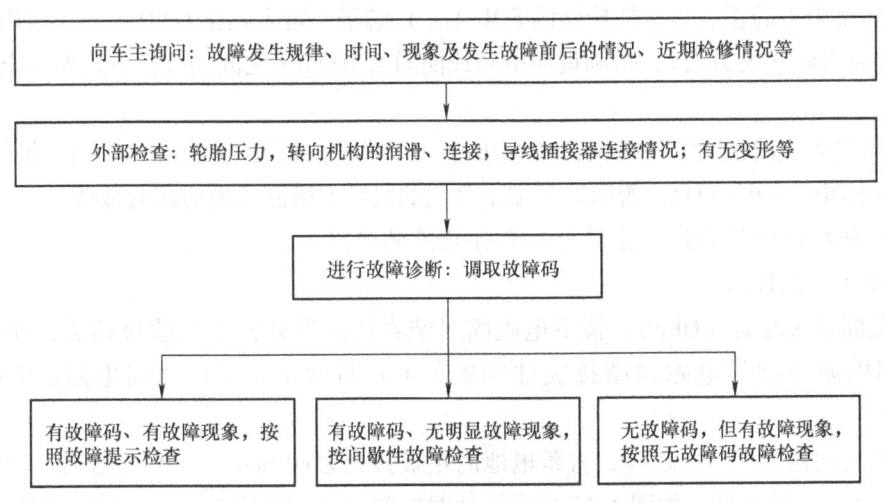

图4-14 电控动力转向系统故障诊断流程

与传统的机械转向或液压动力转向故障诊断不同的是，电控动力转向系统增加了电控部分的故障诊断。下面就以丰田皇冠 JZS133 型轿车采用的电控可变渐进式动力转向系统（PPS）为例，来介绍电控部分的检修方法。其电控电路的连接如图4-15所示。

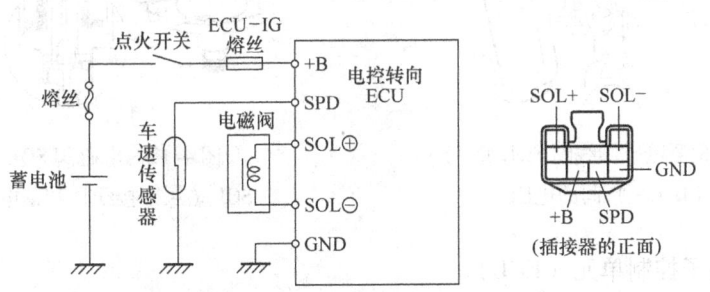

图4-15 皇冠轿车动力转向系统电控电路图

（3）电控动力转向系统电控部分故障的一般检查方法　根据丰田皇冠 JZS133 型轿车电控转向助力系统电控电路图（图4-15），进行故障诊断的一般程序如下：

1）打开点火开关（ON），察看 ECU—IC 熔丝是否正常。如果烧毁，重新更换后又烧毁，表明此熔丝与电控单元（ECU）的 +B 端子之间短路。

2）关断点火开关（OFF），从电控单元（ECU）上拔下导线插接器线束插座，将电压表正表笔接插接器 +B 端子，负表笔搭铁。再打开点火开关（ON），电压表指示电压应为 11～14V（蓄电池电压）。如果无电压，表明 ECU—IC 熔丝与 ECU 的 +B 端子之间有断路。

3）将电阻表正表笔接插接器插头的 GND（搭铁）脚，负表笔仍接地，此时电阻值应为零，否则应对 ECU 的 GND 端子进行检查。

4）顶起一侧前轮，将电阻表的正表笔接插接器 SPD 端子，负表笔接 GND 端子。然后转动支起的车轮，电阻表值应在 0～∞ 之间交替地变化。否则，说明 ECU 的 SPD 端子与车速传感器之间有断路或短路，或车速传感器有故障。

5）将电阻表的正表笔接插接器的 SOL（-）端子，负表笔接 GND 端子。电阻表所显示电阻值应为∞（无穷大），否则说明电磁线圈与 GND 端子之间的线路有短路或电磁阀有故障。

6）将电阻表的正表笔接插接器的 SOL（+）端子，负表笔接 SOL（-）端子。两端子之间的电阻应为 6～11Ω，否则这两端子之间的线路有断路或电磁阀有故障。

(4) 电控动力转向系统主要电控部件故障的诊断

1）电磁阀的检测。

① 关断点火开关（OFF），拔下电磁阀（装在转向器处）上的线束插头，如图 4-16 所示，用电阻表测量电磁线圈接线柱 SOL（+）与 SOL（-）之间电阻，电阻应为 6～11Ω。

② 从转向器上拆下电磁阀，将蓄电池的正极接电磁阀 SOL（+）接线柱，负极接电磁阀 SOL（-）接线柱，如图 4-17 所示，此时针阀应缩进大约 2mm，否则，更换电磁阀。

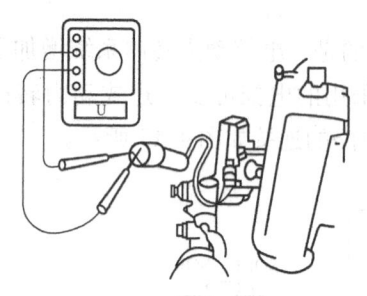

图 4-16　检测电磁阀线圈 SOL（+）与 SOL（-）间的电阻

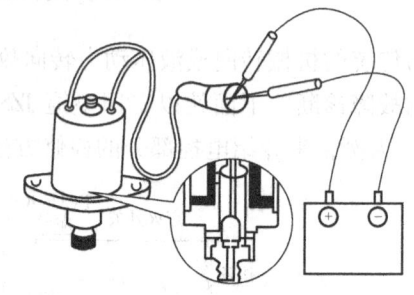

图 4-17　电磁阀 SOL（+）与 SOL（-）接线柱和蓄电池的连接

2）检查电子控制单元（ECU）。

① 支起汽车，拆下杂物箱（注意不要拔出 ECU 的连接线）。

② 在发动机怠速运转情况下，首先用电压表测量 ECU 的 SOL（-）和 GND 两端子之间的电压（电压表测笔从背面插入），如图 4-18a 所示；然后将变速器挂上档，并使车速达到 60km/h，仍按上述接法再测电压，如图 4-18b 所示，电压应比原来增加 0.07～0.22V。如果无电压或电压增值不对，则应更换 ECU。

③ 装回杂物箱并放下汽车。

3）速度传感器的检查。顶起汽车一侧前轮，在 ECU 插头 SPD 端子与 GND 端子之间接一欧姆表，如图 4-19 所示，转动车轮，电阻值应按 0～∞～0（Ω）规律变化。否则，即为 ECU SPD 端子和速度传感器之间线束断路、短路或速度传感器故障。

项目四 汽车底盘的性能检测与故障诊断 223

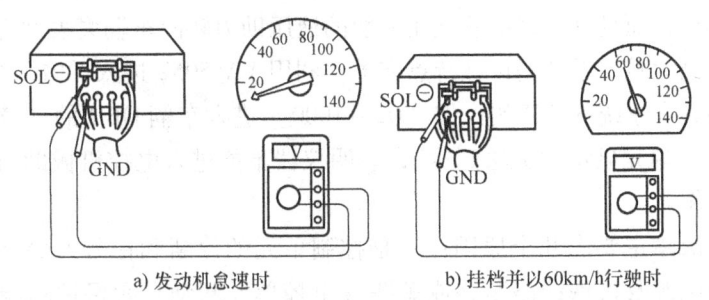

a) 发动机怠速时　　　　b) 挂档并以60km/h行驶时

图 4-18　用数字万用表检测 ECU 的 SOL（-）与 GND 之间的电压

4. 思考案例解析

案例 1

故障现象：一辆广州雅阁 2.3L 排量的轿车，行驶过程中出现跑偏现象。据车主反映，路况较好时，跑偏现象不严重；在不平路面或有冲击时，往往会出现明显的跑偏。

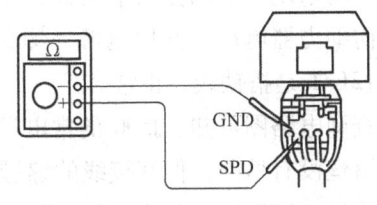

图 4-19　车速传感器的检测

故障诊断与分析：在公路上试车，跑偏现象不太明显。经检查，汽车轮胎气压正常，胎面稍有偏磨但不严重，弹簧和减振器工作也正常。于是，进行车轮定位的检查。在四轮定位仪上检查各定位参数，基本正常，没有明显超差。

随后，升起汽车，在车下反复观察、摸索，发现前导向梁与车身大梁接合不稳定。这是造成跑偏的直接原因。因为当汽车行驶过程中遇到大的沟坎，受到不平衡力的冲击时，导向梁产生轻微位移。而前下臂支撑杆主要作用于导向梁，这样势必带动下旋臂移动，造成前后轴距改变等问题的发生，也就出现了跑偏现象。由于前导向梁与车身大梁的接合是通过胶孔与螺栓锁紧的，一但接合部稍有松动，易产生跑偏的倾向。

故障排除：将前导向梁与车身大梁接合处加固稳定后试车，行车正常。

 特别提示

在检查前轮定位时，普通的静态调校解决不了行驶中随时改变的位移。对此类故障最好的解决方法是检查各相关部位有无松动、是否有位移变化、轮胎是否正常磨损等。在完成这几项工作之后，再将前轮定位调整好。

案例 2

故障现象：一辆 2008 年产速腾自动档车型，行驶里程 33803km，在行驶时感觉转向盘突然很沉重，且仪表板中电控机械助力转向系统故障警告灯点亮。

故障诊断：起动车辆后，电控机械助力转向故障灯一直亮而不熄灭，打转向发现车辆完全没有助力作用，而且开起来的感觉比一般的液压助力转向车辆失去助力的作用时还要沉重，这与电控助力转向系统的设计特点有关。利用 VAS5052 进入"01 – 44"，想直接读取电控机械助力转向系统的故障码，按"02 – 1000"进入车辆 OBD 的"读取网关安装列表，在助力转向"单元显示"无法到达"，表明仪器不能进入电控机械助力转向辅助控制单元的自诊断系统。

通常出现此故障主要有几个原因：一是控制单元的诊断和信号 CAN 传输线路故障；二是电控单元的电源及搭铁线路断路或短路（电控单元起动自我保护功能而不能正常工作）；三是电控单元本身故障损坏。

将车辆举起，拔出转向辅助控制单元 J500 的插头，其电路如图 4-20 所示。电控机械助力转向系统的辅助控制单元 J500 有两个电源供应端子 T2L/2 和 T5H4：前者是与电控机械转向助力器电动机共用电源，测量时无电压，不正常；后者打开点火开关后有 12V 电压，T2L/1 是搭铁线，正常。

查询电路图可知，J500 的常电源由蓄电池熔丝架上的 80A 的 SA2 号熔丝供电，检查这个熔丝没有熔断，但其接线的螺母却是松动的（图 4-21 中圆圈标示的螺母），导致电流不能通过，可以判定此为故障原因所在。

故障排除：将图 4-21 所示蓄电池熔丝支架上的螺母紧固后，J500 供电恢复正常，清除故障码后试车，转向器转向轻便，电动机械助力转向系统故障灯熄灭，故障排除。

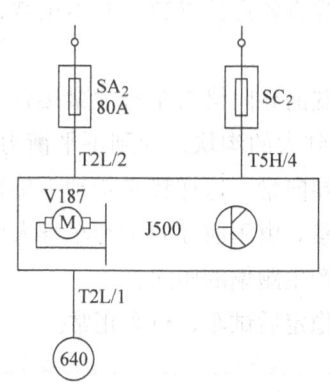

图 4-20　转向辅助控制单元电路示意图

图 4-21　蓄电池熔丝支架

SA₂—蓄电池保险架上熔丝 2　　SC₂—仪表台左侧熔丝支架熔丝

J500—转向辅助控制单元　　V187—电控机械转向助力电动机

640—发动机舱内左侧搭铁点

 **实践活动**

一辆帕萨特轿车（也可以是其他类型轿车）行车跑偏，而且有时转向盘发抖。请在指导老师的指导下，进行试车，然后由学生组成维修小组完成检修任务，并填写实训记录（表 4-8）。（提示：要进行四轮定位检测。）

项目四 汽车底盘的性能检测与故障诊断 225

表 4-8 实训记录表

汽车类型		出厂时间		检验人	
VIN 码		检测时间		学号	
确认故障现象	□转向盘自由行程过大　□转向沉重　□自动跑偏　□前轮摆头 故障症状表现是_____。					
原因分析	该车发生_____故障的根本原因是_____ _____。相关因素有_____ _____ _____					
检测诊断步骤	1) 外部检查：_____。 2) 进行四轮定位检查：_____ _____。 3) 检查转向系统、悬架的各部间隙：_____ _____。 4) _____。 5) 故障点是：_____。					
故障排除	1) 调整_____。 2) 检修_____。 3) 更换_____。 4) 试车：确认_____故障现象是否消失。					
学生小结	通过本次实训知道了_____； _____ 掌握了_____ _____。 在_____方面， 还要努力。					
教师点评						

任务三　制动系统的检测与故障诊断

> **案例思考**
>
> 1) 一辆带有 ABS 的别克轿车，高速行驶时轻踩制动踏板即会向左甩尾，而紧急制动时该车一切正常，不出现任何甩尾现象。
>
> 2) 一辆皇冠 2.8L 轿车，紧急制动时左前轮制动不良，汽车向右跑偏。
>
> 请思考应该如何诊断与排除上述两车制动系统故障。

相关知识与技能

汽车制动系统的技术状况直接影响整车的制动性能,是安全行车的前提保证。所以,必须要定期对汽车制动系统进行检测,发现问题及时诊断维修。

一、制动系统性能的评价标准与检测方法

1. 制动系统性能的评价标准

根据 GB 7258—2012《机动车运行安全技术条件》规定,汽车制动系统应满足以下基本要求:

1)机动车应设置足以使其减速、停车和驻车的制动系统或装置,且行车制动的控制装置与驻车制动的控制装置应相互独立。

2)制动系统的机构和装置应经久耐用,不得因振动或冲击而损坏。

3)制动踏板(包括教练车的副制动踏板)及其支架、制动主缸及其活塞、制动总阀、制动气室、轮缸及其活塞、制动臂及凸轮轴总成之间的连接杆件等零部件应易于维修。

4)制动系统的各种杆件不得与其他部件在相对位移中发生干涉、摩擦,以防杆件变形、损坏。

5)制动管路应为专用的耐腐蚀的高压管路,安装时应保证其具有良好的连续功能、足够的长度和柔性,以适应与之相连接的零件所需要的正常运动,而不致造成损坏;制动管路应有适当的安全防护,以避免擦伤、缠绕或其他机械损伤,同时应避免安装在可能与机动车排气管或任何高温源接触的地方。制动软管不得与其他部件干涉且不应有老化、开裂、被压扁等现象。其他气动装置在出现故障时不得影响制动系统的正常工作。

6)汽车制动完全释放时间(从松开制动踏板到制动消除所需要的时间)对两轴汽车应小于等于 0.80s,对三轴及以上汽车应小于等于 1.2s。

7)机动车在运行过程中不得有自行制动现象,但属于设计和制造上为保证车辆安全运行的除外。当挂车(由轮式拖拉机牵引的装载质量 3000kg 以下的挂车除外)与牵引车意外脱离后,挂车应能自行制动,牵引车的制动仍然有效。

2. 汽车制动系统的检测方法

汽车制动系统的技术状况主要通过整车制动性能的评价指标来体现,如制动力、制动时间或制动距离。所以制动系统的性能检测方法与整车制动性能检测的方法相同,有台试检验法和路试检验法。在此不再赘述。(详见项目二任务三中关于汽车制动性能检测方法的相关内容。)

二、汽车制动系统的故障诊断

当汽车进行制动系统性能检测时,若结果为制动力不足、同轴左右轮制动力差值过大、制动协调时间过长和车轮阻滞力过大等情况之一,就可以判定制动性能不合格。同样,当行车制动时有明显的异常现象,也可基本判定制动系统有故障,需要及时检修。制

动系统性能下降所表现的常见故障现象有制动失效、制动失灵（迟滞）、制动跑偏和制动拖滞等。

由于现代汽车制动系统，不论是液压制动系统还是气压制动系统都广泛地采用了ABS，所以在进行故障诊断时，一定要注意区分故障的属性，是传统制动系统的故障还是ABS的故障。制动系统故障诊断流程如图4-22所示。

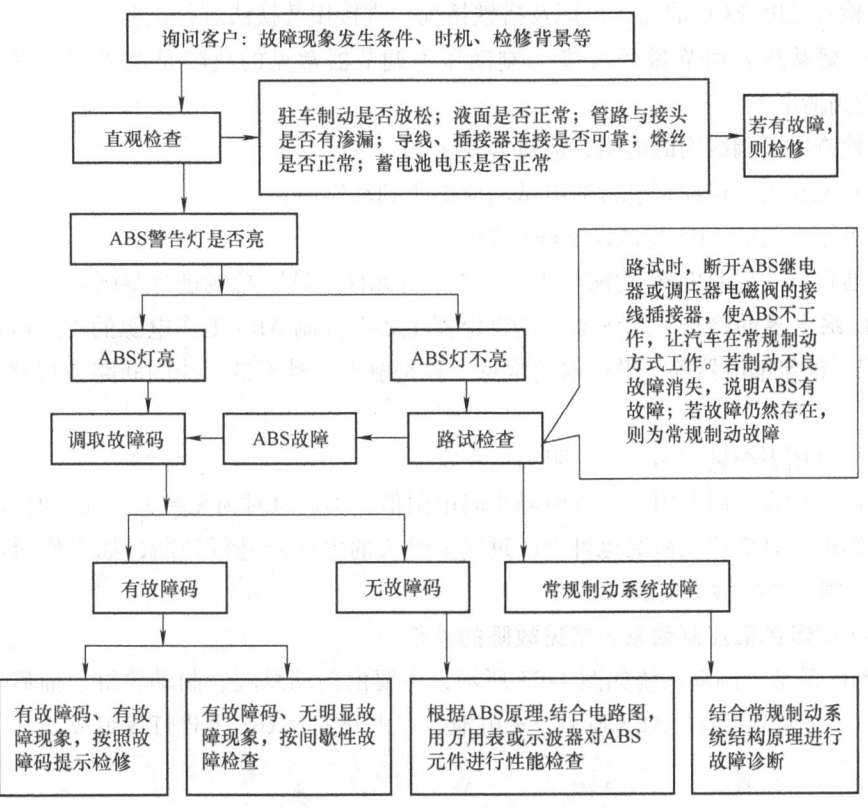

图4-22 制动系统故障诊断流程

1. 汽车 ABS 主要元件的检测方法

ABS 主要由轮速传感器、ABS ECU、制动压力调节器和控制电路继电器等组成。下面具体介绍 ABS 主要元件的检查方法。

（1）车轮转速传感器的检查

1）直观检查。主要检查传感器安装固定有无松动；导线及插接器有无松脱、裸露；齿圈有无损伤及脏物；转动车轮检查齿圈的摆动量（轴向摆动偏差应不大于0.3mm）等。

2）传感器间隙检查。用非磁性塞尺测量传感头与齿圈之间的间隙，应符合车辆规定值。如桑塔纳2000GSI 前轮为1.1～1.97mm，后轮为0.42～0.8mm。

3）传感器电阻的检查。对于电磁感应式传感器可利用万用表的电阻档测量线圈阻值，一般为1kΩ左右。如桑塔纳2000GSI 轿车为1.0～1.3kΩ。

4）测传感器的输出电压。当车轮转动时，传感器应有电压输出，且与车轮的转速成正比。如桑塔纳2000GSI 以30r/min 转动车轮时，用万用表测量输出电压为70～310mV。

5)测量传感器的输出波形。正常的信号电压波形应是均匀的正弦电压波形,峰值应符合要求。如桑塔纳2000GSI前轮,转动车轮时,峰值为3.4~14.8mV/Hz。

(2) ABS ECU 的检查

1)检查 ABS ECU 的线束插头应无松动,接触良好;引脚应无腐蚀。否则应清除干净。

2)检查 ABS ECU 的输入电源及搭铁情况;直接用替换法进行试验。

(3) 制动压力调节器的检查 制动压力调节器常见的故障是电磁阀、机油泵不工作,电磁阀泄漏等。

1)检查电磁阀线圈的电阻,应符合要求。

2)对电磁阀、机油泵进行通电试验应能听到动作声。

3)可用专门的 ABS 测试设备进行测试。

4)通过汽车诊断电脑(解码器)的"执行元件测试"功能进行测试。

(4) 继电器的检查 ABS 装用的继电器主要有控制 ABS 工作电源的主继电器、电磁阀继电器、油泵继电器等。继电器的常见故障是触点接触不良、线圈断路或短路等,检查方法如下:

1)用万用表测量线圈电阻,阻值应正常。

2)通电检查,用万用表测量两触头间电阻值,不通电时为无穷大,通电时应为0Ω。

3)继电器触头接触情况也可以通过测量触头的电压降进行判断,如工作时电压降超过0.5V,则说明接触不良。

2. 带 ABS 的液压制动系统常见故障的诊断

带 ABS 的液压制动系统如图4-23所示,主要由制动总缸、制动轮缸、前后轮速传感器、制动压力调节装置、ABS ECU、蓄电池、点火开关、ABS 警告灯等组成。

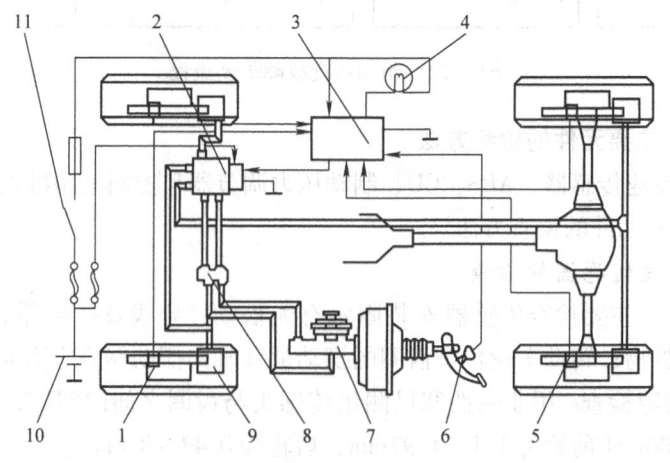

图4-23 带 ABS 液压制动系统组成

1—前轮速传感器 2—制动压力调节装置 3—ABS 电控单元 4—ABS 警告灯 5—后轮速传感器
6—停车灯开关 7—制动总缸 8—比例分配阀 9—制动轮缸 10—蓄电池 11—点火开关

带 ABS 液压制动系统常见故障分析诊断的方法如下：

（1）制动失效

故障现象：汽车行驶时，踩下制动踏板，汽车不能减速和停车，即使连续踩制动踏板也无明显制动作用。

故障原因：车轮制动器没有产生制动力。

故障的相关因素：

1）制动主缸内无制动液或制动液严重不足。

2）制动主缸皮碗踏翻或损坏。

3）制动管路破裂或接头处严重泄漏。

4）ABS 制动压力调节器严重泄漏。

5）制动踏板传动机构连接部位脱落。

液压制动失效故障的检测：

1）踩下制动踏板，如无连接感，则制动踏板至主缸之间的连接脱开。在车下检视，即可发现脱开部位。

2）连续踩几下制动踏板，踏板不升高，同时又感到无阻力，应先检查制动主缸是否缺制动液，再检查 ABS 制动压力调节器、前后制动管路有无漏液和损坏部位，通常根据油迹可诊断故障所在。

3）踩下制动踏板，稍有阻力感，则多为主缸无制动液或缺制动液所致。

4）踩下制动踏板，有阻力感，但踏板位置保持不住，有明显的下沉现象，则多为主缸皮碗破裂所致。

5）如上述情况良好，则故障可能是主缸皮碗踩翻或损坏，可分解制动主缸确诊。

（2）制动不灵（迟滞）

故障现象：汽车行驶时，将制动踏板踩到底，汽车不能立即减速和停车，制动距离过长。

故障原因：车轮制动器制动力不足。

故障的相关因素：

1）制动踏板自由行程过大，造成工作行程太小。

2）制动管路和轮缸内有空气。

3）ABS 制动压力调节器、制动管路或管路接头漏油。

4）制动主缸、轮缸的皮碗、活塞、缸壁磨损过甚。

5）制动主缸、轮缸的皮碗老化、发黏、发胀，使制动时阻滞力大。

6）制动主缸阀门损坏或补偿孔、通气孔堵塞。

7）制动摩擦片与制动鼓（盘）的间隙过大，或接触不良。

8）制动摩擦片硬化、铆钉外露或有油污。

9）制动鼓（盘）磨损过甚或制动时变形严重。

10）增压器、助力器效能不佳或失效。

11）ABS 有故障。

液压制动不灵（迟滞）故障的检测：根据制动系统故障诊断流程中的方法来区分故障属性，若是 ABS 故障，可用故障解码仪调取故障码，按照故障码提示检修；若是常规制动系统故障，按照如下流程进一步诊断。

1）检查储液罐的制动液是否太少或无制动液，若制动液过少，说明制动系统内可能有漏液故障，可加满制动液后再诊断。

2）连续踩几下制动踏板，踏板位置能逐渐升高，但升高后不抬脚继续踩，感到有弹力，则说明制动液压系统内有空气。

3）一脚制动不灵，连踩几脚制动踏板，踏板位置逐渐升高并且效果良好，说明踏板自由行程过大或制动摩擦片与制动鼓（盘）间隙过大。

4）连续踩几下制动踏板，踏板位置能逐渐升高，但升高后不抬脚继续踩，踏板无弹力感且下沉至很低位置，说明制动液压系统中有漏油之处，可能是制动主缸、轮缸、管路、管路接头漏油或制动主缸、轮缸磨损严重，皮碗破裂损坏或密封不良。

5）当踩下制动踏板时，踏板位置很低，再踩几下踏板，位置还不能升高，一般为主缸通气孔或补偿孔堵塞。

6）当踩下制动踏板时，踏板高度合乎要求、有力且不下沉，但制动效果不好，则为车轮制动器故障，多为摩擦片硬化、铆钉头露出、摩擦片油污、制动鼓（盘）磨损及变形引起；若踏板高度合适，但踩踏板时感到很硬，则故障可能是制动液太稠、管路内壁积垢太厚、油管凹瘪、软管内孔不畅通或增压器、助力器效能不佳所致。

（3）制动跑偏

故障现象：汽车在行车制动时，在转向盘居中情况下，自动向左或向右偏驶，紧急制动时尤为严重。

故障原因：左、右车轮制动器制动力不均或制动协调时间相差过大。

故障的相关因素：

1）左、右轮制动摩擦片与制动鼓（盘）间隙不同。

2）左、右轮制动摩擦片与制动鼓（盘）接触面积相差过大。

3）左、右轮制动摩擦片材质各异、新旧程度不同或安装修复质量不一样。

4）左、右轮制动蹄回位弹簧拉力相差过大。

5）左、右轮气压不一致，直径有差异，轮胎新旧不一及磨损程度不同。

6）个别轮缸活塞运动不灵活、皮碗发胀、油管堵塞或有空气。

7）个别车轮摩擦片油污、硬化或铆钉外露。

8）车身变形以及前、后车轴不平行或两边钢板弹簧刚度不等。

9）ABS 故障。

液压制动跑偏故障的检测：按照制动系统故障诊断流程中的方法来区分故障属性，若是 ABS 故障，可用故障解码仪调取故障码，根据故障码提示进行检修；若是常规制动系统的故障，按照如下流程做进一步的诊断。

1）进行路试。先进行减速制动，若汽车向左跑偏，则说明右边车轮制动迟缓或制动力不足；若汽车向右跑偏，则说明左边车轮有故障。再进行紧急制动，并观察车轮抱死后在地面上的印迹。若同一轴两边车轮印迹不能同时发生，其中印迹短的车轮为制动迟缓，印迹轻的为制动力不足。

2）找出制动迟缓或制动力不足的车轮后，应仔细检查该轮制动管路有无碰瘪、漏油的现象，检查该轮的轮胎气压是否正常轮胎磨损是否严重。

3）若上述目检正常，则可对该轮轮缸进行放气。放气时若发现有空气或放完后制动跑偏现象消除，则故障在该轮轮缸内或管路内有气阻。

4）若无气阻现象，则检查并调整该轮制动摩擦片与制动鼓（盘）之间的间隙。调整后若制动跑偏现象消除，则说明故障为该轮的制动器间隙调整不当。

5）若上述制动器间隙符合要求，则应分解制动器及轮缸，检查制动器的技术状况、轮缸活塞和皮碗的形态以及油管是否畅通，以确诊故障部位。

6）若上述均正常，而故障现象依存，则说明制动跑偏的故障不在制动系统本身，故障可能是由车身变形或其他系统（悬架系统、转向系统、行驶系统）的工作条件恶化所致。

（4）制动拖滞

故障现象：抬起制动踏板时，全部或个别车轮的制动作用不能解除或解除缓慢，致使汽车起步困难或行驶无力，汽车行驶中即使没有使用行车制动，个别或全部车轮制动器也发热。

故障原因：全车制动器或个别制动器没有完全解除制动力。

故障的相关因素：

1）制动踏板无自由行程。
2）制动踏板回位弹簧脱落、拉断、过软或踏板轴锈蚀、卡住而回位困难。
3）制动主缸、轮缸皮碗发胀、发黏或活塞移动不灵活。
4）主缸活塞回位弹簧折断、预紧力太小。
5）制动鼓严重变形，制动摩擦片与制动鼓间隙过小，制动蹄回位弹簧过软。
6）制动油管碰瘪、堵塞或制动液太脏、太稠而使回油困难。
7）真空助力器的空气阀漏气。
8）轮毂轴承松旷。

液压制动拖滞故障的检测：

1）汽车行驶一段里程后，用手触摸各车轮制动鼓。若个别车轮制动鼓发热，则故障在车轮制动器；若全部车轮的制动鼓都发热，则进行下一步诊断。

2）若全部制动鼓发热，应检查制动踏板自由行程。若自由行程符合要求，则检查制动主缸。可将主缸储液罐盖打开，并连续踩下和放松制动踏板，看其能否回液。若不能回液，说明回油孔堵塞；若回液缓慢，说明皮碗、皮圈发胀或回位弹簧无力，则故障在制动主缸。同时还应观察制动踏板的回位情况。若制动踏板不能迅速回位，说明回位弹簧过软或折断。若制动主缸回液正常，且制动踏板回位正常，则进行下一步。

3）做车轮转动试验。松开制动踏板，让各车轮悬空并用手转动车轮，若各轮的转动阻力很大，则说明故障在各轮制动摩擦片与制动鼓（盘）间隙过小或调整不当；若各轮的转动阻力较小处于正常，则对采用真空助力器的制动系统，可将汽车变速器置于空档，使发动机处于怠速运转，在松开制动踏板的情况下，再次用手转动车轮，若此时阻力增大，则说明汽车制动拖滞的故障是由真空助力器的空气阀漏气所致。

4）若故障在单个车轮制动器，则应先拧松该制动器放气螺钉。若制动液急速喷出，制动蹄回位，则为油管堵塞致使轮缸不能回液所致。若制动蹄仍不能回位，则应调整摩擦片与制动鼓之间的间隙。经上述检查调整均无效，则应拆下制动器检查轮缸活塞、皮碗、回位弹簧、制动鼓、制动摩擦片状况以及制动蹄片支承销的活动情况。

3. 思考案例解析

案例1

故障现象：一辆带有ABS的别克轿车，高速行驶时轻踩制动即会向左甩尾，而紧急制动时该车一切正常，不出现任何甩尾现象。

故障诊断与排除：询问车主故障征兆，感到该车故障比较特殊。于是反复试车，试验结果与车主所述相同，都是轻踩制动时甩尾。

检查紧急制动后的制动痕迹，多次紧急制动后路面没有明显的轮胎拖印，因而判定，紧急制动时车轮没有抱死，可以肯定ABS工作正常，起到了防抱死作用。

根据别克ABS的制动原理，当汽车在高速行驶中，如果轻踩制动，此时属于常规制动的范畴，ABS不起作用。这时四个制动轮缸的工作油压由制动主缸来控制。如果此时制动主缸分配压力不平衡或有一个活塞轻微泄漏，或一条制动管路轻微泄漏（注意是轻微），在制动时势必会有一条制动管路的油压低于另一条，两侧车轮制动力矩不同而产生甩尾。而当高速行驶中紧急制动时，ABS制动系统将起作用，ABS电脑通过控制各个轮缸的工作油压来控制四个车轮的制动力矩，所以不会相差太多，因此不会出现甩尾现象。

根据以上分析，应首先检查制动管路的泄漏情况。举升汽车，检查制动管路，没有发现泄漏部位。检查左、右后轮制动器，发现左后制动轮缸有轻微漏油现象。更换该制动轮缸，并反复试车，故障排除。

案例2

故障现象：一辆皇冠2.8L轿车，紧急制动时左前轮制动不良，汽车向右跑偏。

故障诊断与排除：试车，在汽车行驶过程中实施紧急制动，汽车向右跑偏，车速越高，跑偏现象越严重。观察制动后的印痕，左前轮痕迹较浅而右前轮痕迹较深，说明左前轮制动不良。

对液压制动系统进行排气。由一人踩下制动踏板并踏住不动，另一人拧松车轮制动底板后面的轮缸放气螺钉，放出泡沫状的油液，直至放出的油液无气泡为止，然后拧紧放气螺钉。按此方法分别对各个轮缸进行排气。举起汽车，检查左前轮制动器，发现制动蹄、鼓间隙较大。随后按规定予以调整：打开制动底板后面的蹄、鼓间隙调整孔橡胶塞，将专用工具和旋具伸进孔内，拨动制动器调整螺母的凸轮齿，使调整螺栓伸出量加大，以减少制动蹄、鼓间隙，直至用手不能转动车轮为止；之后再向回拨螺母五六个凸轮齿，使制动蹄片与制动鼓保持0.5~0.6mm的标准间隙。

调整好左前轮制动间隙后，又对其他三个车轮的制动间隙进行了检查，基本正常。

上路试车,多次实施紧急制动,汽车不再跑偏,且制动效果良好。

案例3

故障现象:一辆桑塔纳时代超人轿车的 ABS 故障灯时亮时灭,且 ABS 防抱死功能始终不起作用。

故障诊断与排除:根据车主描述的情况,先进行路试,ABS 不起作用。此时,ABS 故障灯亮了。回厂后,用 V.A.G1552 调取故障码,经检查,故障码为00285,表示右前轮转速传感器 G45。于是拆下右前轮转速传感器,检查连接线,没有问题,但传感器表面有一层灰尘,擦干净后,测量其阻值为1.2kΩ,虽属于正常的范围,但还是换了一个新的传感器,同时用 V.A.G1552 清除存在的故障码。重新试车,故障现象依旧,ABS 始终不起作用,只好进行全面的检查。将其他三轮的传感器以及管路和线束进行了全面的检查,结果均无故障。正好库存中有一个 ABS 控制器,于是换上,并将系统放气,重新路试。此时 ABS 正常起作用,驾驶人将车开走。

可是过了几天此车又被送回修理,说 ABS 灯时亮时灭,同时 ABS 又不起作用了。用 V.A.G1552 读取故障码,还是右前轮转速传感器。怀疑故障还是在右前轮上,于是拆下右前轮重新检查传感器线圈,可是一切都正常。故障究竟在哪里呢?无意中转了一下右前轮,突然发现右前轮齿圈轴向摆动很大,于是装上传感器测量齿圈和传感器之间的间隙。转动右前轮发现齿圈和传感器间隙时大时小,正常齿圈和传感器之间的间隙应在1.10~1.97mm 范围内。于是更换了右前轮的齿圈,消除故障码,重新试车。ABS 一切正常,故障排除。

故障分析:一般情况下维修 ABS 只要出现了轮速传感器的故障码,都会只注重传感器本身及其线路,很容易忽略齿圈间隙,结果造成了复杂的维修过程。

4. 驻车制动故障诊断

驻车制动又称手制动,其作用主要是使汽车停放可靠,便于在坡道上起步,并可在行车制动失效后临时使用它进行紧急制动。大多数驻车制动器安装在变速器或分动器之后,也有少数汽车安装在后驱动桥的输入轴前端。在轿车上常采用驻车制动与行车制动共用一套的制动系统。驻车制动系统常见故障现象有制动失效、制动拖滞。

(1) 驻车制动失效

故障现象:汽车在坡道停放不住,或在坡道上起步时半联动失效。

故障原因:

1) 驻车制动盘与制动蹄之间的间隙过大,鼓式驻车制动器的制动鼓与制动蹄之间的间隙过大,或凸轮磨损严重。

2) 制动器摩擦片磨损、脏污或油污严重,造成驻车制动打滑。

3) 机械连接部位脱开,或连接件损坏。

4) 驻车制动手柄下部的棘轮或齿扇磨损严重,造成锁止机构打滑。

驻车制动失效故障的检测:

1) 检查驻车制动盘(鼓)与制动蹄之间的间隙,若制动蹄与制动鼓之间的间隙过大,或制动蹄拉簧失效,应予以调整或更换。

2）检查鼓式驻车制动器凸轮的磨损情况，若磨损严重应及时更换。

3）检查制动器摩擦片的磨损情况，若磨损严重应及时更换。

4）检查机械连接部位是否脱开或损坏，若脱开应重新连接好，若损坏应及时修复或更换。

5）检查驻车制动手柄下部的棘轮或齿扇的磨损情况，若磨损严重应及时更换。

（2）制动拖滞

故障现象：在行车制动时，完全抬起制动踏板，车辆仍有制动作用。

故障原因：

1）行车时驻车制动不能完全解除。

2）驻车制动盘（鼓）与制动蹄之间的间隙过小。

3）制动器定位弹簧失效。

驻车制动拖滞故障的检测：

1）首先检查行车时驻车制动器是否处于完全解除驻车制动的位置。

2）检查驻车制动盘（鼓）与制动蹄之间的间隙，若间隙过小，应予以调整。

3）检查机械连接部位是否损坏或卡滞，若损坏应及时修复或更换。

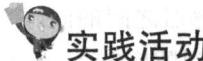

实践活动

一辆轿车制动有故障（指导老师可根据实车设定：制动跑偏、失灵或拖滞等），由学生组成检修小组来完成诊断与修理任务。并填写实训记录（表4-9）。

表4-9 实训记录表

汽车类型		出厂时间		检验人	
VIN码		检测时间		学号	
故障现象	□制动失效　□制动失灵（迟滞）　□制动跑偏　□制动拖滞 故障症状表现是＿＿＿＿＿＿＿＿＿＿＿＿＿＿＿＿＿＿＿＿＿。					
故障原因分析	该车发生＿＿＿＿＿故障的根本原因是＿＿＿＿＿＿＿＿＿＿ ＿＿＿＿＿＿＿＿。相关因素有＿＿＿＿＿＿＿＿＿＿＿＿ ＿＿＿＿＿＿＿＿＿＿＿＿＿＿＿＿＿＿＿＿＿＿＿＿＿＿ ＿＿＿＿＿＿＿＿＿＿＿＿＿＿＿＿＿＿＿＿＿＿＿＿＿。					
故障诊断	1）首先检查＿＿＿＿＿＿＿＿＿＿＿＿＿＿＿＿＿＿＿＿＿。 2） 3） 4） 5）					
故障排除	1）调整＿＿＿＿＿＿＿＿＿＿＿＿＿＿＿＿＿＿＿＿＿＿＿＿。 2）检修＿＿＿＿＿＿＿＿＿＿＿＿＿＿＿＿＿＿＿＿＿＿＿＿。 3）更换＿＿＿＿＿＿＿＿＿＿＿＿＿＿＿＿＿＿＿＿＿＿＿＿。 4）试车：确认＿＿＿＿＿＿＿＿＿＿＿＿＿＿＿故障现象是否消失。					

项目四 汽车底盘的性能检测与故障诊断 235

(续)

汽车类型		出厂时间		检验人	
VIN 码		检测时间		学号	
学生小结	通过本次实训知道了_____ _____； 掌握了_____ _____ _____。 在_____方面， 还要努力。				
教师点评					

任务四　行驶系统的检测与故障诊断

案例思考

一辆广州雅阁2.3L轿车在行驶过程中出现跑偏现象。据车主反映，路况较好时，跑偏现象不严重；在不平路面或有冲击时，往往会出现明显的跑偏。

请思考应该如何诊断排除上述汽车故障。

相关知识与技能

汽车行驶系统主要由车架、车桥、车轮（包括轮胎）和悬架组成，如图4-24所示，其功用是支撑全车并保证车辆正常行驶。由此可知，汽车行驶系统技术状况不仅影响汽车

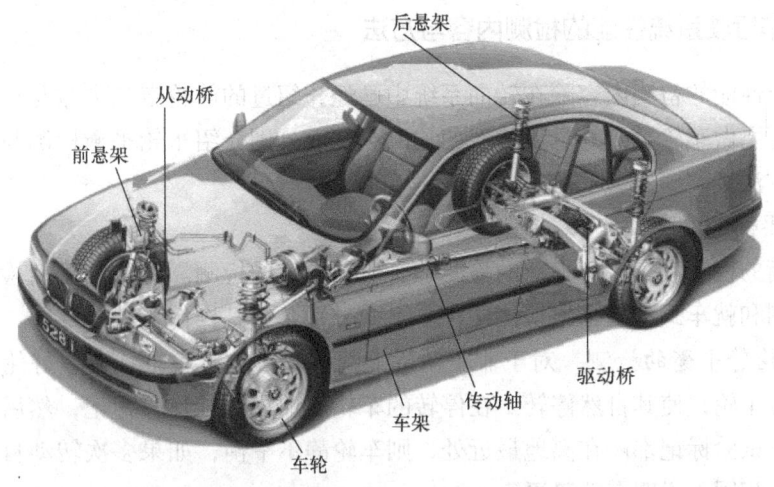

图4-24　汽车行驶系统的基本组成

操纵的稳定性、乘坐的舒适性，而且还会影响行驶的平顺性和安全性。因此，汽车行驶系统技术性能的检测是汽车安检与综检的重要任务之一。

一、汽车行驶系统性能评价标准

根据 GB 7258—2012《机动车运行安全技术条件》规定，汽车行驶系统应满足以下基本要求：

1）机动车所装用轮胎的速度级别不应低于该车最大设计车速的要求，雪地轮胎除外。

2）乘用车、摩托车和挂车车轮胎冠上花纹深度应大于1.6mm，其他机动车转向轮的胎冠花纹深度应大于等于3.2mm，其余轮胎胎冠花纹深度应大于等于1.6mm。

3）轮胎螺母和半轴螺母应完整齐全，并应按规定力矩紧固。

4）车轮总成的横向摆动量和径向跳动量，总质量小于等于3500kg 的汽车应小于等于5mm，其他机动车应小于等于8mm。

5）最大设计车速大于100km/h 的机动车，车轮动平衡要求应与该车型的要求一致。

6）悬架系统各球关节的密封件不得有切口和裂纹，稳定杆应连接可靠，结构件不得有变形或残损。

钢板弹簧不得有裂纹和断片现象，同一根轴上的弹簧形式和规格应相同，其弹簧形式和规格应符合产品使用说明书中的规定。中心螺栓和 U 形螺栓应坚固、无裂纹且不得拼焊。钢板弹簧卡箍不得拼焊或残损。

7）空气弹簧应无裂损、变形及漏气，控制系统应齐全有效。

8）减振器应齐全有效，减振器不得有明显渗漏油现象。

9）车架不应有变形、锈蚀和裂纹，螺栓和铆钉不应缺少和松动。

10）前后桥不应有变形和裂纹。

11）车轿与悬架之间的各种拉杆和导杆不应有变形，各接头和衬套不应松旷或移位。

二、汽车行驶系统性能的检测内容与方法

行驶系统性能的检测内容除在转向系统中已经介绍过的前轮定位参数与车轮侧滑量参数检测外，还要做车轮平衡与悬架装置的检测。下面分别介绍车轮平衡检测与悬架装置检测的内容与方法。

1. 车轮平衡的检测

车轮平衡的检测有车轮静平衡的检测和车轮动平衡的检测。其中动平衡检测有离车式动平衡机检测和就车式动平衡机检测两种。下面分别介绍其操作流程与方法。

（1）车轮静平衡的检测 对于非驱动桥上的车轮，支起车轴，调整好轮毂轴承松紧度，用手轻转车轮，使其自然停转。在停转的车轮离地最近处作一标记，然后重复上述步骤。如果每次试验标记都停在离地最近处，则车轮静不平衡；如果多次转动自然停止后的标记位置各不相同，说明车轮静平衡。

驱动桥上的车轮，由于受到差速器等的制约，无法使用该法，只能在装车前检测。

即使静平衡的车轮，在装车使用时也可能动不平衡；因此，还应对车轮动平衡进行检

测校正。

（2）使用离车式动平衡机检测校正车轮动平衡　目前，广泛使用的车轮动平衡机，按照车轮的安装方向分为立式和卧式车轮平衡机，如图4-25和图4-26所示。下面以CB—986型车轮平衡机为例介绍车轮动平衡操作步骤。

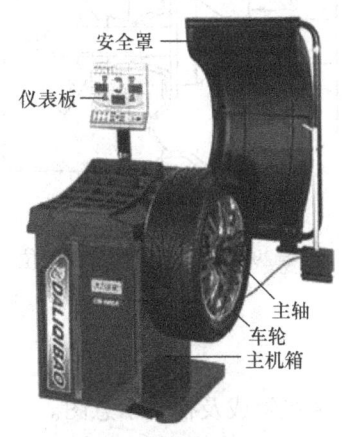

图4-25　大力CB—986立式车轮平衡机

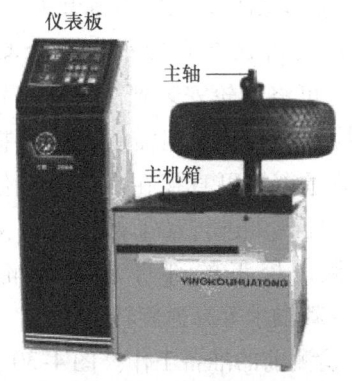

图4-26　CB—2000卧式车轮平衡机

1）清除被测车轮上的泥土、石子和旧平衡块。

2）检查胎压，须符合原厂的规定。

3）根据轮辋中心孔的大小选择好锥体，如图4-27所示，装好车轮，拧紧螺母。

4）打开电源开关，检查显示与控制装置的面板显示是否正确；根据轮辋结构选择相适应的轮辋。轮辋结构选择如图4-28所示。

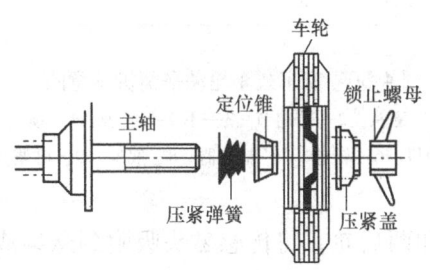

图4-27　安装车轮

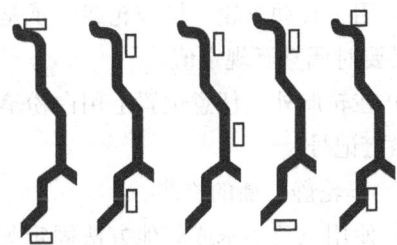

图4-28　轮辋结构选择

5）用游标卡尺测量轮辋宽度b，轮辋直径d，用平衡机上的标尺测量轮辋边缘至机箱距离a，如图4-29所示；再通过键入或选择器旋钮对准测量值的方法将a、b、d值输入到显示与控制装置中。

6）放下车轮防护罩，按下启动键，车轮旋转平衡测试便开始，数据会自动采集。

7）车轮自动停转或听到"嘀"声时按下停止键，并操作制动装置使车轮停转后从显示装置里读取车轮内外侧不平衡量和不平衡位置。

8）抬起车轮防护罩，用手慢慢转动车轮，当显示装置发出指示（音响、指示灯亮、制动显示点或显示检测数据等）时停止转动。在轮辋的内侧或外侧的上部应加装指示装置显示该侧的平衡块质量。内、外侧要分别进行，平衡块装夹要牢固。

9）安装平衡块后有可能会产生新的不平衡，应重新进行平衡试验，直至不平衡量小于5g，指示装置显示"00"或"OK"时为止。

10）测试结束，关闭电源开关。

（3）使用就车式动平衡机检测校正车轮动平衡　可将车轮安装到离车式车轮动平衡机上进行检测与校对，但需要把车轮拆下。就车式车轮动平衡机可直接在在用车上使用，非常方便，而且既可进行动平衡检测，又可进行静平衡检测，校正的部件包括车轮、制动鼓（盘）、轮毂轴承等高速旋转体。

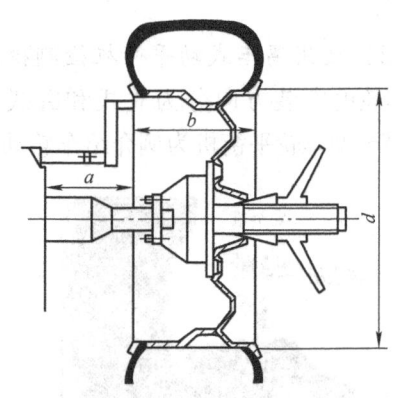

图 4-29　输入数据的测量部位

1）检测前的准备工作。图 4-30 为就车式车轮动平衡机组成及检测示意图。

① 检测前，将汽车前部用千斤顶支起。注意保持前轴水平，使两边车轮离地间隙相等。

② 清除被测车轮上的泥土、石子和旧平衡块等。

③ 检查轮胎气压，必要时调整至规定值。

④ 用手转动车轮，检查轮毂轴承是否松旷，必要时调整至规定值。

⑤ 在轮胎外侧任意位置上用白粉笔或白胶布做上记号。

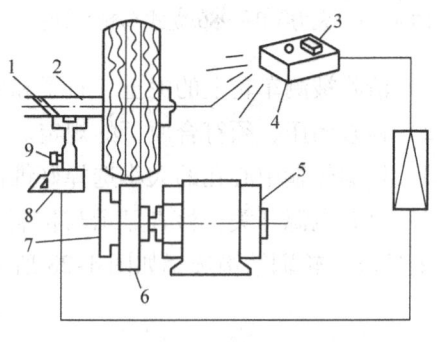

图 4-30　就车式车轮动平衡机示意图

1—传感磁头　2—转向节　3—不平衡度表　4—频闪灯
5—电动机　6—转轮　7—制动器　8—底座　9—可调支架

2）车轮静平衡的检测。

① 使用三角垫木或其他方法固定另一个前轮和两后轮，将传感磁头吸附到悬架或转向节下，调节可调支杆高度并锁紧。

② 推动车轮动平衡机至车轮侧面或前面（视车轮平衡机形式不同而异），检查频闪灯工作是否正常，检查转轮的旋转方向能否使车轮的转动方向与汽车前进行驶的方向一致。

③ 操纵车轮动平衡机转轮与轮胎接触，起动电动机带动车轮旋转至规定转速。

④ 观察频闪灯照射下的轮胎标记位置，并从指示装置上读取不平衡量数值（用第一档显示）。

⑤ 操纵车轮动平衡机上的制动装置，使车轮停止转动。

⑥ 用手转动车轮，使其上的标记仍处在上述观察位置上，此时轮辋的最上部即为加装平衡块的位置。

⑦ 按指示装置显示的静不平衡量选择平衡块，牢固地装卡到轮辋边缘上。

⑧ 重新驱动车轮进行复试,这时指示装置用二档显示。调整平衡块质量和位置,直至符合平衡要求。

3) 车轮动平衡的检测。

① 将传感磁头吸附在经过擦拭的制动底板边缘平整处,使磁头与车轮旋转中心处在同一水平位置。

② 驱动车轮旋转至规定转速,按照上述的检测方法观察轮胎标记位置,读取数值。

③ 停转车轮,按动不平衡值选择平衡块和在车轮上的加装位置,加装平衡块。

④ 按照上述的检测方法进行复查,直至符合平衡要求。

2. 悬架的检测

悬架装置是汽车车架与车桥或车轮之间的一切传力连接装置的总称,其作用是传递作用在车轮和车架之间的力和扭力,并且缓冲由不平路面传给车架或车身的冲击力,并衰减由此引起的振动。所以汽车悬架装置的故障将直接影响汽车的行驶平顺性、操纵稳定性和行驶安全性。因此说悬架装置的工作性能检测是十分重要的任务。

按照汽车发展的历史,悬架装置可分为传统的悬架装置和现代的电控悬架装置。下面分别来介绍其检验项目和方法。

(1) 传统悬架装置性能检测 传统悬架装置的结构主要由弹性元件、导向装置和减振器三部分组成,如图4-31所示。而传统悬架装置使用性能的好坏主要表现为减振器的技术状况,它将直接影响汽车行驶的平稳性和其他机件的寿命,因此在此重点介绍判断减振器工作性能好坏的检验方法。

1) 使汽车在道路条件较差的路面上行驶10km后停车,用手摸减振器外壳,如果不够热,说明减振器内部无阻力,减振器不工作。此时,可加入适当的润滑油,再进行试验,若外壳发热,则为减振器内部缺油,应加足油;否则,说明减振器失效。

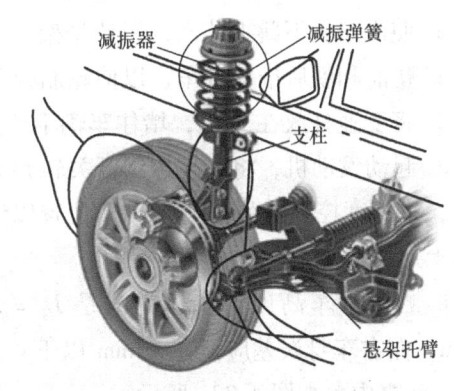

图4-31 汽车悬架装置

2) 用力按下保险杠,然后松开,如果汽车有两三次跳跃,则说明减振器工作良好。

3) 当汽车缓慢行驶而紧急制动时,若汽车振动比较剧烈,说明减振器有问题。

(2) 汽车电控悬架装置检测 现代汽车装用的电子控制悬架系统种类很多,但其系统结构主要都是由传感器、悬架控制单元(ECU)和执行器三部分组成的。图4-32所示为LS400轿车电控悬架装置组成。

汽车电控悬架装置检测主要包括悬架基本性能检测、传感器与执行器性能检测和故障诊断检测。下面就以LS400轿车电控悬架装置为例介绍检测具体内容与方法。

1) 悬架基本性能检测。悬架基本性能检测是对电控悬架功能、状态进行的检测与调整,以便发现问题及时解决,确保悬架装置工作正常。主要包括以下检测内容:

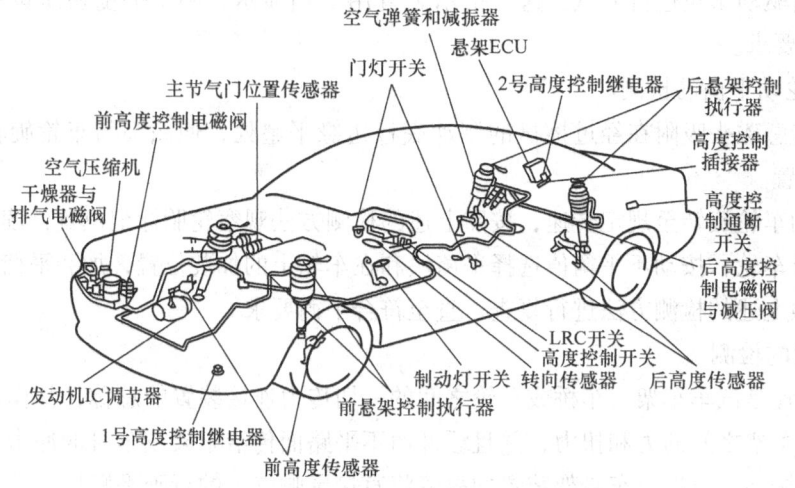

图 4-32　LS400 轿车电控悬架装置组成

① 汽车高度的检查和调整。汽车高度的检查步骤：

a. 将 LRC 开关转到 NORM 位置。

b. 使汽车上下跳振几次，以使悬架处于稳定状态。

c. 朝前和朝后推动汽车，以使轮胎处于稳定状态。

d. 将变速杆放在 N 位，堵住车辆不让其滚动，然后松开驻车制动器。

e. 起动发动机，将高度控制开关转到 HIGH 位置，在汽车高度升高的状态下等待几分钟后，将高度控制开关转到 NORM 位置以使汽车下降。在这种状态下等待 50s 后，再重复一次上述操作。

f. 测量汽车高度，前部应该是 $L_1 = 249\text{mm} \pm 10\text{mm}$；后部应该是 $L_2 = 231.5\text{mm} \pm 10\text{mm}$，左右车身误差应该在 10mm 以下；汽车前部高度与后部高度之差应该在 (17.5 ± 15) mm 之内，如图 4-33a 所示。

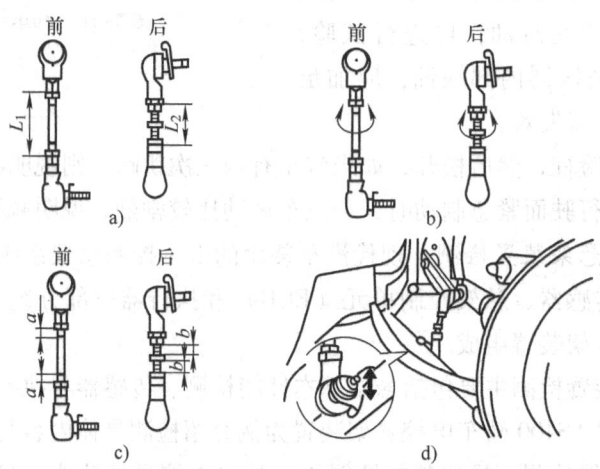

图 4-33　汽车高度的检查

汽车高度的调整步骤：

a. 拧松高度控制传感器连杆上的两个锁紧螺母，如图4-33b所示。

b. 转动高度控制传感器连杆的螺栓以调节长度（高度控制传感器连杆每转一圈能使汽车高度改变大约4mm）。

c. 检查图4-33c所示的高度控制传感器连接杆的尺寸是否小于极限值，即前部 $a = 8mm$；后部 $b = 11mm$。

d. 暂时拧紧两个锁紧螺母。

e. 再检查一次汽车高度，拧紧锁紧螺母，如图4-33d所示。

② 汽车高度调整功能的检查（图4-34）。

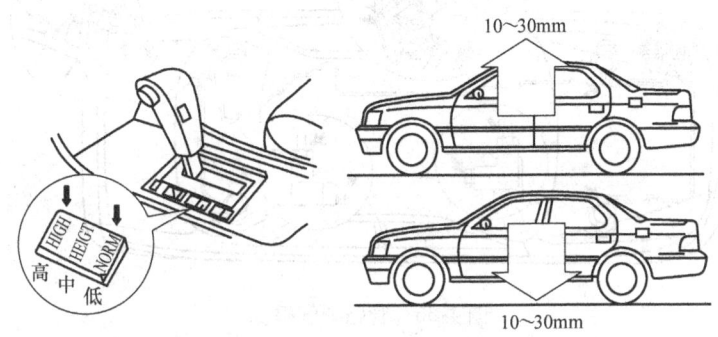

图4-34 汽车高度调整功能的检查

a. 检查轮胎充气是否正确；检查汽车高度。

b. 起动发动机，将高度控制开关从NORM位置转换到HIGH位置，检查完成高度调整所需要的时间和汽车高度的变化量。从操作高度控制开关到压缩机起动需要约2s，从压缩机起动到高度调整需20~40s。汽车高度变化量为10~30mm。

c. 在汽车处于HIGH高度调整的状态下，起动发动机并将高度控制开关从HIGH位置切换到NORM位置，检查完成高度调整所需的时间和汽车高度变化量。从操作高度控制开关到压缩机起动需要约2s，从压缩机起动到高度调整需20~40s。汽车高度变化量为10~30mm。

③ 溢流阀工作的检查。溢流阀工作的检查就是迫使压缩机工作，检查溢流阀动作，如图4-35所示。具体步骤如下：

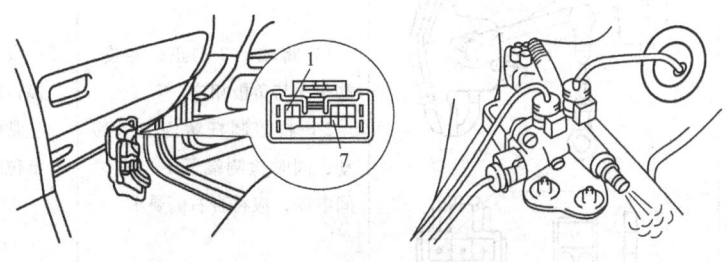

图4-35 溢流阀的检查

a. 将点火开关转到 ON 位置，并将高度控制插接器的端子 1 和 7 连接，使压缩机工作。

b. 等压缩机工作一段时间后，检查溢流阀是否放气。

c. 将点火开关转到 OFF 位置，清除故障码。

④ 空气管路漏气检查。将高度控制开关拨到 HIGH 位置，使汽车高度上升；在空气软管和软管接头处涂肥皂水检查是否漏气，如图 4-36 所示。

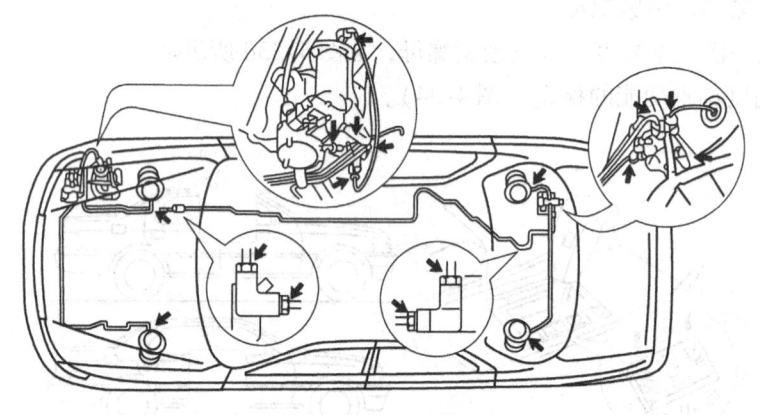

图 4-36　管路漏气检查

2）电控悬架装置的传感器与执行器的检测。电控悬架装置的传感器主要包括车速传感器、节气门位置传感器、车身位移传感器和转向盘转角传感器。其功能是将汽车行驶路况（汽车的振动）和车速及起动、加速、转向、制动等工况转变为电信号，并输送到电脑。各传感器检测的步骤方法及标准见表 4-10。

电控悬架装置的执行器是根据电脑的控制信号，准确、快速和及时地作出动作反应，实现对弹簧刚度、减振器阻尼或车身高度的调节。其检查的内容、方法步骤及标准见表 4-11。

表 4-10　电控悬架装置各传感器的检测

传感器名称	图示	步骤	标准
前车身高度传感器		1）将端子 2 与正极相连，端子 3 与负极相连 2）将控制杆缓慢上下移动，同时检测端子 1 与 3 之间电压，应符合右侧要求	高位时：6.2～11.2V； 正常位时：6.2V； 低位时：1～6.2V

(续)

传感器名称	图示	步骤	标准
后车身高度传感器	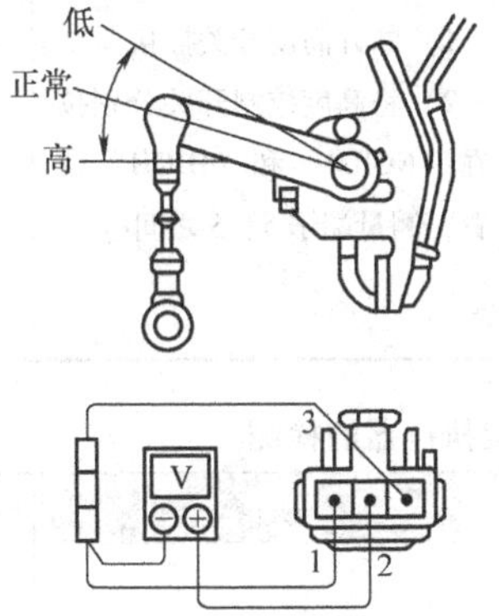	1）将端子3与正极相连，端子1与负极相连 2）将控制杆缓慢上下移动，同时检测端子2与3之间电压，应符合右侧要求	高位时：6.2~11.2V； 正常位时：6.2V； 低位时：1~6.2V
前加速度传感器	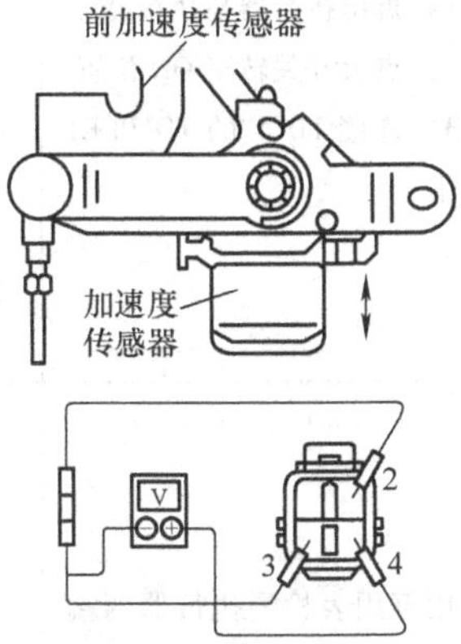	1）将端子2与正极相连，端子3与负极相连 2）使传感器上下振动，同时检测端子4与3之间电压	静止时：6.2V； 振动时：1~11.2V
后加速度传感器	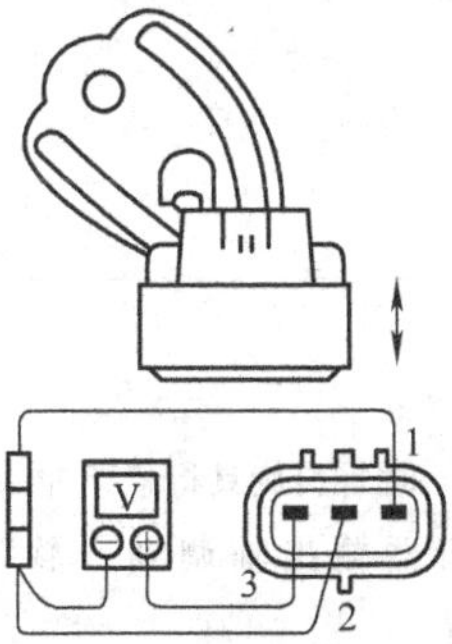	1）将端子1与正极相连，端子2与负极相连 2）使传感器上下振动，同时检测端子2与3之间电压	静止时：6.2V； 振动时：1~11.2V
转向盘转角传感器	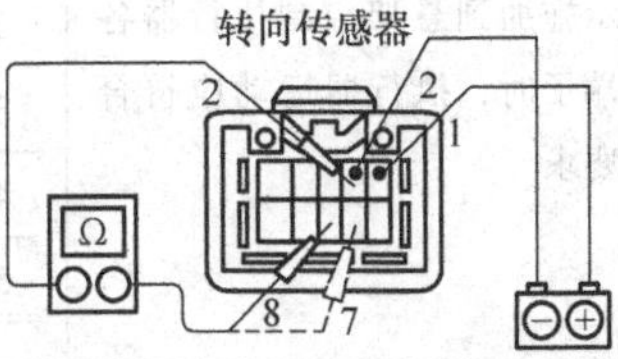	1）将端子1与正极相连，端子2与负极相连 2）分别检测端子7、8与2之间的电压	正常应在0~∞变化

(续)

传感器名称	图示	步骤	标准
高度控制开关	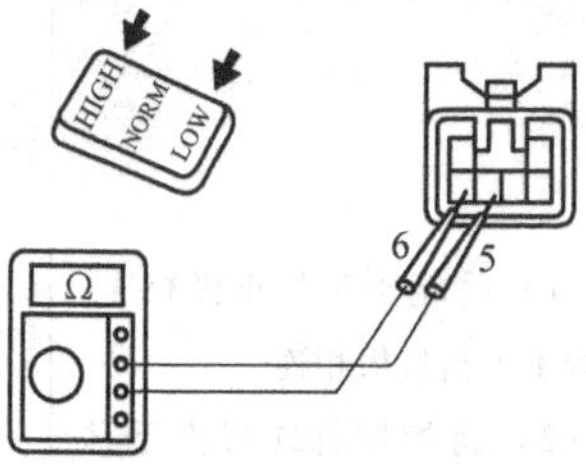	1）断开高度开关插接器 2）将高度控制开关分别按在"NORM"和"HIGH"位置，测量端子5、6之间电压	正常："NORM"为∞（开路），"HIGH"为0（断开）

表4-11 电控悬架执行器的检测

检查内容	图示	步骤	标准
悬架控制执行器运行检查	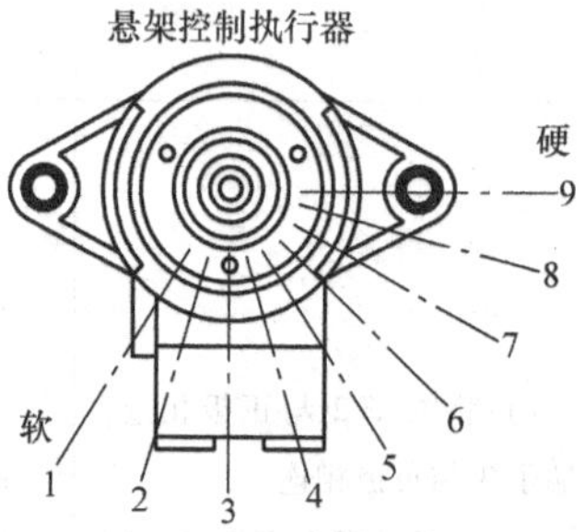	1）拆出执行器与执行器盖 2）点火开关转至ON位置 3）连接TDCL的TD和E1端子	高度控制形状每向"HIGH"推动一次，则执行器应向"硬"进一步
悬架控制执行器电阻检查	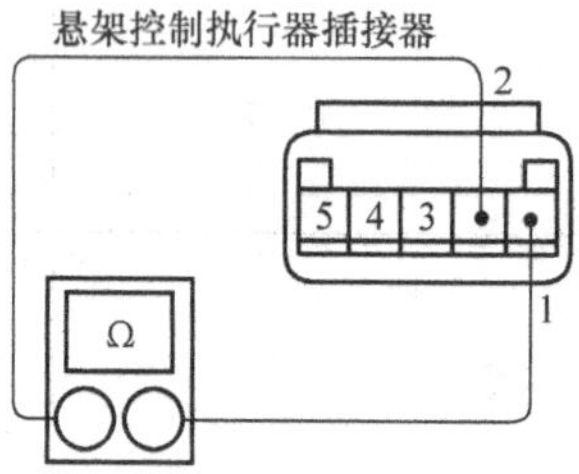	用万用表检测执行器两端子之间电阻，应符合右侧标准	端子　　电阻/Ω 1与2　　14.7~15.7 1与3　　14.7~15.7 1与4　　14.7~15.7 1与5　　14.7~15.7
悬架控制执行器工作检查	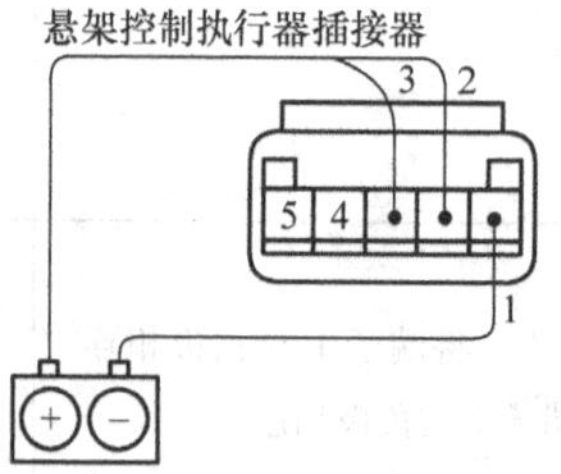	1）用螺钉旋具将悬架控制执行器输出轴调到"软"位置 2）将蓄电池电压如右栏所示施加到悬架控制执行器各端子时，执行器运动应符合要求	"+"　"-"　位置 2和3　1　1→2 3和4　1　2→3 4和5　1　3→4 5和2　1　4→5 2和3　1　5→6 3和4　1　6→7 4和5　1　7→8 5和2　1　8→9

3）自诊断系统。当电控悬架系统出现故障时，悬架 ECU 将使"NORM"指示灯闪烁一次报警，这时可以通过专用仪器进行检查，如图 4-37 所示。

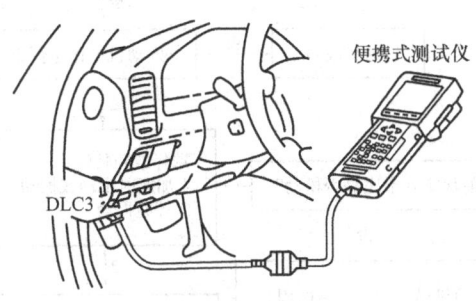

图 4-37 专用仪器检查

三、行驶系统的故障诊断与排除

汽车行驶系统在检测中性能参数超标或行驶中有异常现象发生，都可以判定行驶系统有故障，应进行检修。汽车行驶系统常见故障现象主要有行驶平顺性不良、车身横向倾斜、轮胎异常磨损和行驶跑偏。下面分别介绍其故障诊断的方法流程。

（1）行驶平顺性不良

故障现象： 汽车行驶时出现振动，加速时出现窜动，驾乘人员感觉很不舒服。

故障原因： 车体运动不稳定。

故障的相关因素：

1）前稳定杆卡座松旷或橡胶支承损坏。
2）车轮动平衡超标。
3）减振器或缓冲块失效；减振弹簧支架衬套磨损松旷。
4）传动轴动不平衡。
5）车轮轴承松旷或半轴内外万向节磨损松旷。
6）发动机横梁和下摆臂的固定螺栓或衬套松旷；转向横拉杆球头松旷。
7）轮胎气压过高，磨损不均。

行驶平顺性不良故障的诊断流程如图 4-38 所示。

（2）车身横向倾斜

故障现象： 汽车车身左高右低或左低右高，出现倾斜。

故障原因： 车身左右支承力不均，或左右几何参数不对称。

故障的相关因素：

1）左右轮胎气压或轮胎规格不一致。
2）悬架弹簧自由长度或刚度不一致。
3）摆臂变形。
4）发动机横梁和下摆臂的固定螺栓或衬套松旷。
5）减振器或缓冲块损坏。

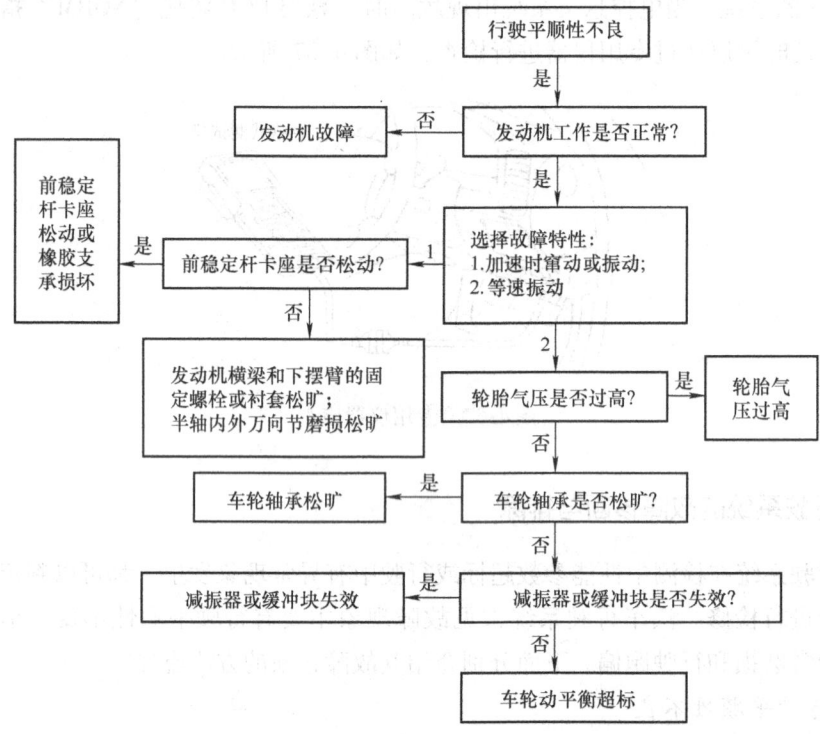

图 4-38　行驶平顺性不良故障的诊断流程

6）横梁变形。

7）车身变形。

车身横向倾斜故障的诊断流程如图 4-39 所示。

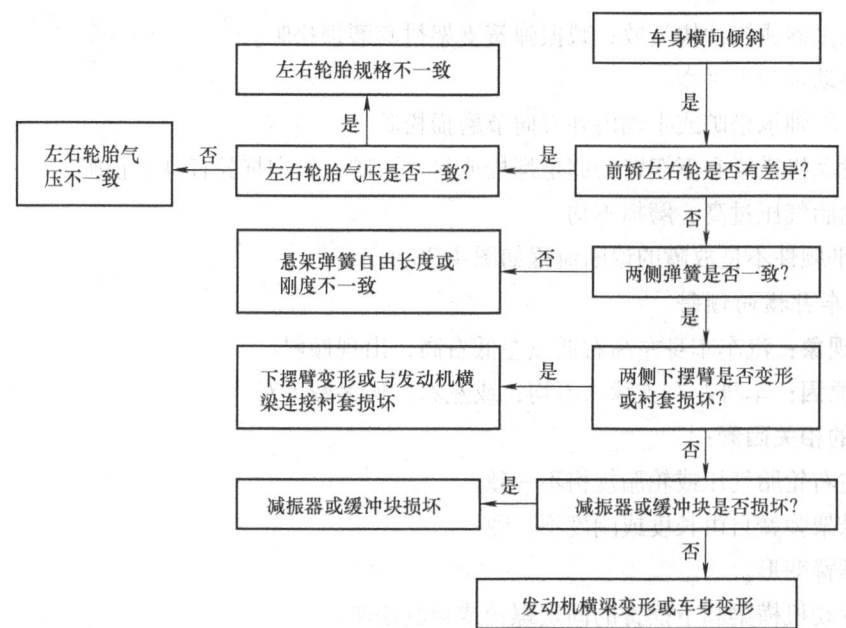

图 4-39　车身横向倾斜故障的诊断流程

(3) 前轮轮胎磨损异常

故障现象：轮胎磨损速度加快，胎面形状出现异常，如图 4-40 所示。

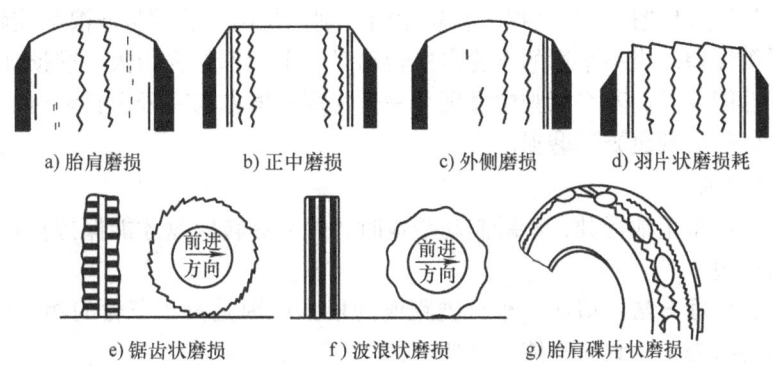

图 4-40 前轮轮胎不正常磨损示意图

故障原因：轮胎所受载荷异常。

故障的相关因素：

1) 轮胎质量不佳；螺栓松动；前轮径向圆跳动或轴向圆跳动太大；前轮摆头；轮胎气压不符合要求；轮胎长期未换位。

2) 轮毂轴承松旷或转向节与主销松旷；前轮定位不正确，尤其是前轮前束与前轮外倾配合不正确。

3) 纵、横拉杆或转向器松旷。

4) 钢板弹簧 U 形螺栓松旷；钢板弹簧与其销松旷。

5) 前轮旋转质量不平衡。

6) 前轴与车架纵向中心垂面不垂直或车架两边的轴距不等；前轴刚度不足；前轴或车架弯、扭变形。

7) 转向横拉杆（尤其是弓形转向横拉杆）或转向横拉杆臂刚度不足。

8) 前轮放松制动后回位慢或制动拖滞。

9) 转向梯形不能保证两前轮纯滚动，出现过多转向和不足转向。

10) 经常超载、偏载、起步过急、高速转弯或制动过猛。

前轮轮胎磨损异常的故障诊断：

1) 轮胎的中央部分早期磨损。主要原因是充气量过大。充气量过大时与地面的接触面积减小，正常磨损只能由胎面中央部分承担，形成早期磨损。

2) 轮胎两边磨损过大。主要原因是充气量不足，或长期超负荷行驶，轮胎与地面的接触面大，使轮胎的两边与地面接触参加工作而形成早期磨损。

3) 轮胎的一边磨损量过大。主要原因是前轮定位失准。当前轮的外倾角过大时，轮胎的外边形成早期磨损，外倾角过小或没有时，轮胎的内边形成早期磨损。

4) 轮胎胎面出现锯齿状磨损。主要原因是前轮定位调整不当或前悬架位置失常、球头松旷等，使正常滚动的车轮发生滑动或行驶中车轮定位不断变动而形成轮胎锯齿状磨损。

5) 个别轮胎磨损量大。个别车轮的悬架系统异常、支承件弯曲或个别车轮不平衡都会造成个别轮胎早期磨损。出现这种情况后,应检查车轮磨损严重的定位情况、独立悬架弹簧和减振器的工作情况,同时应缩短车轮换位周期。

6)胎冠呈波浪状或碟片状磨损。在轮胎的个别部位出现胎冠呈波浪状或碟片状磨损,原因是轮胎平衡性差。当不平衡的车轮高速转动时,个别部位受力大,磨损加快,同时转向发抖,操纵性能变差。若在行驶中发现某一个特定速度方向有轻微抖动时,就应该对车轮进行平衡,以防出现斑秃形磨损。

(4)行驶跑偏

故障现象:汽车正常行驶,不踩制动踏板时,须紧握转向盘才能保持直行,若稍有放松便自动跑向一边。

故障原因及处理方法:造成汽车行驶跑偏的根本原因是汽车车轮的相对位置不正确,两侧车轮受到的阻力不一致。具体原因如下:

1)两前轮轮胎气压不等,直径不一或汽车装载质量左、右分布不均匀,应予调整或更换。
2)左、右两前钢板弹簧翘度不等,弹力不一或单边松动、断裂,应予更换。
3)前梁、车架发生水平面内的弯曲,应予校正。
4)汽车两边的轴距不等,应予调整。
5)两前轮轮毂轴承的松紧度不一,应予调整。
6)前轮定位不正确,应予调整或更换部件。
7)车轮有单边制动或拖滞现象,应予检修。
8)转向杆系变形,应予校正或更换。
9)动力转向系控制阀损坏或密封环弹性减弱,阀芯运动不畅或偏置,应予调整或更换。

行驶跑偏故障的诊断流程如图4-41所示。

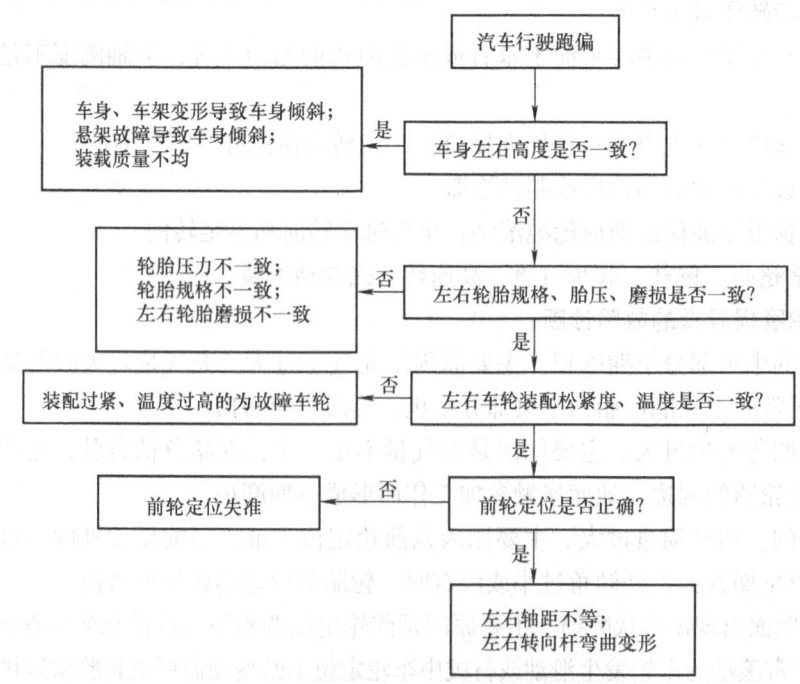

图4-41 行驶跑偏故障的诊断流程

四、思考案例解析

故障现象：一辆广州雅阁 2.3L 轿车在行驶过程中出现跑偏现象。据车主反映，路况较好时，跑偏现象不严重；在不平路面或有冲击时，往往会出现明显的跑偏。

故障诊断与分析：在公路上试车，跑偏现象不太明显。经检查，汽车轮胎气压正常，胎面稍有偏磨但不严重，弹簧和减振器工作也正常。于是，进行车轮定位的检查。在四轮定位仪上检查各定位参数，基本正常，没有明显超差。

随后，升起汽车，在车下反复观察、摸索，发现前导向梁与车身大梁接合不稳定。这是造成跑偏的直接原因。因为当汽车行驶过程中遇到大的沟坎，受到不平衡力的冲击时，导向梁产生轻微位移，而前下臂支撑杆主要作用于导向梁，这样势必带动下旋臂移动，造成前后轴距改变等问题的发生，也就出现了跑偏现象。由于前导向梁与车身大梁的接合是通过胶孔与螺栓锁紧的，一旦接合部稍有松动，也易产生跑偏的倾向。

故障排除：将前导向梁与车身大梁接合处加固稳定后试车，行车正常。

 特别提示

在检查前轮定位时，普通的静态调校解决不了行驶中随时改变的位移。对此类故障最好的解决方法是，检查各相关部位有无松动、是否有位移变化、轮胎是否正常磨损等，在完成这几项工作之后，再将前轮定位调整好。

 实践活动

1）在老师的指导下，以小组为单位，选择一辆轿车，做车轮动平衡检测，并填写实训记录表（表 4-12）。

表 4-12 实训记录表

汽车类型		出厂时间		检验人	
VIN 码		检测时间		学号	
选用检测设备	□离车式动平衡机检测　　□就车式动平衡机				
操作步骤	1）检测前准备：_____。 2）按照动平衡机使用操作规程装好被测_____，进行动平衡测试。 3）在轮辋的_____或_____的上部应加装指示装置显示该侧的平衡块质量。内、外侧要分别进行，_____装夹要牢固。 4）安装平衡块后有可能会产生新的不平衡，_____进行平衡试验，直至不平衡量小于 5g，指示装置显示"00"或"OK"时为止。				

(续)

汽车类型		出厂时间		检验人	
VIN 码		检测时间		学号	
学生小结	通过本次实训知道了_____； 掌握了_____； 在_____方面，还要努力。				
老师点评					

2）在老师的指导下，以小组为单位，选择一辆装有电控悬架装置的轿车，进行电控悬架装置性能检测与维修，并填写实训记录表（表4-13）。

表4-13 实训记录表

汽车类型		出厂时间		检验人	
VIN 码		检测时间		学号	
选择检测项目	□汽车高度的检查 □汽车高度调整功能的检查 □溢流阀工作的检查 □空气管路漏气检查 □车速传感器 □节气门位置传感器 □车身位移传感器 □转向盘转角传感器 □悬架控制执行器运行检查				
检测结果	1）_____检测结果_____。 2）_____检测结果_____。 3）_____检测结果_____。 4）_____检测结果_____。 5）_____检测结果_____。 6）_____传感器_____。				
制定维修方案	1）调整_____。 2）检修_____。 3）更换_____。 4）试车：确认_____故障现象是否消失。				
学生小结	通过本次实训知道了_____； 掌握了_____。 在_____方面，还要努力。				
老师点评					

思考与实践

一、填空题

1. 汽车传动系统的性能主要通过对传动系统（　　）、机械（　　）、功率（　　）三个指标来评价。

2. 手动变速器常见故障现象有（　　）、（　　）、（　　）、换档（　　）和漏油。

3. 万向传动装置的常见故障现象有传动轴（　　）和（　　）、起动（　　）及（　　）异响。

4. 汽车驱动桥常见故障现象有（　　）、（　　）和（　　）等。

5. 汽车转向系统技术性能下降或出现故障的症状有（　　）自由行程过大、（　　）沉重、自动（　　）、（　　）摆头和前轮（　　）异常及漏油、噪声等。

6. 转向盘自由行程过大的根本原因是传动链中（　　）或（　　）的（　　）过大。

7. 变速器异响故障的根本原因是轴承或齿轮等因（　　）、（　　）、（　　）而造成的松旷；齿轮或花键等（　　）不正确从而导致异常（　　）或（　　）。

8. 前轮摆头的根本原因是（　　）受周期（　　），并且，其（　　）与（　　）达到共振。

9. 电控动力转向系统的故障，主要的症状表现是（　　）或（　　）急速时转向（　　）或（　　）行驶时转向（　　）灵敏。

10. 制动系统性能下降的常见故障现象有制动（　　）、制动（　　）、制动（　　）和制动（　　）等。

11. 汽车行驶系统常见故障现象主要有行驶（　　）不良、车身（　　）倾斜、轮胎（　　）磨损和行驶（　　）。

12. 汽车转向系统的性能一般是通过转向盘（　　）、转向盘（　　）、车轮（　　）及汽车的行车（　　）等参数来评价。

二、选择题

1. 变速器乱档故障的根本原因是（　　）作用失效，导致不能限制两个档位同时挂档。

    A. 互锁　　　　B. 自锁　　　　C. 倒档锁　　　　D. 拨叉

2. 变速器跳档故障的根本原因是啮合齿轮在传动时产生较大的（　　）作用力，从而脱离啮合位置；或啮合齿轮未能全长啮合，当载荷突变时导致跳档。

    A. 横向　　　　B. 轴向　　　　C. 向上　　　　D. 摩擦

3. 转向沉重的根本原因是传动链中一处或多处的（　　）过大。

    A. 间隙　　　　B. 作用力　　　　C. 阻力　　　　D. 接触面

4. 变速器换档困难故障的根本原因是换档时待啮合齿轮的（　　）不相等，或换档拨叉移动时阻力过大。

    A. 直径　　　　B. 齿数　　　　C. 宽度　　　　D. 圆周速度

5. 驱动桥过热故障的根本原因是主减速器内有（　　）现象。
   A. 临界摩擦　　B. 半摩擦　　C. 滚动摩擦　　D. 干摩擦
6. 驱动桥异响故障的根本原因是驱动桥的传动部件磨损松旷或啮合间隙过大而引发的（　　）响声。
   A. 风动　　B. 冲击　　C. 接触于　　D. 作用
7. 根据 GB 7258—2012《机动车运行安全技术条件》规定：机动车在平坦、硬实、干燥和清洁的道路上行驶，以 10km/h 的速度在 5s 之内沿螺旋线从直线过渡到外圆直径为 25m 的车辆通道圆行驶，施加于转向盘外缘的最大切向力应小于等于（　　）N。
   A. 245　　B. 300　　C. 400　　D. 500
8. 根据 GB 7258—2012《机动车运行安全技术条件》规定：汽车转向盘的最大自由转动量小于等于：最大设计车速大于等于 100km/h 的机动车（　　），其他机动车 25°。
   A. 20°　　B. 25°　　C. 15°　　D. 35°
9. 自动跑偏的根本原因是左右车轮受力（　　）。
   A. 相等　　B. 过大　　C. 过小　　D. 不对称
10. 制动失效故障的根本原因是车轮制动器没有（　　）。
    A. 放气　　B. 间隙　　C. 产生制动力　　D. 调整
11. 制动不灵（迟滞）故障的根本原因是车轮制动器制动力（　　）。
    A. 过大　　B. 过小　　C. 不足　　D. 恒定不变
12. 制动跑偏故障的根本原因是左右车轮制动器（　　）。
    A. 制动力过小或间隙过大　　B. 制动力过大或间隙过小
    C. 制动力不均或制动协调时间相差过大　　D. 制动力过小或间隙过小
13. 制动拖滞故障的根本原因是全车制动器或个别制动器（　　）。
    A. 制动力过大　　B. 没有完全解除制动力
    C. 内部有气　　D. 制动间隙小
14. 制动系统出现什么样的故障现象与 ABS 无关（　　）。
    A. 制动失效　　B. 制动跑偏　　C. 制动拖滞　　D. 制动不灵

三、问答题

1. 传动系统故障诊断的基本流程是什么？
2. 离合器常见故障现象有哪些？
3. 如何进行离合器打滑故障的诊断与排除？
4. 如何进行离合器分离不彻底故障的诊断与排除？
5. 如何进行离合器发响的故障诊断与排除？
6. 如何进行离合器发抖故障诊断与排除？
7. 自动变速器常见的故障现象有哪些？
8. 自动变速器技术状况的检测主要包括哪些内容？
9. 汽车转向系统技术性能下降或出现故障的症状有哪些？
10. 普通动力转向系的常见故障现象有哪些？

11. 液压动力转向系统转向沉重的原因是什么？
12. 液压动力转向系统直线行驶时转向盘发飘或跑偏故障的诊断方法是什么？
13. 如何诊断电控动力转向系统的故障？
14. 制动系统故障诊断流程包括哪些步骤？
15. 如何诊断驻车制动失效故障？
16. 如何进行驻车制动拖滞故障诊断？
17. 汽车行驶系统常见故障现象主要有哪些？
18. 汽车行驶跑偏故障主要原因有哪些？如何处理？
19. 汽车行驶系统常见故障现象主要有哪些？
20. 电控悬架装置进行技术状况检测的内容有哪些？

四、实践题

以实训小组为单位，对一辆汽车（轿车或货车）进行汽车底盘技术性能检测与维修。并自己设计格式，写出实训报告。

提示：实训报告内容包括以下几方面：

1）检测的内容与技术参数。
2）所用设备、工具与操作步骤方法。
3）检测结果分析。
4）维修方案的制定。
5）维修结果验收。

项目五 汽车电气系统的检测与故障诊断

知 识 点

1）汽车电气系统的组成与故障特点。

2）汽车电气系统故障与外界环境的关系。

3）汽车电气系统故障诊断工艺流程与常用的诊断方法。

4）汽车电源系统性能的检测标准与检测方法。

5）汽车电源系统的常见故障与诊断排除方法。

6）现代汽车仪表的结构类型与检修注意事项。

7）汽车仪表系统的常见故障与诊断排除方法。

8）汽车照明信号系统性能评价标准。

9）汽车照明信号系统的常见故障与诊断方法。

10）汽车中控门锁系统性能评价标准。

11）汽车中控门锁系统主要元件的性能检测。

12）汽车中控门锁系统常见的故障现象与诊断排除方法。

13）无线遥控中央门锁控制系统主要元件的检测。

14）具有自诊断功能的无线遥控中央门锁系统故障诊断流程。

15）汽车电控防盗系统的检测标准与常见故障的检测与诊断方法。

知识目标

1）掌握汽车电气系统检测的基本内容。

2）掌握汽车电气系统各性能指标的评价标准。

3）掌握汽车电气各系统性能检测与故障诊断方法。

技能目标

1）汽车电气系统故障类型的识别。

2）掌握汽车电气系统检测仪器、设备的种类与使用操作规程。

3）掌握汽车电气系统各种常见故障的诊断工艺规程。

项目概述

现代汽车电气系统主要包括电源、用电设备及全车电路和配电装置三大部分。汽车的电源系统由发电机和蓄电池组成，其中发电机是主电源，蓄电池是辅助电源。汽车的用电设备主要由起动系统、点火系统、照明系统、信号装置、仪表及报警装置、辅助电器设备、电子控制系统等组成。全车电路及配电装置包括中央接线盒、熔断装置、继电器、电线束及插接器、电路开关等，使全车电路构成一个统一的整体。由于汽车电气系统中有些系统和装置的检测与故障诊断在前面其他项目中已经做了介绍，所以在此不再赘述。本项目重点介绍电气系统的故障特点与诊断方法、电源系统的检测与故障诊断、仪表与照明信号系统的检测与故障诊断、中央门锁及防盗系统检测与故障诊断和 CAN - BUS 系统检测与故障诊断五个学习任务。

任务一　电气系统的故障特点与诊断方法

案例思考

1）一辆汽车夜间行驶时，右前照灯灯光忽明忽暗，行驶一段路程后完全不亮了。

2）一辆轿车在洗车行洗完车后，打左转向灯没有指示。

请思考应该如何诊断排除上述汽车故障。

相关知识与技能

汽车电气系统的组成虽然比较繁杂，各个系统组成出现的故障表现形式不同，但是产生故障的原因和进行诊断分析的方法却有相似之处。所以了解和掌握这些共性知识对进行电气系统的故障诊断与分析会带来很大帮助。

一、汽车电气系统故障的类型与相关因素

1. 汽车电气系统故障的类型

汽车电气系统的故障总体上可分为电器设备故障与线路故障两大类。

（1）电器设备故障　电器设备故障是指电器设备自身丧失其原有机能，包括电器设备的机械损坏、烧毁以及电子元器件的击穿、老化、性能减退等。在实际使用和维修中，常常因线路故障而造成电器设备故障。电器设备故障一般是可修复的，但对于一些不可拆的电子设备出现故障后只能更换。

（2）线路故障　线路故障包括断路、短路、接线松脱、接触不良或绝缘不良等。这一类故障有时容易出现一些假象，给故障诊断带来困难。例如：某搭铁线与车身出现接触不良，就有可能造成电器设备开关失控，电器设备工作出现混乱。这是因为有的搭铁线多为几个电器设备共用，一旦该搭铁线出现接触不良，它就把多个电器设备的工作电路联系到一起，就有可能通过其他线路找到搭铁途径，造成一个或多个电器设备工作异常。

2. 汽车电气系统故障产生的相关因素

汽车电气系统的故障与其工作环境有相当的关系，导致故障的相关因素主要有大范围的温度和湿度变化、波动的电压及较强的脉冲干扰、电器间的相互干扰、剧烈的振动以及尘土的侵蚀等。

（1）温度与湿度　汽车电器元件温度的变化是由外界环境温度和使用温度两方面决定的。使用温度与电器设备工作时间的长短、安装的位置以及电器元件自身的发热、散热条件有密切关系。对于电子元器件来讲，较高的使用温度是造成过热损坏的主要原因。而在湿度较大的环境下，将会增加水杂质对电子元器件的侵蚀作用，使其绝缘性能下降，影响电器设备的工作性能。

（2）电压的波动　汽车电气系统的电压波动可分为两种：一种是正常范围内的波动，即从蓄电池的端电压到电压调节器起作用的电压之间；另一种为过电压，过电压将对汽车上的电子设备带来极大危害。过电压从其性质来分，可分为非瞬变性和瞬变性过电压。非瞬变性过电压主要是由于发电机调节器失灵，或其他原因引起发电机励磁电流未经调节器，使发电机电压升高到不正常值。这种故障如不及时排除，则整个充电系统的电压会一直处于不正常的高压，过电压有时可大于100V。它会使蓄电池的电解液沸腾，电器设备烧毁。

瞬变性过电压对汽车电子元器件危害最大，其产生主要有以下几种情况：

1）当停车关闭点火开关时，由于发电机的磁场绕组与蓄电池之间的通路瞬间切断，从而在磁场绕组中感应出按指数规律变化的负电压，其反向峰值可达 $-50\sim-100V$。该脉冲由于没有蓄电池吸收，极易引起电子元器件的损坏。

2）汽车运行中，发电机与蓄电池之间的导线意外松脱，或者在没有蓄电池的情况下，突然断开其他负载，发电机端电压瞬间可升高很多，极限情况可达100V以上，且可维持0.1s左右的时间。对一些过电压敏感的电子元器件，这样的过电压足以造成损坏或误

动作。

3) 电感性负载，如喇叭，各种电动机、电磁离合器等，在切换时，将在电路中产生高频振荡，振荡的峰值电压可达200V以上，但其持续时间较短（300μs左右），一般不能引起电子元器件损坏，但对于具有高频响应的控制系统，如电控汽油喷射系统，往往会引起误动作。

（3）电器间的相互干扰　由于各个电器设备工作方式不同，它们之间会以不同的方式彼此侵扰。通常将汽车上所有电器能在车上正常工作而不干扰其他电器正常工作的能力称为汽车电器的相容性。在实际中，电器间的相互干扰是不可避免的，因此，对汽车电气系统来说，重要的是相容性。任何因素激发出的振荡都会通过导线等以电磁波的方式发射出去，势必对其他电子系统产生电磁干扰。因此，汽车上应用的计算机和传感器信号导线等的屏蔽被破坏，就会导致工作异常。

（4）其他　汽车行驶中产生的振动和冲击，它将造成电子设备的机械性损坏，如脱线、脱焊、触点抖动、搭铁不良等故障。尘土及有害气体的侵蚀会导致接触不良、绝缘性能下降等故障。

> **特别提示**
>
> 对汽车电气系统故障类型特点和引发故障相关因素的认知是进行电气系统故障诊断与排除的基础。

二、汽车电气系统故障常用的诊断方法

汽车电气系统发生故障的主要表现形式有断路、短路、电器设备的损坏等。掌握正确的诊断方法是迅速、准确地诊断故障的关键。下面介绍几种常见的诊断方法。

1. 直观诊断法

汽车电路发生故障时，有时会出现冒烟、火花、异响、焦臭、发热等异常现象。这些现象可通过人的眼、耳、鼻、身感觉到，从而可以直接判断出故障所在部位。如汽车行驶中，突然发现转向灯与转向指示灯均不亮，用手一摸，发现闪光器发热烫手，说明闪光器已被烧坏。

2. 断路法

汽车电路发生搭铁（短路）故障时，可用断路法判断，即将怀疑有搭铁故障的电路段断路后，根据电器设备中搭铁故障是否还存在，判断电路搭铁的部位和原因。如汽车行驶时，听到电喇叭长鸣，则可以将继电器按钮接柱上的导线拆开，此时如果喇叭停鸣，则说明喇叭按钮至继电器这段电路中有搭铁。

3. 短路法

短路法又称为短接法，即用螺钉旋具或导线将被怀疑有断路故障的电路短接，观察仪

表指针变化或电器设备工作状况，从而判断出该电路中是否存在断路故障。如怀疑汽车电路中的各种开关有故障，可用导线将开关短接来判断开关是好是坏。

4. 试灯法

试灯法就是用一只汽车用灯泡作为试灯，检查电路中有无断路故障。如用试灯的一端和交流发电机的电枢接柱连接，另一端搭铁。如果灯不亮，说明蓄电池至交流发电机电枢接柱间有断路现象；若灯亮，说明该段电路良好。

5. 仪表法

观察汽车仪表板上的电流表、冷却液温度表、燃油表、机油压力表等的指示情况，判断电路中有无故障。如发动机冷态，接通点火开关时，冷却液温度表指示满刻度位置不动，说明冷却液温度表传感器有故障或该线路有搭铁。

6. 检查熔丝法

当汽车电系出现故障时，首先应查看熔丝是否完好。如汽车在行驶中，若某个电器突然停止工作，同时该支路上的熔丝熔断，说明该支路有搭铁故障存在。

 特别提示

某个系统的熔丝反复烧断，则表明该系统一定有类似搭铁的故障存在，不应只更换熔丝了事。必须要找到确切原因，彻底排除故障，否则会引发更加严重的电器故障，甚至引发汽车起火。

7. 替换法

替换法常用于故障原因比较复杂的情况，能对可能产生的原因逐一进行排除。其具体做法是，用一个已知完好的零部件来替换被认为或怀疑有故障的零部件，这样做可以试探出怀疑是否正确。若替换后故障消除，说明怀疑成立；否则，装回原件，进行新的替换，直至找到真正的故障部位。

 特别提示

采用换件法必须注意的是，在换件前要对其线路进行必要的检查，确保线路正常方可使用，否则会造成更大的损失。

8. 专用仪器法

随着汽车电气设备的日趋复杂，在维修中，特别是维修装置电子设备较多的车辆，使用一些专用的仪器来诊断电子元器件的技术状况。如示波器、故障解码诊断分析仪等。

9. 模拟法

进行发生故障条件模拟，验证后诊断故障。模拟方法有车辆振动模拟（图5-1）、热敏感性（温度）模拟（图5-2）、浸水模拟（图5-3）、电负载模拟（图5-4）、冷起动或热起动模拟。在某些情况下，只有当车辆冷起动时才会发生电气故障，或在车辆短暂熄火后热起动时发生。

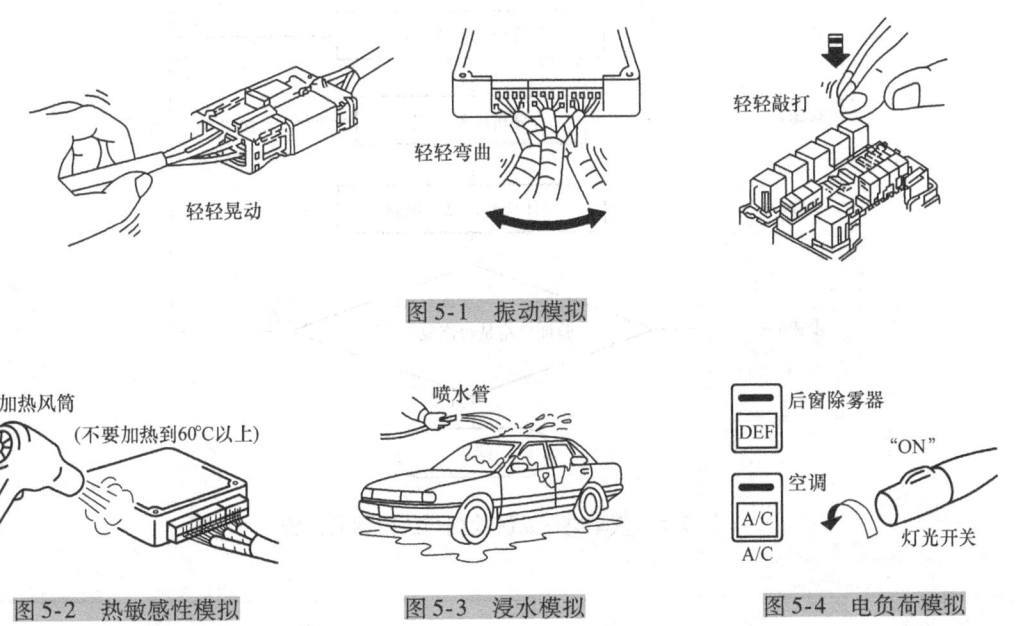

图5-1　振动模拟

图5-2　热敏感性模拟　　　图5-3　浸水模拟　　　图5-4　电负荷模拟

> **特别提示**
>
> 做热敏感性（温度）模拟时，不要将电气元件加热到60℃以上；做浸水模拟时，不得将水直接喷在电气元件上。

三、汽车电气系统的检测与诊断工作流程

一般的汽车电气系统检测与故障诊断的工作流程如图5-5所示。

进行汽车电气系统的检测与故障诊断时，掌握其正确的工艺流程不仅可以养成良好的故障诊断与检修思路，还可以提高工作效率。

由于现代汽车上微计算机控制系统越来越多，利用故障诊断仪读取故障码和数据流进行故障诊断非常快捷，能有效地缩小故障范围，甚至能直接完成故障定位。因此对于有微机控制的电气系统故障或相关故障进行检测与诊断时，要注意故障诊断仪的优先采用。

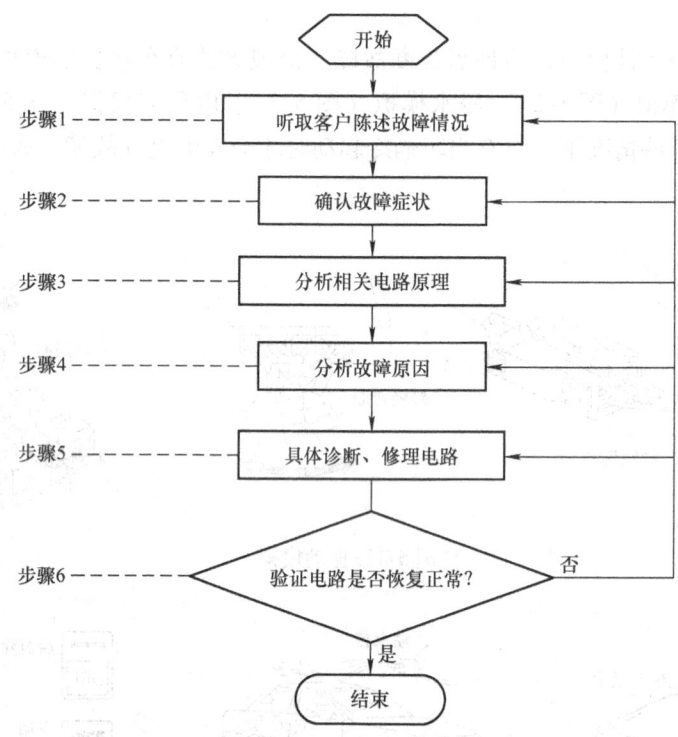

图 5-5 汽车电气系统检测与故障诊断流程

 特别提示

进行汽车电气作业时，还应注意以下各项：

1）拆卸蓄电池时，总是最先拆下负极"－"电缆；装上蓄电池时，总是最后连接负极"－"电缆。拆下或装上蓄电池电缆时，应确保点火开关或其他开关都已断开，否则会导致半导体元器件的损坏。切勿颠倒蓄电池接线柱极性。

2）发电机运转时，不能用试火的方法检查交流发电机是否发电，否则会烧坏二极管。

3）发电机正常运行时，切不可任意拆卸各电器的连接线。

4）更换烧坏的熔丝时，应使用相同规格的熔丝。使用比规定容量大的熔丝会导致电气损坏或产生火灾。

5）交流发电机与电压调节器的搭铁形式和电压等级必须一致。

6）一旦发现交流发电机有故障应立即检修，及时排除故障，不应再连续运转。

 实践活动

在实训老师的指导下，以小组为单位选择一辆轿车（或货车），根据电路图查找汽车

电路故障，并填写实训记录表（表 5-1）。（提示：实训指导老师可根据实训条件设置故障，如断路、短路和电器元件工作不良等。）

表 5-1 实训记录表

汽车类型		出厂时间		检验人	
VIN 码		检测时间		学号	
确认故障现象	故障症状表现是_____					
选用检测方法	□直观诊断法　□断路法　□短路法　□试灯法　□仪表法　□检查保险法　□模拟法 □专用仪器法　□替换法				
检测步骤	1） 2） 3） 4） 5） 6）				
结果分析与故障排除	通过检测发现故障点是_____，发生故障的原因是_____ _____。 检修或更换_____。				
学生小结	通过本次实训知道了_____； 掌握了_____ _____。 在_____方面，还要努力。				
教师点评					

任务二　电源系统的检测与故障诊断

案例思考

1）一位车主讲，他的汽车早晨起动很快就感到无力，有时打不着火。充电后，正常；但过几天故障照旧。

2）一辆汽车充电指示灯总亮。

请思考应该如何诊断与排除上述汽车故障。

相关知识与技能

汽车电源系统的功能是为汽车在不同的工况下提供电能，确保电气系统的正常工作。

在发动机停转或起动时,由蓄电池供给电能;当发动机达到一定转速后,由发电机供电,同时也给蓄电池补充电。因此,电源系统的技术状况直接影响整个电气系统的工作,所以当发现电源系统有故障时,应立即检查,并加以排除。

一、蓄电池的检测与故障诊断

1. 蓄电池技术状况的检测标准与方法

蓄电池技术状况的检测主要包括外部检查和放电程度的检查两方面。

(1) **外部检查** 蓄电池的外部检查主要是检查封胶有无开裂和损坏、极柱有无破损、壳体有无泄漏;若有则应修复或更换。

(2) **蓄电池放电程度的检查** 蓄电池放电程度的检查是用高率放电计模拟接起动机的负载,测量蓄电池在大电流放电时的端电压来判断放电程度。高率放电计有3V和12V两种,如图5-6所示。因为现代汽车所使用的蓄电池一般是免维护或单格极柱在蓄电池壳内,所以进行放电检测时都采用新式12V高率放电计,将两放电针压在蓄电池正、负极柱上,如图5-7所示,保持20s。根据表5-2判断放电程度:若电压稳定,蓄电池符合要求;若电压迅速下降,说明蓄电池已损坏。

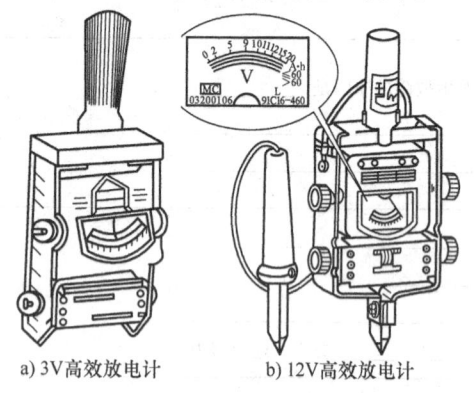

a) 3V高效放电计　　b) 12V高效放电计

图5-6　高效放电计

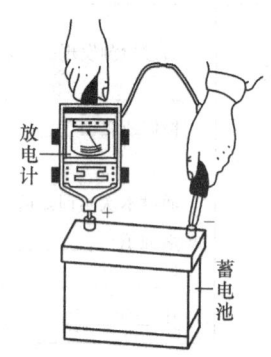

图5-7　用放电计检查蓄电池

表5-2　蓄电池电压与放电程度对照表

蓄电池开路端电压/V	>12.6	12.4	12.2	12.0	<11.7
高率放电计检测蓄电池电压/V	11.6~10.6	10.6~9.6		<9.6	
高率放电计检测单格电压/V	1.7~1.8	1.6~1.7	1.5~1.6	1.4~1.5	1.3~1.4
蓄电池放电程度(%)	0	25	50	75	100

2. 蓄电池的故障诊断

蓄电池故障的主要表现形式是电池经常亏电,起动无力。产生故障现象的原因有蓄电池自身故障、发电机不发电、线路有导线擦破搭铁处、线路连接点锈蚀或污染等。

如果在使用中出现蓄电池亏电,其诊断的步骤如下:

首先要排除蓄电池自身和发电机不发电故障。发电机不发电可通过仪表板上的充电指示灯判断。在发动机运转时,电源充电指示灯亮,说明发电机不发电。

其次,检查线路连接点,特别是蓄电池接线柱,要定期清洁,且保持连接可靠。这些方面都检修过以后,若蓄电池还出现亏电,可怀疑线路中有搭铁短路放电处。在蓄电池正常的条件下，短路放电故障的诊断流程如图 5-8 所示。

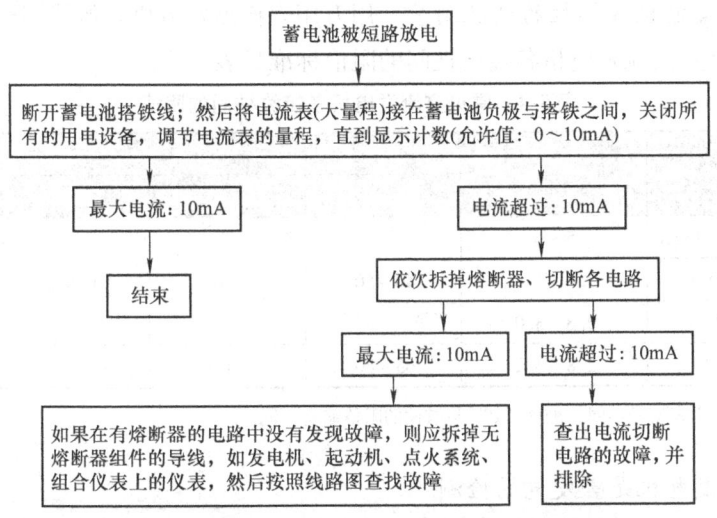

图 5-8　短路放电故障的诊断流程图

二、交流发电机的检测与故障诊断

1. 交流发电机的性能标准

（1）额定电压　交流发电机的电压受电压调节器控制，一般比较稳定，只是在发动机起动阶段略有变化。正常情况下，发动机达到怠速转速时，发电机的输出电压应能达到一个稳定值，这个电压值称为发电机的额定电压（交流发电机额定电压：12V 系统的为 14V；24V 系统的为 28V）。

（2）空载转速　交流发电机不带负载，能够达到额定电压时的初始转速值定为空载转速，空载转速在发电机出厂时通过试验确定，列入产品说明书。空载转速是汽车设计时选择发动机和发电机速比的主要依据，也是发电机使用过程中性能是否下降的评价指标之一。

（3）额定电流和额定转速　交流发电机受结构、转速等条件的限制，对外输出电流的能力是有限的，为评价发电机对外输出电流能力，把发电机输出最大电流的 2/3 定为发电机的额定电流，达到额定电流时的转速定为额定转速。发电机出厂时，通过试验确定额定转速和额定电流，并列入产品说明书，它是评价发电机性能的重要指标。常见国产交流发电机的主要性能指标见表 5-3。

表 5-3　几种国产交流发电机的主要性能指标

交流发电机型号	额定电压/V	空载转速/（r/min）	额定电流/A	额定转速/（r/min）	使用车型
JFZ1913Z	14	1050	90	6000	桑塔纳、奥迪
JFZ2518	28	1150	27	5000	切诺基

2. 汽车交流发电机性能检测方法

（1）外部检查　检查交流发电机端盖有无破裂，各接柱有无松动；用手转动发电机转子，检查转子转动是否灵活自如，不应有卡滞和异响。

（2）交流发电机各接柱的电阻测量　用万用表检测发电机各接线端子间的电阻，应与规定相符。常见交流发电机各接线柱间的阻值标准见表5-4。

表5-4　常见交流发电机各接线柱间的阻值

硅整流交流 发电机型号	"F"与"E"间 /Ω	"B或A"与"E"间/Ω		"N"与"E"间/Ω	
		正向	反向	正向	反向
JF11、13、15、21、132N	5~6	40~50	>10k	10 左右	>10k
JFW14（无刷）	3.5~3.8				
夏利 JFZ1542	2.8~3.0				
桑塔纳 JFZ1913	2.8~3.2	65~80	>10k		

说明：指针式万用表型号不同，测得"B"与搭铁的阻值略有不同。

（3）交流发电机是否发电的检测

1）观察充电指示灯的熄灭情况。若充电指示灯一直亮着，说明发电机或调节器有故障，也可能是充电指示灯线路有故障，应及时维修。

2）用万用表直流电压档测量电压。在发电机未转动时测量蓄电池端电压，并记录下来，起动发动机并将转速提高到怠速以上转速，测量蓄电池端电压。若能高于原记录，说明发电机能发电；若测量电压一直不上升，说明发电机或调节器有故障，应及时维修。

3. 汽车交流发电机的故障诊断与排除

由于发电机的电压调节器有外置和内置之分，所以检测与故障诊断的方法略有不同。下面通过案例来介绍发电机电源系统的故障诊断与排除方法。

如图5-9所示，外置调节器的交流发电机电源系统电路主要由普通型交流发电机、电压调节器和蓄电池组成。汽车交流发电机的常见故障有不充电、充电电流过小或过大、充电电流不稳。

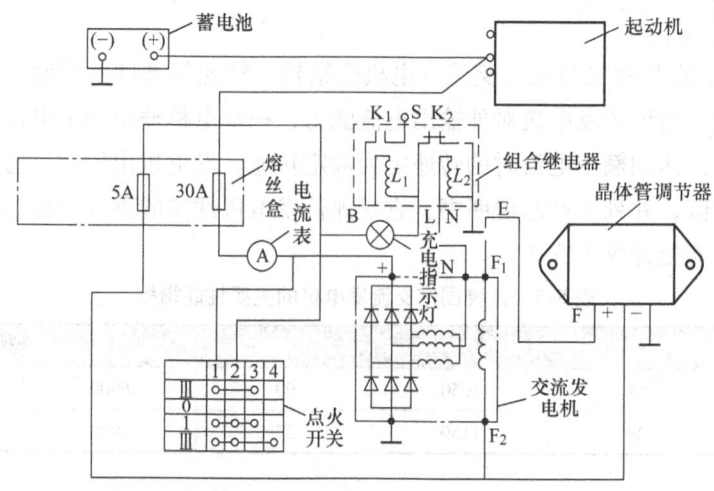

图5-9　外置调节器的交流发电机电源系统电路

(1) 充电系统不充电故障诊断与排除

故障现象：在发动机中、高速运转时，充电指示灯不熄灭；或打开前照灯时，电流表指示放电。

故障原因：发动机传动带松紧度装配或调整不当；线路的接线断开或短路；电流表的接线错误；发电机故障；调节器调整不当或有故障。

故障诊断与排除：充电系统不充电故障诊断流程如图 5-10 所示。

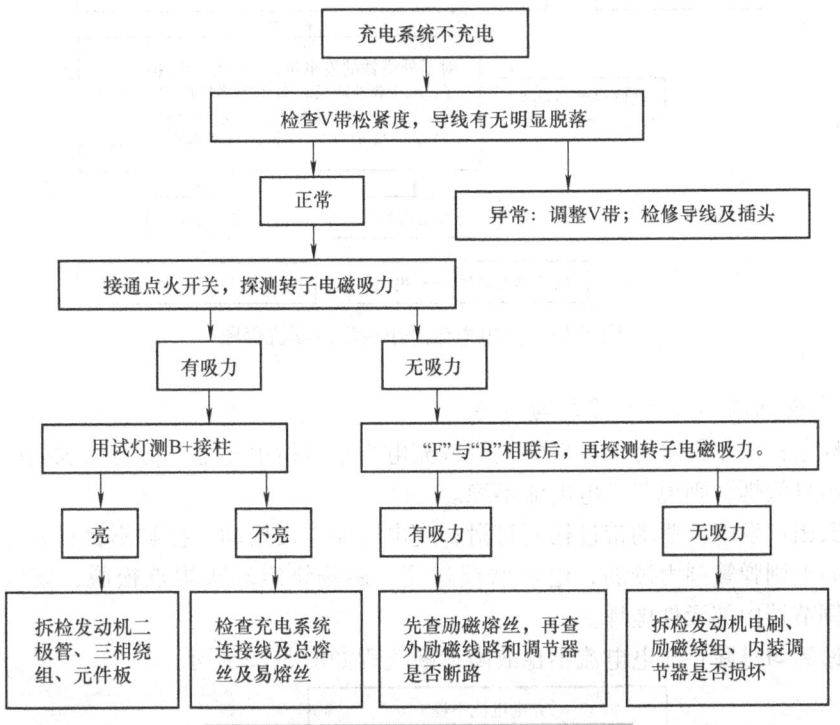

图 5-10 充电系统不充电故障诊断流程图

(2) 充电电流过大故障诊断与排除

故障现象：在蓄电池不亏电的情况下，充电电流仍在 10A 以上；或蓄电池电解液损耗过快；或继电器经常烧蚀；各种灯泡经常烧坏。

故障原因：电子调节器内部电路参数匹配不当；控制磁场电流的大功率晶体管短路；调节器前级驱动电路断路造成发电机电压失控。

故障诊断与排除：由于电子调节器采用树脂封装，不能检修，因此，确认调节器故障后，只能更换新品。

(3) 充电电流过小故障诊断与排除

故障现象：蓄电池在亏电情况下，发动机以中速以上速度运转时，电流表指示充电电流过小；或蓄电池经常存电不足；或打开前照灯，灯光暗淡，按动电喇叭声音小。

故障原因：发电机传动带过松、打滑；电刷过短、弹簧张力减小、集电环污染或烧蚀；个别二极管损坏；定子绕组局部短路或一相接头断开；励磁绕组短路；电压调节器有故障；线路接触不良。

故障诊断与排除：充电电流过小故障诊断流程如图 5-11 所示。

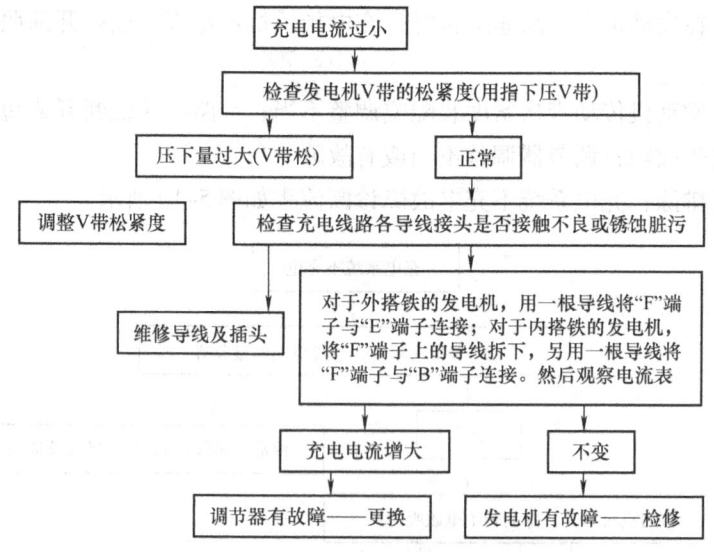

图 5-11 充电电流过小故障诊断流程图

(4) 充电电流不稳故障诊断与排除

故障现象：汽车行驶时，如果电流表或充电指示灯指示充电，但电流表指针左右摆动或充电指示灯闪烁，则说明充电电流不稳。

故障原因：发电机驱动带过松而打滑；充电线路连接松动、接触不良；发电机内部接触不良。如电刷弹簧弹力过弱，电刷磨损过度，磁场绕组端头焊点松脱，集电环表面过脏；电子调节器内部元件虚焊。

故障诊断与排除：充电电流不稳故障诊断流程如图 5-12 所示。

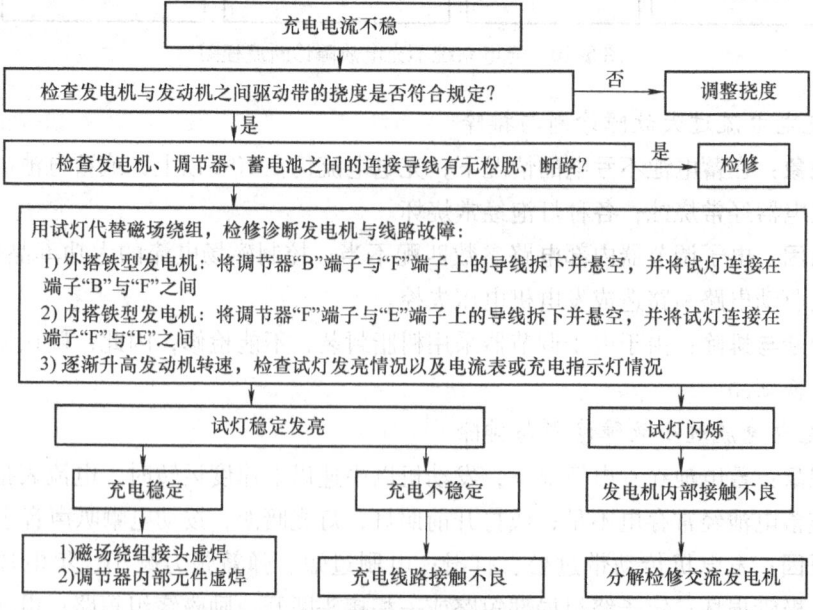

图 5-12 充电电流不稳故障诊断流程图

（5）内置调节器的交流发电机电源系统的故障诊断与排除　内置调节器的交流发电机一般称为整体式交流发电机。整体式交流发电机在现代汽车发动机上已经被广泛应用，所组成的电源系统电路虽然根据车型不同有所差异，但是检测故障的方法基本相同。下面以上海帕萨特轿车的电源系统为例，来介绍整体式交流发电机电源系统故障诊断与排除方法。上海帕萨特轿车的电源系统组成电路如图 5-13 所示。

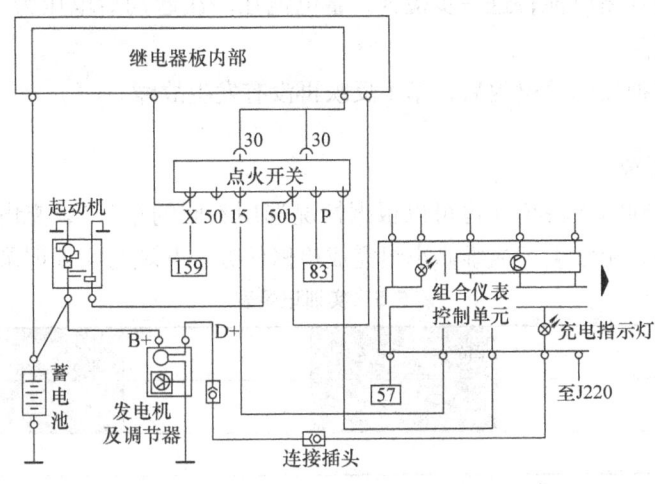

图 5-13　上海帕萨特轿车电源系统电路

1）接通点火开关，充电指示灯不亮，说明电源系统有故障。根据图 5-13 所示电路，可将接发电机 D+ 的蓝色导线的插接器拔下并搭铁，充电指示灯仍不亮，故障为充电指示灯线路有断路，或充电指示灯本身坏，应检查线路，排除故障。若将接发电机 D+ 的蓝色导线的插接器拔下并搭铁，充电指示灯亮，可能的故障有蓝色导线与发电机 D+ 接线柱接触不良，需重新接好；发电机电刷损坏或磨损过短，需拆下发电机检测，更换发电机电刷组件；发电机转子励磁绕组断路，需拆下发电机检测，更换发电机转子。

2）接通点火开关，发动机在怠速或更高转速时，充电指示灯不灭，说明电源系统有故障。先将发动机停止运转，按图 5-13 所示电路，将接发电机 D+ 的蓝色导线的插接件拔下并悬空。然后，接通点火开关，充电指示灯仍亮，故障为充电指示灯线路有短路，应检查线路，排除故障。若充电指示灯熄灭，可能的故障有电压调节器损坏、发电机定子绕组损坏导致发电机不发电、电刷磨损或电刷弹簧损坏导致发电机不发电。排除方法是逐项检查后，修理或更换有关损坏零部件。

3）当有用电量大，输出电压降低现象发生时，说明发电机发电量不足，其故障原因有传动带打滑、电刷和集电环接触不良、整流器短路或断路、输出导线与发电机的连接接触不良或导线内阻增大，造成压降过大。

诊断与排除方法：检查与调整发电机传动带张紧度。发动机熄火后，在曲轴带轮与发电机带轮中间位置，以拇指向下压传动带，最大挠度应小于 5mm。如超过此值，需旋松调整支架上的调整螺栓，张紧传动带后再旋紧螺栓，复查张紧度是否达到规定值。如符合，说明故障为发电机本身有故障或连接线路有故障。应按由表及里、由简到繁的原则，逐项检查排除。

4. 思考案例解析

故障现象：一位车主讲，他的汽车早晨起动很快就感到无力，有时打不着火。充电后，正常；但过几天故障照旧。

故障诊断与分析：引起起动机运转无力的原因主要有起动机故障、电路漏电和蓄电池故障。根据试车观察起动机，工作正常；同时查看电流表，没有大电流过放电现象。所以初步可以断定故障在蓄电池；进一步检查，蓄电池在一次起动后电压为 7V 左右，说明蓄电池内部有放电现象。

故障排除：更换新的蓄电池后，车主反映再没有发生故障。

实践活动

一辆桑塔纳 2000GSI 轿车（也可以根据情况选用不同的车型），充电指示灯亮，请在指导教师的监查下，由学生组成维修小组完成检修任务，并填写实训记录表（表 5-5）。

表 5-5 实训记录表

汽车类型		出厂时间		检验人	
VIN 码		检测时间		学号	
确认故障现象					
检测工艺步骤	1）检查蓄电池电压_____；_____要求；若合格进行下一项。 2）检查发电机传动带松紧度和有无损坏；_____要求；若合格进行下一项。 3）检查发电机输出_____是否有松动、腐蚀、烧蚀现象。 4）当发动机转速在 1500r/min 时，无负荷的情况下，检查充电电压_____。 5）将发动机转速提升到 1500～2000 r/min 时，利用车载用电器给发电机加载至发电机额定电流，电压表的读数为_____，_____符合要求。 6）_____。				
检测结果分析	通过检测发现故障点是_____，发生故障的原因是_____ _____。				
制定维修方案	1）调整_____。 2）检修_____。 3）更换_____。 4）试车：确认_____故障现象是否消失。				
学生小结	通过本次实训知道了_____； 掌握了_____ _____。 在_____方面，还要努力。				
教师点评					

任务三　仪表与照明信号系统的检测与故障诊断

> **案例思考**
>
> 　　一位开着奥迪轿车的客户来到汽车 4S 店，说他的车实际油耗量与汽油表指示相差很多。
> 　　请思考应该如何诊断排除上述汽车故障。

相关知识与技能

汽车仪表与照明信号系统用来监测和显示汽车各部运行技术状况，为汽车的正常使用、安全行车及合理维护提供依据，特别是提升夜间行车的安全性。因此，对汽车仪表与照明信号系统技术状况的检测是汽车安全检查与综合性能检查的重要内容之一。

一、汽车仪表系统检测与故障诊断

汽车上的仪表主要有电流表、机油压力表、冷却液温度表、燃油表、车速里程表和发动机转速表等。

1. 汽车仪表系统的分类、特点及检修注意事项

（1）汽车仪表系统的分类和特点　现代汽车上所应用的仪表按照原理结构的不同分为机械式、电子式和数码化式等仪表。

机械式仪表的特点是结构简单，价格相宜，零件也较为耐用，但安装过程复杂且易失误，还有潜在的泄漏危险。

电子仪表的优点是让各种感应器集中于发动机舱之中，降低机械式仪表泄漏的风险，结构简单。但其故障概率高且价钱较昂贵，当断开电源后仪表就丧失功能。

数码化仪表能直接从 ECU 上提取信号以读取各项车辆参数，而且以数字形式显示，数值读取更为准确。但是这种仪表设计纤细，显示屏的体积非常有限，其缺点是无法同一时间显示多项数据。

（2）汽车仪表系统检修注意事项

1）拆装组合仪表时，应先拆下蓄电池负极电缆，以免手触摸仪表板后面时造成线路短路而造成损坏。

2）拆组合仪表装饰面板时，由于固定螺钉一般是隐蔽的，因此要仔细查找固定螺钉，否则强行拆卸将会损坏装饰面板。

3）拆装组合仪表时，应注意仪表板后面的线束插接器及车速里程表软轴接头，一般都带有锁止机构，切忌强拆。

4）从电路板上拆下仪表表芯、电源稳压器、照明及指示灯时，不要损坏印制电路。

5）单独更换表芯或仪表传感器时，注意仪表与传感器必须配套使用。

6）拆装仪表及传感器时，注意动作要轻，不要敲打。

7）电热式机油压力传感器安装时有方向要求。

8）仪表与传感器的接线、传感器的搭铁必须可靠。

9）电磁式仪表的接线有极性之分，不得接错。

2. 燃油表、冷却液温度表、机油压力表常见故障的诊断与排除

汽车仪表的故障表现形式有不工作、指示失准。由燃油表、冷却液温度表和机油压力表所构成的汽车仪表电路如图5-14所示，主要包括电源稳压器、仪表（电磁式仪表或电热式仪表）、传感器等。故障的诊断方法步骤如下：

1）若两个或两个以上仪表同时不工作时，应先检查仪表熔丝和电源稳压器是否有故障。

2）若单个仪表不工作时，应确定故障是在传感器还是在仪表。方法是先检查传感器的接线是否完好，如正常，可将传感器的接线断开，用万用表检测传感器的接线是否有电。如没有电，应检查传感器到仪表及蓄电池的电路；如有电，可用万用表检测仪表或传感器的电阻，应符合技术标准，否则更换仪表或传感器。

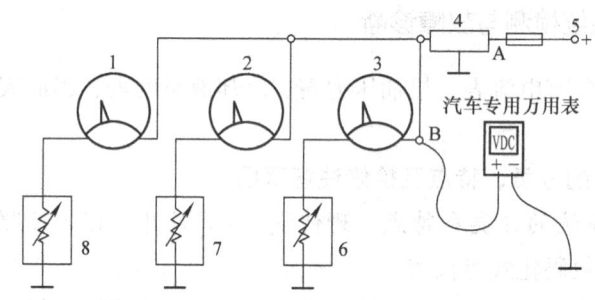

图5-14 汽车仪表电路连接简图

1、2、3—仪表 4—电源稳压器 5—蓄电池 6、7、8—传感器

下面以奥迪轿车燃油表为例，说明具体的检测方法。奥迪轿车燃油表连接电路如图5-15所示。

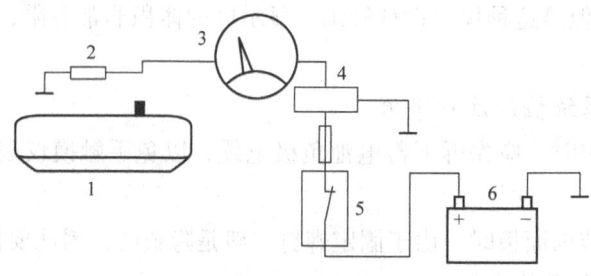

图5-15 奥迪轿车燃油表电路

1—燃油箱 2—10Ω电阻 3—燃油表 4—电源稳压器 5—点火开关 6—蓄电池

用变阻器代替传感器，当阻值为40Ω时，指针指示为1；当阻值为78Ω时，指针指示为1/2；当阻值为283Ω时，指针指示为0。如果检测结果与上述相符，说明传感器有故障，应更换传感器；否则，仪表有故障，应更换仪表。

冷却液温度表与传感器和机油压力表与传感器的检测诊断可参考上述燃油表与传感器的检测诊断方法。另外，还可以采用就车检测搭铁法。具体操作步骤是，将传感器导线插头拔下，然后瞬时搭铁，观察仪表。若表工作，则传感器有故障，应更换；若表针不动，则故障在仪表或导线，应更换仪表或检修导线。

不同车型的仪表与传感器的检测技术参数标准不一样，所以进行故障诊断时要查阅相关车型仪表技术参数标准。

3. 车速里程表的故障诊断与排除

机械式车速里程表的结构如图5-16所示，常见故障有噪声、指针抖动或不工作。检修方法如下：

1）噪声。噪声一般是因软轴缺油、表轴磨损所致。

2）车速里程表不工作、读数不准或抖动。首先检查软轴与其他线束是否有交错挤压的现象；然后检查驱动齿轮啮合间隙和蜗轮、蜗杆啮合间隙。

4. 发动机转速表的故障诊断与排除

发动机转速表常见故障是不工作，原因是线路或仪表本身有故障。下面就以桑塔纳轿车发动机转速表为例介绍发动机转速表的检查方法。桑塔纳轿车发动机转速表的电路连接如图5-17所示。

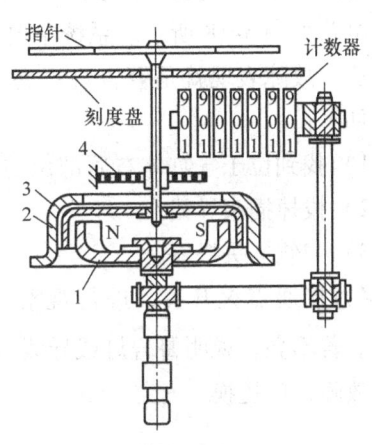

图5-16 车速里程表
1—永久磁铁 2—铝碗
3—罩壳 4—盘形弹簧

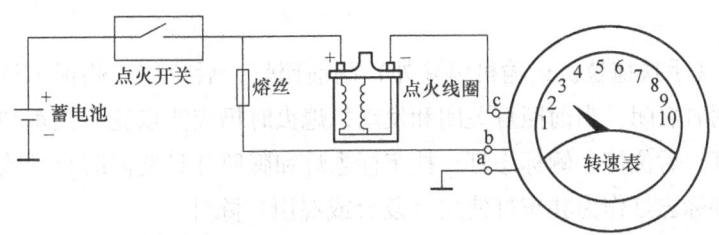

图5-17 桑塔纳轿车发动机转速表电路

1）检查点火线圈"-"极接线柱是否接触良好。
2）检查转速表后面的黑色三孔插座是否接触良好。
3）用万用表检查三孔插座（图5-17中的a、b、c）的工作状况。

> **特别提示**
>
> 现代汽车发动机一般都采用电子式转速表,不同车型电子转速表获取转速信号的方式不一样:有的从点火线圈获取脉冲电压信号;有的从发动机转速传感器获取转速信号;还有的从发动机获取转速信号。所以进行检修前,要熟悉电子转速表的电路组成。

5. 油压警告灯的故障诊断与排除

有些汽车没有机油压力表,而是采用油压报警系统,电路如图 5-18 所示。系统主要由报警开关和警告灯组成。故障表现就是警告灯不亮。检测与排除方法步骤如下:

1) 找到位于气缸体右后部位的油压开关。
2) 拔掉插头导线。
3) 一侧插头搭铁。
4) 接通点火开关,进行观察:油压警告灯应该

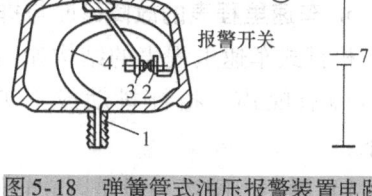

图 5-18 弹簧管式油压报警装置电路
1—管接头 2—动触点 3—静触点
4—管形弹簧 5—接线柱
6—警告灯 7—蓄电池

点亮。若不亮,说明警告灯或导线有故障,应更换警告灯或检修线路;若亮,说明油压开关有故障,应更换。

二、汽车照明、信号系统检测与故障诊断

汽车照明信号系统包括前照灯、雾灯、牌照灯、顶灯、倒车灯、仪表灯、行李箱灯、电喇叭、转向灯闪光器等。

1. 汽车照明信号系统性能评价标准、要求

根据 GB 7258—2012《机动车运行安全技术条件》的规定,对照明设备与信号装置的一般要求如下:

1) 机动车(手扶拖拉机运输机组除外)的前照灯,后位灯、侧标志灯、挂车标志灯和仪表灯应能同时启闭,当前照灯关闭和发动机熄火时仍应能点亮。汽车和挂车的电路连接应保证前位灯、后位灯、侧标志灯、挂车标志灯和牌照灯只能同时打开或关闭,但前位灯、后位灯、侧标志灯作为驻车灯使用(复合或混用)除外。

2) 机动车的前后转向信号灯、危险警告信号及制动灯白天在距 100m 处应能观察到其工作状况,侧转向信号灯白天在距离 30m 处应能观察到其工作状况;前后位置灯、示廓灯、挂车标志灯夜间能见度良好时在距离 300m 处应能观察到其工作状况;后牌照灯夜间能见度良好时在距离 20m 处应能看清号牌号码。制动灯的发光强度应明显大于后位灯。

3) 对称设置、功能相同的灯具的光色和亮度不应有明显差异。

4) 机动车照明和信号装置的任一条线路出现故障,不能干扰其他线路的正常工作。

5) 驾驶区的仪表板应采用不反光的面板或护板,车内照明装置及其在风窗玻璃、视

镜、仪表板等处的反光线不应使驾驶人眩目。

6）汽车仪表板上应设置蓝色远光指示信号和与行驶方向相适应的转向指示信号。

7）汽车（三轮汽车除外）和轮式拖拉机运输机组均应具有危险警告信号装置，其操纵装置不应受灯光总开关控制。

8）机动车（手扶拖拉机运输机组除外）应设置具有连续发声功能的喇叭，喇叭声级在距离车前2m、离地高1.2m处测量时，发动机最大净功率（或电动机最大输出功率总和）为7kW以下的摩托车为80～112dB（A），其他机动车为90～115dB（A）。教练车（三轮汽车除外）还应设置喇叭开关，其工作应可靠。

2. 汽车照明、信号系统的故障检测与诊断

汽车照明、信号系统的故障现象主要表现为不工作或工作不良。导致故障的基本原因是导线连接松动、接触不良、短路、断路和搭铁不良以及自身质量问题。所以一般的诊断故障的方法采用电源短接法或试灯法。

（1）照明系统的常见故障诊断

1）前照灯发光强度低。

故障原因：蓄电池供电不足；电路高电阻；线路搭铁不良；变光开关接触不良；前照灯反射镜老化或锈蚀；前照灯插接器接触不良；交流发电机输出电压过低。

故障诊断与排除：从蓄电池开始逐步进行检测。若蓄电池正常，但所有前照灯灯光暗淡，故障可能是在前照灯公共接触点处存在高电阻。若只是一只灯暗，说明是单灯电路故障，要先检测该灯的搭铁电路，再检查公共搭铁点。若所有灯都受影响，先检查前照灯开关，然后再检查变光开关。高电阻可能是由于插头腐蚀、脏污或松动造成的。

2）所有前照灯均不发光。

故障原因：开关的供电电路故障；开关故障；前照灯搭铁电路故障。

故障诊断与排除：检查开关在不同位置时进出开关的电压。如果开关上无输入电压，则说明开关的供电电路有故障，继续测试熔断器或电路保护器。如果开关有输入电压，而无输出电压，应更换开关。如果开关工作正常，继续检查变光开关。将变光开关置于近光和远光位置时，检查变光开关输出端电压。如果每一位置都有电压，检查前照灯搭铁电路的状况。如开关在一个位置有电压，其他位置无电压，检查有关的电路。如果在所有开关位置均无电压，应检查开关上每个前照灯端子的电压。如果两个位置电压均存在，则变光开关有故障，应予以更换。

3）近光或远光束电路工作而其他电路不工作。

故障原因：开关或供电电路故障；前照灯搭铁电路故障；线路搭铁不良。

故障诊断与排除：前照灯或其他灯不工作的典型故障是电路断路。因此，检查一系列位置上的可用电压，就可以发现故障所在。

4）制动灯不工作。

故障原因：电路老化或损坏；电路开路；制动灯开关老化或损坏；电路连接松脱；线路熔丝熔断。

故障诊断与排除：检查电路连接，若有问题则修复线路；若无问题检查及更换熔丝。如果再次熔断，检查电路短路情况。若开关有问题，则更换开关。

（2）汽车信号系统的常见故障与诊断　汽车信号系统的作用是通过声、光信号向其他车辆的驾驶人和行人发出有关车辆运行状况或状态的信息，以引起有关人员注意，确保车辆行驶的安全，一般由声响信号装置和灯光信号装置组成。常见故障及诊断方法如下：

1）喇叭不响。

故障现象：声音沙哑；有时响，有时不响；完全不响。

故障原因：喇叭电源线存在搭铁故障；喇叭开关内部或插头接触不良；熔丝熔断；喇叭本身故障。

故障诊断与排除：完全不响时，若还伴随着打开点火开关后电流偏大的现象，则检查喇叭电源线接线柱处的搭铁点并修复。若无该现象，则检查熔丝是否熔断，然后拔下喇叭插头，用万用表测量在按嗽叭开关时此处是否有电。如果没有电，应检查喇叭线束和喇叭继电器；如果有电，则是喇叭本身的问题，此时也可以试着调节喇叭上的调节螺母看是否能发声，如果还是不响，则需要更换喇叭。若喇叭有时响，有时不响，多是喇叭开关内部的触点接触不好，有些也是喇叭本身的问题；声音沙哑多是由于插头的接触不良，特别是转向盘周围的各个触点，由于使用频繁，容易使触点出现磨损。

2）喇叭长鸣，拍打按钮时声响有变化。

故障原因：喇叭至按钮导线搭铁或按钮的触点分不开。

故障诊断与排除：检查转向机轴下端是否磨破喇叭线、按钮是否歪斜、弹簧片是否已变形。

3）左右转向灯均不亮。

故障原因：可能是熔丝烧断、闪光器坏、转向开关出现故障或线路有断路的地方。

故障诊断与排除：首先检查熔丝，若熔丝断了应更换。若正常则检查闪光器。然后检查转向灯开关及其接线，视情况修理或更换。除以上检查方法外，还可以先打开危险警告开关，若左、右转向灯不亮，说明闪光器有故障。

4）转向指示灯闪烁比正常情况快。

故障原因：转向开关打到左侧或右侧时，转向指示灯闪烁比正常情况快，说明这一侧的转向灯灯泡有烧坏的，或转向灯的接线、搭铁不良。

故障诊断与排除：更换灯泡。若接线搭铁不良时，视情况处理。

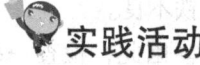
实践活动

1）一辆一汽捷达轿车发动机冷却液温度表和燃油表指示不准，更换了冷却液温度传感器和燃油表传感器后故障仍存在。请在指导教师的监查下，由学生组成维修小组完成检修任务，并填写实训记录表（表5-6）。（提示：检测对象包括冷却液温度表和燃油表及其传感器、仪表稳压电路、相关电路。）

项目五 汽车电气系统的检测与故障诊断

表 5-6 实训记录表

汽车类型		出厂时间		检验人	
VIN 码		检修时间		学号	
确认故障现象	故障症状表现是_____。				
检测项目	冷却液温度表		燃油表	仪表稳压器	仪表电路
检测结果					
检测结果分析	通过检测发现故障点是_____，发生故障的原因是_____。				
故障排除	1）检修_____。 2）更换_____。 3）试车：确认_____故障现象_____消失。				
学生小结	通过本次实训知道了_____； 掌握了_____。 在_____方面，还要努力。				
教师点评					

2）一辆轿车前照灯有近光，没有远光；并且近光照射过近。请在指导教师的监查下，由学生组成维修小组完成检修任务，并填写实训记录表，见表 5-7。

（提示：要注意检测前照灯灯丝、熔丝、线路、变光开关等所使用工仪具和检验方法，并完成灯光调整。）

表 5-7 实训记录表

汽车类型		出厂时间		检验人	
VIN 码		检修时间		学号	
确认故障现象	故障症状表现是_____。				
检测项目	前照灯		熔丝	变光开关	远光灯线路
检测结果					
检测结果分析	通过检测发现故障点是_____，发生故障的原因是_____。				
故障排除	1）调整_____。 2）检修_____。 3）更换_____。 4）试车：确认_____故障现象_____消失。				
学生小结	通过本次实训知道了_____； 掌握了_____。 在_____方面，还要努力。				
教师点评					

任务四　中控门锁与防盗系统的检测与故障诊断

> **案例思考**
>
> 1）一辆进口韩国现代酷派2.7 V6跑车，用户反映该车在正常使用过程中，突然出现了防盗系统报警，随后危险警告灯闪亮、示宽灯长亮、开关失灵、中控防盗系统失效的现象。
>
> 2）一辆2004年产别克GL8商务车，行驶里程3.8万km，用户报修中控门锁不起作用。请思考应该如何诊断与排除上述汽车故障。

相关知识与技能

电控门锁在现代汽车上已经得到了广泛的应用，其结构虽然因车型不同有所差异，但是，按照中控门锁的发展规律大致可分为普通型中控门锁系统、遥控中央门锁控制系统和带有电子防盗系统的中控门锁系统等类型。下面分别介绍其性能检测与故障诊断方法。

一、普通中央控制电动门锁系统的性能检测与故障诊断

中控门锁是指通过设在驾驶（副驾驶）座车门上的开关或通信设备，来同时控制车门的关闭与开启的一种控制装置。一般包括门锁控制开关、钥匙操纵开关、门锁总成、行李箱开启器及门锁控制器等。典型的中控门锁控制系统及其组件的安装位置如图5-19所示。

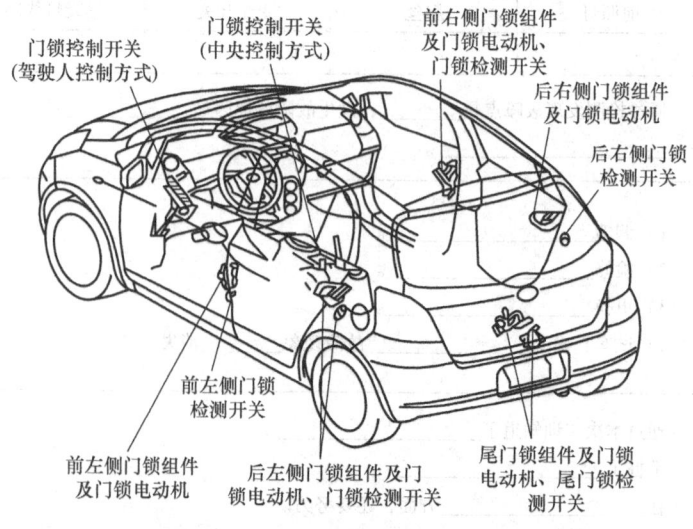

图5-19　中控门锁控制系统部件安装位置简图

1. 中控门锁系统性能评价标准

根据 GB 15086—2006《汽车门锁及车门保持件的性能要求和试验方法》和 QC/T 323—2007《汽车门锁和车门保持件》的相关规定，汽车中控门锁的使用性能应符合如下标准要求：

1）中控门锁的标称电压规定为两种，12V 和 24V 在电压范围分别为 11～15V、22～30V 时，两种中控门锁装置应能可靠地开锁、关锁，无异常现象。

2）控制器的负载电流及维持时间按产品设计文件的规定要求，应在控制器输入信号后能使闭锁器正常工作。

3）闭锁器标称电压下的工作行程、输出力、行程时间、限制电流等均能满足设计要求。

4）门锁部分的耐低温、耐高温工作性、耐温度变化性、耐湿热性、耐腐蚀性、耐振性等应符合 QC/T 323—2007 的要求。

2. 中控门锁系统主要元件的性能检测

中控门锁系统虽然种类繁多，但中控门锁的控制开关、门锁总成以及执行机构的结构和工作原理大同小异，不同中控门锁系统的区别主要表现在中控门锁的控制方式与原理的不同，即中控门锁控制器的不同。图 5-20 所示为威驰轿车中控门锁系统电路。下面就以一汽丰田威驰为例，介绍中控门锁系统主要元件的检测标准与方法。

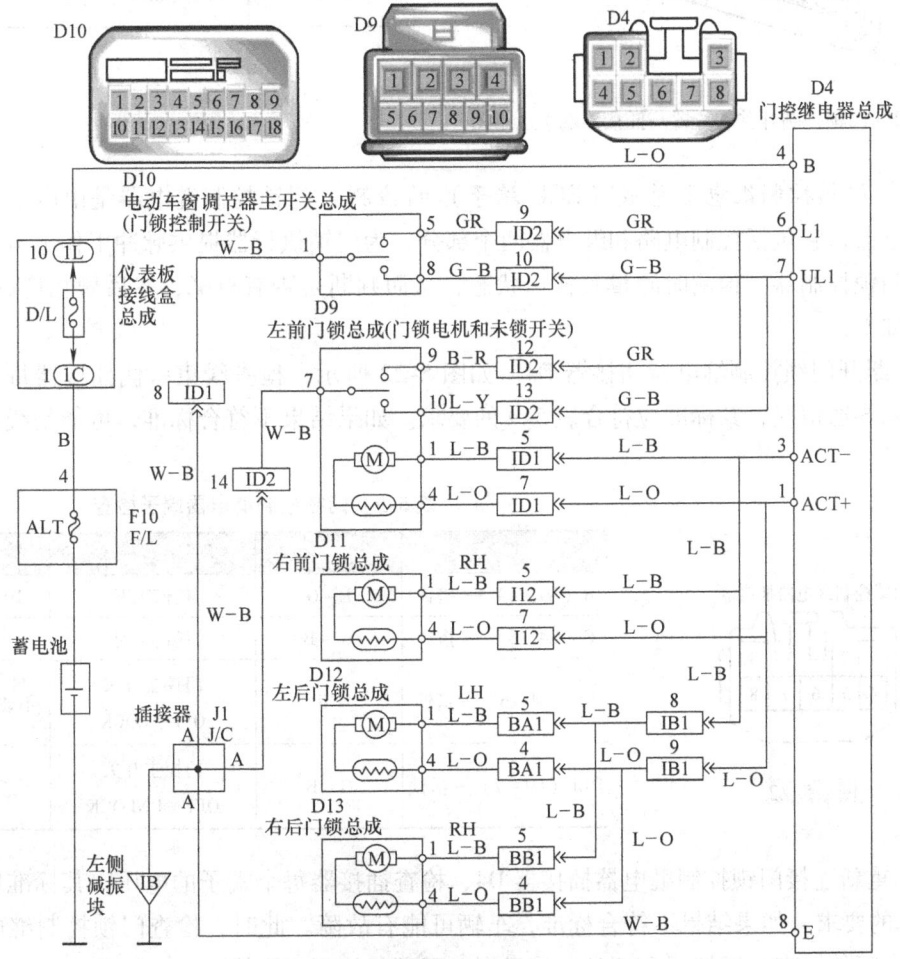

图 5-20　威驰轿车中控门锁系统电路

（1）门锁控制开关的检测　检测电动车窗调节器主开关总成（即门锁控制开关）。按照图5-21所示的门锁控制开关与端子图，用万用表测量门锁控制开关在不同位置时的工作状态，以判断开关好坏，然后做相应的修理。其步骤如下：

1）拆下主开关。

2）检查门锁控制开关导通性，其标准应符合表5-8的要求。

如果不正常，更换电动车窗调节器主开关总成（门锁控制开关）。

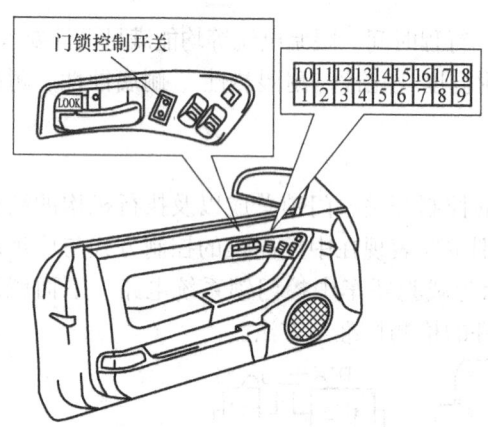

表5-8　门锁控制开关端子检查

端子号	开关位置	标准状态
1—5	LOCK	导通
—	OFF	不导通
1—8	UNLOCK	导通

图5-21　门锁控制开关的位置与插接器端子示意图

（2）门锁控制继电器总成（ECU端子）的检测　门锁控制继电器是由电子电路控制的继电器，它包括控制电路和继电器两个部分，为门锁执行器提供脉冲工作电流，因此也称作门锁控制器。检测时测量其输出状态，从而判断是否有故障，然后做相应的修理。其步骤如下：

1）断开门锁控制继电器插接器D4。如图5-22所示，检查线束一侧插接器每个端子的电压和导通情况，其标准应符合表5-9的要求。如果结果不符合标准，可能是线束一侧有故障。

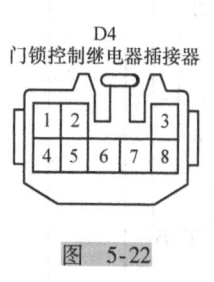

图5-22

表5-9　门锁控制继电器端子检查

符号（端子号）	导线颜色	工况	标准状况
B（D4-4）—搭铁	L-O	任何工况	10~14V
E（D4-8）—搭铁	W-B	任何工况	导通
L1（D4-6）—搭铁	GR	门控主开关 OFF—LOCK	不通—导通
UL1（D4-7）—搭铁	G-B	门控主开关 OFF—UNLOCK	不通—导通

2）重新连接门锁控制继电器插接器D4，检查插接器每个端子的电压，其标准应符合表5-10的要求。如果结果不符合标准，车辆可能有故障。此时，检查门锁控制继电器和蓄电池之间的线束、插接器和熔丝。如果有必要进行修理或更换。

项目五 汽车电气系统的检测与故障诊断

表 5-10

符号（端子号）	导线颜色	工况	标准状况
ACT+（D4-1）—搭铁	L-O	门控主开关 OFF—LOCK	低于1—（10~14）V
ACT-（D4-3）—搭铁	L-O	门控主开关 OFF—LOCK	低于1—（10~14）V

（3）检查线束（电动车窗调节器主开关总成—门锁控制继电器总成）

1）断开 D10 电动车窗主开关插接器和 D4 门锁控制继电器插接器，如图 5-23 所示。

2）检查线束一侧插接器的导通性，其标准应符合表 5-11 的要求。如果不正常，修理或更换线束和插接器；如果正常，更换门锁控制继电器总成。

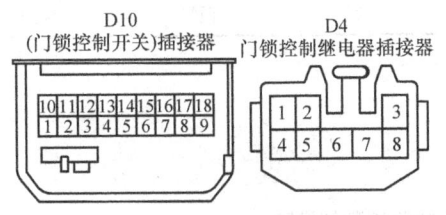

表 5-11 检查线束

符号（端子号）	导线颜色	标准状态
L（D10-5）—L1（D4-6）	GR	导通
L（D10-8）—UL1（D4-7）	G-B	导通

图 5-23 D10 与 D4 插接器端子图

（4）门锁电动机的检测　门锁电动机（或电磁铁机构）作为中控门锁系统的电动执行机构，可以用直接通电的方法检查其是否有开锁和闭锁两种工作状态，以判断其是否损坏。

1）加蓄电池电压，检查门锁电机的动作，如图 5-24 所示。其标准应符合表 5-12 的要求。

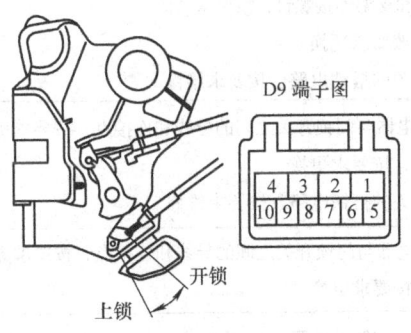

表 5-12 门锁端子的检查

测量条件	标准状态
蓄电池"+"—端子4 蓄电池"-"—端子1	上锁
蓄电池"+"—端子1 蓄电池"-"—端子4	开锁

图 5-24 门锁电动机检查与端子图

2）检查车门上锁和开锁开关的导通性，如 5-25 所示。其标准应符合表 5-13 的要求。

3）检查位置开关的导通性，其标准应符合表 5-13 中 7 号与 8 号端子在上锁和开锁时的技术状态要求。如果不正常，更换左侧前门锁总成。

3. 中控门锁系统常见故障诊断与排除

虽然不同车型所采用的中控门锁系统的结构类型有较大的差异，但是，发生故障所表现出来的现象却基本相似，故障原因和检测的方法也基本相同。中控门锁系统常见的故障现象、可能原因及其诊断排除方法见表 5-14。

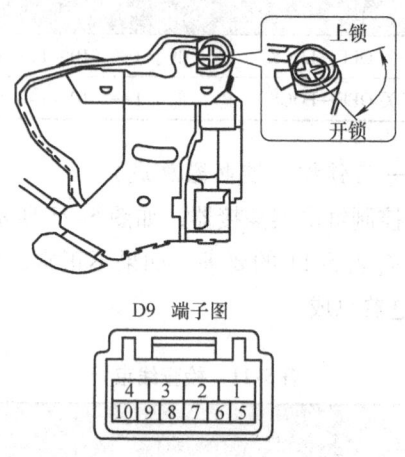

图 5-25 门锁总成端子和开关的检查

表 5-13 门锁总成端子的检查

端子号	门锁位置	标准状态
7—9	上锁	导通
—	OFF	—
7—10	开锁	导通
7—8	上锁	不导通
	开锁	导通

表 5-14 中控门锁系统常见故障诊断与排除

故障现象	可能原因	检查与排除
一个门锁不工作	门插或连杆障碍；电路断路或短路；执行器故障	1）将润滑油注入开启的门插反复手动操作 10 次，检查弹簧锁及所有的连杆四周有无干涉 2）检查执行器插接器、操纵开关各档上的电压，按要求维修电路 3）检查执行器，按要求更换
所有门锁都不工作	电路断电器故障；电路断路或短路；继电器没有搭铁；开关故障；搭铁电路故障	1）检查电路断电器，按要求更换 2）检查电路断电器与门锁开关之间的导线和连接点，按要求更换 3）检查继电器和支架连接螺钉，按要求紧固 4）检测开关，按要求更换 5）检测左侧开关的搭铁电路，按要求维修
门锁只是以一种方式工作	电路断路或短路；继电器故障；搭铁电路故障	1）检查电路断电器与门锁开关之间的导线和连接点，按要求更换 2）检查继电器，按要求更换 3）检测左侧开关的搭铁电路，按要求维修
所有的门锁只按一个开关工作	电路断路或短路；开关故障	1）检查电路断电器与门锁开关之间的导线和连接点，按要求更换 2）检测开关，按要求更换
门锁间歇性工作	连接点松动；继电器搭铁不良；左手开关搭铁不良；开关故障	1）检查插接器，按要求紧固 2）检查继电器和支架连接螺钉，按要求紧固 3）检测左侧开关的搭铁电路，按要求维修
门锁仅在发动机运转时工作	蓄电池电压过低；连接点松动或被腐蚀	1）检查蓄电池，按要求更换 2）检查导线或连接点，按要求维修
在冰冻天气时门锁不工作	门插或连杆障碍；门插或连杆冻住	1）将润滑油注入开启的门插反复手动操作 10 次，检查弹簧锁及所有的连杆四周有无干涉 2）将车驶入暖车库，让门锁系统冰冻融化，再验证所有的门锁是否工作

二、遥控中央门锁控制系统的性能检测与故障诊断

遥控中央门锁控制系统也叫无钥匙进入系统（Remote keyless Entry）。它为驾车者提供了一个打开门锁的方便手段。同时，这个系统还可以提供除中央控制门锁功能外相关的行李箱、灯光和喇叭的控制功能。系统主要由手持遥控发射器、车门控制接收器、遥控门锁ECU（或集成继电器）、钥匙开锁警告开关、门控开关、门锁装置等元件组成。元件在车上的布置如图5-26所示。

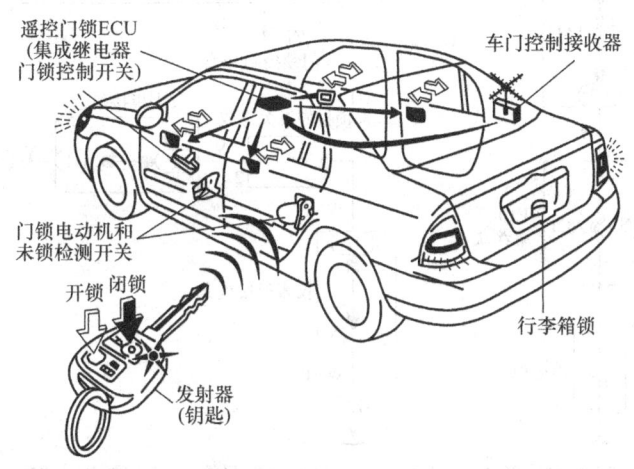

图5-26 遥控门锁系统主要元件安装位置图

1. 遥控中央门锁控制系统主要元件的检测

遥控中央门锁控制系统的元件与普通中央控制电动门锁系统从系统组成上相比，主要增加了遥控发射器、遥控接收器、门锁遥控控制单元（ECU）及门锁未锁报警开关等，其余部分基本相同。所以这里仅以丰田威驰GLX–S电动遥控中央控制门锁系统为例，介绍遥控中央门锁控制系统的遥控部分主要元件的检测。其控制电路如图5-27所示。

（1）遥控器基本功能的检查（图5-28）

1）当按下钥匙上的任何开关3次时，检查发射器的光敏二极管是否亮3次。若光敏二极管没有闪烁，说明遥控器缺电，应按照图5-28b进行电池的更换。

2）检查能否用遥控器锁上和打开所有的车门。

3）按下遥控器LOCK开关时，警告灯应闪烁一次，同时锁上所有的车门。

4）按下UNLOCK开关时，警告灯应闪烁两次，同时打开所有的车门。

5）按下PANIC开关不少于1.5s时，防盗警报器应该鸣叫，警告灯开始闪烁；再次按下UNLOCK开关或PANIC开关时，声音和闪烁应停止。

（2）未锁报警开关总成的检查 未锁报警开关总成的检查如图5-29、图5-30所示，具体标准应符合表5-15、表5-16中的规定。

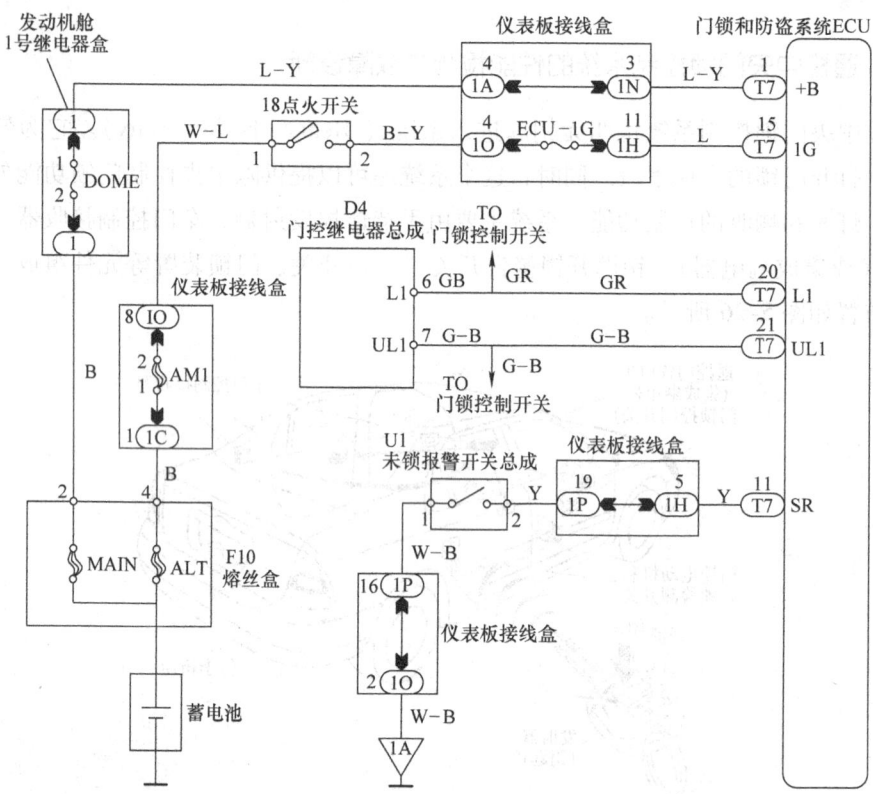

图 5-27 丰田威驰 GLX-S 车电动遥控中央控制门锁电器

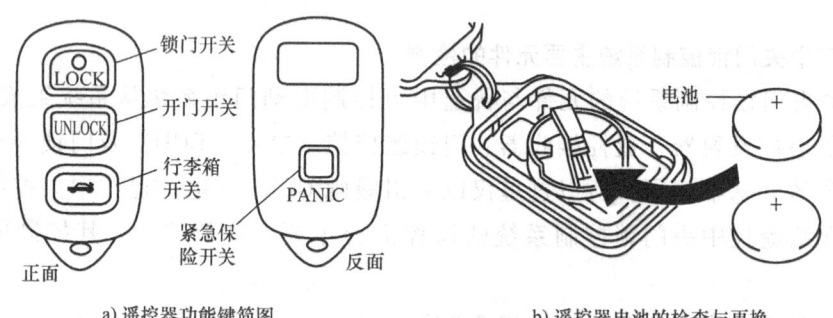

a) 遥控器功能键简图　　　　b) 遥控器电池的检查与更换

图 5-28 遥控器（发射器）

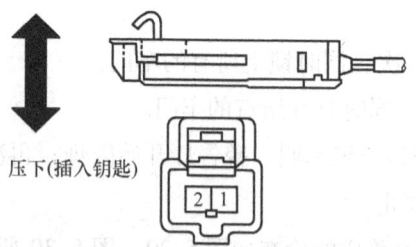

图 5-29 检查未锁报警开关的导通情况

表 5-15 检查开关的导通情况

端子号	开关动作	标准状态
1 和 2	开关松开（拔出钥匙）	不导通
	开关压下（插入钥匙）	导通

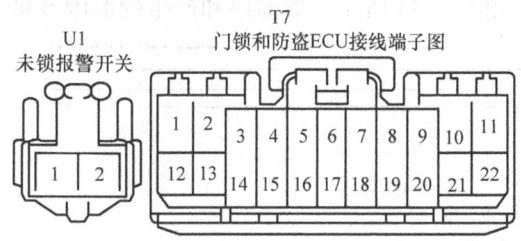

图 5-30 未锁报警开关与门锁防盗 ECU 接线端子图

表 5-16 检查连接端子之间的导通情况

端子号	标准状态
U1-2 和 T7-11	导通
U1-1 和搭铁	导通

(3) 门锁控制继电器总成与门锁和防盗系统 ECU 连接状况检查　门锁控制继电器总成与门锁和防盗系统 ECU 连接状况检查如图 5-31 所示,具体标准应符合表 5-17 中的规定。

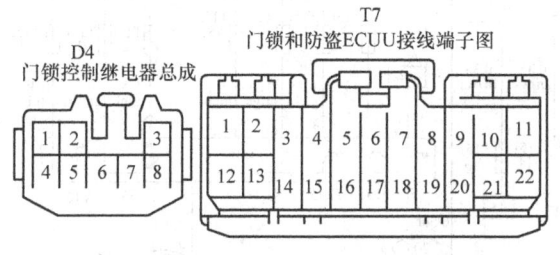

图 5-31 门锁控制器与门锁和防盗 ECU 连接状况检查端子图

表 5-17 检查连接端子之间的导通情况

端子号	标准状态
D4-6 和 T7-20	导通
D4-7 和 T7-21	导通

2. 具有自诊断功能的遥控中央门锁系统的检修

目前,具有自诊断功能的遥控中央门锁系统在轿车上应用越来越广泛,如奥迪 A6、帕萨特 B5、桑塔纳 3000、宝来、新款捷达以及奔驰、宝马、捷豹、沃尔沃等车型。系统性能的检测与故障诊断的方法步骤基本相同。下面仅以奥迪 A6 遥控中央门锁控制系统为例来介绍具有自诊断功能的遥控中央门锁系统的检修方法。

奥迪 A6 遥控中央门锁控制系统元件产生故障,相应的故障码就会储存在控制单元故障存储器中,用大众专用诊断仪(如 V.A.G1552、VAS5051)或其他诊断仪可读出故障码进行检修。具体步骤如图 5-32 所示。

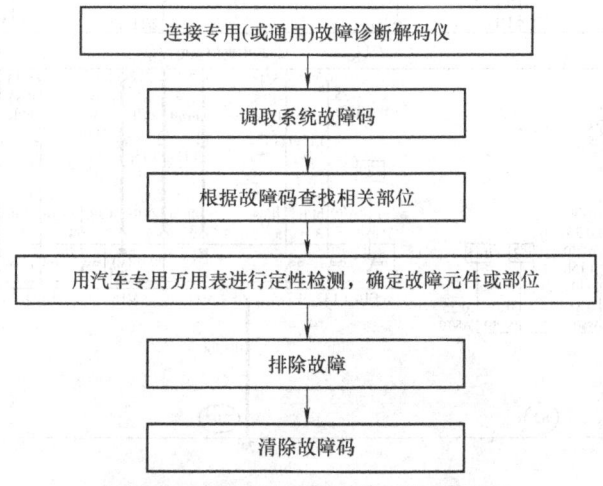

图 5-32 遥控中央门锁系统的检修流程

奥迪 A6 遥控中央门锁控制系统的控制电路如图 5-33 所示，故障码和产生的原因及排

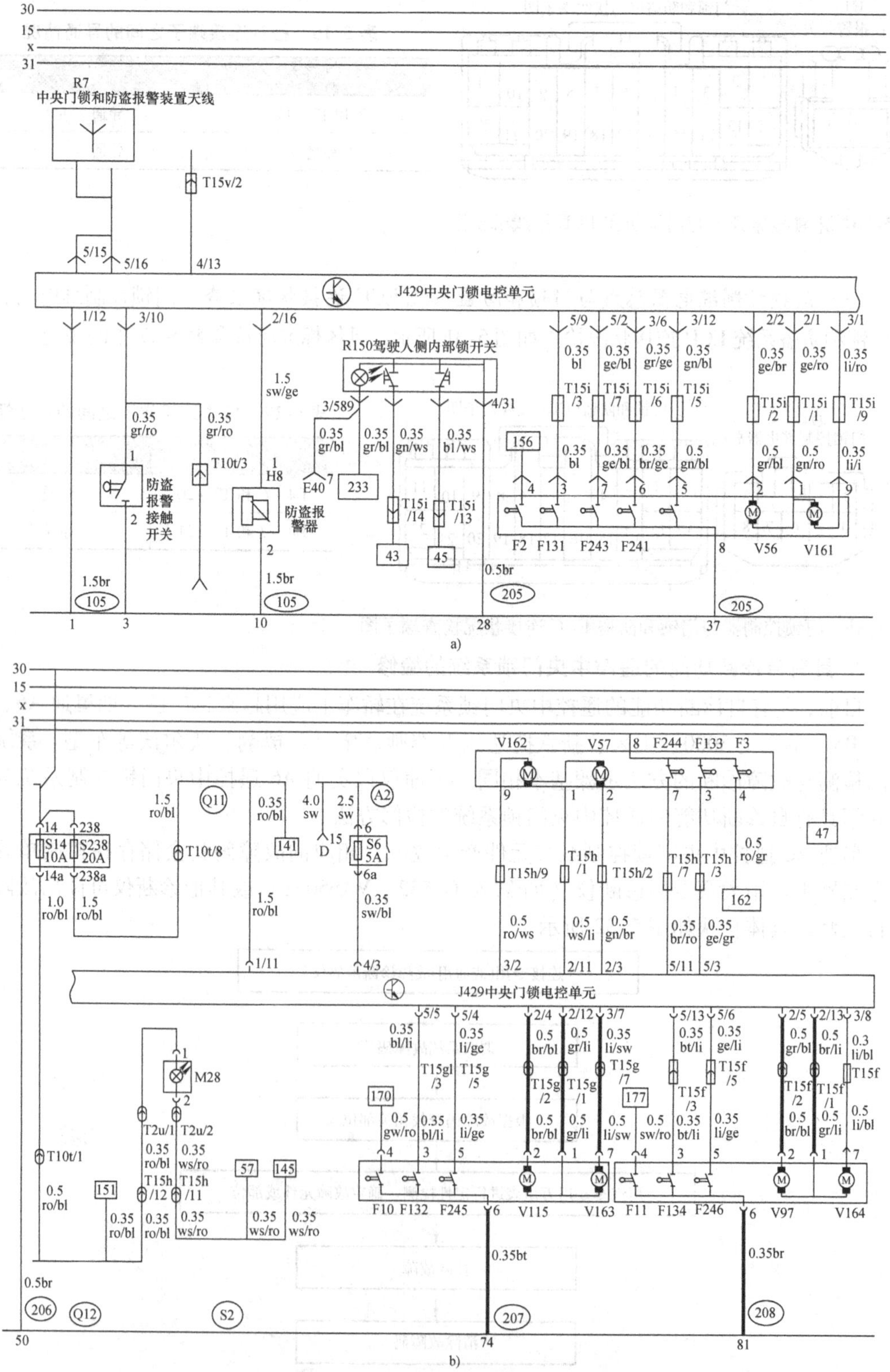

图 5-33 奥迪轿车中央门锁、防盗报警系统部分电路

除方法见表 5-18。

表 5-18　中央门锁故障代码表

故障码及内容	可能的故障原因	故障排除
00668 端子 30 电压不足	蓄电池放电或电路故障	蓄电池充电或检查电路
00849 点火开关 D 上 S 端子	导线内部对地短路或触点损坏	检查电路
00947 行李箱遥控开关	导线对地短路或开关损坏	检查电路或更换开关
00951 行李箱开启电动机	导线对地短路或开启电动机损坏	检查电路或更换开启电动机
00952 驾驶人侧车门打开信号	导线短路	按电路图检查电路
00955 钥匙 1 超过自适应极限	钥匙未适配；钥匙在射程以外开启 200 次以上	适配钥匙
00956 钥匙 2 超过自适应极限		
00957 钥匙 3 超过自适应极限		
00958 钥匙 4 超过自适应极限		
00991 车内照明	导线短路	检查电路
01141 行李箱盖开关	导线对地短路或开关 E165 损坏	检查电路或更换开关
01368 行李箱盖开关	非法开启行李箱盖或行李箱接触开关 F218 损坏	清除故障码或更换 F218
01369 发动机舱盖开关	非法开启发动机舱盖或发动机舱开关 F218 损坏	清除故障码或更换 F218
01371 驾驶人侧车门接触开关	非法开启驾驶人侧车门或车门接触开关 F2 损坏	清除故障码或更换开关
01374 点火开关 15 端子	非法起动车辆；接线柱 30 和 15 之间短路	清除故障码；检修电路
01389 行李箱开关 F124	导线短路或行李箱开关损坏	检查电路或更换开关
01482 中央门锁电动机	导线短路；中央门锁电动机损坏	检查电路或更换门锁电动机
01557 驾驶人侧门锁内接触开关	导线断路；接触开关 F241 损坏	检查电路；更换接触开关
01558 驾驶人侧门锁内接触开关	导线对地短路；接触开关损坏	检查电路；更换接触开关
01559 驾驶人侧车门锁	车门锁机械故障；电路故障	检查电路；更换驾驶人侧车门锁
01560 前乘员侧车门锁	车门锁机械故障；电路故障	检查电路；换前乘员侧车门锁
01561 左后车门锁	车门锁机械故障；电路故障	检查电路；更换左后车门锁
01562 右后车门锁	车门锁机械故障；电路故障	检查电路；更换右后车门锁
01563 驾驶人侧车门锁止开关	导线短路；开关损坏	检查电路；更换开关
01564 驾驶人侧车门开锁开关	导线短路；开关损坏	检查电路；更换开关
01565 行李箱照明灯	导线短路；行李箱灯损坏	检查电路；更换行李箱灯
01568 自动开启信号	导线短路	按电路图查寻故障
01569 自动关闭信号	导线短路	按电路图查寻故障
01570 接线柱 15 的断路延迟	导线对地短路	按电路图查寻故障
01572 乘员侧车门接触开关	非法打开乘员侧车门；车门接触开关 F3 损坏	清除故障码；更换损坏开关 F3

（续）

故障码及内容	可能的故障原因	故障排除
01573 左后车门接触开关	非法打开左后车门；车门接触开关 F10 损坏	清除故障码；更换 F10 开关
01574 右后车门接触开关	非法打开右后车门；车门接触开关 F11 损坏	清除故障码；更换开关
01585 前乘员侧车门锁接触开关	导线对地断路；接触开关 F242 损坏	按电路图查寻故障，更换接触开关 F242
01586 前乘员侧车门锁接触开关	导线对地短路；接触开关 F242 损坏	
65525 控制单元损坏	中央门锁控制单元故障	更换控制单元

三、电控防盗控制系统的性能检测与故障诊断

现在越来越多的汽车在原有的中央控制门锁的基础上，除增加遥控系统外，还增加了电控防盗控制系统。汽车电控防盗系统是一种车辆止动系统，其功能是防止某人用未被授权的钥匙起动发动机，开走车辆。防盗系统不仅具有切断起动电路、点火电路、喷油电路、供油电路和变速电路，将制动锁死等功能，同时，还会发出不同的求救声光信号。电控防盗系统一般由电子控制的遥控器或钥匙、电子控制电路、报警装置和执行机构等组成。图 5-34 所示为雷克萨斯 LS400 轿车防盗系统组成和安装位置简图。

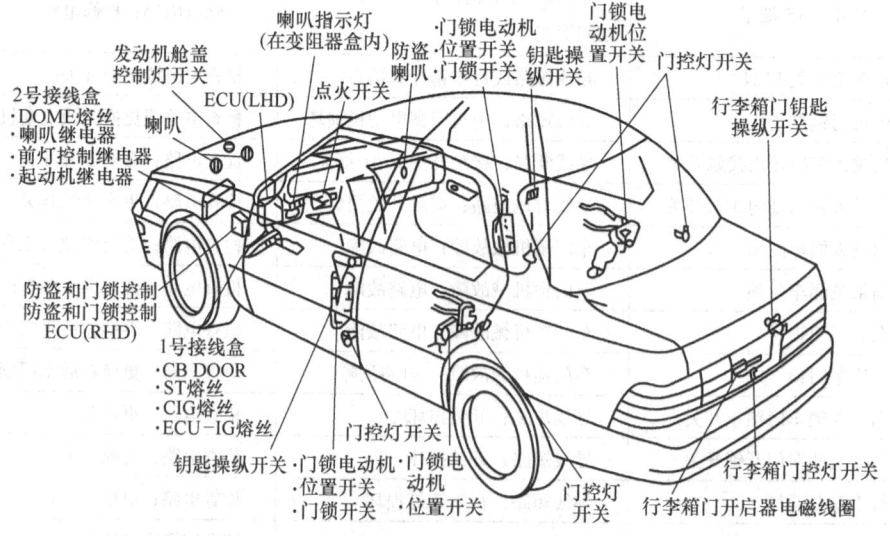

图 5-34 雷克萨斯 LS400 轿车防盗系统组成和安装位置简图

1. 电控防盗控制系统的性能技术要求

根据 GB/T 25985—2010《汽车防盗装置的保护》的规定，若汽车安装了电控防盗系统，应能够为车辆提供安全保护。装置的工作过程应有安全检查措施来防止可能危及车辆

安全的锁止或意外失效的发生。电控防盗系统在设定为防盗控制模式并满足下列任一条件时，该系统都要发出报警。

1）任何一车门（不含发动机舱盖和行李箱门）被打开或不用钥匙被偷盗者设法打开。

2）不用点火钥匙将点火开关接通，即置于 ACC 或 ON 的位置。

3）蓄电池电路断开后又被接通（如果蓄电池电路在断开后 1h 内又被接通，则防盗控制模式又恢复）。

2. 汽车电控防盗系统功能的检测

汽车电控防盗系统的功能是否正常的检测方法，一般按以下五个步骤进行。

1）开启全部车窗。

2）设定防盗系统，锁定前门时用点火钥匙，稍待至安全指示灯闪烁。

3）伸手从车内开启一道车门，防盗系统将激活警报信号。

4）用点火钥匙开启其中一道前门，解除防盗系统。

5）重复以上操作，检测其他车门和发动机舱盖。检测发动机舱盖的同时，也检测蓄电池电桩头拆下又装上后系统的激活反应。

3. 电控防盗系统的故障诊断与排除

（1）电控防盗系统的常见故障与检修步骤　当按照防盗系统的功能要求，对电控防盗系统进行检测时，若防盗系统出现异常，不能正常工作，就必须进行故障检修。电控防盗系统的常见故障与诊断检查步骤见表 5-19 所示。

表 5-19　防盗系统的常见故障及诊断步骤

故障现象			检修步骤
防盗系统不能设定			1）指示灯电路 2）行李箱盖钥匙操纵开关电路 3）行李箱盖控灯开关电路 4）门控灯开关电路 5）位置开关电路 6）发动机舱盖控制灯开关电路
系统设定后	系统设定后指示灯不闪烁		指示灯电路
	后门打开时	系统不工作	1）位置开关电路 2）发动机舱盖控制灯开关电路
	汽车喇叭不发声		
在系统发出报警期间	汽车喇叭不发声		汽车喇叭继电器
	电路防盗喇叭不发声		防盗喇叭电路
	前灯不闪		前灯控制继电器电路
	尾灯不闪		尾灯控制继电器电路
	起动机电路未能切断		起动机继电器电路
	后门锁处于打开状态，不能锁住		位置开关电路（后）
系统已设定	点火钥匙转至 ACC 或 ON 时不能消除		点火开关电路
	用钥匙打开行李箱盖时仍能工作		行李箱盖钥匙操纵开关电路

(续)

故障现象		检修步骤
即使后门打开系统仍维持设定状态		门控灯开关电路
即使系统未设定	汽车喇叭发声	汽车喇叭继电器电路
	防盗喇叭发声	防盗喇叭电路
	前灯一直亮	前灯控制继电器电路
	尾灯一直亮	尾灯控制继电器电路

(2) 电控防盗系统各部电路的检修方法　电控防盗系统由于车型不同，在车上的布置也有所差异，但出现故障时的症状基本相似，并且进行检修的方法基本一致。下面仅以雷克萨斯LS400轿车防盗系统为例来介绍电控防盗系统的检修步骤与方法。

进行电控防盗系统的故障诊断与排除，首先必须要熟悉和掌握系统电路；然后根据系统元件的电路连接规律，进行防盗系统各部电路的检测，从而确定出故障所在。

雷克萨斯LS400轿车电控防盗系统的电路如图5-35所示。

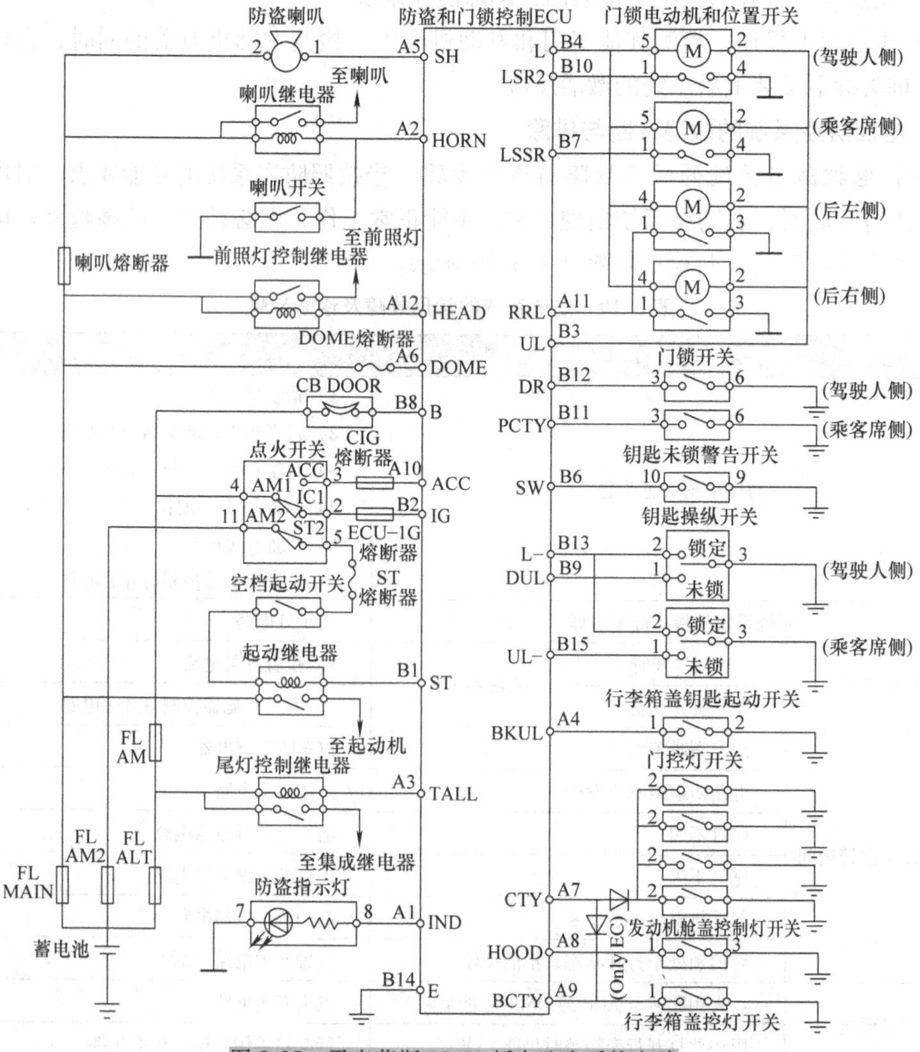

图5-35　雷克萨斯LS400轿车防盗系统电路

1)指示灯电路的检查。指示灯电路如图 5-36 所示。检测时,先根据图 5-36a 所示的防盗指示灯电路图,断开插接器,将电源(蓄电池)的正极和负极分别与插接器的 8 号、7 号端子相连后,观察防盗灯是否亮,如图 5-36b 所示。若不亮,应更换灯泡。

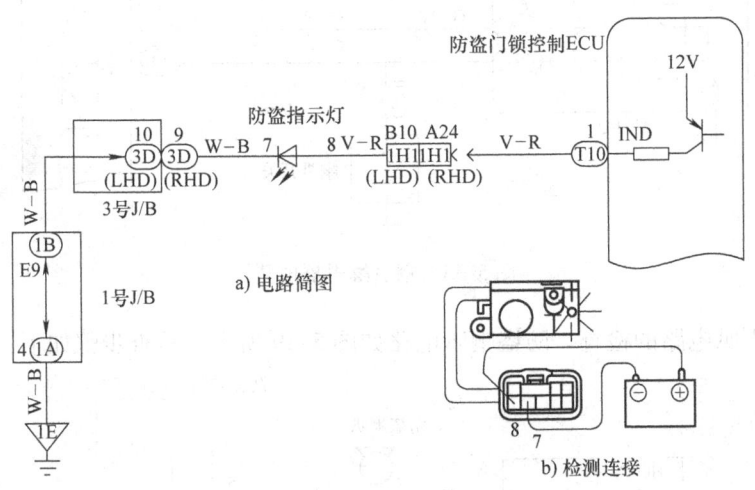

图 5-36 防盗提示灯电路与检测

2)起动继电器电路的检查。起动继电器电路如图 5-37 所示,检查步骤如下:

① 检查防盗和门锁控制 ECU 插接器端子 ST 与车身搭铁之间的电压。检查前,脱开防盗和门锁控制 ECU 插接器,并将变速器置于空档位置。将点火开关转到 ST 位置时,测量防盗和门锁控制 ECU 插接器端子 ST 与车身搭铁之间的电压,正常电压为蓄电池电压。

② 检查配线和插接器。若电压不正常,检查和修理起动继电器与防盗和门锁控制 ECU 之间的配线和插接器;若电压正常,检查和更换防盗和门锁控制 ECU。

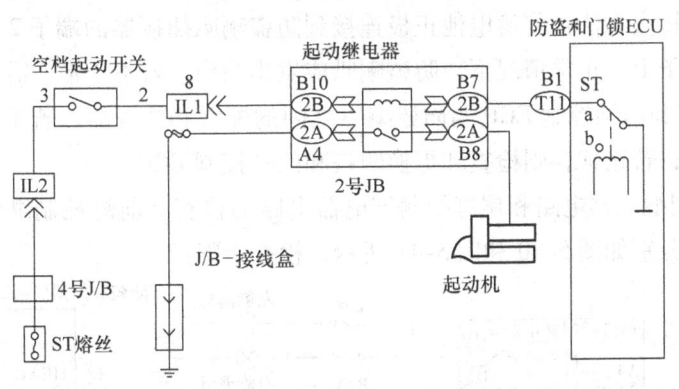

图 5-37 起动继电器电路

3)汽车喇叭继电器电路的检查。喇叭继电器电路如图 5-38 所示,检修步骤如下:

① 脱开防盗和门锁控制 ECU 插接器,检查防盗和门锁控制 ECU 插接器的端子 HORN 与车身搭铁之间的电压。正常电压为蓄电池电压。

② 若电压不正常,检查和修理防盗和门锁控制 ECU 与喇叭继电器之间的配线和插接器。

③若线路正常,应检查和更换防盗和门锁控制 ECU。

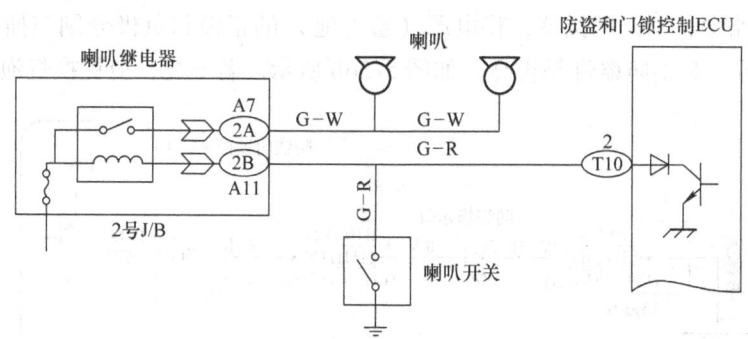

图 5-38　喇叭继电器电路

4)防盗喇叭电路的检查。防盗喇叭电路如图 5-39 所示,检查步骤如下:

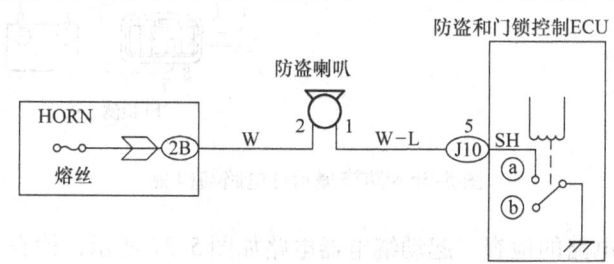

图 5-39　防盗喇叭电器

①脱开防盗喇叭插接器,检查防盗喇叭插接器端子 2 与车身搭铁之间的电压。正常电压为蓄电池电压。

②若电压值不正常,检查和修理 HORN 熔丝与防盗喇叭之间的配线和插接器。

③若电压正常,则应检查防盗喇叭。

防盗喇叭的检查方法:将蓄电池正极连接到防盗喇叭插接器的端子 2 上,蓄电池负极连接到另一个端子上。正常情况下,防盗喇叭应发出响声。若不正常,需更换防盗喇叭。

④检查防盗和门锁控制 ECU 与防盗喇叭之间的配线和插线器。若不正常,检查和修理配线或插接器;若正常,则检查和更换防盗和门锁控制 ECU。

5)前灯控制继电器电路和尾灯控制继电器电路的检查。前灯控制继电器电路和尾灯控制继电器电路分别如图 5-40 和图 5-41 所示,检查步骤:

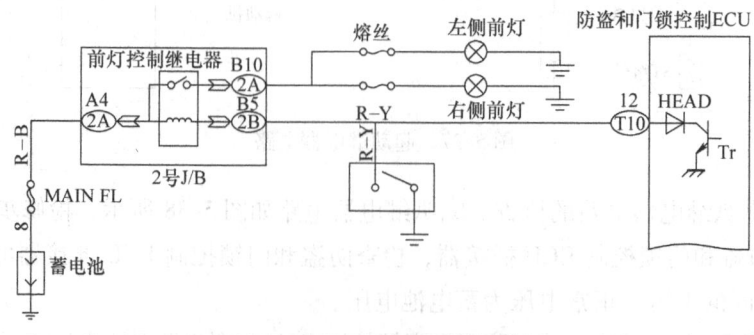

图 5-40　前灯控制继电器

① 检查 CIG 和 ECU—IG 熔丝。

② 脱开防盗和门锁控制 ECU 插接器，将点火开关转到 ON 位，检查防盗和门锁控制 ECU 的端子 ACC 和 IG 与车身搭铁之间的电压。正常电压值为蓄电池电压。

③ 若电压正常，检查和更换防盗和门锁控制 ECU。

④ 若电压不正常，检查和修理防盗和门锁控制 ECU 与蓄电池之间的配线和插接器。

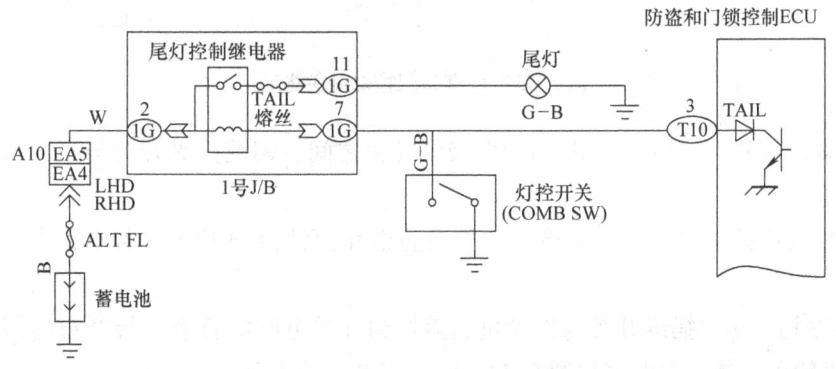

图 5-41　尾灯控制继电器电路

6) 点火开关电路检查。点火开关连接电路如图 5-42 所示，其检查步骤如下：

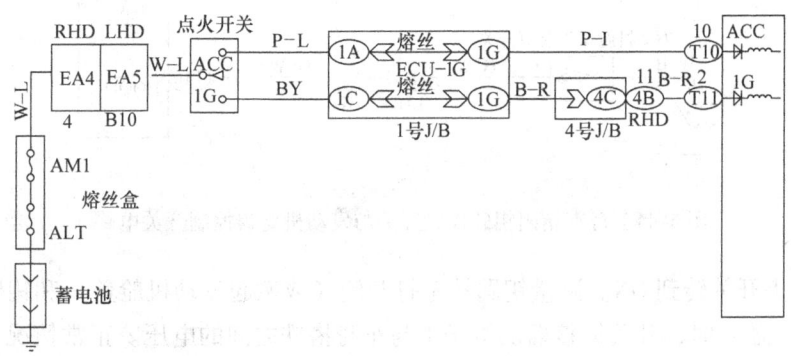

图 5-42　点火开关连接电路

① 检查 CIG 和 ECU—IG 熔丝。

② 脱开防盗和门锁控制 ECU 插接器，将点火开关转到 ON 位，检查防盗和门锁控制 ECU 的端子 ACC 和 IG 与车身搭铁之间的电压。正常电压值为蓄电池电压。

③ 若电压正常，检查和更换防盗和门锁控制 ECU。

④ 若电压不正常，检查和修理防盗和门锁控制 ECU 与蓄电池之间的配线和插接器。

7) 行李箱门控灯开关电路的检修。行李箱门控灯开关电路如图 5-43 所示，其检查步骤如下：

① 检查行李箱门控灯的工作状况：按下行李箱门控灯开关时，行李箱门控灯应熄灭；开关不按下，灯应点亮。

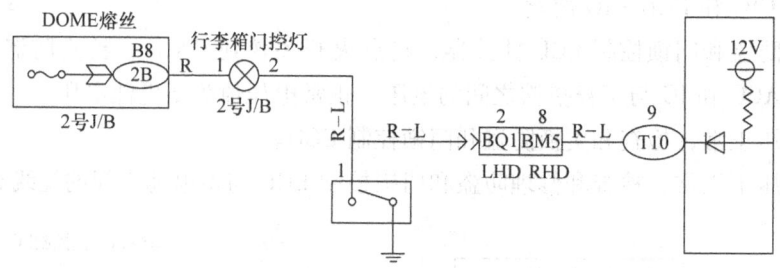

图 5-43 行李箱门控灯开关电路

② 检查防盗和门锁控制 ECU 与钥匙操纵开关之间、钥匙操纵开关与车身搭铁之间的配线和插接器。

③ 若配线或插接器正常，应检查和更换防盗和门锁控制 ECU；若不正常，应修理或更换。

8）行李箱门钥匙操纵开关与发动机舱盖控制开关电路的检查。行李箱门钥匙操纵开关与发动机舱盖控制开关电路如图 5-44 所示。检查步骤如下：

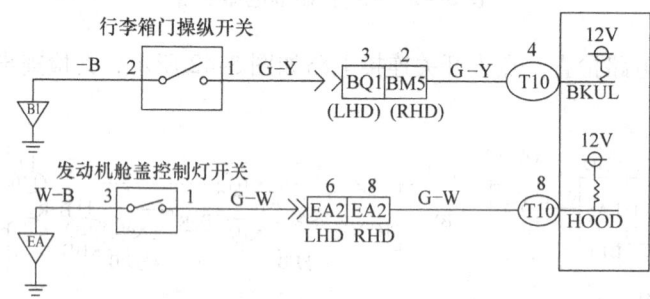

图 5-44 行李箱门钥匙操纵开关与发动机舱盖控制开关电路

① 将点火开关转到 ON。测量钥匙转至打开侧（或掀起发动机舱盖）和钥匙不转（或放下发动机舱盖）时，开关插接器的端子 1 与车身搭铁之间的电压。正常情况：不转钥匙（或放下发动机舱盖）时为蓄电池电压，将钥匙转至打开侧（或掀起发动机舱盖）时电压为 0V。

② 若电压不正常，则应检查开关。若电压正常，应检查和更换防盗和门锁控制 ECU。

4. 思考案例解析

案例 1

故障现象：一辆进口韩国现代酷派 2.7 V6 跑车，用户反映该车在正常使用过程中，突然出现了防盗系统报警，随后危险警告灯闪亮、示宽灯长亮、开关失灵、中控防盗系统失效的现象。

故障诊断：考虑到该车为新车，初步判定不会是线路上的问题，问题应该出在一些控制系统。然后查阅了该车的车间维修手册，经过对危险警告灯、示宽灯及防盗系统线路图进行分析，发现它们均受一个车身系统控制模块（BCM）控制，同时它也是控制车上所有用电设备的主体，通过检测设备还可以监测输入与输出的信号。怀疑问题就出在这个 BCM 上，于是找到了位于驾驶人侧左下方的 BCM，就在拆下 BCM 准备进行检查时，竟然发现有水流出，看来问题就在于此——BCM 损坏。

故障排除：将 BCM 拆下后，可以明显看到烧蚀痕迹和水印，插接件也已经被腐蚀。经向用户了解，得知该车不久前刚在装饰店贴了全车防爆膜，而这正是 BCM 进水的原因。应用户要求，又对风窗玻璃下的发动机控制单元、自动变速器控制单元进行了检查，因这两块控制单元的密封性较好，并未损坏。

经对插接件进行清洗，清除腐蚀痕迹，更换 BCM 并进行系统初始化后，故障排除。

> **特别提示**
>
> 　　无论中控门锁系统出现什么故障，均应先通过检查，使故障可能存在的部位缩小到一定范围以内，然后再拆下车内饰，露出门锁机构，做进一步检查。最好先将拨动门锁开关后的情况列出图表，然后和维修手册中的故障诊断图表相对照，以便分析故障原因和部位。
>
> 　　在测试电路前，应结合故障码的提示或故障诊断图表，先弄清线路图，然后再试加蓄电池电压或用欧姆表测量。如果不加分析地盲目测试，就会损坏昂贵的电子元器件。

案例 2

故障现象：一辆 2004 年产别克 GL8 商务车，行驶里程 3.8 万 km，用户报修中控门锁不起作用。

检修过程：在检修故障之前，首先对中控门锁系统的功能进行了验证，以确定是间歇性故障还是永久性故障。当按动遥控器上的开锁和上锁按键，或按动左前门和右前门内饰板上的开锁和上锁按键时，中控门锁均不起作用，用钥匙通过车门锁也无法对全车实现开锁或上锁。根据这些情况，认为应该重点检查输入到车身控制单元（BCM）的上锁和开锁信号、车身控制单元（BCM）、输出到各车门门锁电动机的信号以及相关线路等。首先检查中控门锁系统的熔丝，发现仪表板右侧熔丝盒内的 B9—B10 熔丝熔断。更换新的熔丝后，只要按动车门内饰板上的上锁按键，该熔丝就会熔断，这说明车身控制单元（BCM）输出到各车门门锁电动机的上锁信号线路可能对地短路，也就是车身控制单元（BCM）上的线束插头 C1 中的 C 端子可能对地短路。

拆下 BCM，用万用表测量 BCM 上的线束插头 C1 中的 C 端子对地电阻，测量结果为 1.2Ω，这证明线路确实有对地短路的地方。为了缩小故障范围，用力反复开关各车门，以使车体振动进而影响线束的状态，同时用万用表测量 C 端子对地电阻，最终发现，在反复开关左前车门时，C 端子对地电阻会发生变化，这说明左前车门的门锁线束可能有故障。

故障排除：拆下左前车门内饰板检查线路，发现左前门门锁线束与车身线束连接插头的附近有外皮破损的线路，修理线路后，中控门锁功能恢复正常。

由实训指导老师在一辆帕萨特轿车（或其他车型）上设置右后门无法落锁故障，学生组成维修小组完成检修任务。

要求：

1）在规定时间内，在汽车总线路图中，找到右后门控制线路和工作线路。

2）准确熟练地在汽车上找到相应的控制线路和工作线路。

3）快速准确地找到右后门锁芯，并找到锁芯开启控制方位。

4）灵活熟练地使用万用表、试灯或跨接线检查线路故障。

5）将系统恢复到 GB/T 25985—2010《汽车防盗装置的保护》的规定要求。

6）自己设计维修记录表，并认真填写。

任务五　CAN—BUS 系统检测与故障诊断

案例思考

1）一辆上海别克轿车，在车辆行驶过程中，时常出现转速表、里程表、燃油表和冷却液温度表指示为零的现象（汽车电路为 CAN—BUS 系统）。

2）一辆奥迪 A6 轿车的电控自动空调系统在开关接通的情况下，鼓风机能工作，但是空调系统却不制冷（汽车电路为 CAN—BUS 系统）。

3）一辆上海帕萨特 B5 轿车在使用中出现机油压力警告灯与安全气囊故障指示灯报警，同时出现发动机转速表不能运行故障（汽车电路为 CAN—BUS 系统）。

请思考应该如何诊断与排除上述汽车故障。

相关知识与技能

CAN 是英语 "Controller Area Network" 的缩写，意为 "控制器局域网"。CAN 数据总线指用于传递和分配数据的系统。CAN 双线式数据总线系统是一个有两条线的总线系统，通过这两条数据总线，数据便可按顺序传到与系统相连的控制单元。这些控制单元就是通过 CAN 总线彼此相通的（即通过 CAN 总线传递数据）。CAN 双线式数据总线系统目前已经广泛应用在电控汽车上，国产一汽宝来、一汽奥迪 A6、上海帕萨特 B5 和波罗轿车上均不同程度地采用了 CAN 双线式数据总线系统。因此，掌握 CAN 双线式数据总线系统的故障检测方法已经成为当务之急。

装有 CAN—BUS 多路信息传输系统的车辆出现故障，维修人员应首先检测汽车多路信息传输系统是否正常。如果多路信息传输系统有故障，则整个汽车多路信息传输系统中的有些信息将无法传输,接收这些信息的电控模块将无法正常工作,从而为故障诊断带来困难。

一、CAN 双线式数据总线系统检测方法

对于 CAN 双线式数据总线系统,在检查数据总线系统前,须保证所有与数据总线相连的控制单元无功能故障。功能故障指不会直接影响数据总线系统,但会影响某一系统的功能流程的故障。例如:传感器损坏,其结果就是传感器信号不能通过数据总线传递。这种功能故障对数据总线系统有间接影响,会影响需要该传感器信号的控制单元的通信。如存在功能故障,先排除该故障。记下该故障并消除所有控制单元的故障码。

排除所有功能故障后,如果控制单元间数据传递仍不正常,检查数据总线系统。检查数据总线系统故障时,须区分两种可能的情况。

1. 两个控制单元组成的双线式数据总线系统的检测

检测两个控制单元组成的双线式数据总线系统时,关闭点火开关,断开两个控制单元,如图 5-45 所示。检查数据总线是否断路、短路或对正极/地短路。如果数据总线无故障,更换较易拆下(或较便宜)的一个控制单元试一下。如果数据总线系统仍不能正常工作,更换另一个控制单元。

2. 三个或更多控制单元组成的双线式数据总线系统的检测

三个控制单元组成的双线式总线系统如图 5-46 所示。检测时,先读出控制单元内的故障码。如果控制单元 1 与控制单元 2 和控制单元 3 之间无通信。关闭点火开关,断开与总线相连的控制单元,检查数据总线是否断路。如果总线无故障,更换控制单元 1。如果所有控制单元均不能发送和接收信号(故障存储器存储"硬件故障"),则关闭点火开关,断开与数据总线相连的控制单元,检测数据总线是否短路,是否对正极/地短路。

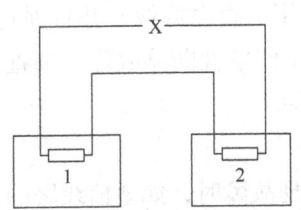

图 5-45 两个控制单元组成的双线式数据总线系统

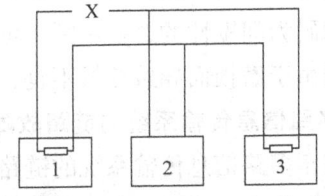

图 5-46 三个控制单元组成的双线式数据总线系统

如果数据总线上查不出引起硬件损坏的原因,检查是否某一控制单元引起该故障。断开所有通过 CAN 数据总线传递数据的控制单元,关闭点火开关,接上其中一个控制单元,连接 V.A.G 1551 或 V.A.G 1552,打开点火开关,清除刚接上的控制单元的故障码。用功能 06 来结束输出,关闭并再打开点火开关,打开点火开关 10s 后用故障阅读仪读出刚接上的控制单元故障存储器内的内容。如显示"硬件损坏",则更换刚接上的控制单元;如未显示"硬件损坏",接上下一个控制单元,重复上述过程。

连接蓄电池接线柱后,输入发动机防盗密码,进行玻璃升降器单触功能的基本设定及时钟的调整,对于汽油发动机的汽车,还应进行节气门控制单元的自适应。

二、CAN 双线式数据总线系统的故障诊断

对于汽车多路信息传输系统故障的维修,应根据多路信息传输系统的具体结构和控制回路具体分析。一般说来,引起汽车多路信息传输系统故障的原因有三种:一是汽车电源系统引起的故障;二是汽车多路信息传输系统的链路故障;三是汽车多路信息传输系统的节点故障。

1. 汽车电源系统故障引起的汽车多路信息传输系统故障

汽车多路信息传输系统的核心部分是含有通信 IC 芯片的电控模块(ECM),电控模块(ECM)的正常工作电压在 10.5~15.0V 范围内。如果汽车电源系统提供的工作电压低于该值,就会造成一些对工作电压要求高的电控模块(ECM)短暂地停止工作,从而使整个汽车多路信息传输系统无法通信。

案例 1

故障现象:一辆上海别克轿车,在行驶过程中,时常出现转速表、里程表、燃油表和冷却液温度表指示为零的现象。

故障检测诊断:用 TECH2 通用专用解码器读取故障码,发现各个电控模块均没有当前故障码,而在历史故障码中出现多个故障码。其中:安全气囊控制模块(SDM)中出现 U1040——失去与 ABS 控制模块的对话,U1000——二级功能失效,U1064——失去多重对话,U1016——失去与 PCM 的对话;仪表控制模块(IPC)中出现 U1016——失去与 PCM 的对话;车身控制模块(BCM)中出现 U1000——二级功能失效。

故障分析和排除:经过故障码的读取可以知道,该车的多路信息传输系统存在故障,因为 OBD-Ⅱ规定 U 字头的故障码为汽车多路信息传输系统的故障码。通过查阅上海别克轿车电源系统的电路图可以知道,上面的电控模块共用一根电源线,并且通过前围板。由于故障码为间歇性的,初步断定可能是这根电源线发生间歇性断路故障。细查发现,此根电源线由于磨损而导致接触不良,经过处理后故障排除。

2. 多路信息传输系统的链路故障

当汽车多路信息传输系统的链路(或通信线路)出现故障时,如通信线路的短路、断路以及线路物理性质引起的通信信号衰减或失真,都会引起多个电控单元无法工作或电控系统错误动作。

案例 2

故障现象:一辆奥迪 A6 轿车的电控自动空调系统在开关接通的情况下,鼓风机能工作,但是空调系统却不制冷。

故障检测诊断:通过观察,发现空调压缩机的电磁离合器不吸合,但发动机工作正常。检查电磁离合器线路的电阻值,电阻值符合规定值,检查空调控制单元的输出端,没有输出信号。此时用 V.A.G.1552 故障阅读仪读取发动机控制系统和空调控制系统的故障码,均无故障码。用 V.A.G.1552 故障阅读仪读取空调控制单元的数据流,发动机的转速

数据为零。由于发动机工作正常，因此发动机控制单元接收的发动机转速信号应该正常，检查发动机控制单元和空调控制单元之间的通信线路，发现两者之间的专用通信线的接脚变形，造成链路断路，修复插接件后故障排除。

> **特别提示**
>
> 判断是否为链路故障时，一般采用示波器或汽车专用诊断仪来观察通信数据信号是否与标准通信数据信号相符。

下面来介绍一些典型的链路故障波形图。

典型故障1：Can–Low 断路，如图 5-47 所示。

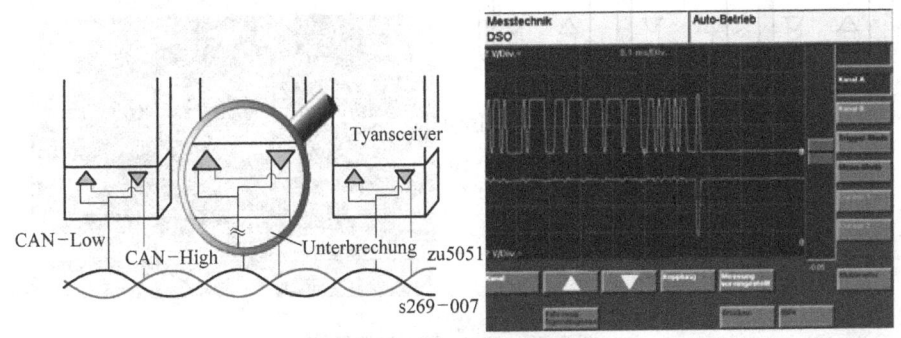

图 5-47　Can–Low 断路

典型故障2：Can–High 断路，如图 5-48 所示。

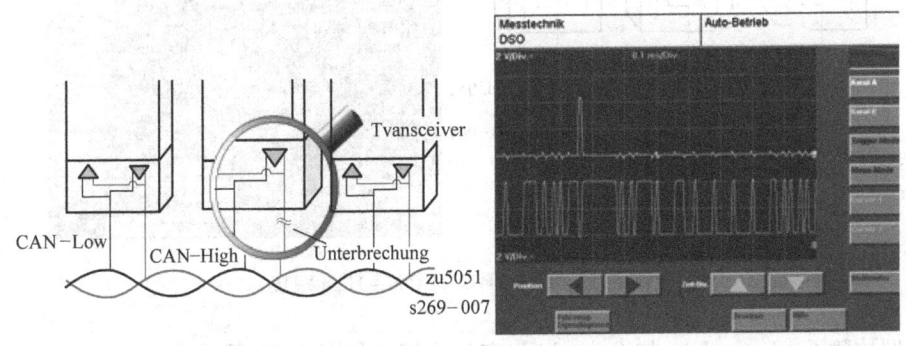

图 5-48　Can–High 断路

典型故障3：Can–Low 与蓄电池短接，如图 5-49 所示。

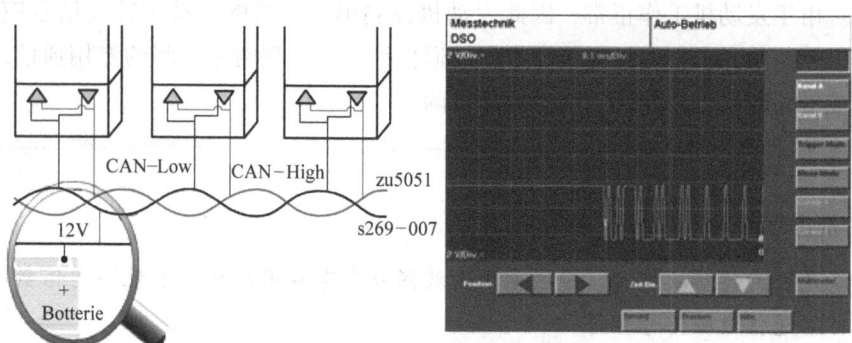

图 5-49 Can–Low 与蓄电池短接

典型故障 4：Can–Low 与地短接，如图 5-50 所示。

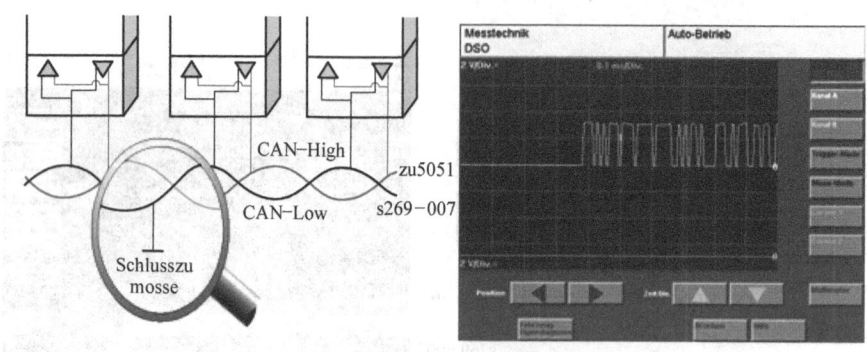

图 5-50 Can–Low 与地短接

典型故障 5：Can–Low 与 Can–High 短接，如图 5-51 所示。

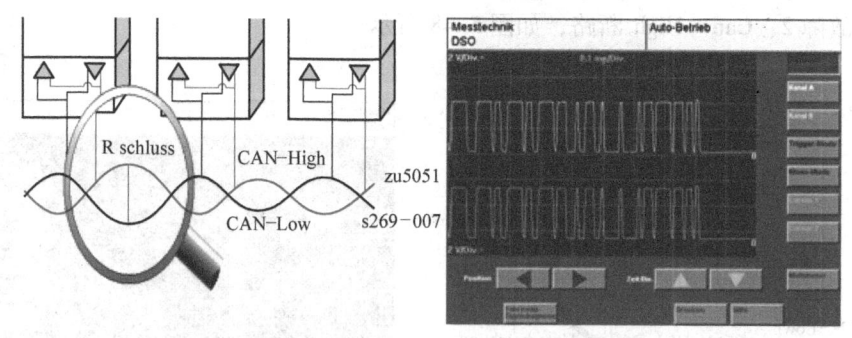

图 5-51 Can–Low 与 Can–High 短接

典型故障 6：Can–Low 与 Can–high 交叉连接，如图 5-52 所示。

3. 汽车多路信息传输系统的节点故障

节点是汽车多路信息传输系统中的电控模块，因此节点故障就是电控模块（ECM）的故障。它包括软件故障，即传输协议或软件程序有缺陷或冲突，从而使汽车多路信息传输系统通信出现混乱或无法工作，这种故障一般成批出现，且无法维修。硬件故障一般由于

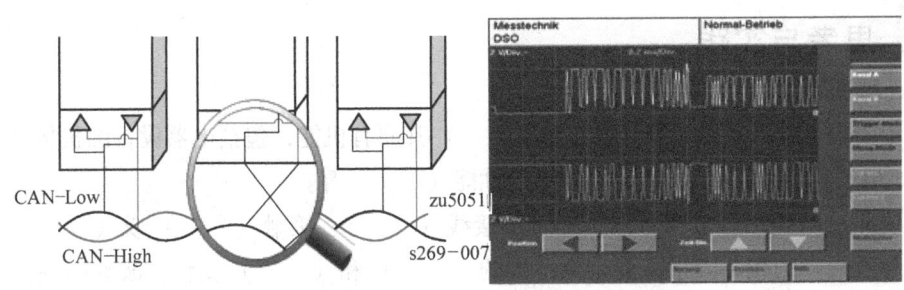

图 5-52　Can – Low 与 Can – high 交叉连接

通信芯片或集成电路故障，造成汽车多路信息传输系统无法正常工作。对于采用低版本信息传输协议点到点信息传输协议的汽车多路信息传输系统，如果有节点故障，将出现整个汽车多路信息传输系统无法工作。

案例 3

故障现象：一辆上海帕萨特 B5 轿车在使用中出现机油压力警告灯与安全气囊故障指示灯报警，同时发动机转速表不能运行故障。

故障检测诊断：用 V. A. G. 1552 故障阅读仪读取发动机控制系统的故障码，发现有两个偶发性故障码：18044/P165035——安全气囊控制单元无信号输出；18048/P165035——仪表数据输出错误。用 V. A. G. 1552 故障阅读仪读取仪表系统的故障码：01314049——发动机控制单元无通信；01321049——到安全气囊控制单元无通信。

故障分析与排除：通过读取故障码可以初步判断故障在于汽车多路信息传输系统。再对汽车电气线路进行分析，电源系统引起故障的概率很小，故障很可能是节点或链路故障。用替换法尝试更换安全气囊控制单元，故障得以排除。

通过对以上三种汽车多路信息传输系统故障的分析，可以总结出 CAN—BUS 系统的一般诊断步骤：

1）了解该车型的汽车多路传输系统特点（包括传输介质、几种子网及汽车多路信息传输系统的结构形式等）。

2）汽车多路信息传输系统的功能，如有无唤醒功能和休眠功能等。

3）检查汽车电源系统是否存在故障，如交流发电机的输出波形是否正常（若不正常将导致信号干扰等故障）等。

4）检查汽车多路信息传输系统的链路是否存在故障，采用替换法或跨线法进行检测。

5）如果是节点故障，只能采用替换法进行检测。

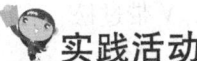**实践活动**

在实训老师的指导下，选择一车辆装有 CAN—BUS 系统的轿车，以小组为单位，用示波器或汽车专用诊断仪来观察通信数据信号，并对采集的波形进行分析。写出用仪器采集波形的方法和波形分析报告。

思考与实践

一、填空题

1. 电器设备故障是指电器设备自身（　　）其原有机能，包括电器设备的机械（　　）、（　　）、电子元器件的（　　）、（　　）、性能（　　）等。

2. 线路故障包括（　　）、（　　）、接线（　　）、接触（　　）或（　　）不良。

3. 导致故障的相关因素主要有大范围的（　　）和（　　）变化，波动的（　　）及较强的（　　）干扰，电器间的（　　）干扰，剧烈的（　　）以及尘土的（　　）等。

4. 汽车电气系统发生故障的主要表现形式有（　　）、（　　）、电器设备的（　　）等。

5. 汽车交流发电机的常见故障有不（　　）、充电电流（　　）或（　　）、充电（　　）不稳。

6. 汽车仪表的故障表现形式一是（　　）、二是（　　）失准。

7. 中控锁的标称电压规定为两种，（　　）和（　　）在电压范围分别为 11～15V，22～30V 时，两种中控锁装置应能可靠地（　　）、（　　），无（　　）现象。

8. 汽车电控防盗系统是一种车辆止动系统，其功能是防止某人用（　　）的钥匙（　　）发动机，开走车辆。防盗系统不仅具有切断（　　）电路、（　　）电路、（　　）电路、（　　）电路和（　　）电路，将制动（　　）等的功能，同时，还会发出不同的（　　）的（　　）信号。

二、选择题

1. 蓄电池放电程度的检查是用（　　）模拟接起动机的负载，测量蓄电池在大电流放电时的端电压来判断放电程度。
   A. 汽车万用表　　B. 故障解码仪　　C. 充电器具　　D. 高率放电计

2. 当怀疑汽车电路中有搭铁短路故障时可用（　　）来判断。
   A. 直观诊断法　　B. 断路法　　C. 短路法　　D. 替换法

3. 当怀疑汽车电路中有元件损坏形成断路故障时可用（　　）来判断。
   A. 直观诊断法　　B. 断路法　　C. 短路法　　D. 替换法

4. 不属于交流发电机性能指标参数的是（　　）。
   A. 额定电流和额定转速　　　　B. 空载转速
   C. 额定电压　　　　　　　　　D. 额定功率

5. 若在蓄电池不亏电的情况下，充电电流仍在 10A 以上；或蓄电池电解液损耗过快；或继电器经常烧蚀；各种灯泡经常烧坏。其故障是发电机（　　）。
   A. 充电电流过大　　B. 充电电流过小　　C. V 带过紧　　D. V 带过松

6. 不是充电电流过小的故障原因是（　　）。
   A. V 带过松、打滑　　B. 电压调节器有故障　　C. V 带过紧　　D. 线路接触不良

三、问答题

1. 汽车电气系统故障常用的诊断方法有哪些？

2. 汽车电气系统的检测与故障诊断工作流程是什么？
3. 蓄电池的外部检查内容与处理方法有哪些？
4. 蓄电池故障的主要表现形式有哪些？产生故障现象的原因是什么？
5. 如何诊断使用中蓄电池亏电故障？
6. 发电机充电电流过大的故障原因是什么？如何排除？
7. 汽车仪表系统检修注意事项的内容是什么？
8. 如何诊断燃油表、冷却液温度表、机油压力表的常见故障？
9. 前照灯发光强度低的故障原因与诊断步骤方法有哪些？
10. 如何诊断所有前照灯均不发光故障？
11. 如何诊断制动灯不工作故障？
12. 如何诊断与排除喇叭不响故障？
13. 转向指示灯闪烁比正常情况快的故障原因是什么？
14. 中控门锁系统主要元件的性能检测主要包括哪些内容？
15. 中控门锁系统常见的故障现象有哪些？
16. 遥控器基本功能的检查方法有哪些？
17. 汽车电控防盗系统的检测方法是什么？
18. 电控防盗系统电路的检修内容主要包括哪些？
19. 引起汽车多路信息传输系统故障的原因有哪些？
20. 试述 CAN – BUS 系统一般诊断步骤。

四、实践题

以小组为单位，选用一辆车（轿车或货车）对其全车电气系统进行检修。要求如下：
1）在规定时间内，读懂汽车总线路图。
2）准确熟练地在汽车上找到相应的控制线路和工作线路。
3）灵活熟练地使用万用表、试灯或跨接线检查线路故障。
4）准确地进行发电机、起动机等电器总成检查与维护。
5）自己设计汽车全车电器维修记录表，并认真填写。

参考文献

[1] 王欲进. 汽车故障诊断技术 [M]. 2版. 重庆：重庆大学出版社, 2005.
[2] 王秀冰. 汽车故障诊断与检修技术 [M]. 武汉：中国地质大学出版社有限责任公司, 2011.
[3] 胡光辉. 汽车性能检测与故障诊断 [M]. 北京：机械工业出版社, 2008.
[4] 张建俊. 汽车检测技术 [M]. 北京：高等教育出版社, 2008.
[5] 卢华. 汽车检测与诊断 [M]. 北京：化学工业出版社, 2009.
[6] 娄云. 汽车检测与诊断技术 [M]. 北京：北京大学出版社, 2010.
[7] 吴立安. 汽车故障诊断与排除 [M]. 天津：天津科学技术出版社, 2009.
[8] 蒋智庆. 汽车电气设备构造与维修 [M]. 重庆：重庆大学出版社, 2005.